韓半島烽火

壬辰1592

血戰平壤、光復漢城、鳴梁海戰……
從日本侵略到明朝遠征，
改寫東亞格局的決定性戰爭

宋毅 著

東亞三國角力，七年戰火不息！

豐臣秀吉的野心、明軍遠征援朝……
一場侵略如何徹底改變東亞秩序？

目錄

簡介 …………………………………………………005

序言 …………………………………………………007

序（二）………………………………………………009

前言 …………………………………………………011

引子 …………………………………………………013

第一章　風暴將至 …………………………………021

第二章　倭軍渡海 …………………………………037

第三章　朝鮮潰局 …………………………………055

第四章　困境之中 …………………………………075

第五章　首度交戰 …………………………………085

第六章　萬曆出師 …………………………………099

第七章　平壤決勝 …………………………………121

第八章　碧蹄血戰 …………………………………145

第九章　三年議和 …………………………………185

目錄

第十章　烽火再燃……………………………251

第十一章　再臨半島…………………………283

第十二章　蔚山之役…………………………309

第十三章　野望崩裂…………………………343

終章　………………………………………………379

後記　………………………………………………383

簡介

　　西元 1592 年，一統日本的太閣豐臣秀吉對朝鮮悍然發動了一場規模巨大的侵略戰爭。在日軍「閃電戰」的打擊下，朝鮮全面崩潰。應朝鮮的求救，明朝不顧自身困難，毅然派出大軍東征，抵抗日本，由此拉開了這場長達七年之久，最終徹底改變了東亞國際政治格局的戰爭。

　　本文用最詳實的中日朝史料，以最客觀的態度，用最細膩的筆觸將這場四百二十年前的血色回憶娓娓道來。在作者的筆下，日本經過百年戰國時代所淬鍊出的十餘萬虎狼之軍與大明帝國的遼東鐵騎、宣大勁旅、江浙鐵軍這三支強軍之間的血肉交鋒使得人們第一次明白，當時明軍在朝鮮半島到底面對的是什麼樣的敵人？他們在這場戰爭中到底是一個什麼樣的角色？他們在這場戰爭中付出了什麼樣的犧牲？

　　歷史不應該被忘記，犧牲在異國他鄉的明朝軍士更不應該被忘記，他們到底付出了怎樣的犧牲，細讀此書，你們會知道！

簡介

序言

　　有多少人知道 16、17 世紀之交的萬曆朝鮮之役？那場戰爭由於歷史的逝去淹沒在漫漫的歲月風沙中。可是，逝去不是失去，淹沒不是消滅，歷史是一個民族的精神寶藏，積澱的瑰寶總會在夜空中閃爍，吸引著有心者去追蹤、去發掘。

　　本書作者宋毅就是「有心者」之一。其「有心」不是附庸風雅，而是痴迷執著。身為留學德國的經濟碩士，他毅然拋開了用以安身立命的數學公式，一頭栽進了資料的故紙堆裡，當他抬起頭來的時候，帶給我們的是一個個驚喜。

　　驚喜之一就是這本描述萬曆朝鮮之役的恢弘鉅著。

　　戰爭是一隻怪獸，描寫戰爭必須要能駕馭戰爭，了解怪獸的脾氣秉性。宋毅是從宏觀的角度鳥瞰戰爭的。從日本、朝鮮、明朝三個國家的政治、經濟、文化、軍事、外交等方面分析戰爭的起因，預測戰爭的過程，判斷戰爭的結果。日本自豐臣秀吉初步統一日本後，結束了日本戰國時期，卻因武士分封不均，內部新的矛盾迅速銳化，為了獲取新的土地、轉移國內矛盾，必然對外用兵，侵略擴張。李氏朝鮮，武備鬆弛，「人不知兵二百年」，朝堂之上黨爭不斷，政治腐敗，必成日本俎上之肉。大明王朝自萬曆起，黜良相，用奸臣，土地兼併嚴重，朝中黨爭紛擾，各地百姓暴動不斷。但號稱天朝泱泱大國，敗象雖現，力量仍然不可小覷。屬國被占，焉能坐視不理。於是就上演了一部由日本、朝鮮、明朝次第登臺、輪番搏殺的「新三國演義」。

序言

　　克勞塞維茲（Carl von Clausewitz）說：「戰場上充滿迷霧」。描述戰役、戰鬥必須撥開迷霧，還其本相。本書描寫了平壤戰役、漢城戰役、碧蹄館大戰等大小幾十場戰役、戰鬥。既有對雙方兵力兵器、地形地貌的客觀分析，又有對雙方兵力部署、火力配備的具體描述，更有對雙方將領性格、用兵謀略的透澈了解。從作戰準備、作戰經過、作戰結果、作戰影響等步驟娓娓道來，步隨景移，景隨我換，每一個關鍵點都有懸念，每一個過程都有精采。

　　戰爭是靠人來進行的，決定戰爭的是人不是物。本書刻劃了幾十位歷史人物，從這點來看，這不啻是一本人物眾生譜。豐臣秀吉的野心勃勃、老謀深算；加藤清正的驕橫跋扈、驍勇善戰；李昖的軟弱無能；申砬的剛愎自用；沈唯敬的陽奉陰違；李如松的勇猛頑強。當然還有那由無數士卒雕成的群雄譜，他們有的為國家而戰，有的為名節而戰，用生命和鮮血燒紅了歷史的時空。

　　歷史已然逝去。

　　歷史永不會逝去。

　　讓我們翻開這本書，走進歷史，領略戰爭風雲。

印志均

序（二）

　　本書是一部描述戰爭歷史的著作，也是一部戰爭紀實文學。戰爭是古今人類社會無法避免的現實。為了駕馭它，許多人要學習它。學習戰爭有多種方式，諸如：直接參加戰爭，從戰爭學習戰爭；從模擬中學習戰爭，進行圖上、沙盤、電腦、實兵模擬；還有一種方式，就是學習戰爭史。戰爭史記錄著前人的足跡，昭顯著前人的成功與失敗。戰史是一面鏡子，可供後人借鑑。宋毅先生的著作，向我們提供了一場戰爭的詳實資料，讀者可以根據各自的需求，在不同領域，例如，在戰略領域，在作戰領域，在建軍領域，在海軍和海戰領域，從中提煉並精雕細琢，形成各自的理性認知，是十分有價值的。從這個意義上說，本書提供了壬辰戰爭的全部過程資料，是學習戰爭的大好素材。

　　研究戰史的通常做法是研究戰爭發生的背景以及引起戰爭的直接原因；雙方的力量對比以及兵力部署；雙方的戰略企圖；戰爭以何種方式開始，以及戰爭的結束；戰爭的經驗教訓，以及對戰爭的敘述等等。但宋毅先生的作品未走常規路線，而是另闢蹊徑，以文學的手法加以詮釋。文學的力量使得作品更加有感染力，增加了可讀性，與傳統的表現方法可收異曲同工之妙。

　　宋先生是一位業餘作家，而且以往學歷為理工科，並非文學創作，寫出如此長篇紀實文學要付出何等艱苦的努力啊！讚嘆之餘，我彷彿看到他四處奔走蒐集資料，看到他在老書堆中遨遊精選，看到他查對、考核、記錄、比較各種歷史素材，看到他「三更燈火五更雞」的勤奮精神。正是由

序（二）

　　於他的努力進取，才為我們提供了一份文學上和歷史上的大作。我由衷地讚賞他的創新和刻苦精神。

　　當年的日本代表人物豐臣秀吉發動了這場戰爭。他們的目的是占領朝鮮，並以朝鮮為跳板，進攻明王朝，以達到占領鄰國土地，掠奪鄰國財富之目的。這是一場擴張的、侵略的戰爭，也是非正義的戰爭。

　　在這場戰爭中，朝鮮是受害者、被侵略者。土地被占領，人民被屠殺，財產被毀壞，政權危在旦夕，到了生死存亡的關頭，奮起抵抗，以血還血，用武力自衛，以求最基本的生存，是天經地義的，是正義之舉。面對侵略擴張，這是唯一正確的選擇。

　　明王朝是朝鮮的近鄰，又保持著特殊的關係，當看朝鮮面臨被吞併的危急時刻，在朝鮮政府的求助下，出兵支援。七年戰爭，消耗了明王朝大量的人力、物力、財力。如果從明王朝的國家利益考慮，打擊了侵略者的囂張氣焰，贏得了300年和平，也是一大勝利。

　　讓我們以王辰戰爭為起點，擴展戰爭的時間與空間軌跡深沉思考吧。

　　讓王辰的警鐘、戰爭的警鐘長鳴吧！

趙克增

前言

　　壬辰之戰起於1592年（朝鮮宣祖二十五年，大明萬曆二十年，日本文祿元年）至1598年結束。1592年是朝鮮壬辰年，朝鮮史家因此稱此役為壬辰衛國戰爭，中國稱為萬曆朝鮮之役，日本則叫文祿、慶長之役（因日本在慶長2年發動了第二次戰爭）。

　　一提起這場戰爭，給人的感覺便會異常沉重，它的沉重並不在於這是一場涉及到中日朝三國的大規模戰爭，而在於到如今七個甲子過去了，在這段長達四百二十多年的歷史歲月中，卻少有人真正了解當年的明軍在朝鮮半島到底面對的是什麼樣的敵人？他們在這場戰爭中到底是一個什麼樣的角色？他們在這場戰爭中付出了什麼樣的犧牲？

　　如今對壬辰之戰，韓國似乎有很多話要說，他們所攝製的反應這場戰爭的影視劇中，明軍在這場戰爭中的角色除了是強盜土匪之外就是小丑，除此之外乏善所陳。所謂「友邦人士，莫名驚詫，長此以往，國將不國」，魯迅先生的名言用到這裡，忽然從諷刺變成了一種強烈的現實意義蘊含其中。再看中國近期流行的種種相關寫史書籍中，卻又是另外一個極端，幾乎清一色的描述明軍在朝鮮半島如摧枯拉朽，殲敵無數，日軍不過土雞瓦犬。

　　韓國這種自我膨脹的心態自然是不值一哂的，但將日本方面徹底矮化的寫史方式則更為可怕，這會讓人們完全忘記當年的明軍是如何在一種讓人無法想像的惡劣環境中，在盟友基本上給予不了任何幫助的情況下，與訓練有素，武器精良的敵人作戰的。當時的明軍付出了極大的代價，用鮮

前言

血和生命最終將日軍驅逐出了朝鮮半島，這個艱鉅而漫長的過程個人認為才是人們應該了解的。將當年的敵人矮化的行為，不但對塑造明軍的形象毫無幫助，最終當人們發現事實並非如此的時候，便極容易走上另外一個極端。

實際上，客觀的事實就是最有說服力的東西，完全不需要額外的畫蛇添足，便能讓人們了解這段沉重的歷史。所謂以銅為鏡，可以正衣冠，以史為鏡，可以知興替。本文便以史實為基礎，以客觀為準繩，以紀實的手法，向讀者描述從西元1592年日本侵朝開始，直至1598年日本徹底被朝明聯軍趕回國的真實歷程。希望讀者會在本文中發現一個與印象中完全不一樣的壬辰之戰！

宋毅

引子

我如朝露降人間，

和風櫻花隨春謝。

四十九年一朝夢，

一期榮華一杯酒。

——（日）豐臣秀吉

萬曆十九年（西元 1591 年）3 月某天，此時恰是暮春，雜花生樹，草長鶯飛，氣候宜人，正是文人騷客外出踏青的好時機。在大阪天守閣那金碧輝煌的殿堂內，由朝鮮國出使日本的三位使者對如此宜人的氣候卻沒有絲毫地感覺。三人跪坐於席後，盯著席前桌子上一筐熟餅，一罈濁酒，面面相覷。

朝鮮通信副使金誠一見日方如此簡慢，一拍席案，道：「這豈是對待吾等上國使節的禮數？」起身便要拂袖離開。

人還未立起，便被通信使黃允吉拉住說道：「吾等身懷王命而來，而今在日本逗留已近一年，頭緒皆無。現終見得關白大人，士純當以國事為重，不可意氣用事！」【士純為金誠一的字。】

見黃允吉如是說，金誠一只得忿忿坐回。四周作陪的豐臣諸家臣見狀則紛紛交頭接耳起來，目光均看向端坐於主位的豐臣秀吉。

面容消瘦的豐臣秀吉卻似乎對朝鮮使者們的舉動毫不在意，他手中端著盛酒的瓦甌，嘴裡悠然地哼著和歌。數十年的征戰歲月如同刀斧一般，

引子

在他黝黑的臉上刻下了深深的印記。現在的他就像是一個最普通的日本老人，不斷地勸列席諸人飲酒。

春季大阪城

飲酒數巡之後，秀吉像聽到了什麼似的突然站起走進了內堂，少時又抱了一個嬰兒走入堂內。此時堂下朝鮮樂工在指揮之下開始齊奏樂曲。秀吉手中的嬰兒卻受這陣樂曲所驚，竟然尿到了秀吉的身上。

秀吉見此景啞然失笑，招呼進侍女們，竟然就在堂上更衣，旁若無人。

金誠一見此情景再也無法忍受，猛地站起身子，對著豐臣秀吉說道：「今吾等奉國書而來，為兩國修通好之意，未知貴國意下如何？」

秀吉一邊更衣，一邊笑道：「何必著急，但飲無妨。」

金誠一見豐臣秀吉顧左右而言他，急道：「如今吾等使臣已於貴國滯留一年之久，實在是等不得了！如貴國真有意通好，還請關白大人將吾國國書上奏至貴國天皇，盡快獲得回書，吾等也好回國覆命！」

「天皇？！」秀吉好像聽到了一個非常有趣的名詞，大聲地笑了起來，堂下諸家臣也同樣大笑不止。

日本人突如其來的爆笑讓金誠一手足無措，又不知道自己說錯了什麼，只得用疑問的眼光再次望向豐臣秀吉。

秀吉很快止住了大笑，沉聲對金誠一道：「你們要國書，老夫就給你們一張。至於上奏天皇？老夫看沒這個必要！」

此刻秀吉那已經因為年齡而顯得渾濁的眼中似乎突然燃燒起了狂熱的野心之火。再看秀吉早已無復那衰老的狀態，整個人散發出一股強烈的氣勢，讓其面前的金誠一都不禁退後了幾步。

大阪城模型

於是本來是一場正式的外交活動就這樣無疾而終，朝鮮使團不得不倉皇離開大阪城，去往附近的堺港等待日本國的回書。

正如豐臣秀吉所說的，在堺港的朝鮮使團終於拿到了日本方面回覆的國書。其上赫然寫著這樣的內容：

引子

日本國關白奉書朝鮮國王閣下，雁書薰讀，卷舒再三。吾國六十餘州，比年諸國分離，亂國綱，廢世禮而不聽朝政，故予不勝感激。三四年之間，伐叛臣，討賊徒，及異域遠島，悉歸掌握。竊諒餘事蹟，鄙陋小臣也。雖然余當脫胎之時，慈母夢日輪入懷中。相士曰：「日光所及，無不照臨，壯年必八表聞仁聲，四海蒙威名者，何其疑乎？」依此奇異作，敵心自然摧滅，戰必勝，攻必取，既天下大治，撫育百姓，矜閔孤寡，故民富財足，土貢萬倍千古矣。本朝開闢以來，朝政盛事，洛陽壯麗，莫如此日也。人生一世，不滿百齡焉，鬱鬱久居此乎？不屑國家之遠，山河之隔，欲一超直入大明國，欲易吾朝風俗於四百餘州，施帝都政化於億萬斯年者，在方寸中。貴國先驅入朝，依有遠慮無近憂者乎？遠方小島在海中者，後進輩不可做容許也？予入大明之日，將士卒望軍營，則彌可修鄰盟。余願無他。只願顯佳名於三國而已。方物如目錄領納。且至於管國政之輩，向日之輩皆改其人，當召分給。餘再別書。珍重保嗇，不宣。【《朝鮮李朝實錄中的中國史料》】

這哪裡是兩國通好的國書，簡直就是一封赤裸裸的戰爭宣言。它明白地告訴了朝鮮人，日本欲以朝鮮為前驅遠征明朝的野心。

朝鮮奉明朝為宗主近兩百年，此種國書對朝鮮來說可用大逆不道來形容。當時金誠一便怒答說：「就算死，這種國書也不能帶回去！」

雙方交涉再三，日方除了將對朝鮮國王的稱呼由閣下改為殿下，以及一些無關痛癢的細節之外，其中揚言遠征明朝的詞句卻堅持不改，還將其曲解為要向明朝進貢之意。

金誠一是個好強的人，這種人的優點就是不怕死，有骨氣。但缺點就是偏執不知變通。他還以為這僅僅是日本方面的狂言，只要他堅持，必然

能讓日本方面屈服。因此還要與日本方面交涉。但正使黃允吉卻已經看穿秀吉的野心,阻止了金誠一的行動,拿著這封國書回到朝鮮。

日本堺港

【以上描寫根據《再造藩邦志》、《李朝實錄》、《朝鮮李朝實錄中的中國史料》等資料綜合而成。】

要說朝鮮與日本雖然僅隔著一個對馬海峽,但是卻彷彿是天然的死敵一般。日本從幾百年前便一直侵攻朝鮮半島,但一直未能長久立足,到了元代朝鮮人隨同蒙古軍反過來開始進攻日本島,兩次「蒙古襲來」失敗後日本反過來襲擾朝鮮與中國沿海,這也成了元明時期日本倭寇猖獗的肇因。之後為了反倭,在朝鮮李朝世宗時代又派出海軍殺入日本對馬島,朝鮮方面稱這場戰爭為「己亥東征」,而日本方面則以天皇的年號,稱「應永外寇」。之後兩國雖然簽訂了癸亥條約,規定了對馬島島主宗氏為唯一代表日本的商人,與朝鮮通商。規定宗氏每年可向朝鮮派出五十艘船進行交易,並到指定的港口販賣。朝鮮陸續向日本人開放了三個港口,分別是:釜山浦(今釜山市),乃爾浦(亦稱薺浦,今鎮海市)和塩浦(今蔚山市),合稱「三浦」,並每年賞賜給宗氏米豆各兩萬石。此外為了安全,所

引子

有從日本來朝鮮的人必須首先獲得宗氏下發的「文引」方可進入朝鮮,作為回報,宗氏除了按規定向朝鮮王室例行進貢外,還要協助鎮壓倭寇的殘黨。也因此宗氏獨享了時間極長的對朝貿易,因而與朝鮮的關係也是最為密切。

對馬海峽

　　靠著壟斷日本與朝鮮的貿易,對馬島的宗氏一族賺取了鉅額的利潤。可是好景不長,當豐臣秀吉統一日本之後,卻萌生了對朝鮮甚至明朝侵攻的念頭。於是下令宗氏向朝鮮進行通牒,令朝鮮向他朝賀一統天下,如果不肯,那就要舉兵征討。這對宗氏來說可不是一個好消息,宗氏能過得那麼富裕,就是因為能壟斷日本與朝鮮的貿易,他們深知,朝鮮一直自認是上國,不讓日本來朝賀進貢就算不錯了,怎麼可能反過來向日本卑躬屈膝呢?一旦豐臣秀吉與朝鮮方面打起來,那宗氏的好日子可就一去不復返了。可是對豐臣秀吉的命令又不敢違抗,只能硬著頭皮派了個家臣柚谷康廣來到朝鮮。這個柚谷康廣到了朝鮮與以前宗氏的使者大不相同。舉止倨傲,時不時地還諷刺前來接待的朝鮮官員。甚至還對朝鮮的翻譯官說朝鮮

綱紀敗壞，就要亡國這樣的話。這讓朝鮮方面自然至為憤怒，雖然基於禮節回覆了一封國書，但是拒絕了日本遣使向豐臣秀吉朝賀的無理要求。柚谷康廣回到日本之後，有可能是其家主宗氏在背後叮囑，亦有可能因為朝鮮官員又是請他喝酒又是請他狎妓，在朝鮮被伺候得很舒服，於是為朝鮮說了幾句好話。沒想到卻被豐臣秀吉認為是裡通朝鮮，於是大怒，竟然將柚谷康廣族誅。

這次的通使失敗其實在宗氏的意料之中，可是拖得過初一，拖不過十五，眼見豐臣秀吉真要動真格的了，無法可想之下，宗氏家主宗義智只得自告奮勇地請求親自去朝鮮進行通使，希望豐臣秀吉暫緩對朝鮮的軍事行動。朝鮮自認為是上國，要朝鮮派遣使臣去日本，這實在不是一件簡單的事情。不過深知朝鮮的宗義智終於想出了一個辦法，那就是將之前騷擾朝鮮沿海的倭寇沙乙同以及其同黨百餘人抓捕之後扭送朝鮮，並交還了一些被擄掠的朝鮮人口。而且在出使朝鮮之時主動獻上孔雀、鳥銃、日本刀槍等貢品，這種主動示好的做法終於讓朝鮮人感到宗義智的誠意。因此於朝鮮宣祖二十三年（萬曆十八年，西元1590年）三月，以黃允吉為通信使，金誠一為副使向日本派出了使團。

當朝鮮使團到了日本以後，可能是為了報復之前朝鮮的態度，居然把整個使團在日本晾了近一年。直到次年的三月分，才終於肯在大阪城接見朝鮮使者團，這才出現了本文開始的一幕。

引子

第一章
風暴將至

懵然無知的朝鮮

在日本滯留了一年的使團終於再次踏上了朝鮮的土地,可是通信使黃允吉卻無暇感慨,他一刻不停地派出了信使,向朝廷彙報日本必然要入侵的消息。聞此消息,國王李昖立刻宣布召見朝鮮使團一行,商量對策。

景福宮勤政殿

第一章　風暴將至

朝鮮國都漢城景福宮的勤政殿（思政殿）內，年近四十的國王李昖雖當壯年，但依舊難掩眼角的疲色。從他登上朝鮮國王的寶座到今天，已經過了二十多年的太平歲月。前些年「宗系辯誣」的大獲成功讓他完成了朝鮮開國兩百年以來歷代國王都未完成的夙願，本以為如此就能以一個明君的形象在青史留名，以後也能太太平平地過完下半輩子。誰知道對岸那些倭人又不消停，之前還奴顏媚骨地前來請求通好，誰知道派過去的使臣被滯留了一年不說，居然還帶回來日本的那個什麼平秀吉【即豐臣秀吉】要借道朝鮮進攻大明國的荒唐國書，真真讓人寢食難安。

【所謂宗系辯誣，其實就是關於李氏朝鮮太祖李成桂身世血緣的問題。

李氏朝鮮開國國王李成桂原是王氏高麗大將，戰功顯赫。後朱元璋定鼎中原建立明朝，元順帝北逃關外是為「北元」。當時王氏高麗首鼠兩端，對中國東北懷有極大野心，後因親元派大臣李仁任的扶植下，擁立恭愍王十歲的養子江寧君辛隅成為了高麗王，由此開始親北元而疏遠明朝。大明洪武二十一年（西元1388年），明朝在咸鏡南道的南端元朝雙城總管府（西元1355年被高麗吞併）設定鐵嶺衛，昭示了堅決將東北掌握在手中的決心。當此決定移文王氏高麗後遭到了強烈反對。親元派大臣崔瑩因此慫恿高麗王辛禑鋌而走險，派兵進攻遼東。李成桂則極力反對無效。當年四月，辛禑派李成桂入侵明朝。李成桂渡過鴨綠江後發覺行軍困難、糧餉不濟、士氣低落，於是從威化島（威化島是位於中國與朝鮮邊境的一個江中島嶼）回軍，回師松京（今朝鮮開城市），發動兵諫，廢黜辛禑，除掉了李仁任並流放崔瑩，把持朝政。並於明洪武二十五年（西元1392年）廢掉了高麗恭讓王，取而代之，並乞封大明。太祖朱元璋接受了他的請求，許他改名李旦，改國號為朝鮮。本來事情至此已經頗順利，可以皆大歡喜了。

但問題出現在明朝官方文件——《大明會典》上。《會典》第 105 卷上記載：「朝鮮國即高麗。其李仁人，及子李成桂今名旦者，自洪武六年至洪武二十八年，首尾凡弒王氏四王。」（李仁人實際叫李仁任（文中誤筆），是高麗末年親元的權臣。）明《會典》是弘治十五年，根據歷代官修《諸司職掌》、《皇明祖訓》、《大誥》、《大明令》、《大明集禮》、《洪武禮制》、《禮儀定式》、《稽古定製》，《孝慈錄》、《教民榜文》、《大明律》、《軍法定律》、《憲綱》等書和百司之籍冊編成，共 180 卷。正德年間重校刊行。嘉靖八年（西元 1529 年）續纂，未頒行。萬曆四年（西元 1576 年）重修，至十五年成，共 228 卷。《會典》中那段文字其實是因襲《皇明祖訓》的記載。

從一開始朝鮮發現《祖訓》裡的紀錄時，就向明朝報告，這段紀錄有誤。朝鮮說，自己的先祖李成桂根本不是李仁任的兒子。李成桂的高曾祖父李安社被蒙古帝國蒙哥汗封為千戶長和達魯花赤。其父李子春在元朝遼陽行省的雙城總管府（今朝鮮咸鏡南道的金野郡）當官，並被高麗封為朔方萬戶，他還有個蒙古名字叫「吾魯思不花」。可見與李仁任毫無關係。現在這樣記錄，不僅把人家宗系搞錯了，還讓人家祖宗背上了「弒逆」的罪名。

為什麼這樣記載呢？那是因為李成桂推翻王氏高麗後，國內反對派尹彝和李初隨即亡命明朝，並宣揚李成桂就是李仁任的兒子，而這種說法又被明朝官員接受而寫進了《皇明祖訓》中。儒家最講綱常，弒君謀逆是不赦的極罪，是「大不忠」；儒家最講宗法，把祖宗搞錯是人子無以安身的恥辱，是「大不孝」，這樣不忠不孝的歷史玷汙了祖宗的名節，事關國體根本。所以，每次修《會典》歷代國王都會上表，請求朝廷修改紀錄，消除歷史汙點，予以平反。國王上表都是一個要求：「本國世系已非李仁人後，

第一章　風暴將至

乞請改正，以洗祖宗篡奪之恥。」

除了不停「申訴」之外，朝鮮還積極說服明朝使節，懇求將如此大的冤情帶回去上達「天聽」。史載：嘉靖十五年，皇子誕生（是為哀沖大子），命修撰龔用卿、給事中吳希孟頒詔。朝鮮國王率文武百官生儒郊迎至勤政殿，行開讀禮訖，宴於太平館。國王執禮甚恭，因言及其祖非係李仁人之後，《會典》所書弒王氏四君之事，已經累次奏准改正，迄今尚未改，朝夕營心，未嘗忘也。用卿等曰：「此子孫不敢誣其祖父之心，不失為孝。若果非其後，理當奏聞。」

這明朝廷也不知怎麼了，對人家這麼關注的大事，似乎很不上心，你朝鮮申訴歸申訴，我這邊就是不改。以至於朝鮮歷代國王對此事已經到了一個痴迷的境地，使者一派再派，最終在萬曆十六年（西元1588年）《大明會典》終稿成書時，明朝對這段歷史進行了修正，這對朝鮮來說不啻為一個巨大的外交成功，「宗系辯誣」這一事件也因此告一段落。

雖說此事在國家的層面算是大致了結，但是卻並沒完全結束，朝鮮人對此事的敏感已經到了一個難以想像的程度。萬曆四十三年（西元1615年），朝鮮使臣向禮部反映，雖說《會典》已作更正，但前些年朝鮮透過朝貢時在中國買了些書，發現有些野史類的書上，還是沒有改正。因此，懇請禮部將更正部分的內容通曉史館和各級學校，以便文人周知後，不再誤寫這段歷史。其認真急切得就差滿世界去貼大字報，為自己平反昭雪了。

終於在歷盡艱難的「兩世紀申訴」之後，最後在明《會典》中新增了這些文字：「先是永樂元年，其國王具奏世系不係李仁人之後，以辯明《祖訓》所載弒逆事，詔許改正。正德、嘉靖中，屢以為請，皆賜敕獎諭焉。萬曆三年，使臣復申前請，詔付史館編輯，今錄於後。

李成桂，系出本國全州。遠祖翰，仕新羅為司空。六代孫兢休，入高麗。十三代孫安社，生行里。行里生椿，椿生子春，是為成桂之父。李仁人者，京山府吏長庚裔也。始王氏恭愍王顓無子，養寵臣辛旽子禑為子。恭愍王為嬖臣洪倫等所弒。李仁人當國，誅倫等，立禑。禑嗣位十六年，遣將入犯遼東，成桂為副將在遣中。至鴨綠江，與諸將合謀回兵。禑懼，傳位於其子昌。時恭愍妃安氏以國人黜昌，立王氏孫定昌君瑤，誅禑昌，逐仁人。已而瑤妄殺戮，國人不附，共推成桂署國事。表聞。」

　　塵埃貌似落定了，但是別急，居然還有下集！

　　當清朝修《明史》時，「辯誣」之事又起，一直從康熙朝「申訴」到雍正朝。為修改史稿中的字句，朝鮮不惜以金銀、寶馬和珍珠賄賂修撰官員，最後乾隆朝《明史》修成，清廷把《明史・朝鮮傳》送到朝鮮，國王還是對其中個別字詞心存芥蒂。但事已至此，無可奈何，再加上群臣們拿《三國志》中關於劉備稱帝的記述開導他，國王這才作罷，其時已歷三朝。可是沒過多久，萬曆四十三年的戲文居然又開幕了：朝鮮從中國購買的書籍中，發現幾本野史仍有所謂的「誣文」，國王再次深感痛心疾首，上表清廷，要求禁絕。】

　　「倭人難道真的如此膽大包天？」一想到這裡，李昖便再也沉不住氣，不待殿下兩班朝臣站好便急急地讓此次出使的通信使黃允吉出班稟奏：「黃卿，此次出使，倭人果真意欲渡海西侵否？」

　　「啟稟陛下，日本號稱欲一超直入大明國，實乃假途滅虢之計，其醉翁之意實在中國。倭人戰國百年，兵強馬壯，武士當國，其國關白豐臣秀吉大權在手，已呈江山一統之象，其人其言不可輕忽！臣以為，必有兵禍！」黃允吉回奏道。

第一章　風暴將至

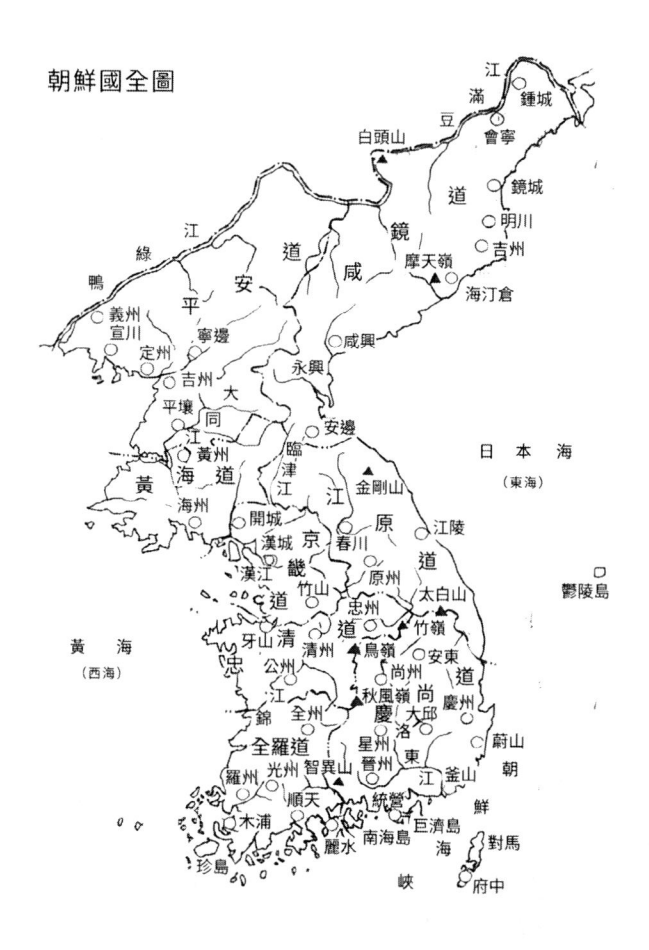

朝鮮國全地圖

　　話音剛落，隨著黃允吉帶來的這個爆炸性的消息，原本平靜如水的朝堂一下子變得像個菜市場，殿下群臣紛紛交頭接耳起來。與此同時，黃允吉身邊傳來重重的一聲冷哼，隨即出來一人，高聲說道：「臣有話說！」黃允吉轉頭看去，正是與其一同出使的金誠一。

李昖看了看搶出班來的金誠一，點了點頭說：「金卿身為副使，看來所見有所不同，那你說說。」

　　金誠一輕蔑地掃了一眼黃允吉大聲道：「陛下，臣在日本卻未見如此情形。倭人故意滯留我使團一行年逾，不過是為亂我心神，虛張聲勢耳。臣舉一例為陛下解之，當時臣等初履日本，其對馬島島主平義智【即宗義智】於山寺中宴請臣等，其身為主人，居然遲遲不至。來到後居然更讓坐轎直入大門至階下，無禮怠慢如此！臣即刻以大義責之，並不受其宴。平義智隨歸咎於轎伕，立斬之，奉其首級向臣等賠罪。僅此一事，即可見倭人色厲內荏，不足為患。黃大人身為通信使於彼國張惶失措進退失據，毫無我朝鮮上國國體，如今更發此無稽之論，動搖人心，莫非另有所圖乎？」

　　隨著金誠一的指責，朝堂上的吵雜之聲不但沒有平息，反而愈來愈大，甚至有些大臣已經私下開始爭執了起來。

　　「你！」黃允吉本早知金誠一因其在日本與倭人虛與委蛇，而不是處處擺出上國的架子而不滿已久，更因雙方分處東西兩黨而彼此對立，但是萬萬沒有想到金誠一居然在朝會上公然這樣指責，氣得滿面通紅，手指著金誠一好一陣說不出話來。

　　「好了！」李昖從登基起，便見慣了這等黨爭時大臣互相攻擊的場面，他知道現在不是吵架的時候，立時便喝止金誠一向黃允吉繼續攻擊。繼續問道：「那黃卿說說看，日本那個平秀吉是何等人物啊？」

　　「回稟陛下，」黃允吉穩了穩波動的心情，回答道：「平秀吉此人兩眼迥然有神精光外露，望之即為有膽有智之雄主！」

　　「金卿，你以為呢？」李昖又問道。

　　也許是想到了在豐臣秀吉面前那丟臉的一幕，金誠一以更加大聲的語

第一章　風暴將至

調回答道：「回稟陛下，臣以為其目光如鼠，不過是虛張聲勢罷了，不足所畏！」

此時站在群臣中時任吏曹判書的柳成龍望著金誠一，臉上神情複雜，內心顯然十分糾結。身為「東人黨」的重要人物，他必須支持金誠一，可是日本發兵來襲不是小事，萬一判斷失誤，不單單影響自己的政途，更是關係到了國家興亡，實在不可輕忽。左思右想，最終柳成龍還是牙關一咬，出列道：「啟奏陛下，臣以為金大人所言有理，倭人舉國入寇，自「白江之戰」【白江之戰是七世紀中後期發生在朝鮮半島的一次重要戰役，對戰的一方為大唐與新羅聯軍，另一方為百濟與日本聯軍，最終唐軍以少勝多，幾乎全殲日本水軍，並大破百濟日本的陸軍，獲得全勝。】後千年所未有。何況日本國內諸侯分裂，其國戰亂百年，民不聊生，何來的兵馬錢糧入侵中國呢？」

柳成龍這位「東人黨」的大佬一帶頭，立刻應者如雲，只見兩班朝臣紛紛出列附和，力證日本不可能入侵朝鮮。而黃允吉所處的「西人黨」，恰在他出使日本之時因為「建儲風波」【建儲風波：宣祖王妃懿仁王后因體弱不能生子，所以宣祖沒有嫡子，只能在後宮所生王子中冊封世子。當時左議政鄭澈，右議政柳成龍，領議政李山海等對冊封世子問題一再討論後，決定立光海君為世子。實際上，這是東人領袖李山海將陷西人於不利之地的陰謀。李山海察覺宣祖寵愛仁嬪金氏生的信城君，於是偷偷傳話給金氏：鄭澈等擁立光海君，並將謀害金氏與信城君。仁嬪隨即將此事告訴宣祖，宣祖大怒。而鄭澈對此內情毫無所知，在經筵上奏請宣祖立光海君為世子。宣祖震怒，而東人黨李山海、柳成龍等則保持沉默。最後鄭澈被流放，西人勢力隨之一蹶不振，東人完全掌握了政權。】徹底失勢，鄭澈等「西人黨」大佬紛紛被罷職貶謫，他在朝廷上孤立無援，最終淹沒在一

片倭人不足懼的言論當中。

　看見大臣們紛紛表示日本不足為懼，必然是虛言恫嚇之後，端坐在御座上的國王李昖彷彿鬆了一口氣，臉上原本略顯焦躁的神情也不禁舒緩下來，露出了一絲笑意。既然朝堂上群臣的意見幾乎一面倒地支持金誠一，那麼看起來這件事彷彿已經有了定論。「這個天下，還是太太平平地好啊！」國王李昖望著殿外的晴空，不禁這樣想著。

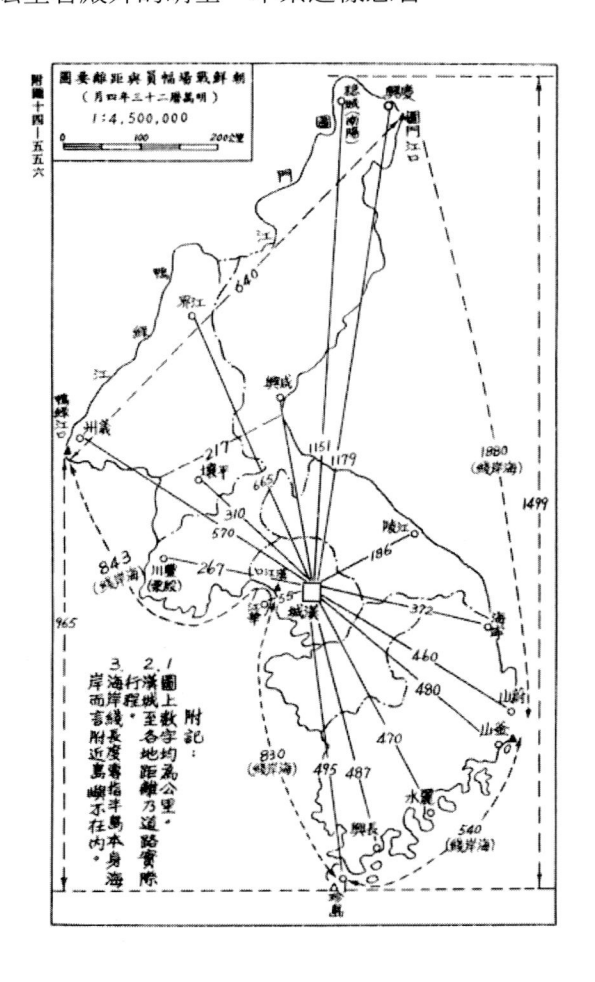

第一章　風暴將至

黨爭與戰備

　　如今的朝鮮，臣服於明朝達兩百餘年，典籍制度衣冠服飾一如中原，自號「小中華」，頗有一番明朝老大自己老二的架勢。可是朝鮮對明朝的學習是純粹的照單全收，不管好壞全都撿到自己的碗裡，結果當明朝這邊的黨爭正方興未艾的時候，朝鮮這邊有樣學樣，國內的黨爭也鬧得熱火朝天。什麼事情一旦牽涉到了黨爭，那不管本質如何，其態度就只有不問公理只有立場，不問是非只有黨派。

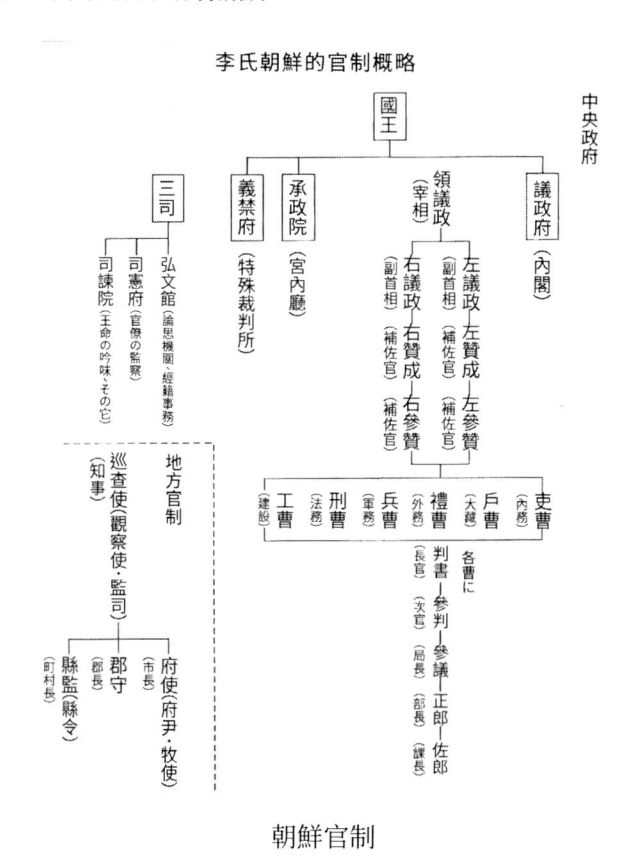

李氏朝鮮的官制概略

中央政府
- 國王
  - 議政府（內閣）
    - 領議政（宰相）
      - 左議政（副首相）—左贊成（補佐官）—左參贊（補佐官）
      - 右議政（副首相）—右贊成（補佐官）—右參贊（補佐官）
    - 吏曹（內務）
    - 戶曹（大藏）
    - 禮曹（外務）
    - 兵曹（軍務）
    - 刑曹（法務）
    - 工曹（建設）
    - 各曹に判書（長官）・參判（次官）・參議（局長）・正郎・佐郎（部長・課長）
  - 承政院（宮內廳）
  - 義禁府（特殊裁判所）
  - 三司
    - 弘文館（論思機關、經籍事務）
    - 司憲府（官僚の監察）
    - 司諫院（王命の吟味、その他）

地方官制
- 巡查使（觀察使・監司）（知事）
  - 府使（府尹・牧使）（市長）
    - 郡守（郡長）
      - 縣監・縣令（町村長）

朝鮮官制

朝鮮的「黨爭」，從社會經濟上看，其根源在於朝鮮自身的「兩班制度」。在朝鮮，王族之外的臣民共分成四個階級：兩班貴族【亦稱士大夫，分為文班（文官）、武班（武人），統稱「兩班」。】，中人【官員的良妾所生的兒子，良妾是平民百姓嫁給官員作為妾侍的稱呼】，平民，賤民，階級制度規範非常嚴格，不同階級之人不准許通婚，並實施從母法，母親是什麼階級孩子也是一樣。在高麗時代，各級官員分為朝鮮王朝開國之後，承襲了高麗時代的舊制，形成了新興的文班與武班，其貴族身分世代相傳。朝鮮時代的兩班從建國初期就一直掌握著國家的經濟特權。在李成桂的科田制改革中，功臣們從高麗舊貴族手中奪得了土地，而建國之後，由朝廷以各種名目授予的田地【科田】、俸祿【功臣田】，加上兩班私自圈占、兼併的平民田地，兩班財富日積月累，而相對地政府的稅源卻捉襟見肘。兩班的經濟特權直接造成了國家的貧弱。

　　王室、兩班作為社會的寄生階級，不從事任何實際生產活動，而人口卻以高於勞動階級的速率上升。在農業社會，土地是有限的珍貴財富，並且在技術條件限制下，土地滋生的產品幾乎不會年年遞增。如此一來，不斷增加的貴族人口與有限的財富存在著深刻的矛盾，類似問題，在國土狹窄的朝鮮半島尤為明顯。為了限制貴族人口的增長速度，自太宗時代起，國法出現了「庶孽禁錮」的規定，這是一種極富朝鮮特色的嫡庶差別待遇。根據國法，兩班家庭中只有正室夫人的後代可以繼承貴族身分，妾侍的子女一般只能淪為兩班與良民之間的中人，甚至可能會成為地位更為低下的賤民。而中人只能充任翻譯、醫官、捕校等低階基層官吏，不能享受兩班的特權。

　　單憑兩班內部的自我淘汰，還是無法維持穩定的經濟利益的分配。尤其在倭亂、胡亂之後，本來就微不足道的八道土地，絕對值進一步縮減。

第一章　風暴將至

　　與此同時，朝鮮王朝中期以來，政治運動不斷發生，結果產生了為數眾多的新興功臣，兩班內部僧多粥少的情形日趨嚴重。朝鮮是文官社會，仕途與財富有著相輔相成的關係。在利益的刺激下，統治體制內部的官位爭奪戰十分自然地發展為集團之間對抗的黨爭，集團內部一榮俱榮、一損俱損。當然，黨爭的表面是理念、政見的爭議，然而究其實質不外是俗不可耐的權、利之爭。

　　而從政治上看，朝鮮的「黨爭」始於朝鮮李朝的第十一代國王中宗李懌時期。當時擁立中宗的功臣形成了一個勳舊功臣的團體，即所謂的「勳舊派」。可是因為這個團體的勢力過大，嚴重影響了君權，因此在中宗的扶植下，新進的進士林儒生很快圍繞著君權形成了所謂的「士林派」，兩派互鬥，水火不容，之後便形成了一個惡性循環，因為君王自身失權，因此便需要培植勢力來奪權，而後來者要上位，一樣得培植自己的勢力。於是「朋黨」隨著政治鬥爭愈演愈烈，最終在朝鮮李朝第十四代國王宣祖李昖時期發展到了巔峰。

　　在這個時代的黨爭主要發生於「西人黨」與「東人黨」之間，西人黨的首領叫沈義謙，本貫青松【所謂「本貫」，就是本家族認定和公認的祖先曾居住過的地方。就是說，透過本貫能反映出一個家族其子子孫孫、世世代代繁衍下來的血統關係。一個家庭在生活過程中，由於種種原因，雖然不在同一個地方居住，但經過查家譜或本貫，就能清楚地了解是否同屬一個祖宗的血緣親屬關係。在本貫形成、演變過程中，有的姓氏只有一個本貫，而有的姓氏則多達上百個本貫，而且依據這個本貫所形成的民間風俗習慣，有的一直沿用至今。】，字方叔，號巽庵、良庵、黃庵，明宗妃仁順王后沈氏之弟，西元1555年考中進士，在仁順王后攝政期間逐漸掌握了朝廷要職，被授予「青陽君」的爵位。東人黨的首領叫金孝元，本貫善

山，字仁伯，號省庵，曾為尹元衡的門客，西元1564年考中進士，在一年之內歷任了兵曹佐郎、正言、持平等官位，明宗薨逝後逐漸掌握了朝廷要職。由於金孝元住在漢城東部洛山下甘川洞一帶、沈義謙住在漢城西部貞洞一帶，因此各自以他們兩人為中心，形成了東人黨【嶺南學派】和西人黨【畿湖學派】。

此兩黨的結怨起因傳說非常偶然，當年權相尹元衡當道之世，世人競相趨附。日後的「東人黨」領袖，飛黃騰達的名士金孝元，當時還是一介貧寒書生，寄食於尹元衡門下。而同樣在之後聲名鵲起的外戚沈義謙，一次造訪相府，尹氏家人將他延入屋內。路過食客房間，心血來潮的沈義謙指著寢席逐一詢問食客姓名。當問及金孝元時，家人介紹說：「此人雖未及第，但頗有文名。」沈義謙聽後，露出不屑的神色：「果真是豪傑之士，又怎會與權門的無識食客為伍？」

一句有意無意的評頭品足，成為金、沈二人私怨的肇端，也成為日後延續數百年黨爭的導火線。

然而，沈義謙並無知人之明，在他印象中只懂拍馬溜鬚的金孝元，最後竟然一舉登科、與自己同朝為官。沈義謙對金孝元已有成見，自此之後牴觸抗拒的情緒更是根深蒂固。一方面，沈義謙在尹元衡倒臺之後扶持士林，頗以功臣自命。另一方面，金孝元則以兩袖清風的人格魅力，在身邊形成自己的小宗派。兩位政壇巨星均有各自的支持者，兩人一旦交惡，對抗的情緒便迅速擴散到各自的集團。所謂門戶之見，於斯形成。

金孝元與沈義謙的擁護者們，正是以私人感情好惡為施政的基點，在朝廷上利用輿論公器行私鬥之實。而此時朝鮮的兩位大儒學家李滉與李珥，因為對從中國傳來的程朱理學的不同解釋，發生了思想界的對立。李滉認為程朱理學的核心在於「主理說」，李珥則認為程朱理學的核心在於

第一章　風暴將至

「主氣說」。這個思想界的對立很快就被朝廷的朋黨鬥爭利用。東人黨支持「主理說」，而西人黨則支持「主氣說」。政見之爭與思想之爭因此連結起來，演變為從理論打擊對手的程度。

而在朝堂上對於日本入侵的爭論則是「黨爭」的典型體現。不論是對豐臣秀吉的評價還是對即將而來的日本入侵，黃允吉都給出了非常有遠見的回答。但是當時因為「建儲風波」，「西人黨」已經失勢。因此黃允吉的金玉良言都被「東人黨」認為是想要動搖人心，希望以此翻身的伎倆，因此大加斥責，同樣出使的金誠一便充當了這個急先鋒。

當然朝鮮國內也不是沒有明白人，當時同是「東人黨」骨幹之一，後來的抗倭名臣柳成龍雖迫於黨派因素支持了金誠一，但是事後想想還是不放心，私下裡問他說：「您說的與黃允吉正好相反，萬一日本真的打過來了，那如何是好？」金誠一卻無所謂地說：「我哪知道日本人會不會真的打過來，主要是看大家那麼緊張，所以才故意這麼說讓大家別害怕而已。」對國家生死存亡的大事被其弄得如兒戲一般，金誠一這種表現簡直就和明末清流的表現如出一轍，將黨派利益置於國家利益之上，貌似大義凜然實際上做出來的事情卻使得親者痛仇者快，用「國賊」來形容也毫不為過。更有甚者當豐臣秀吉下定決心進攻朝鮮之後，宗義智還曾經乘船來朝鮮報信，說：「豐臣秀吉就要發兵進攻明朝了，你們也免不了兵禍，貴國還是趕快向明朝報告，以便免除這次兵禍。」這段話看著像是最後通牒，其實更像是宗義智對朝鮮的警示，但朝鮮人依然無動於衷，讓宗義智在海邊白白等了十餘日，失望而回。經此一事宗義智知道戰爭已經無法避免，回國就向豐臣秀吉獻上朝鮮詳細的地理圖，全力助豐臣秀吉備戰。對於宗義智而言，既然得不到和平，那麼就只能在戰爭中爭取獲得最大的利益這華山一條路走了。而宗義智的最後通牒也使得在朝鮮三浦等地借居的日本人

明白了大戰將臨，紛紛逃散一空。可是這麼明顯的訊號也被朝鮮方面所無視。

因為「東人黨」的阻撓，最終朝鮮對日本顯露出的戰爭訊號麻痺大意。僅僅是象徵性地任命金睟為慶尚道巡察使，李洸為全羅道巡察使，尹先覺為忠清道巡察使，檢查準備軍器，修築城池。後又派遣申砬巡視京畿、黃海兩道防務；讓李鎰巡視全羅、忠清兩道防務。此外因為柳成龍的推薦，任命了李舜臣為全羅右道水軍節度使，整頓水軍。

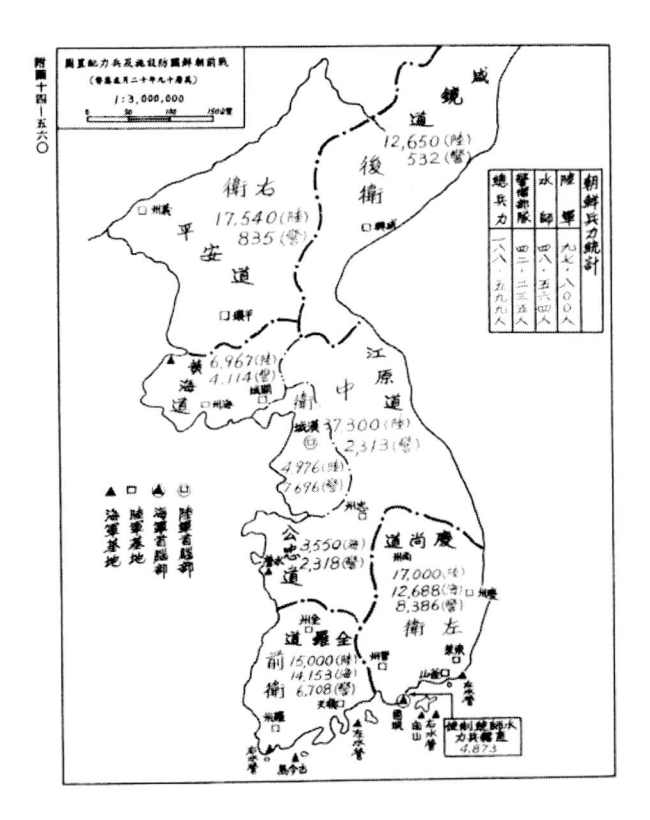

就算是這樣粗疏的戰備，朝鮮也完成得一塌糊塗。由於國內承平日久，百姓耽於勞役，對於這樣馬虎敷衍的戰備都怨聲載道叫苦連天。而後

第一章　風暴將至

來的戰備大員申砬、李鎰這些人所謂的巡視也不過是點點武器庫中的弓矢槍刀的數量而已，基本上就是做做樣子罷了。甚至這些重臣大將本身的軍事素養就很有問題，例如申砬與柳成龍談到日軍時，柳成龍提醒他說日軍原來僅僅是短兵犀利，但是如今擁有大量製作精良的鳥銃火器，不能輕視。可是申砬卻說：「有鳥銃又怎麼樣？反正也未必能打得中！」對火器的了解簡直愚昧到了可笑的地步，就這麼一個人在當時的朝鮮已經能算得上是名將，可見當時朝鮮文恬武嬉的程度。

就朝鮮整體的備戰而言，因為朝政腐敗和黨爭，除了李舜臣對水軍的整訓發揮了作用之外，其餘均敷衍了事，毫無成效可言，在後來的戰爭中，朝鮮也因此自食惡果，得到了慘痛的教訓。

第二章
倭軍渡海

秀吉的野心

　　萬曆十九年六月，朝鮮國王李昖，奉復日本國王殿下。使至獲審，體中佳裕，深慰深慰。兩國相與信義交孚，鯨波萬里，聘問以時。今又廢禮重修，舊好益堅，實萬世之福也。所有鞍馬器玩、甲冑兵具，名般甚夥，製造亦精，贈餽之誠，蔶超尋常，尤用感荷。但奉前後二書，辭旨張皇，欲超入上國，而望吾國之為黨。不知此言，奚為而至也。自弊邦言之，語犯上國，非可相較於文字之間，而言之不酬，亦非交鄰之義，敢此布露，幸有以亮之。唯我東國，即殷太師箕子受封之舊也。禮美之義，見稱中華，凡歷幾代乎？逮我皇明，混一區宇，威德遠被，薄海內外，悉主悉侍，無敢距違，貴國亦嘗航海納貢，而達於京師。況敝邦，世守藩封，執壤是恭，侯度罔愆，故中朝之待我也，亦視同內服，赴告必先，患難相救，有若家人父子之親者。此貴國之所嘗聞，亦天下之所共知也。夫黨者，偏陂反側之謂。人臣有黨者，天必殛之。況舍君父，而黨鄰國乎？且丁未接遇之違例，雖未詳其故，而事在已往，時亦異代，非百世必報之怨，而大王新立未久，謂宜安靜鎮撫之是圖。豈可以小謀大，妄動干戈於天限海壍外哉？嗚呼！伐國之問，仁者所恥。況於君父之國乎？敝邦之

第二章　倭軍渡海

人，素秉仁義，知尊君父，大倫大經，賴以不墜。今固不以私交之厚，而易天賦之常也，豈不較然矣乎！竊料貴國今日之憤，不過恥夫見絕之久，禮義無所效，開市不得通，不得並立於萬國玉帛之列也。貴國何不反求其求，自盡其道，而唯不臧之謀是依？可謂不思之甚矣。二浦開路之事，在先朝，約誓已定，堅如金石。若以使價一時之少倦，而輕改久立之成憲，則彼此俱失之矣。其可乎哉！不腆土宜，具在別幅。天時極熱，只祈若序萬重。不宣。

　　手捧著這份朝鮮回覆的國書很久，豐臣秀吉的眼光卻並未落到這封國書之上，思緒彷彿回到了十五年前，他在信長主公【即織田信長】面前的那段慷慨陳詞：「……率兵掃平朝鮮，更收朝鮮兵馬，席捲明國四百餘州，為主公大人混一日本、朝鮮、明國，此為臣之宏願！」「當時自己是多麼的意氣風發呀」，豐臣秀吉感嘆著，「難道現在真的老了嗎？」

豐臣秀吉像

「不！老驥伏櫪志在千里，既然已經成了天下人，就必須有身為天下人的覺悟！信長主公，臣必定能完成對您的承諾！」隨著秀吉的喃喃自語，手中的朝鮮國書已經被緊緊揉成一團，下午明媚的陽光打在豐臣秀吉的臉上，卻顯得那麼地猙獰。

對豐臣秀吉如此狂熱的侵略野心，不論是朝鮮還是明朝都是難以理解的，他們想像不到一個區區的島夷國家，居然有膽子打大明朝的主意，這簡直是狂妄到荒唐的地步了。可是真正了解這個國家歷史的人才會知道，豐臣秀吉的野心並非是空穴來風，某日突發奇想出來的，而是身為一個國土狹小的島國民族一分子為了拓展自己的生存空間對大陸那深入骨髓的嚮往。日本對朝鮮的侵攻，豐臣秀吉也不是第一個。最早在日本的古墳時代，傳說日本第十四代仲哀天皇的皇后──神功皇后【神功皇后（西元170年？～269年？），日本第十四代仲哀天皇的皇后。其在《日本書紀》中被稱作氣長足姬尊，《古事記》裡則名為息長帶姬命。傳說在仲哀天皇去世後曾長期攝理朝政，為日本史書上首位女性統治者，其三度出征朝鮮也開日本海外拓土之先例。】便曾率軍對朝鮮半島展開了攻擊，並成功擊敗當時在朝鮮半島南端立國的新羅國，建立了從屬於日本的任那府殖民地。後來新羅國求救於高句麗，遏止了日本在朝鮮半島的擴張計畫，並最終消滅了任那府，但是日本依然沒有死心。西元七世紀又與朝鮮半島上的百濟國勾結起來，侵攻新羅國，企圖再度殖民朝鮮半島，將其生存空間擴張至東亞大陸上來。可是這一企圖再次被當時如日中天的唐帝國所打破，白江一戰，唐軍以少克多，痛殲日本百濟聯軍，以至於到了明朝，日本人稱呼中國的相關名詞大部分依然用唐這個詞來指代，例如唐人、唐國、唐船等，可見此戰對日本的教訓是多麼地深刻。如今豐臣秀吉站上了日本權力的最巔峰，自然會對東亞大陸野心重燃。當然即便日本自古以來對大陸

第二章　倭軍渡海

就有極大的野心，但是豐臣秀吉的這份野心也大得過於誇張了些。他不僅僅對朝鮮和明朝抱有野心，甚至後來還命令當時處於西班牙殖民之下的菲律賓【當時稱高山國】投降，不然就要進行征討。此後更在給他的繼承人關白豐臣秀次的《二十五條覺書》中宣稱還要占領印度【當時稱天竺】。

為何豐臣秀吉對擊敗朝鮮甚至明朝如此自信滿滿？這跟他手中的兩樣戰爭利器有關。日本戰國百年戰亂，對日本人民來說自然是一部苦難史，但是對日本的戰爭形態而言改變極大。正是透過這百年的戰亂，使得日本人從冷兵器戰爭慢慢過渡到熱兵器戰爭，而其中最關鍵的便是日本鐵炮的大規模使用。

鐵炮即日本人製作使用的火繩槍，在中國則被叫做鳥銃。日本自西元1543年首次從葡萄牙商人處得到火繩槍之後，種子島工匠八板金兵衛模仿其構造製作出第一把日本製的火繩槍，遂以此地命名，不久後迅速傳遍日本。隨著日本人不斷地研究改進，在日本戰國中後期，鐵炮早已成為了日本各路大名們互相征伐的主力戰鬥兵器之一。在明朝嘉靖年間，日本的鐵炮便隨著倭寇的大舉入侵而傳入中國，當時日本製造的鐵炮已經比明朝自產的火器要精良得多，因此深受抗倭名將戚繼光的推崇，甚至大舉仿造，將其命名為鳥銃。此後戚繼光一手訓練出來的南方兵均有一手鳥銃絕活。而對朝鮮來說，鐵炮可是個新鮮玩意，沒多少人對其有清晰的了解，自然也談不上有何策略對付。以先進的火器對抗落伍的冷兵器，怎麼會不成功呢？

除了鐵炮，還有另外一樣利器便是傳統的日本刀。日本刀鋒利無比，製作精良，其源頭為中國製刀術，尤其唐代的唐刀傳入日本為日本的製刀技術帶來了極大進步。到了宋代後，日本刀在技術上已經極為出名，以至於歐陽修、司馬光、王安石、梅堯臣等宋代名臣均寫過各種版本的〈日本刀歌〉以誇讚日本刀的極盡精良。而到了明朝，日本刀在技術上已經遠超

越中國，不論是長度、鋒利還是形制上，均遠超越明軍所用的腰刀，因此日本刀在嘉靖大倭寇時代便給了明朝人極深的印象，因此戚繼光亦模仿了日本刀的形制創製戚家刀。此種利器在短兵相接當中，威力無比，不論對朝鮮還是明朝，都是一個極大的威脅。有了這兩樣戰爭利器，豐臣秀吉才會對自己的軍事實力自信滿滿，乃至於狂言要征服世界。

日本鐵炮足輕與西洋火槍手

當然對於豐臣秀吉這樣人生風雲起伏幾十年的梟雄人物，舉國入侵朝鮮這樣的大事，也不是單純地野心使然。十九世紀英國首相帕麥斯頓的一句「沒有永遠的朋友，只有永遠的利益」道盡了國與國之間關係的本質。對於豐臣秀吉來說，之所以要侵略朝鮮甚至於想更進一步占領中國，後面自然有著大量利益的糾葛。日本戰國時代戰亂數百年，到了豐臣秀吉才算初步平定全國。但是和中國傳統的統一不同，日本的這個「統一」並非單純地靠武力來鎮壓全國，其中更有相當程度上的政治妥協，其中如德川家康這樣的大領主對其的降服僅僅是一個姿態罷了，他們聯合起來的力量對

第二章　倭軍渡海

秀吉並不處於劣勢，因此秀吉需要占領更廣闊的土地來強大自己的力量。而秀吉本身對自己直屬家臣的領地分封又十分慷慨，因此日本這麼個國土狹小的島國上的土地就很不夠分，面對武士們那強烈的領土欲望，秀吉也不得不尋找新的土地供他來分配。

除了對土地的渴求之外，在豐臣秀吉發兵朝鮮的背後更有著強大的經濟推動力。當時的日本商業非常發達，商人擁有強大的經濟力，通常勢力強大的日本大名背後，都有著商人勢力的支持，豐臣秀吉也不例外。而日本這樣的島國，在商業上利潤最為豐厚的莫過於和明朝的「勘合」貿易。說起這個「勘合」貿易，是一種極富明朝特色的貿易形式。在明朝以前，中國歷朝歷代，對外海洋貿易都是經濟的一個重要組成部分，而到了明朝，開國皇帝朱元璋就實行了「海禁」，嚴禁人民跟外國人做生意。朱元璋是個開國的皇帝，他這一禁止，那就變成了所謂的祖制。中國人天大地大祖宗最大，一旦某種東西變成了祖制，那想破除就萬分地困難。但是外國想與中國做生意的願望又極為強烈，那怎麼辦呢？於是明朝人發明了一種變通的辦法，由明朝朝廷對海外諸國頒發「勘合」，上面寫明了時間地點，允許各國或三年，或五年向明朝進貢本國的特產，而明朝朝廷收下貢品以後，為了顯示我天朝地大物博物產多有，自然不會白拿海外藩國的貢品。因此便會以「國賜」的形式回酬外商所需中國物品。因此這樣的貿易也被稱之為「貢舶貿易」。

這樣的「勘合」貿易，顯然根本不能滿足商人們貿易的願望，對於日本則更加如此。別國都可以三五年來一次「勘合」，而日本則是十年才被允許一次「勘合」，甚至到了嘉靖時期對日本的勘合貿易直接就被禁止了。為何對日本就如此特殊對待呢？主要因為日本有一樣特產，那就是「倭寇」。明朝的「海禁」，相當程度上就是為了對付肆虐中國沿海的倭寇，因

此日本方面的貿易需求才如此被明朝區別對待。這樣的結果對於支持豐臣秀吉的商人來說自然是不能接受的，但靠外交交涉又不可能讓明朝改變主意，那麼最終只有靠武力這一條路可走。

明朝銅錢因貿易而成為日本基本貨幣之一，圖為被日仿製的中國洪武通寶銅錢

所謂利令智昏，在國內利益的需求下，在野心的推動下，豐臣秀吉開始了征討朝鮮乃至明朝的軍備計畫。但是由於倭寇的問題，日本與明朝關係非常惡劣，因此日本方面對明朝國內的情況也屬於盲人摸象。就像老鼠永遠無法挑戰大象一樣，做出進攻中國這個決定的豐臣秀吉心裡也在不安著，到底能不能贏呢？要摸清明朝的情況那就得問內行人，於是豐臣秀吉就找上了他能找到的最為內行的人，那就是曾經縱橫明朝沿海的大倭寇王直的餘部。王直這個人又叫汪直，號五峰，是明朝徽州人，也就是現在安徽的黃山市，此人原本是以走私為生，生意做大之後被稱之為「五峰船主」，後來甚至壟斷了中日之間的海上貿易。王直這樣的大規模走私的行為自然會被朝廷盯上，於是遭到了圍剿，王直於是將基地遷移到日本。在日本王直如魚得水，他以日本平戶（今屬日本長崎縣）為基地，掛起「徽

第二章　倭軍渡海

王」的旗號，藉著日本國內諸侯戰亂不休的機會，招納日本的流浪武士與亡命之徒，並勾結各路倭寇頭目，向明朝沿海進行劫掠，勾結倭寇劫掠中國東南沿海地區和殺戮中國百姓，因此成為了嘉靖時期最大的倭寇。此人雖然後來被胡宗憲誘降後並被處死，但是餘黨並未消亡，甚至到了豐臣秀吉這個時代還能找到王直的餘黨來問話。

這幫人對秀吉說：「當年胡宗憲追捕王直之時，我等三百餘人從南京一路燒殺搶掠到福建，縱橫一年之久，全身而還。唐人【日本對唐代的強盛和輝煌記憶過於深刻，以至於到了明朝依然稱呼中國為大唐，稱呼中國人為唐人。】畏日本如虎，占領唐地簡直易如反掌。」

豐臣秀吉聽到這幫內行這樣說，也開始自吹自擂起來，說：「以我的智慧來指揮我的兵馬，就像大水崩開沙子，用利刃破開竹子，什麼城池拿不下？什麼國家滅亡不了呢？君臨大唐那是十拿九穩了。唯一可慮的就是唐人的水軍厲害，恐怕我的兵馬不能順利地登陸唐地。」

與王直殘黨的這一番對話，更加深了豐臣秀吉必勝的信念。可是王直殘黨的話到底是不是事實呢？其實這番對話既對，又不對。在王直那個時代，的確明朝沿海衛所敗壞，士兵紛紛逃亡，戰鬥力極為低下，因此王直等一干大小倭寇才能在明朝沿海肆虐如此之久。在一代名相張居正的改革下，明朝的經濟大有改觀，此外張居正又重用戚繼光這位名將，放手讓其招募義烏礦工，打造成了「戚家軍」這麼一支鐵軍。此後幾十年，以浙兵為主力的南方明軍均以訓練有素並善用火器而聞名。另外王直殘黨所交手的明軍都是江浙福建一代的南方衛所明軍，對北方明軍的戰法及戰力則完全不了解。北方鎮守宣府大同和遼東的明朝北方邊軍由於常年與蒙古、女真等少數民族交手，以馬軍為主力，野戰能力更為強勁。後來戚繼光在薊州（今天津薊縣）練兵十六年，將明朝北方邊軍訓練得更為精銳。雖說明

朝萬曆皇帝昏庸，將張居正的改革毀於一旦，又將戚繼光貶謫，以至於一代名將潦倒而死。但畢竟瘦死的駱駝比馬大，從絕對的實力看，明軍戰鬥力依然非常可觀。而這些情況則是這些王直殘黨所不知道的，因此雖然他們說的都是當年的實情，但是這些情報卻嚴重誤導了豐臣秀吉對於明朝實力的估計，同樣對戰爭的結果產生了直接的影響。

定策

萬曆十九年（西元 1591 年）八月二十四日，因為勸降被拒絕，豐臣秀吉大會諸侯於京都，正式宣布討伐明朝。第一步的戰略計畫所有人都能想像得到，那就是首先進攻朝鮮，占領朝鮮之後再以朝鮮為跳板進擊中原。

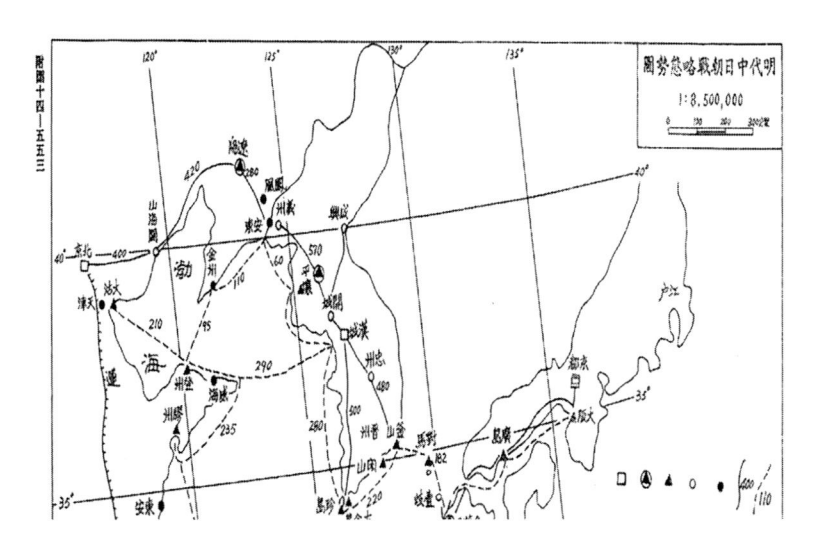

之所以會制定出這樣一個人人都知道的戰爭計畫，正是由朝鮮與日本之間的地理位置決定的。當時日本與中國的交通線一共只有三條路線：

第二章　倭軍渡海

　　第一條是從日本九州島出發，經由琉球、臺灣到達終點福建或者寧波。這條路線基本以海路為主，往來多依靠季風，這條路線的好處是能避開明朝防禦最為嚴密的九邊【九邊，又稱九鎮，是中國明朝在北部邊境沿長城防線到弘治年間所陸續設立的九個軍事重鎮，分別是遼東鎮、宣府鎮、大同鎮、延綏鎮（也稱榆林鎮）、寧夏鎮、甘肅鎮、薊州鎮、太原鎮（也稱山西鎮或三關鎮）、固原鎮（也稱陝西鎮）。嘉靖年間明廷於北京西北增設了昌平鎮和真保鎮，萬曆年間又從薊州鎮分出山海鎮，從固原鎮分出臨洮鎮。】之地，直指明朝最為薄弱的江南腹地。而且這些地方又是明朝的財賦重地，一旦立穩腳跟，那麼勢必對明朝造成極為嚴重的打擊，嘉靖時代的倭寇便大多走這一路線。而這一路線的壞處便是對季風極為依賴，又是遠洋航海，安全性比較低，運輸大軍不便。日本號稱是海洋民族，可是當時日本的船隻卻效能低下，技術水準極低，水軍實力很弱，而明朝的造船技術雖然由於鄭和之後一直因為海禁而低迷了很久，但是造船技術依然在世界上數一數二。水軍依然實力很強，就是在抗倭形勢最嚴峻的時候，抗倭名將俞大猷都說雖然陸戰經常失敗，但是水戰明軍依然穩占上風，這點是豐臣秀吉如此狂妄的人都不得不承認的。一旦日軍的部隊與明軍水師遭遇，那對日軍來說後果不堪設想。此外當戚繼光在浙江義烏招募礦工而終於練成了著名的戚家軍之後，浙兵就成了倭寇的剋星，那些在戚家軍的打擊下劫後餘生的倭寇們回到日本之後對此亦大加宣揚，亦讓豐臣秀吉忌憚不已。因此這一路線雖然好處巨大，但是風險卻更加巨大，不得不忍痛割捨。

　　第二條是從日本的對馬島出發，沿著朝鮮西海岸至鴨綠江口，再沿遼東半島穿過渤海海峽，最終在天津或塘沽登陸。這一路線大多沿著大陸邊緣航行，消除了對季風的依賴。好處是危險性比第一條路線小了很多，從

天津登陸以後日軍部隊就能直接威脅明朝的首都北京。當然這條路線的好處也僅止於此，北京與天津從來都是重兵雲集的地方，防衛力量極為強大。這條路線雖然比第一條路線安全一些，但是依然是以海運為主，對日本軍隊的運輸極為不利。

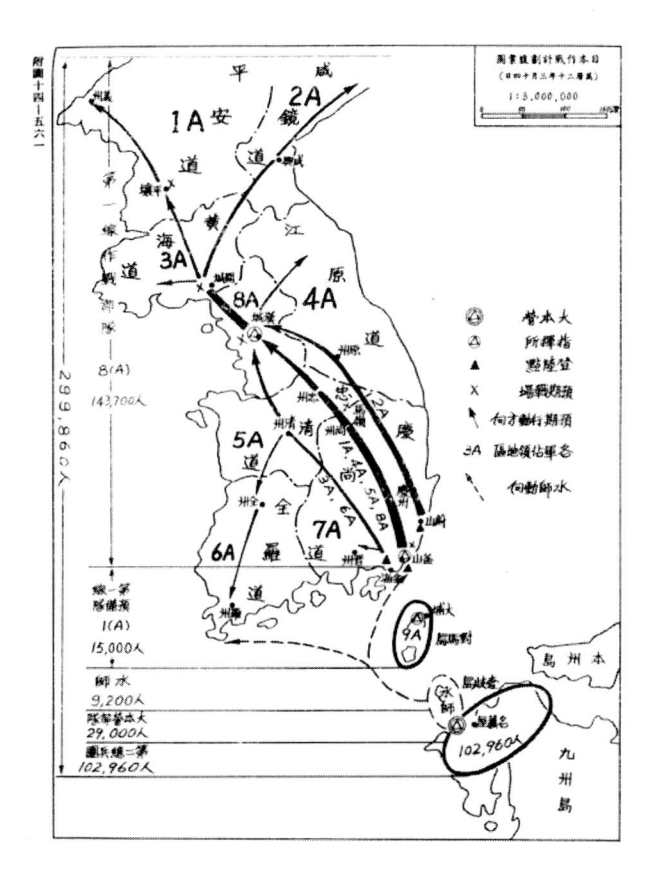

第三條也是從日本的對馬島出發，越過海峽登陸釜山港，然後由陸路經漢城、平壤、遼東，入山海關再到北京。對於日本而言，這條路線等於是華山一條路。這條路海路很短，絕大部分都是陸地作戰，對於只擁有孱弱水軍的日本而言，這條路線不啻為最適合的路線。此外這條路線與亡命

第二章　倭軍渡海

日本的朝奸引誘也不無關係。有個出生奴籍的朝鮮人韓翼，在朝鮮得不到重用，於是就亡命日本，遊說朝鮮柔弱可取，並自為謀主，為日本的侵略朝鮮獻謀獻計。在這樣多重因素之下日本最終確定了這條進攻路線。當然這條路線也不是沒有缺點，首先如果要選擇此路線，那麼朝鮮就必須要拿下。而朝鮮多山，軍隊推進速度很受制約。此外就算能拿下朝鮮，也必然要面對明朝的九邊重兵，只能一步步按部就班地發展，純屬硬碰硬，戰事極其容易打成比拚國力的消耗戰。一旦形成這樣的局面，那麼維持日軍後勤的那道對馬海峽就將成為生命線，日本的水軍後勤能力將受到嚴峻的考驗。

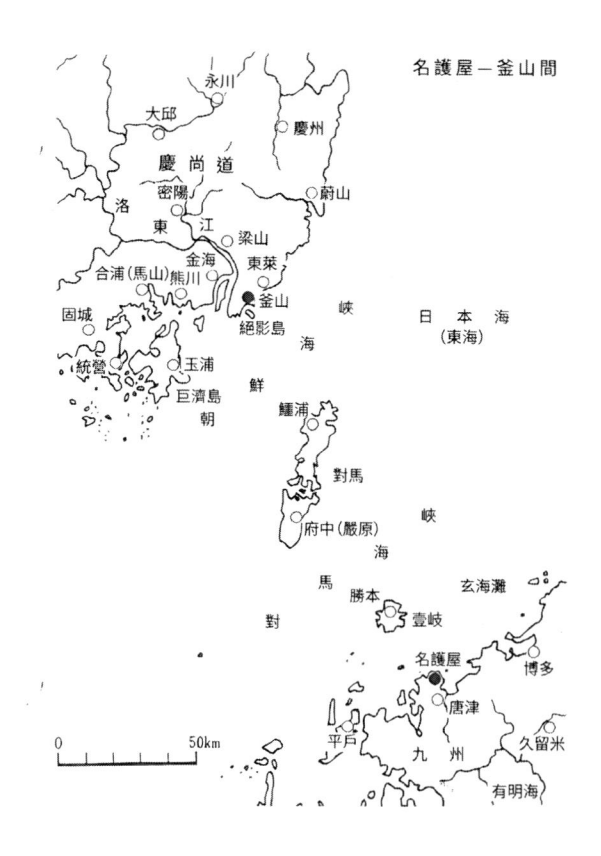

綜合比較後，也只有第三條路線風險最小，豐臣秀吉沒有其他的選擇，只能第一步先把朝鮮吃下來。

開戰

為了實現透過朝鮮這個跳板攻取明朝的戰略構想，豐臣秀吉命令各路諸侯開始準備。第二年正月六日開始總動員，以日本九州島、四國、本州島西部為主要動員地點，動員大小大名【大名：日本各地方割據勢力領主的別稱。】八十八員，各大名出動兵額按照領地以及田畝大小為比例，大的要兩三萬人，小的為一二百人，動員的總兵力達到了二十九萬九千八百六十人（299,860），由部隊的性質又分為一線渡海侵朝部隊九個軍十五萬八千八百人（158,800），二線守護本土部隊八個軍十萬二千九百六十人（102,960），水軍九千二百人（9,200），加上拱衛京都的三萬人，日本書面上的總動員兵力達到了三十三萬人左右。在豐臣秀吉的戰略計畫當中，實際是讓求戰欲望最為強烈的九州島兵作為主力部隊，奔赴朝鮮作戰。中國地方和四國島的部隊繼之。至於中部地區的諸路大名，如德川家康、上杉景勝等，都被要求引軍至名護屋城駐紮，以備朝鮮和明朝軍隊的反撲。更東北的伊達政宗、蒲生氏鄉等則西進至京都一帶，警戒防衛空虛的國家心臟。

第二章　倭軍渡海

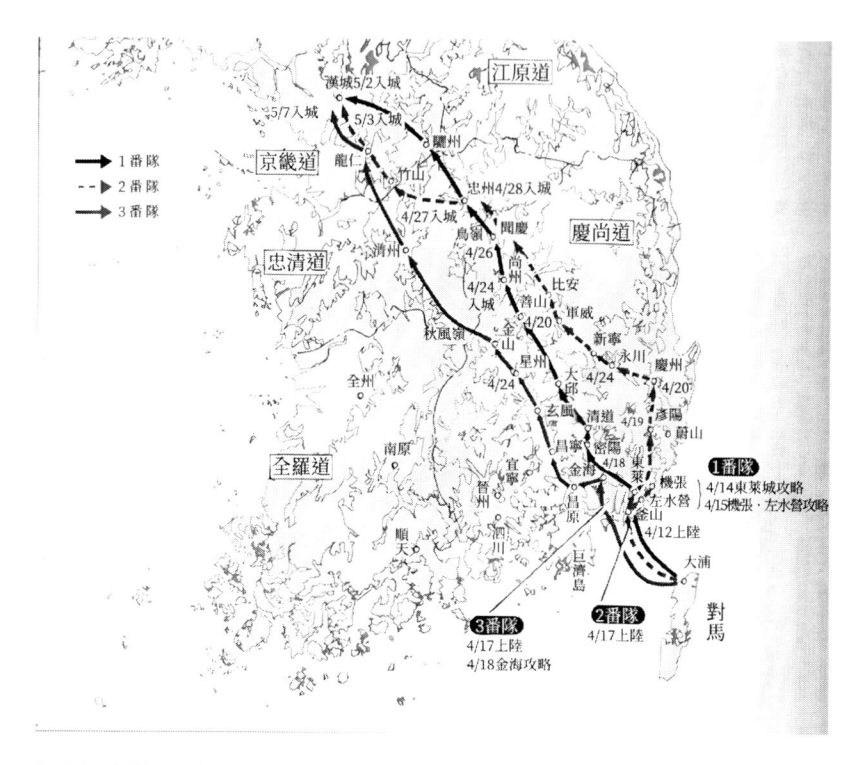

(下表為第一次入侵日軍的戰鬥序列和各部兵力)

軍團	將領	領國	兵力	總兵力
第一軍	小西行長（軍團長）	肥後	7,000	18,700
	宗義智	對馬島	5,000	
	松浦鎮信	肥前	3,000	
	有馬晴喜	肥前	2,000	
	大村喜前	肥前	1,000	
	五島純玄	五島	700	
第二軍	加藤清正（軍團長）	肥後	10,000	22,800
	鍋島直茂	肥前	12,000	
	相良賴房	肥後	800	

軍團	將領	領國	兵力	總兵力
第三軍	黑田長政（軍團長）	豐前	5,000	11,000
	大友義統	豐後	6,000	
第四軍	毛利吉成（軍團長）	豐前	2,000	14,000
	島津義弘	大隅	10,000	
	高橋元種	日向	2,000	
	秋月種長	日向		
	伊東佑兵	日向		
	島津中豐	日向		
第五軍	福島正則（軍團長）	伊予	4,800	25,100
	戶田勝隆	伊予	3,900	
	長宗我部元親	土佐	3,000	
	生駒親正	讚岐	5,500	
	蜂須賀家政	阿波	7,200	
	來島通之	伊予	700	
	來島通總	伊予		
第六軍	小早川隆景（軍團長）	築前	10,000	15,700
	小早川秀包	築後	1,500	
	立花宗茂	築後	2,500	
	高橋統增	築後	800	
	築紫廣門	築後	900	
	安國寺惠瓊	築後		
第七軍	毛利輝元（軍團長）	安芸	30,000	30,000
	吉川廣家			
第八軍	宇喜多秀家（軍團長）	備前	10,000	10,000

第二章　倭軍渡海

軍團	將領	領國	兵力	總兵力
第九軍	羽柴秀勝（軍團長）	美濃	8,000	11,500
	長岡忠興	丹後	3,500	
水軍	藤堂高虎（軍團長）	伊予	2,000	9,200
	九鬼嘉隆	伊勢＊志摩	1,500	
	脇坂安治	阿波＊淡路	1,500	
	加藤嘉明	伊予	1,000	
	桑山元晴	大和	2,000	
總計			168,000	

經過長時間的集結準備，萬曆二十年（西元 1592 年）四月十二日，日軍小西行長率領第一軍從對馬島出發，正式向朝鮮南部海港重鎮釜山出擊。但見波濤洶湧，浪花翻騰，戰船遮天蔽海、一望無際而來。

日本海軍

這次由日本入侵引發的戰爭，朝鮮方面因為此年正值壬辰年，因此稱之為「壬辰倭亂」，日本方面因為正值天皇年號文祿元年，因此稱之為「文祿之役」，而明朝方面則稱之為「朝鮮之役」，與「寧夏之役」、「播州之役」合稱為萬曆三大征戰。戰爭終於打響了，朝鮮的命運將何去何從呢？

第二章　倭軍渡海

第三章
朝鮮潰局

日軍登陸

小西行長的戰船殺入釜山之際,朝鮮釜山僉使鄭撥這時居然還在絕影島玩打獵。當聽說有船入侵港口的消息之後,居然還認為是日本人來朝貢的船。直到日軍部隊入侵才恍然大悟,倉皇入城。

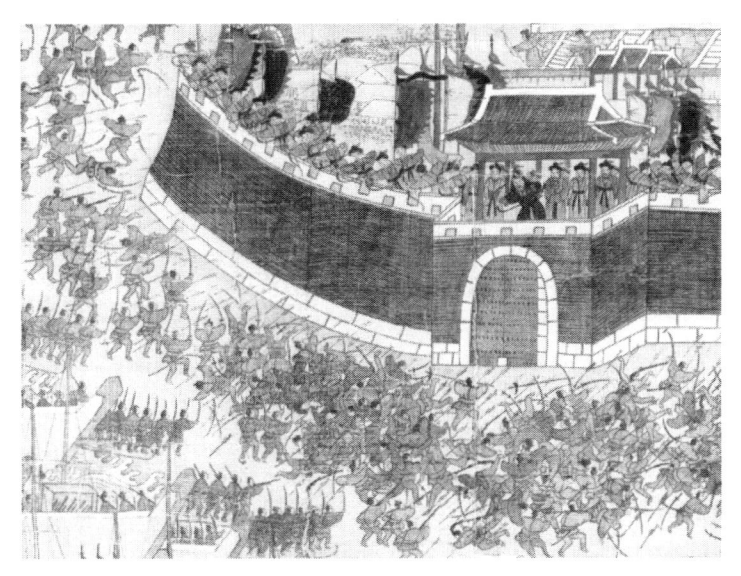

釜山鎮被包圍圖

第三章　朝鮮潰局

　　這釜山乃朝鮮對日本的第一線，在此把守的最高指揮官對日本方面居然如此麻痺大意，又如何能夠不敗呢？鄭撥入城不久，小西行長便派來使者要求鄭撥投降卻被拒絕，於是便大舉攻城。此時釜山城內有守軍八千人，兵力並不少，可多年的承平早就讓這些部隊喪失了戰鬥力，之前所謂的備戰也都是裝模作樣，在日軍先進的鐵炮轟擊之下，雖然鄭撥拚死抵抗也挽回不了失敗的命運，最終巷戰中，鄭撥中彈殉難，釜山遂陷敵手。

　　釜山受圍，消息不通。有人登高下望，見紅旗滿城，這才知道城陷。消息傳來，人心恐怖。本該禦敵於國門之外的朝鮮水師，慶尚道左水使樸泓、右水使元均居然都不戰而逃，讓日軍部隊輕輕鬆鬆地從日本渡海前來。

東萊府殉節圖

小西行長閃電般拿下釜山之後，迅速出擊，於十四日攻擊東萊府城。城內左兵使李珏藉口欲出城外為犄角，居然拔腿就溜。府使宋象賢率軍二萬登城防守。這東萊城是一座山城，地勢險要堅固異常，城內朝鮮軍為數亦不少。但朝鮮軍之腐朽已經到了一個駭人聽聞的程度。如此重兵把守的一座城市，僅被小西行長一軍打了幾個小時便告破。無論史書中如何美化宋象賢多麼威武不屈，都無法掩蓋朝鮮軍隊戰鬥力的極端低下。

　　跟隨小西行長之後的加藤清正、黑田長政二人亦於十七日分別率第二及第三軍團開始了登陸作戰。

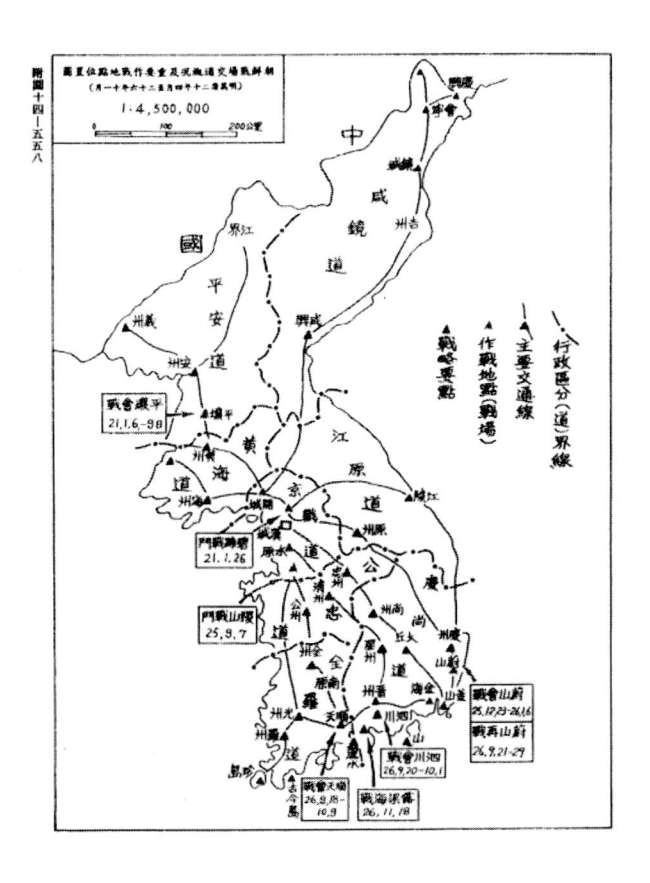

第三章　朝鮮潰局

　　日軍一開始策劃好的作戰計畫是小西行長所部為中路軍，沿著釜山－大邱－鳥嶺－忠州－龍仁－漢城一線前進。加藤清正所部為北路軍，沿著蔚山－慶州－竹嶺－原州－驪州－龍津－漢城一線前進。黑田長政所部為南路軍，沿著金海－星州－金山－秋風嶺－清州－漢城一線前進。

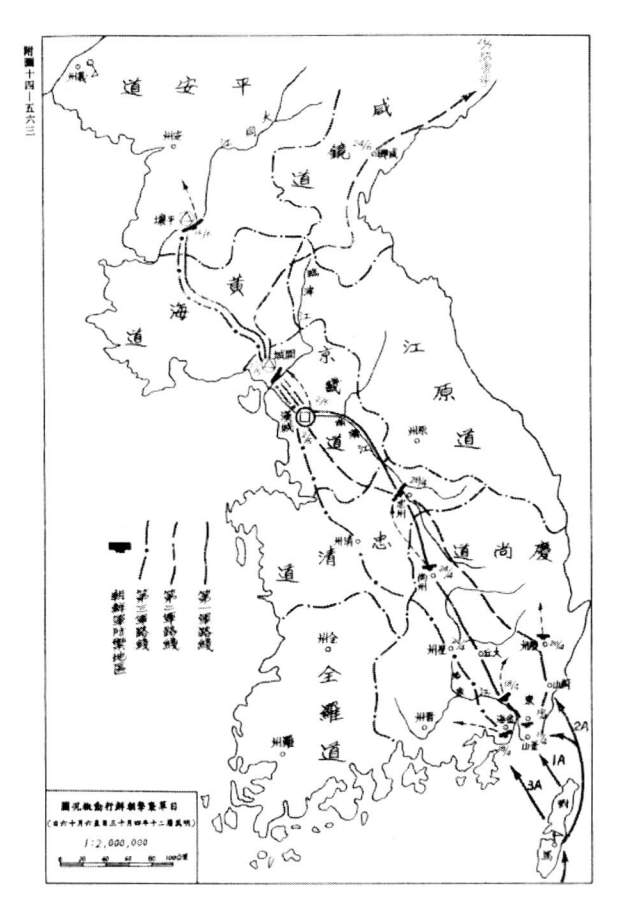

日軍行動概況圖

　　這加藤清正來朝鮮之際，心裡就憋著一股氣要與小西行長好好別別苗頭。他們兩個都是豐臣秀吉的麾下重臣，卻彼此極為不和。小西行長是基

督徒,而加藤清正卻是虔誠的日蓮宗佛教徒,兩人本就不同調。此時豐臣政權內部已隱隱有派系鬥爭的傾向,加藤清正屬早期追隨織田信長和豐臣秀吉起兵的尾張派,而小西行長則屬於最近開始得寵的近江派。兩派勾心鬥角,都希望得到豐臣秀吉的垂青。更要命的是,加藤和小西各分一半肥後藩國,兩人之間的領土糾葛不斷,而且都野心勃勃地想吞掉對方的領國,成為名副其實的肥後之主。兩人的矛盾雖然在國內沒有檯面化,但是來到了朝鮮,這天高皇帝遠的地方可就再也不一樣了。這商人出身的小西行長又如何能跟自己相提並論?加藤清正是這樣想的,也是這樣做的。於是加藤清正顧不得旅途勞頓,立刻整軍出發,以馬不停蹄之勢連下蔚山、慶州,殺奔漢城而去。

而黑田長政卻不像加藤清正如此著急強攻,他按照既定路線順著金海、星州,亦向漢城攻去。

三路日軍在朝鮮境內橫衝直撞,如入無人之境一般。

尚州之戰

四月十七日,遇襲警報傳入王京漢城,朝野譁然。這時候朝鮮人才知道,原來豐臣秀吉說要打朝鮮這不是開玩笑的呀!於是趕忙安排抵抗措施。不過在此之前首先得處理一個人,那就是當初信誓旦旦保證日本人絕不會出兵的金誠一。正是因為這個傢伙貌似大義凜然,其實卻為了黨爭私利而不顧國家存亡的做法讓朝鮮喪失了先機,造成了這樣慘痛的損失,怎麼能不問罪呢?於是當時立即逮捕金誠一,準備追究其欺君罔上。不過還好這人與柳成龍同屬一黨,最終被其所救,讓其去慶尚道當右兵使,戴罪

第三章　朝鮮潰局

立功。可慶尚道此時早已崩壞，金誠一沒兵沒糧，如何能戴罪立功？最後第二年便病死在任上。

　　面對日軍氣勢洶洶的攻勢，朝鮮方面連忙開始布置防禦措施。針對日軍三路攻擊，朝鮮方面也集結了三路人馬進行針對性的防禦。首先以巡邊使李鎰為中路軍總指揮，左防禦使成應吉為東路軍總指揮，左防禦使趙儆為西路軍總指揮。然後又於朝鮮中部山地建立防線，以助防將劉克良防禦竹嶺地區，以助防將邊璣防禦鳥嶺地區。集結野戰軍主力於忠州附近，設三道巡邊使作為前線總指揮，由原「北道兵馬節度使」申砬出任，負責慶尚，全羅和忠清三道防務。其中，巡邊使李鎰負責的中路軍是整個作戰的重中之重。

　　要出戰，自然需要有兵，李鎰出征之際想從王京漢城調三百精兵隨行，可是選兵之際才知道，王京內所謂的精兵居然大半為市井白徒、胥吏、儒生之輩。臨點兵之際，有的身著儒服手持試卷，有的頭戴平頂巾，自訴求免者充斥於庭，鬧哄哄的亂成一片。看到這種情況，李鎰不禁心涼了一半，只能矮子裡頭選將軍，仔細選了三天，也只選到弓箭手六十餘人。如此軍隊，如何能阻擋那些窮凶極惡的日本兵呢？柳成龍當時見到此情景也不禁後悔莫及，說道：「李珥當年每每提出要練兵，我總覺得那時候太平無事，練兵太過於擾民，現在看李珥真是聖人啊！」這柳成龍畢竟是名臣，他犯了錯會後悔，但朝鮮諸臣中到現在依然有許多人對此無動於衷，完全感受不到亡國的危機。

　　李鎰到了尚州，無兵可戰。自募散民數百編入行伍，臨時訓練，組成一軍。大概是壓力太大，李鎰在心裡對日軍有了一種莫名的恐懼感。此時突然有一個開寧縣人來報：「倭賊已近。」這李鎰只能用憤怒來掩蓋自己的驚慌失措，當時便要將此人斬首。

那人大叫道：「請將軍先將我關押。明日一早賊必來。倘使不來，屆時再死也為時未晚。」李鎰聽了，便暫將他囚禁。當夜小西行長率軍屯駐長川，距尚州僅二十里。而李鎰此時還抱著自欺欺人的幻想，期望日軍來得不要那麼快。第二天早上，李鎰見日軍還沒有來到，非常高興，於是便將開寧人拉出來斬首示眾。既然日軍沒來，他還有點時間將這幾百個臨時招募的百姓訓練一下。於是便率所募兵馬在州城北邊操練。依山為陣，立大將旗鼓。

就在李鎰操練之際，有幾個人從樹林間鬼鬼祟祟地鑽出來，徘徊眺望一會兒，隨即閃沒。眾人懷疑為日軍斥候，但有著開寧人報信被殺的前車之鑑，誰也不敢向李鎰彙報。既而又見城內兩三處濃煙騰起，李鎰這才發覺，忙派出一名軍官前往偵察。

這朝鮮軍官心不甘情不願地騎著一匹馬慢悠悠地前去探查，經過一座橋的時候，日軍埋伏於橋下，用鐵炮齊射。朝鮮軍官頓時身亡，被日軍大搖大擺地割了首級。李鎰這群部下都是剛拿起刀槍不久的百姓，哪見過這等血腥場面，頓時極為慌亂。

不多時，日軍部隊蜂擁而至。李鎰見此情景，連忙命令士卒放箭，他手下訓練不足，弓箭又不夠精良，發射之後不過幾十步便墜地，而日軍鐵炮齊射，瞬間打倒一大片。

這時日軍已分出左右翼，持旗繞出軍後，圍抱而來，大呼陷陣。李鎰知事不濟，搶先撥回馬向北便走。朝鮮軍大亂，各自奔命，死傷罄盡。日軍見李鎰騎在馬上，衣甲鮮明，知道必定是大官，於是緊追不捨。追得李鎰如潼關遇到馬超的曹操一般，棄馬脫衣，裸體披髮而逃。

第三章　朝鮮潰局

國王逃跑

　　尚州之敗使得朝野上下人人自危，朝鮮國王李昖首先就想到了要逃跑。朝鮮兵曹強徵壯丁，不管是不是能作戰的一律強徵守城。這些烏合之眾又如何能夠守城？紛紛向胥吏塞錢，然後逃亡。可以說此時的王京漢城不過就像一層紙一般，一捅就破，完全不可能做什麼抵抗。此時所有人的希望都聚集在忠州的申砬身上，他麾下的八千騎兵已經是王京漢城之前的最後一道屏障了。

　　這申砬以前曾以十餘騎突擊叛胡數萬騎，因此號稱名將，對日軍也並不如何看得上。此時揀回一條性命的李鎰也前來投奔，請求贖功自效。這申砬倒也沒怎麼責怪李鎰，任命他與邊璣為先鋒，立功自效。這忠州前就是鳥嶺，地勢險要很難穿越。前義州牧使金汝岉此時是申砬的參謀官，他便建議據嶺固守。申砬卻道：「敵為步兵，而我為騎兵。迎入曠野，以鐵騎蹙之，則無不勝。」老實說申砬這話也沒錯，騎兵的確適合在平原地區作戰。可是之後申砬的安排卻與他的話風馬牛不相及，讓人噴目結舌。

　　申砬放棄鳥嶺防線之後，居然學韓信背水一戰，把軍隊布置在彈琴臺一帶。這區域可謂是一個絕地，北側便是漢江，西側便是漢江支流達川江，一旦交戰不利，跑都沒地方跑。此外這個地方村街狹隘，左右多稻田。水草交雜，並不利於騎兵作戰。這申砬大概沒讀過幾本史書，看到韓信背水一戰打贏了就覺得可以效法。可是他不知道，自韓信之後中國千年歷史中，學韓信這一招的基本上都死得很慘。更何況此時申砬手下騎兵眾多，完全可以廣布斥候，然後用輕騎抄掠騷擾，以運動戰對抗日軍優勢步兵，這樣才能有勝機。這個申砬把軍隊放到一個死地上與日軍打陣地戰，

實在是找死的行為。

小西行長本來以為朝鮮方面會在鳥嶺嚴防死守，誰知道壓根就沒人，不禁喜出望外，率軍悄悄翻越鳥嶺之後還把忠州也順手給占了。這時候又有一個親信軍官向申砬彙報說日軍已經來了，可是這申砬不知道是不是被李鎰傳染了，居然又把這個忠心的軍官給殺了。跟著這樣腦子犯病的統帥，要是不輸，那就真有鬼了。

到了二十七日，在忠州吃飽喝足的小西行長所部分成三路：中路為小西行長本隊七千人，右翼為松浦鎮信三千人，左翼為宗義智五千人，其餘有馬晴信二千人，大村喜前一千人和五島純玄七百人駐守忠州為預備隊。鐵炮足輕作為先鋒，向申砬的部隊壓去。

申砬所部見到日軍突然從丹月臺兩側殺來，一路循山而東，一路沿江而下，霎時間便殺到近前，不禁大驚失色，申砬完全沒想到日軍怎麼就能無聲無息地到了他的眼前（其實有人告訴他，可是被他給殺了，此時後悔也晚了）。只見日軍炮聲震地，鐵丸如雨，塵埃漲天，喊聲撼嶽，軍勢強悍之極。而申砬這邊騎兵無法馳騁，又無法撤退，活生生地被逼死在這個絕地裡。申砬本人率軍連衝三次，卻均被日軍鐵炮鋪天蓋地的彈丸給打了回來。不知道此時申砬回想起之前自信滿滿地在柳成龍面前對日本人的火器大加貶低之時的情景，心裡到底是何感受？當然不論他心裡是何想法，如今都已經晚了，在日軍如潮水般的攻擊下，朝鮮軍很快便全數崩潰，申砬與金汝岉二人投江自殺。朝鮮軍士卒們被紛紛逼入江中，全軍覆沒，流屍蔽江而下。李鎰這個逃跑將軍倒是見機得快，看情勢不妙拔腿便往東面逃，最終從東邊山谷間逃出生天。

申砬戰死的消息很快便傳遍了整個漢城。如今的形勢，包括王京漢城

第三章　朝鮮潰局

在內，朝鮮方面已經完全沒有任何抵抗的力量了。這時候朝鮮國王李昖只能召集眾大臣商討對策。誰知道會議一開始，絕大多數的朝鮮官員都極力反對國王李昖撤離王京，甚至有人以死相逼，要求國王死守王京，以待外援。一個個的口號叫得震天響。這情景在幾十年後，明朝的崇禎皇帝也同樣經歷了一回。可是崇禎皇帝比朝鮮國王李昖要單純得多，真的相信了他手下那幫大臣官員說的那些大道理，於是前頭他剛自殺，後面這群大臣官員便迎完了闖王迎滿清，馬照跑舞照跳，一個個一樣活得好不自在。李昖沒崇禎這麼傻，他知道死守王京必然會完蛋，就打定了主意要逃跑。於是宣布立次子光海君李琿為世子，攝國事。以左議政金命元為都元帥，坐鎮漢城之內，作為朝鮮全國軍隊的總指揮。申恪為副元帥，屯漢江；以邊彥琇為留都大將。

此時宗室海豐君李耆等聞國王欲走，率數十百人叩閣痛哭。李昖別看這國王當得極為昏庸，卻非常善於哄騙。當時就跟他們說：「身為國王，肯定要跟卿等同生共死，絕不會走的！」將這群人騙走之後，李昖立刻就傳令準備走人。半夜裡國王李昖騎馬、世子李琿乘屋轎悄悄而出，尹斗壽、柳成龍等扈駕，甚至連宮內宮人都沒遺漏，一律帶走。此外命令餘下諸位皇子也分頭奔赴各道：臨海君和漆溪君赴咸鏡道，順和君和長溪君赴江原道，招兵勤王。

這國王一走，本就不穩的王京霎時便亂了起來，早就對昏庸的國王不滿的朝鮮百姓聽聞國王逃跑，怒不可遏，直接放火焚燒了藏有公私奴婢文籍的掌隸院刑曹，又入內帑庫搶掠金帛，再燒景福宮、昌德宮、昌慶宮，無一倖免於難。歷代珍寶古玩，文武樓、弘文館所藏書籍，春秋館各朝實錄以及其他庫藏前朝史稿、承政院日記等等皆化為灰燼。李昖一行就這樣一路狼狽逃竄，一開始抵達松都開城，六天後又馬不停蹄地抵達平壤。

景福宮勤政殿

八道國割

　　小西行長一戰擊滅申砬所部後，加藤清正也抵達了忠州地區，與小西行長會合。但因小西行長一路斬獲極多，因此心中很是不滿。雙方在忠州城商議如何進軍事宜之際，加藤清正故意挑釁小西行長，讓部下攻擊漢城的醫館區，完全就是嘲諷小西行長以前就是個賣草藥的。結果兩人漸漸口角起來，以至於雙方拔刀相向，差點來一場真人快打，最後還是鍋島直茂和松浦鎮信跳出來拉住自己的主將，不至於鬧出還未打到王京，兩軍主將卻自相殘殺的笑話。最終此二人還是分道揚鑣，各走各的。於是兩人晚上也不休息，命令士兵盡快開拔，希望早日殺入漢城，爭得頭功。

　　到了五月分，日軍前鋒便來到了漢城對面的漢江南岸，不斷威脅要渡

第三章　朝鮮潰局

河。此時朝鮮軍本已極為脆弱的心理防線在見到日本人之後完全崩潰，江防諸將見狀立刻命左右速上馬鞍，不戰而潰。都元帥金命元嚇得沉軍器火炮於江中，與副元帥申恪等各自逃竄。留守王京的都檢察使李陽元等也棄城而走，堂堂一座首都居然霎時間便成為了一座空城。就憑朝鮮官員軍隊這麼稀爛的表現，這國王李昖又如何能將自己的性命交付在這樣的臣子，這樣的軍隊手上呢？

五月初二日，日軍殺至王京漢城興仁門外，見城門大開，居然無士卒把守。這倒是把日本人給嚇住了，還以為朝鮮人玩空城計，硬是不敢進去。磨蹭了很久，發現城內沒什麼動靜，才派遣幾十個人先去探路，這些日兵一路走到鐘樓都沒人阻擋，這才確定王京漢城真的被放棄了。日軍四月十三日在釜山登陸，到五月初二便攻陷了漢城，前後不過二十天，居然就打下了朝鮮的半壁江山，用勢如破竹來形容實在不為過，如果朝鮮方面再得不到有力的援助的話，那麼滅亡的下場便近在眼前了。

居然如此輕易地攻下了朝鮮的首都，這讓豐臣秀吉大喜過望，立時便覺得世界盡在掌握中，於是擬定一個《豐大閣三國處置大早計》二十五條致豐臣秀次，要恭請天皇於後年移都北京，呈獻都城附近十國與皇室，諸公卿亦將予采邑；大唐（明）國之關白讓與豐臣秀次，日本之關白則由大和中納言、備前宰相二人中擇一委任；日本天皇擬由後陽成天皇之子良仁親王或皇弟八條出任；高麗（朝鮮）國由岐曾宰相或備前宰相統治等等。又在同日擬山中橘內之尺牘稱：天皇居北京，秀吉本人由海路移駐浙江寧波。

由於又讓小西行長搶先占領了漢城，加藤清正很是不滿，於是在王京也沒待多久就領兵北上，很快便抵達臨津江南岸，與朝鮮軍隔江對峙。此時朝鮮軍早已將兩岸船隻盡數收羅，置於江北。加藤清正無船可渡，只能

面對寬闊的江面，長吁短嘆，無可奈何。

　　雙方相持了十餘日後，加藤清正想了一個辦法，那就是將江邊臨時搭建的軍營全部燒毀，士兵們收拾東西，做出一副要撤軍的樣子。防守北岸的朝鮮防禦使申硈竟然以為日軍要逃，居然想渡河追殺。這申硈就是申砬的弟弟，這哥倆好像是比賽著葬送朝鮮的抵抗力量。他也不想想，日軍完全沒遇到任何打擊，就算是真撤軍，那也是人員完整，他追過去不過就是正面迎戰罷了。如果朝鮮軍有正面擊敗日軍的實力，那還用得著縮在臨津江北岸防禦嗎？

　　此時臨津江的朝鮮軍呈現一種非常奇怪的指揮架構。首先名義上的總指揮是金命元，但是居然又有一個叫韓應寅的諸道都巡察使，自領數千人，他得到命令可以不受金命元節制。如果說不滿之前金命元在漢江防線上的表現，完全可以將金命元撤職，另找能臣代替，可是一軍二主乃是軍中大忌，從來這麼做的都沒有好結果，朝鮮方面居然在這個生死存亡之際弄出這麼一個亂來的架構，又如何不失敗？

　　這申硈恰恰就搭上了韓應寅的線，他的建議雖然遭到多名將領的反對，但是韓應寅居然將反對者通通給殺了。金命元因為知道韓應寅領有上命，因此也不敢說話。最終還是讓申硈成功地領兵渡河。沒了大河的阻隔，這些朝鮮軍面對日軍可謂是一觸即潰，一頓鐵炮就將朝鮮軍逼到了江邊，最終不是被水溺死就是被殺掉。北岸守軍見南岸朝鮮軍被屠殺的慘狀，心驚膽顫。此時有一個商山君朴忠侃的官員見此情景，嚇得撥馬便走，眾軍以為是金命元跑了，於是一鬨而散，臨津江防線就以這樣搞笑的方式被日軍突破。

　　五月二十七日，加藤清正、小西行長攻入開城。

第三章　朝鮮潰局

六月一日，日軍諸部以拈鬮方式定所向，以小西行長向平壤推進，加藤清正向咸鏡道進軍，而黑田長政向黃海道開進。

此時國王李昖在平壤，聽到臨津江防線失守，知道又要逃了，可是往什麼地方逃卻有點茫然。此時大臣又分為兩派，一派堅決要國王死守平壤，一派則是主張繼續北逃。仗都打成這樣了，居然總是有那麼一撮人用貌似大義的調調來壞事。這其中就包括了柳成龍、尹斗壽這樣的重臣。此時李鎰這個逃跑將軍又一次從臨津江逃了回來，這傢伙打仗雖然不行，但是好歹也算是李昖身邊僅有的知兵將領了，於是便徵求他的意見。李鎰認為還是北上為好。國王李昖聽了李鎰的想法，十分贊同，於是朝鮮君臣一行再次北逃。而對那幫要求死守的大臣，國王李昖直接就讓他們留守平壤。這尹斗壽不是要死守嗎？那就正好讓你守著，日本人來了也有種別逃！大概李昖頒布這個命令的時候，心中也是如此惡狠狠地想吧？

別看這些官員嘴裡說得冠冕堂皇，實際上就連柳成龍都以要去迎接明軍為理由北逃了，何況他人？於是平壤的淪陷簡直已經注定了。

日軍很快便追到了平壤城外的江岸旁。分作十餘屯，結草為幕。因朝鮮軍堅守江岸，累日不得渡江，警備逐漸鬆懈。

都元帥金命元在城上望見，以為可以乘夜掩襲。便命高彥伯等率精兵乘船偷偷渡江襲擊，小有斬獲。可是這也遭到了日軍的堅決反擊，在鐵炮齊射之下，朝鮮軍根本無法抵擋，只能往船上逃。可是船上水手見日軍追趕很急，根本不敢將船靠岸。朝鮮軍見追兵已到，紛紛跳江而死，其餘的則慌慌張張地從王城灘亂流而渡。

日軍這才知道何處水淺可涉。當天晚上，遂舉眾由淺灘涉水而過。守灘的朝鮮軍見到日軍居然找到渡河的路，哪裡還敢抵抗？盡皆逃跑。而尹斗壽、金命元等人當然也不會真的與平壤共存亡，他們像先前在王京漢城

時一樣，將軍器火炮沉於水中，然後便一逃了之。

日軍入平壤後，李昖已經離開博川前往嘉山，他命世子李琿奉廟社主由他路進駐江原、京畿等地，收召四方以圖恢復，自己則經定州、宣州最後避往朝明邊境的義州。

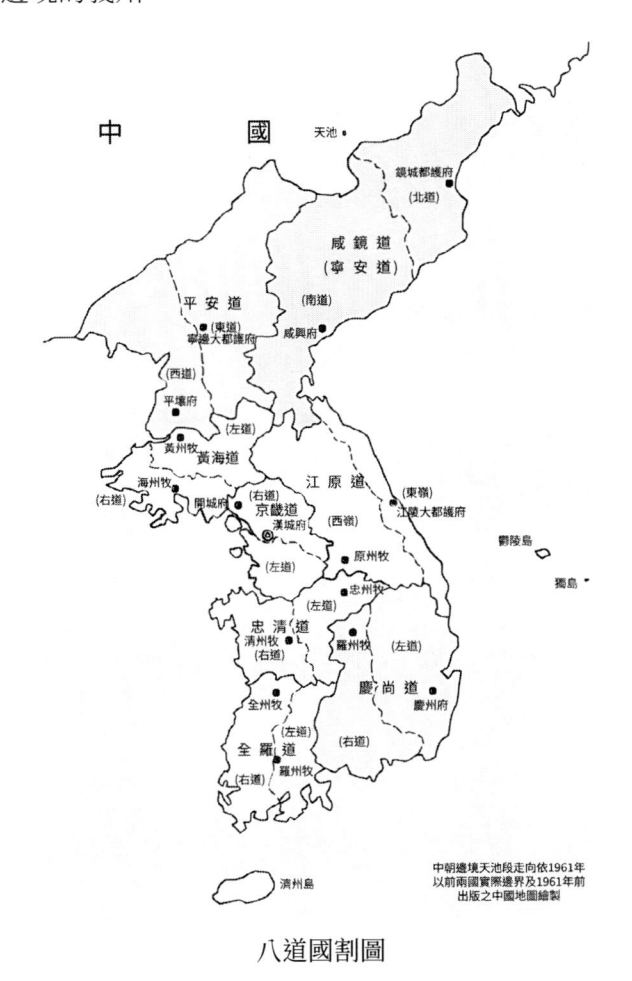

八道國割圖

李昖到了義州，駐足不前，徘徊不已。前面便是他依依準備歸憩終身或者有可能賴以復國的大明，後面則是生長於斯統治於斯的朝鮮故土。他

第三章　朝鮮潰局

東向痛哭，西向四拜。將欲渡江，以五言律詩一首書示從臣。詩曰：

　　國事蒼黃日，誰能李郭忠。
　　去邠存大計，恢復仗諸公。
　　痛哭關山月，傷心鴨水風。
　　朝臣今日後，寧復更西東。

李昖此時心中可謂是極為茫然，他不知道自己的臣下有誰能夠依靠，也不知道未來的命運如何，他只知道，他就算死，寧願死在大明的遼東，也絕不會死在日軍的手中。

而同時隨著日軍陸軍陸續開進朝鮮，朝鮮全境迅速被瓜分一空，其中平安道分給小西行長，咸鏡道分給加藤清正，黃海道分給黑田長政，江原道分給毛利吉成，忠清道分給福島正則，全羅道分給小早川隆景，慶尚道分給毛利輝元，京畿道分給宇喜多秀家，明確了日本各大名在朝鮮的大致勢力範圍，這一劃分史稱「八道國割」。

攻入明境

要說侵朝以來，最為賣力的當屬小西行長與加藤清正了，但是小西行長此人商人出身，無利不起早，因此占領了朝鮮最後一座重鎮平壤後，他便停止了腳步，全軍在平壤開始了休整，他深知再打下去便是明朝的地界，這太閣大人不知道明朝到底是一個什麼樣的龐然大物，可小西行長卻挺清楚，他可不想平白無故地拿手下當炮灰與明朝硬碰硬。但加藤清正卻不一樣，這傢伙是個死腦筋，豐臣秀吉說要拿下北京，他就真的毫不拖延

地全力往明朝打。當打下開城之後，加藤清正便與小西行長、黑田長政分兵，殺往咸鏡道。

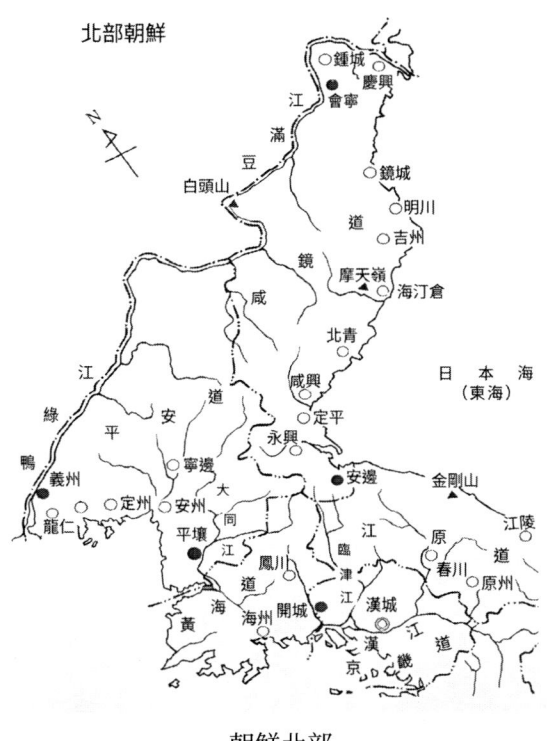

朝鮮北部

到了咸鏡道，加藤清正發現自己竟然如魚得水一般，由於咸鏡道與明朝遼東接壤，女真蠻族眾多，他們可不管什麼國境不國境的，時不時地越境打秋風那是常見。因此朝鮮政府在此區域的統治並不穩固，聞得日本兵到，咸鏡南道兵使李渾拋棄部下士卒，扭頭就往北跑，結果在半路上被反民抓住，亂刀砍死。咸鏡道監司柳永立則被嚇得屁滾尿流，也想學李渾逃跑。部下將士氣不過，乾脆把柳永立捆了作見面禮，向日軍投降。加藤清正不費一槍一彈，就活捉了咸鏡道的最高長官。恐怕能取得這樣的戰果，

第三章　朝鮮潰局

連加藤清正自己都沒想到。

緊接著加藤清正勢如破竹地橫掃了元山，咸興，北青，金策等重鎮。他留下部將鍋島直茂留守咸興，自己則繼續揮師北上。在端川，日軍搶到一個銀礦，加藤清正興奮地寫信給豐臣秀吉報喜。直至離咸鏡道北部邊界不到二百公里的吉州，加藤清正才遇到了咸鏡北兵使韓克誠的激烈抵抗。因為韓克誠所部均為多年與女真廝殺出來的精兵，因此戰鬥力不低。所以當七月十六日雙方遭遇之際，朝鮮軍在平原開闊地帶完美地發揮了騎射的本領，很是把加藤清正打了個措手不及。

加藤清正一見不妙，立刻指揮士兵躲入附近的海汀倉中，將糧倉中的糧草全都堆出來作為掩體。此時下屬勸韓克誠圍而不攻，暫且休息。但韓克誠堅持進攻。日軍占據了有利地形，鐵炮的威力便充分顯露了出來，日軍一顆彈丸射來，竟能輕易貫穿三四人，反而損失了不少人馬。韓克誠只得下令暫時撤退休整，來日再戰。

可惜，加藤清正沒有給朝鮮人再次進攻的機會。當天夜裡，日軍悄悄從海汀倉溜出，趁著霧氣掩護，將朝軍駐地團團包圍，只留下一個直通沼澤地的缺口。天色將明之際，睡夢中的朝軍忽聽營外槍聲大作，四面日軍喊殺震天，不知道有多少人圍了上來，嚇得魂不附體，倉惶往沒有日軍攻擊的缺口逃去，希望衝出包圍，重組陣勢。不料，這正中了加藤清正之計。衝出沒多遠的朝軍很快發現自己身陷沼澤地中，動彈不得。日軍長槍兵和鐵炮兵齊上，殺得朝軍屍橫遍野，血流成河。主將韓克誠隻身而逃。

海汀倉一戰失利，咸鏡道再也找不到能與日軍抗衡的軍力。不久，加藤清正占領了已無人防守的咸鏡北軍大本營，鏡城。接著，日軍馬不停蹄地從海岸線轉道內陸，並於七月二十三日攻陷重鎮會寧。在這裡，日本人得到了開戰以來最大的戰利品：臨海君和順和君兩位王子。

加藤清正所用具足

　原來是無巧不成書。隨著日軍不斷向北快速挺進，原本被派往江源道的順和君，與被派往咸鏡道的臨海君也都被趕鴨子似的一路向北逃亡。可是朝鮮政府在咸鏡道的統治實在不得人心，當兩人抵達會寧時，縣吏鞠景仁正好起兵造反，攻占縣衙，並活捉了他們。很快，日軍殺到會寧城下，鞠景仁便將城池和兩位王子作為禮物，送給加藤清正。不久，老冤家韓克誠也被反民綁送日軍大本營。朝鮮政府在咸鏡道的軍政組織徹底被瓦解。

　原本與臨海君同往咸鏡道的漆溪君由於在半路病倒，並沒有同往會寧，僥倖躲過一劫。

　雖然加藤清正親自替兩個被捆得如粽子一樣的王子鬆綁，並錦衣玉食款待，但其他的官員就沒這麼幸運了。他們被集中關在一間潮溼陰暗的小房子內。許多人因受不了折磨而病倒。柳永立和韓克誠先後從牢獄中逃

第三章　朝鮮潰局

出。雖然忠誠可嘉，但朝鮮政府還是無法原諒他們的過失。柳永立遭罷免。韓克誠更慘，被軍法從事，斬首示眾。

　　派了小隊人馬將兩位王子和眾俘虜押送回後方，加藤清正居然越過圖們江，揮兵殺入了明朝的領地，這可真要實現太閣大人的意願了呀！這地方恰好便是建州女真的地盤，盤踞此地的乃是女真胡里改部，也是建州女真一族。加藤清正好殺之性絲毫未減，遇到一個女真部落便包圍並通通屠殺。結果引得女真大部雲集，將加藤清正包圍了起來，四面圍攻。不過加藤清正仗著火器凶猛，硬生生地擊破了女真人的攻勢，並將其大部屠殺。加藤清正做的這件事甚至驚動了努爾哈赤，他當時便上書明朝，要求帶兵平倭，嚇得朝鮮君臣哀求明朝千萬不能答應女真蠻子的要求。這努爾哈赤幾十年後成為明朝的心頭大患，而加藤清正又是侵朝日軍中最為凶猛好戰的日將，此二人如果交手，不知誰勝誰負？可惜歷史沒有如果，否則這番龍爭虎鬥定然精采至極！

第四章
困境之中

名將出世

　　從日軍釜山登陸開始，朝鮮軍便是從一個失敗走向另一個失敗，完全沒有還手之力。可是在朝鮮就真的無人能與日軍交鋒嗎？一個將星在此時橫空出世，冉冉升起。這便是全羅道左水使李舜臣。

　　李舜臣字汝諧，號德水，京畿道開豐人。他是個讀書人出身，但是卻文武雙全，他小時候英爽不羈，與群兒嬉戲，削木製成弓矢，遊於鄉里。遇見平常所看不慣的，即張「弓」欲射其目。因此有些大人很忌憚他，不敢從他門前經過。長成後，有權略，善騎射。遂放棄學儒，考取武舉。因為抵禦北虜有功，歷任權管、萬戶及訓練院奉事、司僕寺主簿等職。萬曆十七年（西元 1589 年）任全羅道井邑縣監，不久升加里浦僉使。經同鄉好友柳成龍舉薦，升任全羅左道水軍節度使。這個任命實在是正確不過，保住了朝鮮水師的最後一點骨血。

　　當時日軍攻入釜山後，慶尚左水使朴泓自焚戰船，逃之夭夭。右水使元均聞訊，懼於日軍聲勢，也將其所統戰船百餘艘及火炮軍器沉於海中，僅留四艘戰船，自與部將李英男、李雲龍等分乘所留四艘戰船奔至昆陽海

第四章　困境之中

口，準備登陸避兵。這兩個蠢蛋不知道是如何當上水軍高級指揮官的，竟然還未等敵人前來便自毀長城，將對日軍有威脅的戰船全都毀掉。這種行為等同於資敵，完全應該重重地懲罰。就因為這兩個蠢蛋做出的「好事」，導致朝鮮水師萬餘人盡皆潰散，不可收拾。

元均燒毀了戰船之後，倒是被人提醒，突然發現自己的行為日後是要被處置的，這下心裡著了慌。左思右想，突然想到如今的朝鮮還有一支水上力量，為今之計，也只能投靠他了。這支水軍力量便是李舜臣的全羅道水師。在日軍入侵之前，幾乎所有官員都不當回事，得過且過，唯有李舜臣上任後整軍經武，全力備戰，此時朝鮮的水上力量，也只有他能與日本軍一爭長短。

在元均的力邀之下，五月初四日，李舜臣終於率戰艦八十五艘，由駐地全羅道麗水港駛出，前來慶尚道與元均會師。

到了五月七日，李舜臣與元均合軍之後，便殺往巨濟島玉浦港，打響了朝鮮水師對日軍的第一槍。

玉浦港內留守的是藤堂高虎的五十艘戰船，他沒料到之前窩囊無比的朝鮮水師居然會主動進攻，結果被打了個措手不及，當場焚毀日軍戰艦二十六艘。隨後又擊沉敵援軍戰船五艘，海波盡赤，日軍潰散，紛紛登上巨濟島逃走。朝鮮水師隨後又在永登浦前大敗日本水軍，將敵艦盡數擊沉。第二天早晨，李舜臣再接再厲，閃擊赤珍浦，摧毀日軍水軍戰艦十三艘。

這三次勝利讓朝鮮水師士氣大振，他們發現原來如此凶惡的日本人在水戰上也就那麼回事。於是過了二十餘天，李舜臣再次率兵出擊露梁。此次朝鮮水師中又增加了兩艘巨艦，這兩艘船可以說是李舜臣精心打造的祕密武器，由於其外形象是在海上游弋的大烏龜，人們把這朝鮮水師獨有的

戰艦稱為「龜船」。

這種龜船有何特殊之處呢？其實這種龜船是板屋船的一個變種，它有時也叫龜甲船，龜背船，是一種在甲板之上設有頂棚覆蓋的戰艦。在當時的海戰條件下，這個頂棚可以有效地防禦敵人火炮火槍的射擊，保護船上水手不受傷害。頂棚外側布滿鋒利的尖刺，如一蓬刺蝟，根本無法立足。這正是針對日軍喜歡爬上敵艦肉搏的特性而設計的。龜船船身與高大的板屋船相若，長28公尺，寬9公尺，高6公尺。船分兩層，下層設槳20支，每側10支，每支由3名水手划動。上層則有射擊口，可射出火矢或噴筒。船頭是一龍首，龍口中伸出一門「天」字號火炮。同時船尾亦設一門火炮，這樣攻守兼備的戰艦，使得龜船儼然成為當時海上坦克！

龜船並不是後人想當然地以為是李舜臣所發明。早在李之前二百年，《太宗實錄》就有用龜船與倭寇交戰的紀錄。只是後來朝鮮軍備鬆懈，這件海戰利器幾乎已被人遺忘。是李舜臣和技師羅大用復活了古人的智慧，並在與日軍的交戰中使龜船大顯身手。湊巧的是，李舜臣首次測試龜船成功是在西元1592年4月12日，正是日軍攻陷釜山的前一天。不能不說是天意特別賜給了李舜臣這麼個玩意專門與日本人作對了。

令後人爭論不休的是，龜背是否真的像現在朝鮮人宣稱的一樣，由鐵甲覆蓋，是世界第一艘鐵甲艦。拋開織田信長的鐵甲船早於此15年不說，區勝還是認為木製背甲的可能性較大，理由有二：一，從李舜臣和其姪李芳留下的筆記來看，從未有一處提及龜背是用鐵甲。《懲毖錄》和《宣祖實錄》也沒有，反倒當時參與海戰的日本人提到有「鐵包的盲船」向自己進攻。目擊證人隔得太遠，不可靠。二，鐵背甲太貴。如果鐵甲有2～3公釐厚的話，一條船就須用鐵6噸。朝鮮政府不會也不可能向李舜臣提供如此多的生鐵。而以當時李舜臣自己能籌措到的物資來看，6噸無異是

第四章　困境之中

個天文數字。在李舜臣日記中曾斤斤計較地提到，1592 年初李億祺向自己借了 45 斤生鐵，一直沒還。可見其捉襟見肘，根本不能和織田信長能調集的資源相提並論。但，如果龜船背甲是木製的話，碰到日軍用火攻，特別是毛利水軍賴以成名的「焙烙火矢」，又該怎樣抵擋？由於背甲上都是尖刺，想上去救火都不可能。李舜臣的辦法是，在船背鋪滿浸溼了海水的草蓆。那樣任什麼火都燒不起來了。

當朝鮮水師抵達泗川之際，發現日軍水軍脇坂安治率重兵嚴陣以待。此時李舜臣發現泗川港內水淺，朝鮮軍的大型船隻容易擱淺，因此決定佯裝撤退，誘敵出擊，在大海中決戰。元均這時候跟著李舜臣打了幾場勝仗，膽子倒是大了起來，居然不想聽從李舜臣的指揮。這時候李舜臣完全沒有給他一點面子，直接說：「你完全不懂打仗，按你的做法來必然會失敗！」說完便引兵回撤。雖然李舜臣這麼說一點都沒錯，但是這麼不給面子的話當然讓元均很尷尬，這大概便是之後元均與李舜臣的關係勢如水火的起因吧。當然這時候元均沒有任何能力與李舜臣叫板，只能乖乖地隨著李舜臣撤退。還沒走出一里遠，日軍果然追了上來，此時正好潮漲，李舜臣便令龜船突陣而進，用大炮連連擊碎日艦，頓時擊毀十二艘。

日軍主將脇坂安治眼見戰局不利，便奮力抽出戰刀，大聲呼喝，鼓勵部下們奮勇迎戰。在他的率領下，部分日軍用頭上帶鉤的繩索搭到龜船上，企圖爬上朝軍戰艦肉搏。可是龜背上布滿尖刺，日軍突擊隊無法立足，只能知難而退，盡量駛離那要命的龜船。脇坂安治也乘著旗艦逃回港內，終於撿回一條性命。

眼見追擊的朝軍逼近，岸上的日軍紛紛以鐵炮回擊。李舜臣在船上看見日軍陣中竟然有人身著朝軍號衣，幫著日本人開火，不由得心下大怒。顯然，這些是已經投降了日軍，為虎作倀的「朝奸」部隊了！侵略者尤可

恕，背叛者卻是天理不容！李舜臣氣得血往上衝，顧不得日軍密集的彈幕如下雨般地砸向自己的旗艦，命令船隻靠近海岸，用「天」、「地」兩門大號火炮轟擊日軍陣地，只轟得岸上鬼哭狼嚎。突然，一顆子彈射中李舜臣的左肩，李舜臣忍痛不言，仍舊手執弓矢，督戰不已。直到戰後，才令人用刀尖挑出鐵丸，深入數寸。一軍始知，莫不愕然。而李舜臣談笑風生，若無其事。

第二天又有情報說日軍一部在唐浦停泊，於是李舜臣率隊再次殺向唐浦，在這裡李舜臣發現有二十一艘日艦停泊於此，其中一戰艦高達三、四丈，上設層樓，外垂紅羅帳，四面大書黃字。有日軍將領一人，金冠錦衣，指揮大軍。此人便是日本來島水軍主將來島通之的旗艦。李舜臣令諸將促櫓直衝。順天府使權俊撞破敵指揮艦，並自下面仰射，來島通之應弦而倒。唐浦之戰是第一次有大名級武將喪身的戰役。同時殞命的還有森村春，原牛之介，小森六大夫，粟田半七等勇將。日本水軍主力之一的來島水軍受到致命的打擊，所轄的二十一艘戰船也全軍覆沒。

李舜臣海戰

七月初六日，李舜臣率戰艦出唐浦附近水域，與李億祺會師於露梁。元均修理好之前的七艘破損船隻後也趕來會合，朝鮮水師船隻增加至五十

079

第四章　困境之中

餘艘，規模再度擴大。李舜臣有了如此強的實力，自信滿滿，再次率軍襲擊唐浦內日軍，再次使用誘敵戰術將日軍港內二十六艘戰艦誘出，最終擊殺蜂須賀家重臣森村春，日軍二十六艘戰艦均被擊沉。

此時小西行長剛剛占領平壤，日軍在朝鮮全面布局，水軍卻遭到迎頭痛擊，導致日軍後勤遭到極大威脅。但李舜臣雖然足夠神勇，但畢竟實力不足，雖然在一定程度上削弱了日軍的水面力量，但並不能完全封鎖日本與朝鮮的海路交通，後世的史書往往誇大了李舜臣水師發揮的作用，以為日軍因為受到後勤影響以至於不堪一擊，但實際上日軍雖然有所收斂，但是依然在朝鮮全境活躍，擊滅擊潰朝鮮官軍與義兵為數極多，並未顯出根本性的頹勢。

義兵與官軍

就在朝鮮水師慢慢改變海上勢力之際，朝鮮境內則突然冒出了許多義兵。政府軍是靠不住了，那這些民間武裝又是否能改變大局呢？

首舉義旗的是慶尚道的儒生郭再佑。四月二十一日，儒生郭再佑毀家紓難，率僮僕及鄉里豪傑固守鼎津。因他每戰身披紅裝，一馬當先，人稱「天降紅衣將軍」。不過說起這紅衣，郭再佑號稱由少女初潮之血染成，是件充滿至陰之氣的寶衣，足以抵擋日軍鐵炮至陽屬性的鉛彈。不知道後世的義和團是不是學他這一招，來了一個複製貼上。他打仗深諳游擊戰神髓，基本上從來不去與日軍硬拚，戰果很是不錯。

除了郭再佑之外，著名的義兵將領還有金千鎰、高敬命、崔慶會、鄭湛等，這些人幾乎都是朝鮮的兩班貴族出身，這些兩班貴族們世襲罔替，

有勢力有聲望，因此振臂一呼便應者雲集。但是對這些義兵，朝鮮政府的態度則是極為警惕的，因為宣祖中後期的昏庸，朝政可謂是一團亂，而日軍入侵則成為了一個導火線，各地叛亂此起彼伏，對朝廷而言，這些義兵將領居然能輕易地拉起大隊人馬跟日軍作戰，這跟那些扯旗造反的傢伙本質並無任何不同，完全就是一種潛在的威脅，這樣的軍力無法控制在朝廷的手中，那就永遠不可能放心。何況這些義兵將領往往是朝中的失意者，跟朝鮮官軍又往往不同調。義軍戰績往往比官軍出色，但彙報戰功之時卻往往被官軍抹殺，所以雙方既有合作又有矛盾，這樣的矛盾越加尖銳後，便會產生義兵造反的情況，這就更引起朝鮮政府的警惕甚至敵視。

除了這些兩班貴族之外，另外一股義軍主力則是僧人，這些出家人實際上都是大地主，因此也有錢糧招募兵員作戰。這些義兵對日軍造成了一定的打擊，但由於與官軍的矛盾以及自身實力的問題，並無法真正地改變局勢。

除了這些義軍之外，朝鮮官軍方面也並非一無是處，其代表便是光州牧使權慄，當日軍入侵之際，他也率本鎮兵馬西行勤王。此人對兵事上算是有一套，因此部下戰鬥力比一般政府軍強得多。此人手中握有上萬兵馬，先是在梨峙一帶伏擊了小早川隆景所部，小勝一場。又隨之占據了王京漢城南方水原上的禿山。這對王京的日軍來說可謂是一個心腹之患，時時刻刻都能威脅王京。因此宇喜多秀家發兵數萬分為三陣，聯營於烏山驛等處，往來挑戰。權慄則堅壁固守，不與交鋒。偶爾出城偷襲，挫挫日軍的銳氣。圍城數日，禿山開始缺水。但權慄為了讓日軍錯以為己軍水源充足，特地跑到兩軍陣前，把白米一筒一筒地倒在馬身上。在陽光照耀下，白米濯濯發亮，宛如水珠。日軍遠遠看去，還以為朝鮮人水多到用來洗馬呢，渴死敵人的計畫落空，只得撤圍而去。這便是所謂「白米洗馬」的傳

第四章　困境之中

說。這幾戰優秀的表現使得權慄迅速地跳入朝鮮朝廷的眼簾，成為了後來朝鮮政府軍最重要的將領之一。

除了權慄之外，還有苦守晉州的金時敏表現亦極為出色。因為李舜臣的奮戰，日軍在海上的交通線受到極大威脅。為了拔出這根釘子，日軍總指揮宇喜多秀家決定，以細川忠興為主將，長谷川秀一，木村重茲為副將，率兵二萬，先下昌原，再攻晉州，徹底掃平全羅道，直搗李舜臣水軍大本營。

九月二十五日，細川忠興從金海出發，順利打下昌原，並驅趕敗兵往晉州，企圖混著敗兵一起殺入晉州。但此時晉州守將金時敏卻並未上當，硬是不開城門，使得昌原守將慶尚道左兵使柳崇仁全軍覆沒。這金時敏乃是武科及第，本來在晉州當判官，因為晉州牧使戰死，才被擢升為晉州牧使。第一次出馬便眼睜睜地看著自己人被屠殺，也算是夠狠夠辣。

此時晉州城內只有守軍三千八百人，面對二萬日軍凶多吉少。因此金時敏按兵不動，準備死守晉州。細川忠興一開始便用鐵炮足輕向城上瘋狂發射，企圖打垮朝鮮軍守城的意志。可是在金時敏的指揮下，朝鮮軍對此並不畏懼，甚至用仿製的火繩槍與日軍對射。就這樣將晉州城守得穩如泰山。

此時周邊官軍與義軍聞訊，也紛紛過來援救，十月八日晚，離晉州最近的義兵將領郭再佑率兵一千二百人抵達。為了迷惑日軍，郭再佑命令部下每人背上背五根火炬，讓敵人以為朝軍大舉來援。可是日軍並未受騙。第二天，崔慶會與任啟英也帶了兩千五百人前來援助，此外鄭仁弘也遣兵五百來援，晉州城內士氣大振。

到了十月十日凌晨，日軍再次發動猛烈攻擊，眼看晉州守軍便要支持不住，此時金時敏在北門督戰，誰知道被一顆流彈擊中額頭，頓時陣亡。城內官兵見主帥陣亡，悲痛不已，人人捨生忘死與日軍血戰到底。在此千鈞一髮的時刻，南江上又忽然漂來幾十艘帆船，滿載著各種軍需物資，駛入晉州城內。原來是附近的官軍來增援了！守軍士氣隨之更加振奮！細川忠興最終功虧一簣，只得撤兵而走。

第四章　困境之中

第五章
首度交戰

世間已無張居正

就在朝鮮遭到日軍侵略之際,明朝此時正步入明神宗朱翊鈞在位的第二十年。這位萬曆皇帝本是個有福氣的,在他登基後的頭十年,擁有張居正這麼一位百年難得一見的宰相。在張居正的領導下,政治上澄清了當時的吏治,軍事上任用戚繼光、李成梁這樣的名將鎮守邊關,經濟上清查土地、改革賦稅,實行「一條鞭法」等。這時明朝太僕寺存銀多達四百萬兩,加上太倉存銀,總數約達七八百萬兩。太倉的存糧也可支十年之用。可謂是欣欣向榮,呈現一股中興的氣象。

可是中國的政治總擺脫不了一個人亡政息的惡性循環,張居正實行的政策在他病逝之後便遭到了徹底的肅清,而明朝則在這種肅清中再度步上一條陳腐沒落的道路,國力日漸衰弱。

在這樣的情況下,社會危機迭起,大明王朝開始走下坡。萬曆十年(西元 1582 年)以來,先後在浙江杭州、寧夏靈州、廣東東山、四川建武所、延綏神木、雲南騰衝等多處發生兵變。

與此同時,地方起義接連不斷。萬曆十七年(西元 1589 年),梅縣人

第五章　首度交戰

劉汝國以「替天行道」為號召，率數萬饑民起兵於太湖、宿松；稍後，廣東僧人李圓朗也率眾起兵於始興……這些地方起義雖然都被鎮壓，但此後民變不斷。

明朝萬曆皇帝

尤其是萬曆二十年春發生的哱拜之亂，明朝費了九牛二虎之力，還是未能把它鎮壓下去。而西南又有楊應龍在播州蠢蠢欲動，朝廷百般安撫，也著實頭痛。現在再來了個朝鮮倭亂，真可謂內憂外患，舉步維艱。這個時候，世間卻已無張居正了……

悍然侵朝的豐臣秀吉手中有日本刀、鐵炮等戰爭利器，又有百餘年戰國亂世打造的堅強軍隊。那如今老朽不堪的明朝手中又有什麼來跟這群日軍對抗呢？

如今的明朝雖然已經沒有了張居正，但是他的遺澤還在，朝廷再難，畢竟還有存糧、存銀，還能打得起這一仗。張居正一手提拔的抗倭名將戚繼光雖然遭他牽連，被罷官貧病而死，但是他數十年來精心打造的浙兵精銳仍在。李成梁麾下的遼東邊兵也尚未完全腐化變質，大明帝國的士兵依然能戰，敢戰。在明軍中，除了同樣擅長鳥銃的浙兵外，明軍有著數量更多的大炮，這在日本國內的戰爭中卻極少出現。等待著日本侵略者的將是一場全方位的戰爭，明朝雖然在這場戰爭中顯得如此的疲憊不堪，但是卻依然是亞洲的王者，不容輕侮！因此當收到朝鮮被入侵的消息之後，即便如今的朝廷早已今非昔比，但最終還是承擔起了保護藩屬國的責任，沒有經過太久的討論，萬曆皇帝便下令遼東派出兩支精銳前去朝鮮，以此穩定朝鮮的局勢。朝鮮戰場上決定性的力量終於即將出現了！

飲馬鴨綠江

　　萬曆二十年（西元1592年）六月十五日清晨，鴨綠江上人喊馬嘶。一眼望去，原來是江面上一支明軍正在渡江。這支明軍隊伍齊整，軍紀嚴明，當頭一員大將全身披掛，乃是大明督戰參將戴朝弁。他與先鋒游擊史儒等執旗千總、把總等十來員將官率明軍1,029人，馬1,093匹在朝鮮官員的接應下渡過鴨綠江，進入到朝鮮境內。【朝鮮李朝實錄中的中國史料上編卷二十六，P1552，宣祖昭敬大王實錄二，二十五年（明萬曆二十年）】

　　這支明軍便是朝鮮君臣上下翹首盼望已久的明朝援兵，雖然數量不多，但這說明了明朝絕不會坐視朝鮮被日本攻占的態度，這對於幾乎已瀕

第五章　首度交戰

臨崩潰的朝鮮來說無疑就是一針強心劑。有了天朝的支持，朝鮮上下才有底氣來收拾已經幾乎喪盡的人心。

緊接著於六月十七日，廣寧游擊王守官、原任參將郭夢徵率兵506名，馬779匹渡江。隨後，本次明朝援軍的總指揮遼東副總兵祖承訓率兵1,319名，馬1,529匹渡江。

對這二批明軍援兵朝鮮人有著不同的評價，對戴朝弁率領的第一批明軍，朝鮮人稱讚他們號令嚴明，一草一粒都並不濫取侵擾。而對隨後的明軍卻評價為紀律不嚴，擅闖民宅，使得朝鮮人驚恐逃散，義州城為之一空。

因為這個原因，還讓朝鮮朝廷鬧了個大笑話。因為明軍駐紮在義州，為了安全朝鮮國王李昖一行就馬不停蹄往義州逃，結果趕到義州後才發現不對勁，城中的人要麼是因為害怕日軍打來，要麼就是因為明軍搶掠，竟然全部跑光，結果連替國王做飯的人都沒有。當地的牧守黃璉和判官權晫只得親自率領自己的屬下和奴婢來當御廚，替國王一行燒飯吃。餘下的官員只能散往城內各處空的民宅暫時居住。還好此時正值六月中旬，並非寒冬臘月，否則城內連供給國王的草料和柴火都配不足，說不定就得凍死幾個官員，實在是分外狼狽。

當然明軍搶點東西對朝鮮朝廷來說實在算不上什麼大事，明軍到了朝鮮，只要遇到朝鮮人，不管是官員還是國王，通通一個調調，那就是懇求明軍趕快發兵去打倭寇。可是一說到後勤糧草與接應的人，就通通沒有。朝鮮此時的都元帥金命元就哭訴說他身邊的官員跑光，倉谷散失，軍卒逃匿，如果真要他負責，那只能讓他死個二十萬次。當然就算死這麼多次糧食一樣變不出來，所以他如今還是死不得。【朝鮮李朝實錄中的中國史

料上編卷二十六，P1552，宣祖昭敬大王實錄二，二十五年（明萬曆二十年）】

　　在明軍統帥祖承訓的心中，現在可以用躊躇滿志來形容他如今的心情。在他的眼裡，已經侵占了幾乎整個朝鮮的日軍就跟曾經肆虐大明沿海的倭寇海匪一般，純屬跳梁小丑。他在遼東李成梁大帥麾下征戰十餘年，常與蒙古女真等悍勇蠻族交戰，戰無不勝，如今手中有這三千遼東精銳邊軍，足可以雷霆掃穴一舉成功。大丈夫當建功立業，豈能僅僅按照聖旨所說的保護朝鮮國王呢？

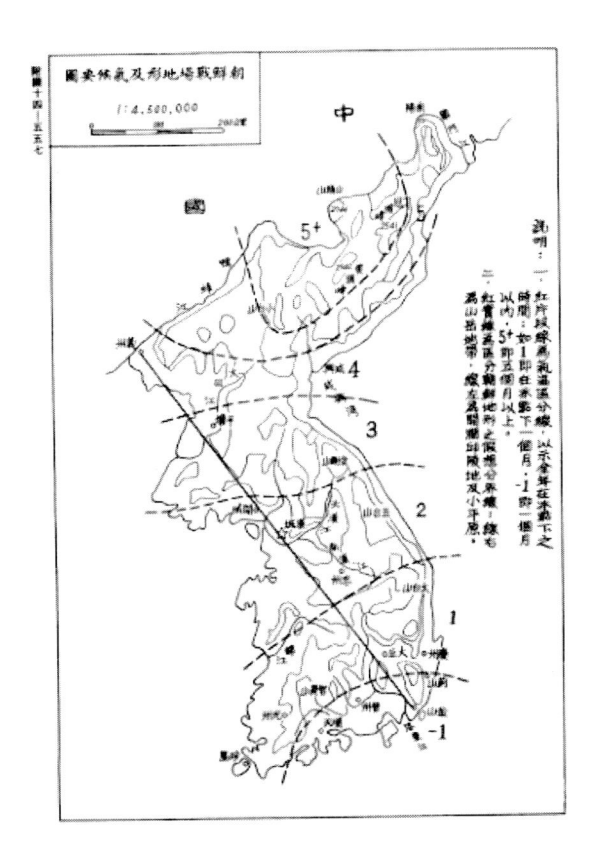

第五章　首度交戰

目標平壤

祖承訓六月分渡江之後平壤便宣告陷落，祖承訓等明軍將領在朝鮮君臣的哭訴之下，當即決定將收復平壤作為第一個目標，以顯示天兵的戰鬥力。

可是當祖承訓整軍向平壤出發的時候，一路的狀況讓他可以說是瞠目結舌。一路之上朝鮮境內可以說是毫無秩序，負責軍隊、後勤、船隻運輸的朝鮮官員幾乎沒有哪個肩負起了自己的責任，一個個均畏縮不前。明朝之前素來認為朝鮮國也算是強兵之國，現在種種表現實在讓人跌破眼鏡。

朝鮮軍兵的低劣素養和低迷的士氣讓祖承訓更為輕視日軍。戰勝這樣垃圾的軍隊，難道不是理所當然的嗎？【日本參謀本部所著的《日本戰史》記載說柳成龍曾經提醒祖承訓說「倭兵甚強，慎重將事。」而祖承訓則回答：「吾嘗以三千騎破韃子十萬，倭兵何足懼哉？」而此對話在柳成龍本人著的《懲毖錄》卻並無記載，此外在《李朝實錄》與《明史》等史書中亦無記載。按照柳成龍本人的記錄，在迎接祖承訓的時候他本人患病在床，根本就沒見面，當然也不可能有任何對話。此外祖承訓也從來沒有用三千騎擊破過韃子十萬人的紀錄，而朝鮮人對遼東兵勢十分了解，祖承訓也不太可能對知根知底的朝鮮人如此吹牛，因此筆者判斷此話應是虛構。】

明軍在朝鮮一路艱難跋涉，除了拖後腿的無能朝鮮官員之外，老天爺也開始與明軍作對。半路上天降豪雨，旬日不止，讓全都是騎兵的明軍部隊行軍更為艱難。

行進至七月十四日，明軍前鋒猝然遇敵，當即陣亡兩人。剛與日軍進行接觸便使得明軍出現了軍官陣亡，這讓明軍未來的戰爭前景蒙上了一層

陰影。受此影響，祖承訓的心情也變得焦躁起來。

　　對己方是否能夠得勝，祖承訓並不懷疑，可是他卻害怕這場遭遇戰會打草驚蛇，使得平壤日軍聞風而逃。如果真是這樣，那麼一場屬於他的大勝必將付之東流。

　　在煩亂的心情下，祖承訓率軍行進到了與平壤一江之隔的嘉山，隨即尋來當地人詢問平壤軍情。

　　當得到日軍居然還在平壤並未撤退的消息後，祖承訓的心頭大石這才放下，甚至興奮地仰天祝禱道：「賊寇居然還沒逃跑，這真是老天爺送給我的大功勞啊！」其欣喜之情現於顏色。

　　獲得日軍確切消息之後，祖承訓隨即率兵出發，以史儒為先鋒，於七月十七日黎明三更從順安出發直取平壤。

　　可是老天卻並不放過明軍，下了幾天的雨不但不停，竟然越下越大，當明軍到了平壤外圍之時，雨水居然可以漫到馬腹！

　　祖承訓也是個知兵的人，明軍以騎兵為主，如此大雨，完全不適合騎兵突擊，於是便欲撤軍回順安休整，待天氣晴好再來攻打。

　　如果這樣，也許祖承訓便可以避免一場失敗，可是恰恰在此時，有朝鮮斥候將黃瑗卻突然彙報說平壤城內的日軍大多撤到了漢城，城內日軍空虛，趁此機會，正好能將平壤城內日軍一網打盡。

　　其實這是一個徹頭徹尾的假消息，但可悲的是祖承訓卻相信了這個消息，改變主意，決定冒大雨繼續率軍向平壤突擊。

　　藉著明軍天兵的聲威，原本膽小畏戰的朝鮮都元帥金命元也派遣了將領率三千人緊隨其後，不遇敵的時候也能狐假虎威一番。因此明軍當即從中選了五百人，以一百人為一隊，分為五隊作為嚮導，指引明軍進攻平

第五章　首度交戰

壤。而其餘兵馬則跟隨其後，作為輔助力量與日軍交戰。

此時平壤的形勢卻並非祖承訓所想像的那樣樂觀。日軍以小西行長為首的第一軍團下轄宗義智、松浦鎮信、有馬晴信、大村喜前、五島純玄等大將，其兵力達一萬八千七百人左右。

當六月十六日攻陷平壤之後，日軍在這一個月內一直在穩固平壤與漢城之間的交通暢通，鎮壓平壤附近反抗的朝鮮人民。這部分工作主要是由日軍第三軍團與第六軍團的部分進行。日軍在離平壤十四里的鳳山築了兩砦（同「寨」。守衛用的柵欄、營壘），以大友義統為主將防守。立花宗茂也在附近紮營。

離鳳山七里的龍泉山築砦，以黑田長政的家臣小河傳右衛門為主將防守。

龍泉山南方六里的白川城則以黑田長政為主將把守。

平壤軍民於平壤城南高山上築砦反抗日軍，卻被小西行長率兵蕩平，並在附近也建立了砦子進行防守。

雖說日軍建立了如此多的城寨進行防守，看似兵力分散，但其實日軍第一軍團主力卻一直盤踞於城中，甚至各個寨子的統兵大將也大多留於平壤。此時冒雨行軍的明軍並不知道，他們即將面對的並非是一個空城，反而正向日軍第一軍團主力迎頭撞去……

血戰平壤

轟隆的雷聲掩蓋了明軍部隊的行軍聲，瓢潑的大雨將距離視線十尺之外的世界變得一片模糊，密雨橫飛，地面上猶如油鍋炸沸。在平壤城外，

一張張被冰冷的雨水澆得鐵青的臉從風雨中顯現出來，這三千明軍人人牽著馬匹，排著肅靜無聲的佇列，在泥濘的土地上行進著。

雨水不斷地從祖承訓的盔甲上滴落，他仰首望向似乎近在咫尺的平壤城頭，青瓦白牆的城樓上依然殘留著盛唐的一絲餘韻，可惜雕欄畫棟今猶在，只是已經換了主人。

在唐式的飛簷斗栱之下，本應站崗放哨的日軍守城士兵卻蹤影全無。

見此情景，彷彿更加印證了朝鮮斥候的情報，祖承訓不禁嘴角現出了一絲微笑。隨即，他做了個手勢，身邊親兵見此，立刻從馬上拿出了一對小旗，向身後諸將揮舞起來。

見到旗語後，明軍在諸將的帶領下按照事前計畫迅速分為兩隊，由西殺入。由於平壤城西側有兩個城門，一個叫「七星門」，一個叫「普通門」，因此一隊由戴朝弁與史儒領軍，急攻平壤「七星門」，另一隊由祖承訓親自指揮，主攻一旁的「普通門」，朝鮮軍兵則尾隨其後。

朝鮮國畫七星門之冬

第五章　首度交戰

戴朝弁與史儒率軍藉著大雨的掩護，悄無聲息地掩至七星門邊。

青磚砌成的城牆被大雨重刷得溜光水滑，史儒緊皺眉頭，探手試了試城牆，隨後手臂向後一揮。在他的身後立刻顯現出十來個壯碩的親兵，以敏捷的身手向上攀去。

七星門城頭上，寥寥數個日軍守城兵全部縮在屋內打著瞌睡，完全沒有想到這種鬼天氣居然還有人膽敢攻城，在睡夢中被紛紛解決。

在「吱吱吱」轉盤的聲音中，七星門轟然打開。隨著一聲吶喊，平壤城立刻陷入了戰爭的漩渦。史儒一騎當先，戴朝弁緊隨其後，躍馬直入七星門，戰刀揮舞間便收割掉數條人命。

平壤七星門老照片

防守城門的日軍兵卒瞬間四散崩潰，明軍追著逃散的日軍兵卒，殺入平壤城中。

戰端一開，五百作為嚮導的朝鮮兵瞬間逃散一空，只剩下祖承訓跟前的一百人未敢逃跑。當先殺入的戴朝弁等明將無人領路，只能在城內盲目突進。

　　城內日軍驚聞明軍前鋒已攻破城門，殺至大同館外，不由得大驚失色。日軍大將松浦鎮信正臥榻高眠，慌忙從床上跳起，大呼侍從為其披甲。就在手忙腳亂之際，只聽見喊殺聲越來越近，松浦鎮信一把推開侍從人等，大叫道：「全都跟我來！」只見其僅穿常服，手提日本刀便衝出門去，率其子松浦久信等數騎與明軍騎兵展開騎兵戰，雙方狹路相逢，未及準備便嘶吼著撞擊在一起，開始了武人之間的死鬥。

　　戰鬥中明軍騎弓攢射，箭穿松浦鎮信腳脛。日騎揮舞倭刀擋格箭支，迎箭殺傷數人。

　　松浦鎮信的苦戰在明軍如潮水般的騎兵突擊下如同一個石子投入了大海一般，僅僅濺起了幾個小浪花，依然並未阻止住戴朝弁等明將的突擊，很快松浦鎮信家臣日高喜（甲斐守）、松浦源次郎紛紛戰死，明軍主力繼續前進。可是此時天時地利卻均在日軍一邊，平壤城在隋唐時代號稱小長安，城郭規模並不小。但自從朝鮮李朝建立，並於西元1394年遷都於漢城之後，平壤歷經兩百年時間的敗落，早已今非昔比。城內道路狹窄，僻陋曲折的小巷亦多，明軍騎兵無法展開集中衝擊。且天又大雨多日，平壤街道泥濘不堪，明軍馬匹時不時地陷入泥中，如此惡劣的天氣與地形，終於讓日軍有了反擊的時間。

　　是時日將小野木重勝正率七百鐵炮手駐紮於城內，聞得廝殺聲起，連忙集合屬下，搶占大同館和其周邊的高大建築。

　　長街旁的高大宅院上，一扇扇窗戶被粗暴地推開。日軍手捧一支支鐵

第五章　首度交戰

炮，在小野木重勝的大喊下，迎頭向明軍開火，瞬時間彈如雨下。

雖然日軍鐵炮犀利，但明騎軍依然毫不畏懼，迎彈雨突擊，但馬陷泥沼，軍馬多被日軍打死，倒斃的馬屍堵塞街巷。

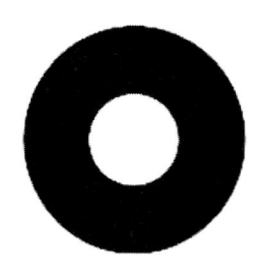

松浦鎮信家紋

戴朝弁、史儒等明將見此情形大怒，領頭出陣，挺身肉搏，手刃日軍十數級。

小野木重勝見勢不妙，揮舞倭刀指揮，向明將突擊方向做集中射擊，槍彈聲穿過滂沱的大雨，響徹天空。

當先突擊的史儒剛剛將戰刀從敵人體內拔出，正欲朝街道的出口突破之時，一陣炒豆般的槍聲隨之響起。他奔跑的身形便如撞到了一堵無形的牆一般突然停頓，手中的戰刀隨著雨水掉落地面，血染長街。眼見史儒中彈，明軍諸將目眥欲裂，參將戴朝弁與千總張國忠、馬世隆踏著史儒的足跡衝向日軍鐵炮陣，千總張國忠、馬世隆當場壯烈犧牲，戴朝弁重傷被身後親兵拚死救下。

戴朝弁因為治兵嚴肅，對百姓秋毫無犯而深為朝鮮各方所敬重，此戰後訛傳其陣亡，為此朝鮮方面深為惋惜。【經略復國要編 P357】

日軍大將小西行長、宗義智等領軍大將率主力於此時展開了反擊，將明軍團團圍住。

殺入七星門的這支明軍在猝然失去指揮官，又遭到日軍優勢兵力的打擊之下，依然不甘示弱，反身與敵軍拚死搏戰。殺出一條血路，潰圍而出，向祖承訓軍方向撤退。

　　與此同時，祖承訓軍在西門亦是廝殺正酣。明軍用弓箭與日軍展開對射，但讓祖承訓料想不到的是，平壤城中突然出現了一群麾白旄的朝鮮兵馬，他們用片箭長箭對明軍發動了猛烈的攻擊，霎時間便有數人被射傷。身為前導的百人朝鮮軍兵也並不賣力作戰，甚至中間有人還與日軍用朝鮮語相喊話！尾隨在明軍之後的朝鮮兵馬更是出工不出力，冷眼看明軍與日軍搏戰。

　　待到戴朝弁軍潰，本已心生懷疑的祖承訓了解到城中日軍怕是不下萬人，更是認定這是朝鮮人設下的圈套，於是下令撤軍。

　　見到明軍撤退，朝鮮軍頓時一聲發喊做鳥獸散。平壤城邊多水田，朝鮮後軍四處亂逃，多陷於水田泥沼中，被日軍殺死殺傷。

　　祖承訓率軍則由順安、肅川連夜撤往安州，後又搭舟橋渡清川、大寧二江，見日軍並未窮追，於是在嘉山附近的控江亭開始停軍休整，並點檢戰損。經檢查，此戰明軍總共戰歿三百人，馬匹損失千餘匹。

　　剛來到朝鮮便受到這麼大一個打擊，祖承訓自然無法接受。他覺得手下還有兩千餘人，尚有一拚之力，於是還想著派人回國內請援兵，並不肯就此罷休。

　　可是天公卻偏偏與祖承訓作對，又是連天大雨，明軍各部均在野地宿營，大雨使得兵士們衣甲盡溼，困窘無比。

　　眼見軍中怨聲四起，弄不好就會發生兵變，祖承訓便是再心有不甘，也只得率軍回返遼東，明軍平壤初戰就此以失利告終。

第五章　首度交戰

第六章
萬曆出師

首鼠兩端

　　明軍初戰平壤以失敗告終了，如果從日本向朝鮮發出戰爭威脅作為時間起點來看，此戰的失敗更加深了朝鮮與明朝之間關係的混亂複雜程度，以至於兩國僅僅在關係協調互信上就耗費了近一年半之久。這聽起來似乎有些不可思議，對於明朝來說，朝鮮素來是模範藩屬國，而對於朝鮮來說，對明朝也向來以忠順自居，按常理說兩國之間應該彼此信任。可是當真正研讀歷史之後，卻發現真相遠不是那麼簡單。

　　當豐臣秀吉那封充滿野心的國書送到朝鮮之後，作為素來標榜「忠順」的朝鮮，理應第一時間向宗主國明朝進行通報，但朝鮮卻首鼠兩端，擔心朝鮮私通日本的事情洩漏而極力隱瞞真相，嚴密封鎖相關消息。可是朝鮮人哪裡曉得，明朝早就透過許儀後【許儀後，又名許三官。江西吉安縣桐坪鄉山村人。他醫術高超，名聲遠播，常在廣州、南京和沿海一帶行醫。明穆宗隆慶五年（西元1571年），他乘海船經廣東海面，遭到日本海盜的襲擊，被挾持到日本的九州薩摩國，在那裡行醫維生。由於他精通醫術，為人正直，當地的居民都很敬重他。有一次，薩摩國主島津義久患了重病，久治不癒，聽說許儀後是神醫，就召他進宮，不僅治好了國主的

第六章　萬曆出師

病,還留他在宮中做御醫。他雖在日本娶妻生子,但沒有忘記生他養他的中國故土。萬曆十三年(西元1585年)向島津義久遞交了一份「協懼哀告」,陳述了倭寇頭目陳和吾、錢少鋒率眾在中國東南沿海一帶騷擾,弄得人心惶惶的罪惡。島津義久採納他的建議,派兵誅殺了這夥倭寇,為中國東南沿海人民除了大害。日本織豐時代後期,豐臣秀吉統一了日本,又企圖稱先吞併朝鮮,再進攻中國。許儀後知道後,心急如焚,他天天「寢不安席,食不甘味,冥思苦索,惶惶不可終日。」決定向明朝朝廷報告這一重要情報。但他身為官廷中人員,無法離開日本。這年九月三日至七日,他接連寫了兩篇〈提報〉,可是卻如石沉大海,杳無音信。在「夜憂哭,仰天長嘆」之際,被擄商人朱均旺提出願意親攜陳情狀詞,奮身往赴明朝陳報。朱均旺係江西撫州臨川人,萬曆五年(西元1577年)往交趾貿易時遭遇倭寇而被擄往日本,他先是被賣給寺院抄寫佛經,後因遇到同鄉許儀後而獲得釋放。這份題名為「儀後陳機密事情」、署名為「陳情人許儀後、郭國安,報國人朱均旺」的陳情書,最終於萬曆二十年(西元1592年)二月二十八日到達福建,透過福建總督將第三篇〈提報〉轉呈到了朝廷。陳情書約五千餘言,除了前面的自敘部分之外,分以下幾個方面分別陳述日本情報:「一陳日本國之詳」,「一陳日本入寇之由」,「一陳禦寇之策」,「一陳日本關白之由」,「一陳日本六十六國之名」,「敢復陳未盡之事以竭赤子報國之情」,末附「許儀後贈朱均旺別詩」一首。該陳情書極為詳盡地介紹了日本的時事情況,除了最為核心的軍事情報「日本入寇之由」、「日本關白之由」之外,許儀後還特意留心日本國情,悉數介紹日本六十六國的情況,並獻禦寇之策若干於明朝。許儀後還在獲得新情報之後,又特意追加「復陳未盡之事」,其報國之忠心,於此可見一斑。】、蘇八【蘇八原係浙江台州臨海縣的漁民,他在萬曆八年(西元1580年)出海

打魚之際被倭寇擄至日本薩摩州。蘇八最初被賣入寺院打雜，後被寺院轉賣給漳州商人使喚。他於萬曆十六年（西元1588年）累積下了足夠的贖身錢，獲得了自由，之後則繼續在平戶以賣布賣魚為生。蘇八在日本生活長達十年之久，見聞了日本的許多時事。贖身之後成為日本平民的蘇八，曾被飛蘭島（平戶島）主徵為士兵，參加豐臣秀吉對薩摩藩的戰爭，並親眼見到了豐臣秀吉其人。萬曆十八年（西元1590年）九月，在聽聞豐臣秀吉企圖侵略明朝的消息之後，這位曾經被編入日軍的明朝人念及遠隔重洋的妻子兒女，最終搭乘漳州商人的貨船輾轉回到了家鄉。回到家鄉之後的蘇八並沒有默不作聲地與家人享受團聚之歡，而是立刻往赴台州參將衙門彙報日本情況。蘇八後來在省城杭州錄下供述書，對浙江乃至整個明朝的對日戰略對策產生了重大影響。】

這些在日本的華人知道了事情的真相，甚至對豐臣秀吉侵略計畫的了解比朝鮮有過之而無不及。因此朝鮮這樣遮遮掩掩的態度不但無助於隱瞞真相，反而招致明朝上下的懷疑。

尤其許儀後等人身處日本，只能收到日本方面的消息，對朝鮮的情況並不了解。於是上報到明朝這裡就變成朝鮮要作為日本的先導，聯合進攻明朝。明朝收到這個消息之後半信半疑，可是不久後琉球也發來了奏報，說是日本威脅琉球與朝鮮兩國，要求他們同時進攻明朝。而朝鮮此時卻依然沉默，於是自然謠言大起，都說朝鮮欲聯合日本圖謀不軌。可就是這樣朝鮮人還想遮遮掩掩，萬曆十九年（西元1591年）五月底，朝鮮派出賀節使金應南出使明朝，出使之前朝鮮方面讓他向明朝對這件事稍微提一下，企圖用傳聞的名義給明朝禮部一個諮文敷衍了事。並且還祕密告誡他，讓他在去北京之前先在遼東刺探一下消息，如果明朝沒人注意這些，那就千萬不要把諮文呈上去，妄想以此矇混過關。可是讓朝鮮人料想不到的是，

第六章　萬曆出師

　　金應南剛到遼東，就發現遼東盛傳朝鮮要為日本先導，入侵明朝的流言，無法可想之下只能向明朝上奏說是專門為奏報而來，讓宗主國千萬不要誤會。

　　金應南在明朝雖然極力替本國辯解，但是許儀後等人的密奏依然殺傷力不小。許儀後甚至在密奏中說，豐臣秀吉發兵百萬來攻明朝，朝鮮亦與日本聯合圖謀不軌。要對付日本的大軍，應該要發大軍首先占據朝鮮，殺光朝鮮的貴族官吏，然後埋伏大軍於朝鮮，一等日軍上岸就左右圍攻，然後山東、山西等地出兵渡海襲擊日軍身後，那麼肯定可以生擒豐臣秀吉！

　　這個密奏傳到朝鮮國內後可把朝鮮君臣嚇出一身冷汗，雖說金應南在明朝已經開始了「滅火」行動，但是他本身並非專門為了解釋此事而去的官員，因此雖得到明朝上下的諒解，但是疑問依然並未完全消除。當許儀後連續數次的密奏呈達之後，明朝遼東都司明令讓朝鮮將倭情具體回報清楚。

　　由於日本入侵的傳聞愈演愈烈，而朝鮮的首鼠兩端將自身置於了一個更為尷尬的境地，因此懼怕明朝果真按照許儀後密奏行事的朝鮮只能再次派遣使者韓應寅專門向明朝陳情。可能是準備比較充分，此次陳情可以說是大獲成功，號稱是讓一直不上朝的萬曆皇帝居然在紫禁城的皇極殿親自接見了韓應寅。並在四個月後，也就是萬曆二十年三月初七再次接見他，並賜宴以示嘉獎。此後還在聖旨中明確了朝鮮國的「忠順」，並應該給予賞賜。可是將大量精力花費在對明朝「滅火」行動上的朝鮮國上下卻萬萬沒想到，距離日本入侵已經只剩下了區區一個月的時間。

嘴皮官司

萬曆二十年（西元 1592 年）四月十三日，日軍殺入朝鮮釜山港，短短一個月不到，朝鮮便被打得丟了首都，國王李昖倉惶向明朝邊境逃竄，陷入了即將滅國的境地。這時的朝鮮已經無力對抗日本的大軍，而向明朝求援則是朝鮮唯一的希望。當然江山易改本性難移，在這種國破家亡的時候，偏偏就有那麼一群人做著成事不足敗事有餘的事情，有的堅決反對國王李昖繼續北逃，每到一個地方便要求國王堅守，與日軍決一死戰。有的則跳出來極力反對向明朝借兵，理由是遼東明軍士卒野蠻，生怕明軍來了以後騷擾地方。這一切簡直是愚昧之見。不過朝鮮國王李昖糊塗了那麼多年，臨了終於把他登基之初的聰明勁給撿了回來，沒做像明朝末代皇帝崇禎那樣最終被一幫毫無操守可言的清流大臣們逼得「死社稷」的傻事。他一邊堅決向明朝求援，一邊堅決北逃，以空間換取時間。

可是對於朝鮮旬月之間便幾乎亡國，這個事實對於明朝人卻太難接受了些。在明朝的眼中，朝鮮立國二百年，一直在與女真、蒙古這樣強悍的少數民族打仗，甚至還能有所開疆拓土，戰力並不弱。這樣的強兵之國居然旬日之內就被打得丟了首都，這簡直是不可思議。對於這件事，如果與許儀後等人密奏相印證的話，那麼更符合邏輯的解釋則是朝鮮作為日本的嚮導聯合圖謀大明，所謂戰敗即將亡國不過是個陷阱而已。於是已經被朝鮮使臣解釋清楚的流言再起，鑑於如此混亂的情形，兵部尚書石星只能派人去朝鮮探查虛實。於是萬曆二十年（西元 1592 年）五月二十九日派了崔世臣與林世祿兩人到朝鮮來觀察情況，此二人到達了義州便匆匆回國，而並未繼續深入朝鮮內部查探。即使是這樣，萬曆皇帝依然做出了援助朝鮮的決定，不但命令遼東方面立刻發動兩支精兵援救朝鮮，還運送兩萬兩白

第六章　萬曆出師

銀和兩套大紅色的紵絲衣料來犒軍以及慰勞朝鮮國王。

在敵我未明的情況下，以常理看，匆忙發兵顯然不是什麼好選擇，可是為什麼這個時候萬曆皇帝要堅持發兵呢？其實這個聖旨名為援救實際則另有玄機。因為明朝並不確定朝鮮到底是真的被攻打還是玩障眼法，所以祖承訓實際的任務僅僅是保護國王，並非是去第一線幫朝鮮人收復失地，對日軍作戰實際上依然是朝鮮人的責任。因此萬曆皇帝在聖旨裡面說得很明白，讓朝鮮國王盡到身為明朝藩屬國的責任，督率本國的官兵盡力堵截日軍，如果真的撐不住，那麼明朝再進行援助。其實祖承訓所部最重要的作用實際上就是督促朝鮮國上下調動一切資源盡量消耗日軍實力。當然這一切都建立在朝鮮是真的被日本入侵的基礎上，如果朝鮮與日本互相勾結，那麼祖承訓的這支援軍就可以立即把朝鮮國王軟禁起來，更可以將真實情況向國內彙報。可是朝廷的算盤打得雖精，全盤計畫卻讓祖承訓的傲慢大意破壞殆盡，使得自己不但喪兵失將，狼狽敗退回國，還讓朝鮮的局勢更加複雜化。

回到遼東的祖承訓立刻與朝鮮打起了官司。身為副總兵的祖承訓自然不肯承認這場仗自己有何失誤，於是把責任一股腦都推到了朝鮮這邊，對朝鮮列了如下罪狀：

第一：這場仗雖說是明軍幫朝鮮收復失地，但是朝鮮人卻彷彿此仗與他們無關一般，所有管事的官員將領都貪生怕死不敢與日軍戰鬥，把明軍當冤大頭頂在前面。

第二：朝鮮人本來對明軍說日軍只有倭刀和鳥銃厲害，可是在攻打平壤的時候卻出現了麾白旄軍旗的朝鮮人，用特有的片箭、長箭對明軍射擊，甚至還看到了一小營朝鮮人在戰鬥的時候投敵。

第三：朝鮮人的情報說平壤只有一兩千敵軍，可是打起來才發現敵人

居然有上萬，情報嚴重錯誤，綜合以上疑點，這必然是朝鮮人故意布下的陷阱。

　　這讓入遼東請援並憑弔明軍陣亡將士的朝鮮使者沈喜壽大驚失色，這樣嚴重的指控實在是萬萬承認不得。本來朝鮮國就在覆滅的邊緣，如果因此跟最後的靠山起了齟齬，最後的一線希望也會破滅。於是沈喜壽在遼東總兵楊紹勳面前極力辯解，為朝鮮開脫。

　　平壤之敗，祖承訓身為指揮大將自然是負有不容推卸的責任，但是祖承訓所列的朝鮮方面的罪狀卻也不是空穴來風。朝鮮使者雖然在明朝這邊力陳絕無這等事，但是在後來朝鮮君臣就此事的對話中，除了對平壤日軍人數說不太準之外，基本肯定了祖承訓絕大部分指控。可以說平壤之戰，明軍不論從天時、地利、人和、情報、指揮、兵力上都至為不利，失敗實在是理所當然。祖承訓失敗不打緊，倒楣的實際上是急需明朝援兵復國的朝鮮。此時明朝朝內對是否應該援助朝鮮其實有著很大的爭議。就在祖承訓率軍進入朝鮮不久，兵部給事中許弘綱便說：「四夷都是中國的藩籬，只聽說過四夷為中國守住門戶，沒聽說過中國幫四夷去守邊疆。朝鮮雖然一貫忠順，但是朝廷的責任義務也不過是當它遭到外來侵略的時候加以撫慰，如果能擊敗敵人獻上俘虜就進行賞賜而已。如果都像朝鮮那樣遇到敵人就望風潰逃，把國土和人民丟給敵人的話，那這樣的藩國要來何用？」而另外以兵部尚書石星為代表的其他兵部官員則持不同意見，他們說：「如果朝鮮失敗了，那戰火必然會燃燒到遼東來，中國身為宗主國，應該出兵幫助朝鮮共同抵禦外敵才是。」雖然最後萬曆皇帝拍板，定下了救援朝鮮的方略，但是主戰派的底氣也並不足，因為此時朝鮮局勢晦澀不明，疑點很多，首先就是身為強國的朝鮮崩潰的過於迅速惹人疑竇，而祖承訓兵敗平壤之後又對朝鮮方面大加指責，就差明說朝鮮與日本勾結，這讓明朝朝

第六章　萬曆出師

廷更加感覺朝鮮局勢的撲朔迷離。因此在七月分兵部尚書石星一次招募了三個義士去朝鮮再次調查，甚至帶了專人查驗朝鮮國王是否假冒。這次的偵查應該是明朝態度轉變的轉捩點之一，此後八月十九日，身為兵部右侍郎的宋應昌即被任命為經略使，主持抗日事宜，算是定下了援助朝鮮抗擊日本的方針。

當然單單這次查探還不足以讓明朝完全放心，因此九月分出使朝鮮頒布詔書的薛藩完成了最後的確認，當時當著薛藩的面，朝鮮君臣上下痛哭流涕，哭訴朝鮮如今的慘狀，哀求明朝趕快出兵援救朝鮮，狀極悽慘。這招可謂極為有效，回國之後薛藩便極力呼籲援救朝鮮，並將保朝鮮與保內地連繫起來，提出保朝鮮就是保中國的意見。這份意見可以說是決定性的，最終澄清了關於朝鮮的種種流言，明朝開始著力準備對朝鮮進行援救。

緩兵之計

俗話說好事多磨，當明朝上下終於意見一致後，朝鮮期盼已久的援軍依然是遙遙無期。為什麼會出現這樣的情況呢？其實很簡單，兩個字，沒兵！萬曆二十年（西元 1592 年）四月開始的寧夏哱拜之亂，牽制了朝廷遼東、宣、大、山西兵及浙兵、苗兵等各路人馬，到如今還未平定。朝廷不但是無兵可調，甚至在遼東方向兵力還甚為空虛，如果豐臣秀吉進軍早那麼幾個月，恐怕這個時候可以直接兵臨遼東城下。到了那個時候，恐怕朝廷只能用京師周圍的兵力來應付如此危急的局面了。因此之前祖承訓初戰平壤失利的消息傳入朝中之時，看到被文官們添油加醋改得面目全非的奏

報上寫得那「全軍覆沒，僅以身免」幾個大字的時候。雖然正值七月酷暑之際，兵部尚書石星心中卻涼了半截。如今遼東空虛，就連祖承訓的人馬都是好不容易才湊出來的，如今損失慘重，讓他到哪裡再去調兵？石星雖然是主戰派，但是他不是神仙，也變不出兵來，就在無計可施，急得直跳腳之際，老天卻彷彿為他送來了一個「救星」，此人就是浙江嘉興平湖人沈唯敬。

說起沈唯敬這個人，就歷史上而言，對他的評價基本就是兩個字——「無賴」，可是這個本來無足輕重的「無賴」小人物卻硬生生地將自己變成了整個壬辰戰爭中舉足輕重的主角之一，實在不是一個簡單的人物。此人出身來歷很是複雜，說法非常多。例如明朝野史《萬曆野獲篇》與朝鮮野史《小華外史續編》中說沈唯敬本出身名家，少年時期就入了行伍，嘉靖年間隨直浙總督胡宗憲抗倭，曾經採用間諜的辦法下毒除滅倭寇，因此對倭寇的情況十分了解。之後家境逐漸貧窮落魄，於是就開始跟方士搗鼓煉丹長生的歪門邪道，還常常與市井無賴為伍。他與兵部尚書石星小妾的父親就是因為都喜好煉丹而臭味相投，因此得以與石星相結識。之後沈唯敬又結識了一個浙江溫州人叫沈嘉旺的，他曾經被日本倭寇擄掠到日本，但是他的命很大，又偷逃回了國內。一說是他投降了日本，當上了入侵中國沿岸的倭寇，被擒，入獄，然後越獄。此人告訴沈唯敬說：「豐臣秀吉的出兵動機很簡單：只是要和中國做生意【求貢】，但受到朝鮮阻撓，才引發這場戰爭。」沈唯敬把這種內情透過石星的妾父轉告了石星，因此獲得了石星的賞識，最終派他去朝鮮主持與日本和談事宜。

而在日本人川口長儒寫的《征韓偉略》中，沈唯敬的出身則是另外一種說法。此書上說沈唯敬本就是個無賴，但是他與吳地的一個俠妓陳澹如是相好。陳澹如有個僕人叫鄭四，一說沈嘉旺。此人被日本倭寇擄掠到日

第六章　萬曆出師

本，但是他的命很大，又偷渡逃回了國內，平時會說些日本的事情。而沈唯敬是個功名心極重的人，他知道日本目前在朝鮮動武，此時朝廷正是用人之際。於是就從鄭四口中詳細探聽日本的情報，然後四處揚言自己是個日本通。恰巧石星的妾父偶然去陳澹如那邊逛窰子，聽到沈唯敬對日本的看法後感覺此人對日本方面很有一套，於是就將其推薦給了石星。

沈唯敬的出現實在給了石星一個大大的驚喜。要說沈唯敬也實在是一個奇人，這個時候的他已經年逾七十，但卻身材挺拔，長鬚美髯，完全看不出任何衰老。當然要哄騙石星這樣久經考驗的老官僚也不是一件容易的事情，這個沈唯敬的口才也好生了得，後來朝鮮人對他的描述是「口若懸河」，實在是一個厲害的辯士。於是不單單能哄騙石星先給他一大筆錢購置官服等物裝點門面，還娶了陳澹如為妻，轉手又將其押在石星那邊作為人質，其心計手段不能不說非常之老辣。

石星招募沈唯敬起初不過是希望他能與日本方面虛與委蛇，拖延日軍的進攻速度，是不折不扣的緩兵之計。但沈唯敬卻把這個行動當成了他的一個絕好的機會，如果兩國動武，即便明朝取勝，他本人並不會有多大的功勞，可是一旦和談成功，那麼他身為負責和談的主要人物，就是首功第一，如能取得成功，那麼不單單是他，甚至能賺到蔭及子孫的榮華富貴。為此他開始四處建議所謂的「此次入侵不過是日本想與大明做生意，只要答應與日本做生意，那麼日軍即可不戰而退」的和談計畫。

帶著石星給的游擊頭銜，沈唯敬來到了朝鮮。要說功名利祿帶來的力量是無窮的，沈唯敬充分發揮了「無賴」的亡命精神，親自進入日軍占領的平壤，與當時占據平壤的日軍第一軍主將小西行長進行談判。這小西行長不知道是不是平時中國的評話聽多了還是身邊的通譯出的主意，上來就擺出了一副鴻門宴的架勢，日軍駐地內刀槍劍戟林立，大有一言不合推出

斬首的感覺。可沈唯敬不是旁人，他雖說被稱為混混，但也是刀槍中打滾過來的，至於潑皮無賴窮橫的精神更是不缺，本來他到遼東就是富貴險中求，這種陣仗對他實在是小意思。因此不但沒被嚇住，反而從容地坐上貴賓位，恐嚇小西行長說：「你們居然膽敢動我們的屬國！如今我天朝在邊境上陳兵百萬，你們這些跳梁小丑已經命在旦夕，居然還敢跟我來這套？」小西行長一看明朝使者還挺囂張，知道威脅那套用處不大，於是只能與沈唯敬開始了正式的談判。在談判中沈唯敬充分發揮了其三寸不爛之舌的威力，唬得小西行長答應停戰五十天，並劃了十里地讓日軍割草砍柴之用。可以說這五十天的停戰不論對朝鮮還是對明朝都是一個難得的緩衝期。在這五十天內，朝鮮整頓了自己瀕於崩潰的國家機構和軍隊，而明朝則將規模浩大的寧夏哱拜之亂徹底蕩平，開始調集重兵開赴遼東。可以說朝鮮的局勢從勢如危卵到轉危為安，這五十天停戰極為關鍵。當然沈唯敬真不愧是浙江人，藉著談判還不忘做點自己的私事，居然還跟日軍做起了買賣，居然向日本人賣起了花布【經略復國要編 P360】，這等生意頭腦實在不是蓋的！

可是沈唯敬千辛萬苦拿到的談判成果朝鮮人不但不領情，反而無視和談的成果，照樣襲殺日本落單的士兵。以至於沈唯敬氣得對朝鮮使者大罵：「老子看你們打不過日本人，這才用詐術好不容易讓他們上當，你們居然敢私下去砍日本人的頭，是不是想找死啊？」可是沈唯敬罵歸罵，他一個空頭使者，又不是明朝正式官員，朝鮮上下根本就沒把他放在眼裡，依然我行我素。至於日軍會不會真的打過來，朝鮮人其實根本不在乎。如今朝鮮國上下已經抱著自暴自棄的心態，朝鮮國王李昖早有揚言，日本人打過來我們就逃到明朝境內，死在父母之邦算了。反正我們挨打主要是替宗主國大明朝受罪，到時候日軍進攻遼東，看你出不出兵。

第六章　萬曆出師

　　當然沈唯敬也不是好惹的，你朝鮮人跟我玩死豬不怕開水燙，老子就乾脆跟小西行長把朝鮮直接瓜分。於是他一改先前石星制定的與日軍虛與委蛇的策略，高舉與日軍議和的大旗，明目張膽地與小西行長達成了日軍撤出平壤，雙方以大同江為界，同時明朝允許日本朝貢的議和方案。

　　此次議和可能是世界上最為有趣的議和行為。首先議和的雙方均沒有代表本國進行議和的權利。代表明朝的沈唯敬不過是石星派到朝鮮來拖慢日軍進攻步伐的棋子而已，事實上沒有任何話語權。而代表日本的小西行長也僅是豐臣秀吉派到日本的九個軍團中的第一軍團軍團長而已，連日軍侵朝總指揮都不是，更加沒有代表豐臣秀吉的權力。

　　其次議和的雙方之所以達成協議，其著眼點都不是為了本國利益。沈唯敬是為了議和成功後的榮華富貴，而小西行長也是完全為了自己的利益。小西行長發跡之前就是個做買賣的商人，而他的女婿正是對馬島島主宗義智。如果能與明朝達成封貢和瓜分朝鮮的協議，小西行長既有港口管道，又有人脈關係，甚至做生意又是他的老本行，這其中所能得到的利益豈不比在朝鮮弄那麼一塊封地要大得多？因此小西行長對獲得明朝貿易權的渴望比任何大名都要強烈。

　　此外小西行長的第一軍駐守平壤，正處在對明朝的第一線，隨時可能遭到明朝大軍的進攻。對此，小西行長心裡是一點底都沒有，真的打起來，損失慘重是一定的。日本大名們手中的軍隊都是私兵，他們負擔不起巨大的損失。因此小西行長對和談的態度尤為積極。

　　對沈唯敬提出的和談，與小西行長同樣積極的日軍將領亦不在少數，豐臣秀吉派遣至朝鮮督戰的石田三成、增田長盛、大谷吉繼這三奉行亦與小西行長達成了一致。【征韓偉略 P567】決定強力推進和談。

可就因為這和談並不以國家利益為先，也就當然不可能被雙方國家接受。從明朝來看，當時朝中主戰派居多，甚至連皇帝本人都是主戰派，明朝上下對日本更多的是瞧不起，同時又有朝鮮君臣在其中的阻撓，不論從什麼方面看明朝都不會允許日本瓜分朝鮮的企圖。而從日本方面看，如今侵朝日軍進展順利，已經占領了朝鮮大部，豐臣秀吉此時正做著攻陷明朝定都北京的春秋大夢，又怎麼會允許突然撤兵稱臣納貢呢？因此無論從什麼地方看，此次和談的結局是必然失敗的。

正式出兵

就在沈唯敬在平壤為了自己的榮華富貴拚死拚活之際，萬曆二十年（西元1592年）九月十八日，寧夏哱拜之亂終於被李如松所平定。隨即在十月十七日，李如松便被封為提督薊、遼、保定、山東軍務，充防海禦倭總兵官。李如松此人是當時與戚繼光並稱的遼東名將李成梁的大兒子，此時李成梁年逾八十，被調往北京，他則繼承了他父親的基業，又挾寧夏大勝之威，儼然為其父之後的又一將星，正是志得意滿之際。

李如松一到遼陽便開始大閱校場，他新官上任，整合成員如此複雜的軍隊，自然要先燒幾把火來立威。沈唯敬此時還沉浸在與小西行長達成合約的欣喜之中，在大庭廣眾之下就大剌剌地向李如松說我們已經跟日本人談好了，只需要如此這般，這仗也就沒他李如松什麼事了。

李如松聞聽此言當真是怒從心頭起，惡向膽邊生。身為武人，哪個不想萬里覓封侯的？此次東征正是要學他父親李成梁，用武功贏個爵位回來光宗耀祖。沈唯敬這樣做，簡直就是對他兜頭一盆冷水澆下來，那還有個

第六章　萬曆出師

好？於是李如松這火立時就燒到了沈唯敬的頭上，當即就大手一揮。左右親兵可不管沈唯敬如何巧舌如簧，當即把他雙手反剪，嘴巴一堵，給拖了出去，推到轅門外就要被梟首示眾。

李如松畫像

還好沈唯敬也算是個命大的，在生死之際李如松的幕僚參軍李應試喊了聲「刀下留人！」李應試當時對李如松說：「這不是正好嗎？沈唯敬把日本人都給麻痺了，我們可以將計就計，藉著這個時機打他們個措手不及！」李如松覺得此計甚妙，於是也就饒了沈唯敬一條小命。於是在李如松的威逼之下，沈唯敬從主導議和的主角轉型成為明軍玩戰場騙術的一枚棋子。明朝上下對日決策也由先前的和戰不定轉變成為用戰爭的手段武力剿滅。

此時明軍已基本集結完畢，全軍共 43,500 人，分為三協，具體編排如下：

主帥：李如松（李如松：字子茂，號仰城，遼東鐵嶺衛人，李成梁長子。）

中協軍主將副總兵官署都督僉事楊元（楊元：號菊匡，定遼左衛人。原為宋應昌手下中軍大將。）

下統：

參將楊紹先率領寧前等營馬兵 339 名；（楊紹先：前屯衛人）

標下都司王承恩領薊鎮馬兵 500 名；

遼鎮游擊葛逢夏領先鋒右營馬兵 1,300 名；

保定游擊梁心領馬兵 2,500 名；

大同副總兵任自強並游擊高異、高策共領馬兵 5,000 名；（任自強：字體乾，號冠山，大同陽和衛人。高策：號對庭，山西天城衛人。）

標下游擊戚金領車兵 1,000 名；（戚金：號蕭塘，山東登州衛人。自稱是戚繼光的同宗後人，也有的說是戚繼光的孫子。）

總計：10,639 名。

左協軍主將副總兵都督僉事李如柏（李如柏：號肯城，李如松之弟，李成梁次子。）

下統：

副將李寧、游擊張應種領遼東正兵、親兵共 1,189 名；（李寧曾為李成梁家丁。）

宣府游擊章接領馬兵 2,500 名；

參將李如梅領義州等營軍丁 843 名；（李如梅：號方城。李如松之弟，李成梁第五子。）

第六章　萬曆出師

參將李芳春領馬兵1,000名；（李芳春：字應時，號晴岡，北直隸大名府平虜衛人，擅長騎射，入朝鮮行軍之際，見到野生獵物則往往用弓箭射殺，他對手下兵士非常嚴格，賞罰分明，因此深獲軍心。）

參將駱尚志領南兵600名；（駱尚志：號雲谷，浙江紹興餘姚人。）

薊鎮都司方時輝領馬兵1,000名；（方時輝：山西蔚州衛人。）

薊鎮都司王問領車兵1,000名；（王問：號義儒，號稱義勇絕人，他自律甚嚴，因此他手下軍隊所過之處都廣受好評。）

宣府游擊周弘謨領馬兵2,500名；

總計：10,626名。

右協軍主將副總兵都指揮使張世爵（張世爵：號鎮山，廣東右衛人）

下統：

本官並游擊劉崇正領遼陽營並開原參將營馬軍1,534名；

原副總兵祖承訓領海州等處馬軍700名；（祖承訓：因為敗於平壤，被革職充軍，以白衣從軍戴罪立功。）

原副總兵孫守廉領瀋陽等處馬軍702名；（孫守廉：號古村，鐵嶺衛人。）

原加銜副總兵查大受領寬奠等處馬軍590名；

薊鎮參將吳唯忠領南兵3,000名；（吳唯忠：號雲峰，浙江金華府義烏縣人。）

標下都司錢世禎領薊鎮馬兵1,000名；（錢世禎：號三池，南直隸蘇州府烏江縣人，所部號令嚴正。）

真定游擊趙文明領馬兵2,100名；

大同游擊谷燧領馬兵 1,000 名（谷燧：大同衛人。）

總計 10,626 名。

另外加上續到的薊鎮步兵 2,800 餘名，與李如松自帶的親兵 3,000 名，以及平壤之戰後劉綎所率的 5,000 名後續增援部隊，明軍東征的總兵力差不多在 43,000 人左右。

【關於明軍兵力配置，朝鮮方面的史書記載有所不同，羅列如下：

征倭副總兵官署都督僉事李如栢為中協大將：親兵 1,500

下統：

欽差協守宣府東路統領前營兵都指揮使任自強：宣府兵 1,000。

欽差統領薊遼遵化參將李芳春：馬兵 1,000

欽差游擊將軍高策：馬兵 2,000

欽差統領山東秋班經略標下禦倭防海游擊將軍錢世禎：馬兵 1,000

欽差統領嘉湖蘇松調兵游擊將軍戚金：步兵 1,000

欽差統領宣府中營兵游擊將軍周弘謨：兵 1,000

欽差統領薊鎮游擊將軍方時輝：馬兵 1,000

欽差河陽游擊將軍高升：馬兵 1,000

欽差建昌游擊將軍王問：馬兵 1,000

副總兵官署都督僉事楊元為左協大將：親兵 2,000

下統：

欽差統領遼陽原任副總兵王有翼：馬兵 1,200

欽差統領薊鎮調兵原任副總兵王維貞：馬兵 1,000

第六章　萬曆出師

　　欽差義州衛鎮守參將李如梅：馬兵 1,000

　　欽差遼鎮調兵參將李如梧：馬兵 5,000

　　欽差遼東總兵標下營領夷兵原任參將楊紹先：馬兵 5,000

　　欽差鎮守遼東東路副總兵孫守廉：馬兵 1,000

　　欽差統領保真建遵調兵游擊將軍葛逢夏：馬兵 2,000

　　副總兵官都指揮使張世爵為右協大將：親兵：1,500

　　下統：

　　原任副總兵祖承訓

　　欽差統領浙江游擊將軍吳唯忠：步兵 1,500

　　副總兵王必迪：南兵 1,000

　　欽差統領昌平右營兵參將趙之牧：馬兵 1,000

　　欽差統領南北調兵涿州參將張應種：馬兵 1,500

　　欽差統領山西營原任參將陳邦哲：步兵 1,000

　　欽差提督標下統領大同營兵游擊將軍谷燧：馬兵 1,000

　　欽差保定游擊將軍梁心：馬兵 1,000

　　其餘將官：

　　游擊將軍王守官（號德軒，遼東三萬衛人，與祖承訓攻平壤，不克敗還，至是再來。）

　　欽差統領遼東調兵騎步兩營寬甸堡副總兵佟養正（字子忠，號蒙泉，遼東衛人，萬曆庚辰武進士，來住義州。）

　　統領大寧營兵原任參將張奇功：馬兵 1,000。（遼東人，與沈唯敬相

善,聞唯敬與行長相見,而放行長還歸,驚嘆頓足曰,若以一伏兵拿致,可不勞一兵,而失此機會,可惜也,蓋不知唯敬本心。)

　　欽差真定游擊將軍趙文明:馬兵 1,000

　　欽差陝西游擊將軍高徹:馬兵 1,000。

　　欽差統領遼東左營調兵原任副總兵署都督同知李平胡:馬兵 800(獵人也,李寧遠成梁異其貌,收以為己子,積功至是職。)

　　欽差山西游擊將軍施朝鄉:馬兵 1,000

　　遼東都指揮使司僉使張三畏(遼東三萬衛人,來住義州專管糧餉,律己以簡,人甚便之。)

　　策士謝用梓(號龍巖,浙江紹興府餘姚人,自稱太學士謝遷之孫,隨駱參將尚志而來。)

　　守備熊正東李大諫(號北泉,浙江嘉興府秀水縣人,來在江上。)

　　原任河間府同知鄭文彬、山西潞安府壺關縣知縣趙如梅等,專管糧餉。(如梅號肖庵,遼東鐵嶺衛人,與提督最親,軍事皆與之商議。)

　　提督分部既畢,令三營將前進,又以查大受為先鋒,以葛逢夏代領行宮護衛之兵。提督自率標下將官原任參將都指揮使方時春、寧遠伯家丁原任參將李寧、原任備禦韓宗功、李逢陽等。】

　　明軍的後勤戰備大體如下:

　　大將軍炮 120 門,滅虜炮 210 門,小信炮 1,190 個,快槍 500 桿,三眼銃 100 桿,鉛子一千斛,虎蹲炮 20 門,小炮 200 個,硝石 16,000 斛,硫磺 13,200 斛,明火、毒火箭 5.3 萬枝以及各種火器車輛、狼筅、鐺鈀、竹木長槍、盾牌等物,此外遼東、大同、宣府、保定、薊鎮等應援軍兵隨

第六章　萬曆出師

身均需攜帶必備的弓箭、弓弦、鉛子等物。

明朝戶部此外還向遼東發送了年例銀 20 萬兩，並向山東、天津發銀，用來儲運軍糧。臨、德二倉各發糧 5 萬石，朝鮮也號稱準備了 5 萬兵馬兩個月的用度，在耗費了大量的人力物力後，終於一切基本就緒。

就在明軍厲兵秣馬之際，日本方面卻因為和議達成而放鬆了警惕。由於朝鮮入冬之後天氣極為寒冷，而小西行長所統帥的第一軍團多為九州兵，不耐苦寒，士兵與馬匹均多有病餓而死的，於是人皆思鄉，聽說達成了和平協議後，全軍歡欣鼓舞，甚至有人登上平壤城頭向北眺望，希望能早日看到沈唯敬帶來明朝皇帝的詔書。【征韓偉略 P572】不過這種虛幻的期望也差一點被捅破，朝鮮由於政體原因，兩班貴族平日對奴隸殘酷壓榨，而國王又荒淫無道，更加劇了國內的矛盾，因此當日軍侵略朝鮮之際便有大量朝鮮人叛變，向日軍投誠。當小西行長與沈唯敬達成協議之後，就有朝鮮人金順良等人向玄蘇進言說明朝其實不是真心議和，不過是派沈唯敬這個無足輕重的小人物來施詐術。如今明朝能總領大軍的也就李如松一個，此人如今征寧夏還沒回來，所以明朝不過是在玩緩兵之計罷了，千萬不要上當！而宗義智與松浦鎮信聞之此言後立刻轉告小西行長。可是人總是喜歡相信他願意相信的事情，此時的小西行長滿腦子都是議和成功後的巨大利益，哪裡聽得進這些話？因此還是決定遵守五十日的停戰期。松浦鎮信看小西行長不聽忠言，自此與小西行長之間產生了罅隙。【征韓偉略 P569】

萬曆二十年（西元 1592 年）十二月十六日李如松由遼陽誓師出發，明軍渡過鴨綠江進入朝鮮境內。由於是應援出國作戰，明軍對軍紀要求極為嚴格，上下一片肅然。而身為經略的宋應昌並未隨軍出征，而是坐鎮遼東

進行遙控。當時明軍三萬人馬東由石門度鳳凰山，馬皆汗血。臨鴨綠江，天水一色，望朝鮮萬峰，出沒雲海。明軍上下豪情萬丈，宋應昌帳下幕僚、監軍劉黃裳更慷慨豪言：「此汝曹封侯地也！」

　　將軍壯志飲黃龍。壁壘旌旗盡變容。昔日封侯臨誓地。連天鴨水出群峰。——（朝鮮）金允植

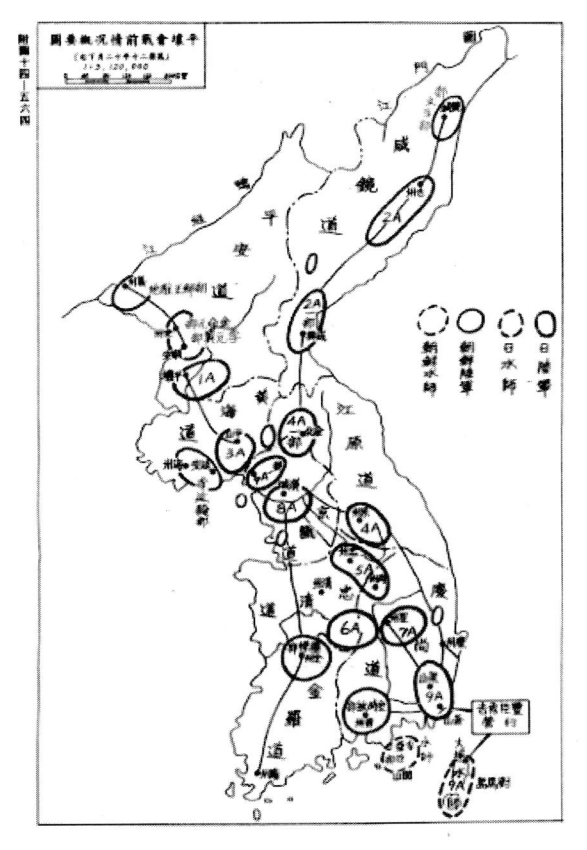

李如松平壤之戰前形勢圖

第六章　萬曆出師

第七章
平壤決勝

戰略欺騙

十二月二十四日李如松到達義州，三十日到達定州，萬曆二十一年（西元1593年）正月二日李如松到達安州。此時朝鮮軍隊亦陸續加入明軍，其中有順安守將李鎰，金應瑞等人馬一萬，僧兵領袖休靜和尚的部下4,200名等，明軍總兵力達到了52,200人左右。當然這些朝鮮軍兵看著數量似乎眾多，但實際真能戰鬥的沒幾人，經過點閱，真正看起來能打的不過三千人，其餘的都是濫竽充數之輩。【李朝實錄宣祖34卷，26年】

李如松駐紮安州之後，朝鮮大臣柳成龍入見，向他彙報朝鮮地理形勢，以及道路交通狀況。這也是柳成龍第一次與李如松會面。相對於祖承訓，柳成龍對李如松的第一印象就非常好，稱讚李如松長得威武雄壯，看上去就很不凡。而李如松則在此會議上大發豪言，說：「日本人也就憑著鳥銃嚇唬人，我天朝大炮隨隨便便都能打到五六里開外，日本人拿什麼來抵擋？」在此會議上李如松還為柳成龍題詞於扇面上，全詩為：「提兵星夜到江干，為說三韓國未安。明主日懸旌節報，微臣夜釋酒杯歡。春來殺氣心猶壯，此去妖氛骨已寒。談笑敢言非勝算，夢中常憶跨征鞍。」朝鮮君臣看到李如松如此做派，不禁歡欣鼓舞，之前因為沈唯敬一力主和的陰霾

第七章　平壤決勝

頓時一掃而空。而柳成龍就此與李如松搭上了線，這為他此後依靠明軍勢力獲得黨爭勝利打下了堅實的基礎。

在安撫朝鮮君臣之後，對日軍的議和煙幕彈也隨之開始打響。李如松派遣查大受通知小西行長說，天朝已經同意議和，沈唯敬後面就到，到時候正式簽訂合約。這下讓日軍上下樂得不行，雖說這個合約與豐臣秀吉的目標相差甚遠，但是從中日幾千年的歷史來說，這簡直是亙古未有的外交勝利！和尚玄蘇此時也來捧臭腳，當即獻詩一首：「扶桑息戰服中華，四海九州同一家，喜氣還消塞外雪，乾坤春早太平花。」日軍第一集團上下均沉醉在虛假的勝利氣氛當中，開始做起了分割朝鮮，以及日後與明朝貿易能獲得的巨大利益的美夢。

李如松派出查大受之後便率領大軍駐紮在肅寧館，此地在平壤西北，西邊是定州，東邊是安州，離平壤僅兩天的路程，可謂是極為接近。而小西行長還懵然不知，以為李如松是過來跟他「中日親善」的。於是派了部將竹內吉兵衛、通譯張大膳及二十三人至順安城迎接沈唯敬。【懲毖錄P373】明軍先讓沈唯敬的家丁金子貴將這批日軍引誘至營地，然後以查大受陪酒。本來李如松的如意算盤打得啪啪響，讓查大受把為首的三個領進帳內，然後其餘的二十餘人在帳外喝酒，準備酒足飯飽之後全部生擒。誰知這天有不測風雲，這李寧混頭混腦地也沒搞清楚狀況，帶了雷應坤等一幫手下家丁對著這二十來人刀槍並舉，上來就下死手。而日本人雖喝醉但仍極為悍勇，見到伏兵殺入之後並不束手就縛，而是紛紛跳起來拔刀與明軍進行廝殺。一場短促的格鬥戰打完，明軍雖然當場殺死十五人，生擒三人，但卻因天黑跑了五個。這下明軍非常地尷尬，保密到臨頭卻功虧一簣，為此負責行動的李寧差點被李如松斬首以肅軍令，最後還是因為弟弟李如柏與諸將在轅門前哭求才逃得一命，不過死罪可免活罪難逃，李寧當

場被打了十五軍棍，雷應坤更是加倍。李如松甚至對包括李如柏在內諸將大發雷霆道：「要是再有人違抗將令，定斬不饒！」【經略復國要編 P558】可見此事的嚴重性。

小西行長雕像

小西行長

第七章　平壤決勝

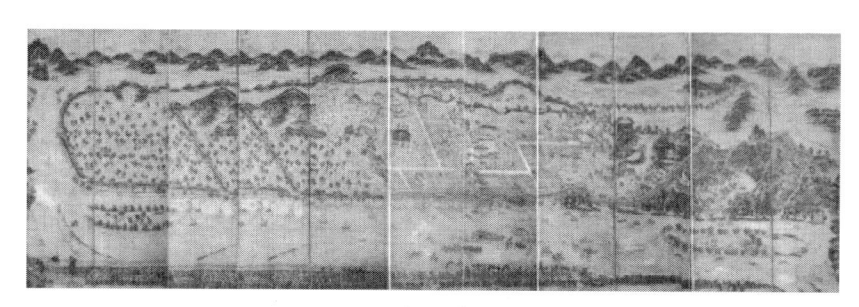

明軍攻平壤全圖

小西行長得知此事之後一樣大為震驚，他不明白明軍為什麼會突然變卦，而他事前一點跡象都沒收到。當然這也怪不得小西行長，日軍在平壤城外接連派出了四十餘人的探子，均被明朝和朝鮮的聯軍或捉獲，或殺死，無一漏網，因此小西行長根本就不知道明軍的部隊已經行進到平壤附近。當他收到順安城變故的情報之後只能派遣心腹小西飛【本名內藤如安：？──1626（寬永3年），號德庵，洗禮名はジョアン，從5位下飛彈守。相傳其父為內藤宗勝（松永長賴）。後出仕故友小西行長，任客卿。朝鮮之役，擔任講和使節赴北京締結和約。直到如今，他的名字亦能從明朝史籍中查到。關原合戰小西家滅亡後，再仕加藤清正。】前往明軍駐地詢問。李如松不愧是可以即席作詩的人，口才一流，把小西飛哄騙得暈頭轉向，以為真的是誤會，等回頭向小西行長一彙報，把他也給穩住了，讓此次計畫不周的行動不至於造成更嚴重的後果。

初戰牡丹峰

萬曆二十一年（西元1593年）正月初六清晨，平壤城外一片肅白，往日城外的那些農田爛泥地已經被凍得堅實無比。在如此寒冷的時節，以往

在平壤城樓上放哨的日軍士兵在長官不在之時都會偷偷地躲在避風處，可是今天這些站崗放哨的士兵們卻與往常大不相同。他們站得筆直，熱切的眼光不斷地望向天邊的地平線，似乎這樣就能盼到他們正在等待的人來。今天就是傳說中明朝使者前來簽訂最終和議的時候，一旦合約簽訂，他們就可以回到他們九州溫暖的家了，就連他們的第一軍團長小西行長都在城中的要塞「風月樓」中大擺筵席，軍團的高層將官均身穿華服站在兩側，預備歡迎明朝使者。

「看，那是什麼！」突然一個放哨的日兵大叫起來。

只見被略顯冷清的陽光照耀的地平線上突然出現一個鮮衣怒馬的明軍健卒，高舉一面白色大旗，上書幾個大字「朝鮮軍民自投旗下者免死」。當此名健卒舉著這面旗子，自西向東對著平壤城快馬飛馳了一圈之後，直接將此面旗幟插到了城西的一座小土丘之上。而在他的身後黑壓壓的軍隊排成了整齊的方陣，向著平壤城緩步壓來，蒼茫大地上雪塵飛揚，如白霧漲空，氣勢逼人。

看著在寒風中獵獵作響的白旗，當城樓上的通譯大聲叫出旗上到底寫得為何之後，日軍上下的心情由之前的興奮一下子變得如墜冰窟。半晌才有人大叫：「快報告行長大人，明人不是來議和的，他們是來打仗的！」

平壤城中風月樓內，小西行長聽聞接報，大驚失色，迅即臉上被怒色填滿，他將自己的武士刀連鞘重重地頓在地上，大吼道：「明人不講信義，膽敢前來攻打，吾等要讓他們有來無回！請諸君努力奮戰！」

「嗨！」身在風月樓內的第一軍團諸大將齊聲應和，紛紛奪門而出，奔回到自己的防守陣地上尋找自己的部屬。

小西行長本人將各大將的任務分配好，立刻帶著部屬快馬衝入城北二

第七章　平壤決勝

里的牡丹臺。平壤城建於平原之上，城西多為山地丘陵，普通江和大同江分夾於城池東西兩側，北側牡丹峰高聳，俯瞰全城，為平壤唯一制高點。因此日軍依此高地修建了一座牙城即為牡丹臺，置兵兩千進行防守，與平壤城形成掎角之勢，互為聲援。小西行長在此地居高臨下觀察，看到明軍各部方陣整齊，紀律嚴明，正將平壤緩緩圍住。

與此同時，明軍主帥軍帳內，李如松在虎皮座上穩穩端坐，鎏金盔下一雙眼睛似瞇非瞇，他抹抹自己的鬍鬚，劃過身上的大紅對襟鐵鱗棉甲，雲紋護心鏡，最後將手輕輕搭在腰間的蠻獅吞口腰帶上。那裡，有他從不離身的佩劍。座下眾將個個挺身站立，胸膛起伏。他們知道，決戰在即。李如松似乎輕咳了一聲，順勢將佩劍沿著大腿順了順，劍鞘和腳上的銅邊鑲金戰靴發出金屬的擦響，挑出戰裙裡火紅的絲綢內袍襯裡。冷峻的目光在將林穿梭一陣，引發眾將一陣激昂的抖擻。這正是李如松想看到的，他收回目光，將案臺上一封公函打開，朗聲讀道：「奉宋經略檄，眾將聽令！中協楊元、右協張世爵攻西北斗七星門；左協李如柏、李方春攻正西普通門；祖承訓、駱尚志領朝鮮兵使李鎰、防禦使金應瑞等朝鮮人馬攻南面蘆門與含球門；吳惟忠、查大受並領朝鮮僧兵攻城北牡丹峰；諸軍需緊圍三面，並多設鐵蒺藜，只留城東兩門，所謂圍城必闕。大軍所帶毒火、神火與大將軍炮等火器分於東南、東北及正南、正西、正北等面，攻城之際一齊發射，必將倭賊一舉剿滅！」

「尊提督令！」李如松分派完畢之後，眾將魚貫而出，整齊兵馬，向平壤各門進軍。

平壤西門高地，李如松端坐於戰馬之上遙望平壤全城，新年雪後的平壤顯得那麼靜謐，城頭也僅僅看到些隱隱約約晃動的身影，如果不是禁閉的城門，會讓人恍惚以為這是一座不設防的城市。就在明軍排成整齊的佇

列向平壤各個城門緩緩逼近之際，突然城北牡丹臺上打起了數面巨大的青白旗。盯著日軍城牆上那迎風招展的青白旗，李如松深黑色的眼眸中不禁爆出了一絲殺氣，隨即沉聲向親兵道：「傳令下去，牡丹峰有倭賊大將把守，令吳參將加快速度，務必奪占之！」

普通門，位於千里街，建於 6 世紀中葉，乃平壤中城西門

李如松身後親兵聽到命令之後，快馬飛馳至一處高地，便開始拚命揮舞手中的命令旗，打起了旗語。沒過多久，吳唯忠所部就明顯地加快了步伐，在小西行長反應過來之前便將牡丹峰通往平壤的路給堵死，並開始向牡丹臺進行試探性的攻擊。

小西行長率人衝入牡丹臺後便馬不停蹄地衝上山，居高臨下觀察來犯明軍。只見明軍軍伍肅然，盔明甲亮，一個個軍陣排著整齊的佇列魚貫向平壤而來，鮮豔的紅色軍袍如火焰一般燒灼著所有人的眼睛。小西行長看到此種軍容，撐在圍欄上的手已經被握得骨節泛白卻渾然不覺。

「這就是明軍真正的實力嗎？」小西行長不禁想到。

第七章　平壤決勝

平壤牡丹峰（臺）及玄武門

「行長大人！明軍過來了！」急促的聲音在耳邊響起，將小西行長從沉思當中拉回了現實世界。只見他在牡丹臺安排的守將小西末鄉等人神情緊張地指著山下。小西行長定睛一看，只見有部分明軍脫離了部隊，飛速地朝牡丹峰奔來。還未等小西行長等人回神，已經快將牡丹峰與平壤城之間的路給堵死。

「行長大人，快看山下！」一聲驚呼又將小西行長的注意力引到了山下，只見平壤城北飛出一騎，在明軍的軍陣之前繞了個弧線，搶在明軍合圍之前衝入了牡丹臺。

望著這個不斷喘著粗氣的騎士，小西行長急問：「你是何人？為何單騎而來？」

「吾乃宗家家臣肥前國住人國分隼人，特奉義智大人命前來報告，義智大人希望大人趁山下明軍立足未穩即刻突圍，義智大人亦會率兵出城接

應大人！」【征韓偉略卷二 P557】

「原來義智他已經有所準備了呀！」小西行長喃喃地說了一句，隨即將手重重地拍在了小西末鄉的身上，環顧四周大聲道：「諸君，牡丹臺現在就靠你們來守護了！」隨即騎上隨從牽來的馬匹，與親衛們一起向平壤直衝而去。

就在明軍即將完全包圍牡丹峰之際，只見牡丹臺城門緩緩打開，一隊日本騎兵疾馳而出，小西行長身穿黑衣黑甲，鎧甲當中塗了一個金燦燦的十字架，手持一柄雪亮的倭刀，當先向明軍尚未整好的方陣急衝而至。

日軍步騎兵戰鬥圖

吳唯忠見此情景，向後揮了揮手，只見明軍尚未合攏的陣列中奔出二百四十個士兵，他們分成兩隊，分持令旗、藤牌、狼筅、鳥銃等武器，向此隊日軍迎去。隊後四十個鳥銃手打開了鳥銃上的火門蓋，隨著持旗隊長的一聲令下，便對準敵人扣動了扳機。只見幾十聲巨響，鳥銃口上閃出了一道道的火光，隨著火光，日軍騎兵剎那間從馬上翻倒了數人，有的斜

第七章　平壤決勝

滾至路旁，一動不動。有人右腳則被馬鐙掛住，受驚的馬兒繼續狂奔，將其拖得血肉模糊。火銃射完之後，站在前排的二十個圓形藤牌手隨即擲出了手中的標槍。呼嘯而至的標槍使得日軍騎兵隊的隊形有了一絲散亂。圓形藤牌手身邊又有二十個長牌手，手中盾牌又長又大，他們將盾牌重重地插入土中，身子半蹲下預備著即將到來的騎兵衝擊。在他們身後四十個揮舞著長達一丈狼筅的明軍士兵在日本騎兵面前形成了一道竹牆，竹葉間隱藏的利刃彷彿隨時可以割破敵人的喉嚨。緊挨著狼筅左右又各有四名長槍手，組成了一個密集的槍陣，明晃晃的槍尖斜向上挑，彷彿在做著無聲的威脅。

戚繼光鴛鴦陣陣型

見到明軍排出的這種古怪的陣型，小西行長的腦海中不禁跳出了一個在日本倭寇中鼎鼎有名的詞來──「鴛鴦陣」，原來這就是明國傳說中的大將戚繼光發明的鴛鴦陣啊，果然古怪！但是此時日軍已經如箭在弦上不得不發。隨著他一聲「上帝保佑」的吶喊，日軍騎兵們向明軍的鴛鴦陣發起了決死的衝鋒。隨著幾聲巨大的撞擊聲，日軍第一批衝鋒的騎兵們有的

撞在了長盾之上，有的則在長槍上被刺成了肉串，而剩餘的騎兵則陷入了狼筅的攻擊中，只見密密麻麻的竹枝加上暗藏其中的利刃疾掃而來，騎兵們手中鋒利的倭刀斬不勝斬，紛紛被掃倒在地。

見到形勢不妙，日軍騎兵緊接著發起了第二波衝鋒，而明軍亦毫不畏懼，兩隊人馬又在互相的吶喊與咒罵中猛烈地撞擊在了一起，在戰馬的長嘶與兵刃的交擊聲中血色迅速染滿了地面。正當明軍將要攔住小西行長的突圍之際，突然平壤城北大門緩緩打開，同時出現數隊日軍，在宗義智戰旗的指揮下衝向明軍身後，與小西行長一起前後衝擊明軍的缺口處。這讓明軍尚未合攏的缺口像被打入了一根楔子，日本援軍拚命隔開了對小西行長的攻殺，藉此機會小西行長衝出重圍，且戰且退，逃回了平壤城。

噹噹的鳴金聲阻止了明軍跟在小西行長身後銜尾追殺，看著明軍重歸整齊的佇列，吳唯忠道：「平壤自有李提督攻取，我等任務是將此牡丹臺一舉蕩平。傳令下去，全軍紮下硬寨，將牡丹峰團團圍死，再派一小隊人馬上去探探虛實。」

此時一隊朝鮮僧兵湧到了吳唯忠的面前，為首的休靜和尚向吳唯忠大聲道：「天兵打頭陣，吾等僧眾願為之搖旗吶喊，以壯聲勢！」於是在試探的明軍身後，跟隨了大批僧兵，遠遠看去氣勢倒是不小。

黑壓壓的人群讓日軍以為明軍開始了大舉的進攻，因此在守將小西末鄉、浦原次郎等人的指揮下，火繩槍一排排地從高處向下發射，硝煙瞬間瀰漫了整個牡丹臺。見牡丹臺地勢險要，日軍防禦完善火器凶猛，明軍於是直接扔了幾十面盾牌開始向下撤退，而朝鮮僧兵更是一些烏合之眾，撤退之時更是不堪。於是駐守牡丹臺的日軍以為明軍真是被擊敗了，居然打開了城門企圖尾追明軍撿便宜。他們哪裡知道明軍部隊就在後面枕戈

第七章　平壤決勝

待旦，剛追了沒多久就發現數百桿火銃的槍口正對著他們，隨著一聲「開火」，立時響起了一陣急速的勁射，日軍的陣型如被重重地打了一拳般凹陷了進去，硝煙過後，只見地上日軍傷卒的呻吟。此次的逆襲明軍斬首三十餘級，日軍被打得只能再次閉門死守。

互相試探

當吳唯忠在牡丹峰下鏖戰之際，朝鮮兵使李鎰、防禦使金應瑞等人亦率領朝鮮兵馬隨著祖承訓來到了平壤城南。看著飄揚著日軍軍旗的平壤城牆，李鎰等朝鮮軍將臉上均顯出一抹愧色。

逃跑將軍李鎰難得地英勇了一把，只見其拔出了長劍，大叫道：「這是我朝鮮人的都城，也該由朝鮮人奪回！」說罷就要揮軍進攻。

此時身邊諸將勸阻道：「天朝李提督曾有明言，各軍需統一號令，一齊攻城，如今提督尚未下令，我軍私自攻城甚為不妥。」

李鎰怒道：「我朝鮮之地，何須他人做主！」於是朝鮮軍還未等明軍發動號令便開始了攻城的行動。

祖承訓等明將此時亦在陣中，李寧看到朝鮮軍不聽號令便開始攻城，便向祖承訓問道：「朝鮮兵膽敢違抗提督號令私自行事，我等豈能坐視？」

祖承訓向李寧微一拱手，嘿嘿冷笑道：「李副將，此乃朝鮮地方，你我均為客軍，自然是客隨主便，太過迫切反而不美，君不見我這被降職的前車之鑑嗎？這平壤城倭賊兵盛、鳥銃犀利，我等還是約束好部眾，待會兒必有一場好戲要看！。」

此時宗義智已經接回小西行長，聽說朝鮮軍於城南攻城，立刻率兵

馬增援。他看到朝鮮兵的攻擊雜亂無章，不由得嘲笑道：「朝鮮兵馬如此孱弱，居然還敢來送死！」於是趁著天色已晚，悄悄地開了城門反殺了出去。朝鮮軍完全沒料到日軍居然如此大膽，立刻被打得潰不成軍，之前在日軍面前慘敗的恐懼霎時間又回到了身上，不由得紛紛狼狽奔逃。

「看，沒想到他們敗得這樣快！」李寧指著朝鮮潰軍說道。

「如非這樣，又如何旬月之內三都盡失呢？還累我先前折損了幾員大將！」祖承訓恨恨地道：「我等得讓兒郎們準備好，別讓倭賊反而鑽了空子！」

在諸明將的指揮下，朝鮮軍潰之後明軍如中流砥柱一般巍然不動，這些明軍全都穿著朝鮮軍服，黑暗中日軍以為朝鮮軍的大隊人馬依然整然有序，不敢窮追，見好就收，撤回了城中。

將城南朝鮮軍攻城部隊擊潰之後，宗義智馬不停蹄地回到城西進行了又一次地調動。幾個時辰過去，大地重歸寧靜，平壤城頭上卻無聲無息地垂下了一條條黑影，向明軍營寨掩去。這次行動其實是宗義智重施故技，派遣三千重兵向明軍再次進行夜襲。這次的夜襲換了個地方，從平壤西面出擊，急襲楊元、李如柏和張世爵三將的營寨。入夜的平壤城外一片寂靜，只剩北風吹過的呼嘯聲在曠野迴響。黑暗中日軍順利地掩近了明軍營寨，只見幾個投入日軍的朝鮮士兵手持長弓，向營寨內放哨的明軍開始了致命的射擊。

「啊！」一聲慘叫迴盪在明軍的營寨，一個明軍哨兵湊巧躲過了要害，他忍著肩上中箭處傳來的劇痛，拚命敲響了警鐘，「有敵襲！」

這夜明軍上下早有明令，人不卸甲馬不卸鞍，聽到警報明軍紛紛抓起了兵器衝出了帳篷，在各級兵長的指揮下列陣。而日軍眼見夜襲敗露，只

第七章　平壤決勝

見幾個人飛身而出，拚命搬開明軍大營外的鹿角，後面部隊發一聲喊，揮舞著倭刀直殺而入。日軍剛剛衝入營寨，迎接他們的是明軍密密麻麻的槍陣，領頭將官怒吼道：「殺倭賊啊！弟兄們衝！」日軍見此情景依然悍不畏死，倭刀在燈火下寒光閃閃，跳舞一般衝入明軍的槍陣，長刀劈砍之下倒也削斷了不少明軍的長槍。可是即使這樣，日軍依然無法抵擋明軍的長槍攢刺，在密集的槍陣下，悍勇的日本武士節節後退。就在雙方相持不下之際，明軍身後又傳來了三眼火銃的怒吼，硝煙散過，日軍前排士兵頭臉處血肉模糊，紛紛在地上呻吟哀號。趁此機會，明軍槍陣亦奮力突刺，而刀盾兵亦從兩邊配合絞殺，將日軍盡數殺退。

而小西行長自牡丹臺搏命殺回平壤城後，驚魂未定之下居然並未喪失判斷力，當即就派遣數波使者馬不停蹄地向鳳山的大友義統和在京城的日軍諸將求援。並打消了議和的幻想，橫下心，強打起精神指揮防禦。此時平壤城中除了一萬六千日軍之外，還有五千餘人的朝鮮偽軍，加上牡丹峰的兩千日軍，加起來亦有兩萬三千餘人，雖然遠少於聯軍進攻兵力，但是也尚有一搏之力。小西行長在城內再次豎起大將旗，並以五千人作為總預備隊，巡視城中各處，其餘各部分用來防守平壤城各面。

在最初的試探之後，當晚明軍派遣了之前俘虜的日軍通譯張大膳進入平壤勸降。第二天中午張大膳帶來了日軍的回答，小西行長不愧是生意人，一手漫天要價就地還錢的招數玩得純熟，他居然直接就答應了明軍的要求，但是卻附帶了一個條件，讓明軍退軍三十里就寫降書投降。李如松聽完以後心頭火起，這麼明顯的騙人，小西行長是把我當傻子耍呢！當即反唇相譏：「真想投降，就把人帶出來棄械投降，別跟我耍這些花招！」

話說到這個份上，那只有手底下見真章這一條路走。不過這一天平壤城忽然大霧瀰漫，使得明軍完全不能攻城，於是只能先安營紮寨，穩固防

守。而日軍亦在城內調兵遣將，小西行長見明軍軍力強大，除了在城內調派之外，還派人火速去向平壤城外的鳳山城主將大友義統求助，並亦向駐守京城的日軍主力求援。此時在鳳山的大友義統軍見平壤城廝殺震天，覺得大事不妙，雖然有小西行長的求援使者催促，依然腳底抹油，直接溜之大吉。而在後方的黑田長政、小早川秀包等人藉口兵力不足，亦拒絕救援。可憐的小西行長此時尚不知道他的第一軍團將面臨獨自面對明軍主力攻殺的命運。

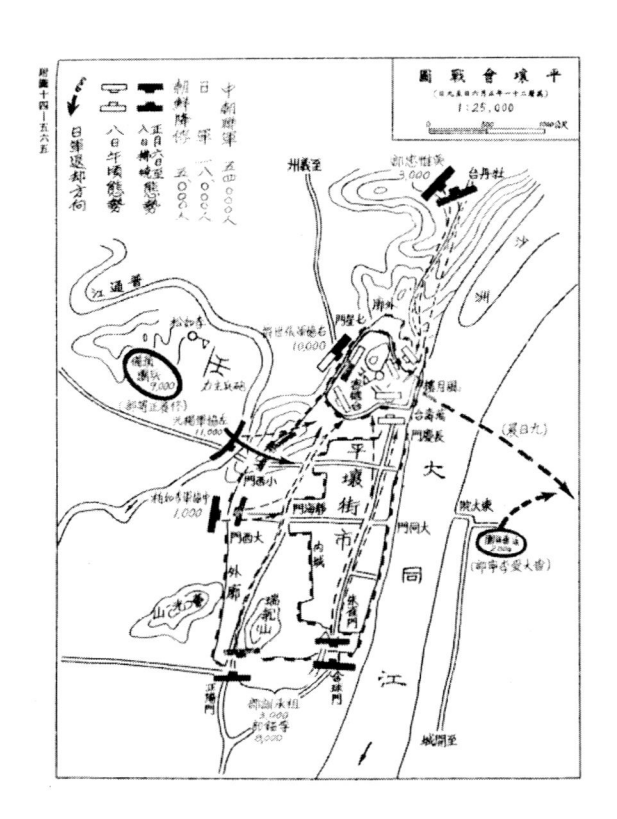

夜裡宗義智賊心不死，重施故技，派出八百人再次偷襲李如柏營，可是又被發現。明軍也吸取了前夜夜戰的教訓，當先把營中照明的旗燈撲

第七章　平壤決勝

滅，然後向營外齊射火箭。日軍夜戰之兵全都暴露在火箭燃燒的火光之中，成為最明顯的標靶，在慘叫聲中被明軍一一點殺，損失慘重。兩次夜襲日軍損失近半，明軍成功地打消了日軍的僥倖心態。

城牆上的死鬥

　　經過兩天的互相試探，明軍完成了全部攻城準備，初八黎明，李如松在舉行了盛大的焚香祝禱占卜吉日的活動之後，開始釋出正式的總攻令。命令中除了再次重申圍三缺一的戰鬥原則之外，還著重提出此次戰鬥記功並不以割首級為戰鬥原則。明代士兵武將打仗要想記功升官，主要是看斬首的數量進行記功，而收復失地則是文官的功勞。此種記功方法的弊病很多，主要表現在這樣就沒人願意去啃易守難攻的硬骨頭，甚至打仗時候因為爭搶首級反勝為敗。身為將門世家，李如松亦深知斬首記功的弊端，因此特別強調此戰不以首級記功。

　　明軍各部按照戰前的部署，對平壤三面圍攻，此外吳唯忠所部全力猛攻牡丹峰，力爭一舉殲滅日軍。李如松本人亦率兩百親兵親臨城下往來指揮。諸將見主帥親臨，也都踴躍奮戰。當明軍整隊完畢之後，辰時（早上七點到九點）開始了正式的攻城戰。

　　最先發威的是明軍的火器，在明軍的預設陣地上，各種大炮在指揮下齊齊發射，震耳欲聾的聲音響徹天地。巨量的炮彈同時間傾瀉到平壤城頭，將平壤城打得亂石飛濺，時不時地有日軍士兵的斷肢殘臂隨著慘叫被實心炮彈所帶起又砸入地面。隨著大炮的轟鳴，明軍緊接著開始施放大量火箭，在平壤這樣狹窄街道的老城中很快燃起了滔天大火，烈焰漲空，火

烈風猛直衝城內，強烈的火勢甚至將日軍在城內修築的密德土窟要塞焚燒殆盡。而火箭內又夾雜著毒物，燃燒後發出濃濃的嗆鼻毒煙，日軍聞到後無不頭暈目眩，在這樣雙重攻勢之下，日軍死傷慘重。

見火器的攻擊取得了極大的成效，明軍在激盪的戰鼓聲中吶喊著登城。在明軍疾風驟雨的攻擊之下日軍亦頑強防守，苦戰不退。日軍忍受著巨大的傷亡，在城垣之間埋伏，用鐵炮齊射。繼承了織田信長的三段擊戰法的鐵炮足輕們，將彈丸連綿不斷灑向明軍，明軍則使用了後世抗戰中依然被用來防禦子彈炸碉堡的奇招。他們紛紛披著高七尺【約 2.2 公尺】，寬一丈二尺【約 3.8 公尺】的厚棉被，硬頂著日軍猛烈的火力推進至城下。此時日軍集體將準備的沸水和石塊向明軍拚命砸去。當明軍的勇士們拚死殺上城頭之後，日軍集結了密集的長槍陣與明軍登城部隊血戰。在日軍的防禦之下明軍始終未能突破平壤城，久攻之下不禁力疲，陣腳開始鬆動，在日軍密集的槍彈射擊之下甚至部分士兵開始後退躲避。

李如松此時目眥欲裂，抽出戰刀，手起刀落斬殺一名逃卒，左手一把抓起首級，也不管身邊的親兵，馳馬衝入第一線，一手持首級，一手揮舞滴血的戰刀，大吼：「擅自後撤者斬！先登者賞銀五千兩！」

「吾皇萬歲萬歲萬萬歲！」李如松的宣言讓明軍的士氣霎時爆棚，明軍紛紛嘶吼著搏命撲上城牆，刀牌手甚至從衝車上直接滾入日軍陣中。其餘的明軍在雲梯上手持長矛向上與守城日軍互刺，站在城牆下的明軍則手持三眼銃等火器向上射擊。不斷有雙方士兵廝抱在一起滾落城牆。此時明軍腦中再無任何雜念，唯一的念頭只是殺光敵人。如此慘烈的攻城戰亦動搖不了後排明軍的戰鬥意志，他們排著整齊的佇列，偶爾會從懷中掏出一把炒米粉咀嚼兩下，當前排戰士拚光之後，後排戰士踏著堅定的步伐隨著令旗毫不猶豫地殺上城牆。

第七章　平壤決勝

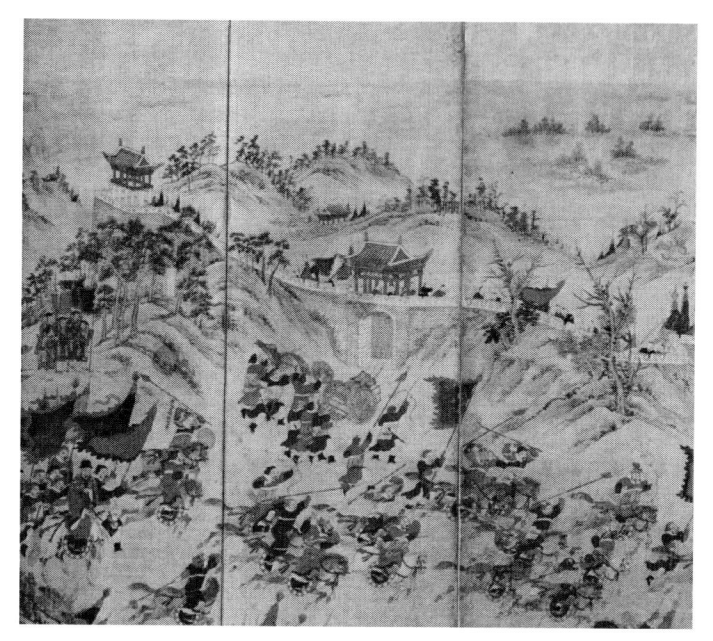

李如松強攻平壤

　　在明軍捨生忘死的狂攻之下，防守日軍雖然悍勇，亦不禁漸漸堅持不住。此時平壤南線情形又有變化，日軍侵朝以來陸戰對朝鮮軍作戰幾乎是摧枯拉朽，而前天朝鮮軍攻城又被打得抱頭鼠竄，因此對南門的朝鮮軍戰鬥力極為輕視，防守兵力也安排得很少。可是待攻城之際日軍才發現不對勁，在一聲令下之後，平壤城南的明軍齊刷刷地將朝鮮軍服脫下置於地上，顯露出內中的明軍戰甲。

　　「這不是朝鮮人！是明國軍隊！」城牆上防守的日軍驚慌失措：「快報告行長大人！」

　　平壤南線戰局的變化一下子打亂了小西行長的部署，使得日軍軍隊調配開始出現混亂。

　　「兒郎們，大顯身手的時候到了！殺光倭賊！」祖承訓大吼道。

明軍如潮水一般向平壤城南開始了衝擊。駱尚志亦率領南兵向平壤城南含球門發起了總攻。只聽得火器的爆響，浙兵手中的鳥銃與日軍展開了對射，雙方士兵的胸前血花四濺，卻沒人後退一步。攻上城樓的明軍則與日軍絞殺在一處，在城牆這樣狹窄之處，雙方均以性命相搏。日軍為了防禦住這段城牆，在城牆上不顧敵我，鐵炮亂射，重傷在身的日軍甚至紛紛抱著明軍摔下城牆，一時間明軍的攻勢被大為遏制。參將駱尚志大喊：「大丈夫建功立業當在此時！」只見駱尚志手持長戟，從雲梯直衝上城樓。日軍眼見此人身穿五色戰袍，知道必然是大將，於是在指揮下將準備好的檑石紛紛向駱尚志砸去。剎那間無數飛石向駱尚志的雲梯飛射。駱尚志卻毫不理會，只顧向上攀爬，即使一塊巨石將他的腳砸得血肉模糊，左手依然恍若無事一般攀住雲梯用力縱身一躍，滾入了日軍軍陣之中，手中長戟掄圓之下，帶起一圈白光，在日軍的慘叫中打開了一片空白地域。此後他立於城頭，每一揮戟，則有一顆日軍頭顱飛起。【李朝宣祖實錄卷35，P37，朝鮮李朝實錄中的中國史料 P1693】如此悍勇讓城下觀戰的朝鮮軍紛紛側目，紛紛驚呼道：「這就是傳說中的駱千斤嗎？果然神勇無敵！」在駱尚志的奮勇搏殺之下，身後南兵源源不斷地魚貫躍上城牆，這些曾經的義烏礦工們依然保持了當年的悍勇，與日軍前來堵漏的援軍展開了瘋狂的廝殺。噴湧而出的鮮血模糊了雙方的視線，彼此都沒了什麼陣型和招式，唯一的動作只有用兵刃瘋狂地向前捅刺。

　　平壤城南的城牆上，日軍一面面戰旗陸續倒下，取而代之的則是明軍的大旗迎風招展，碩大的吳字將旗飛揚在空中。見此情景，城下明軍歡聲雷動，齊聲大吼：「萬歲！」愈加奮不顧身地向城牆攀爬。隨著城牆上的明軍越來越多，日軍即使拚命抵抗也不得不一步步地後退，最終被趕下了城牆，駱尚志終於成功占領了含球門，第一個將大明的軍旗插在了平壤的城

第七章　平壤決勝

頭！而朝鮮軍因為前晚受到的打擊，真正總攻發動之後也依然畏畏縮縮，無人敢於衝鋒。直到明軍取得了關鍵的突破之後，才跟在明軍之後打打秋風，殺了幾個日軍殘兵。

就在駱尚志完成對含毬門的突破之後，平壤城南另一側的蘆門亦宣告被攻破，祖承訓與李寧打開城門之後用三眼火銃密集發射，飛射的散彈將企圖打巷戰的日軍士兵大部擊斃，僅有三四百殘敵向城外樹叢內逃竄。

飛馳在平壤城城周的明軍主帥李如松則遭到了守城日軍的重點攻擊，在一陣密集的鐵炮射擊下，李如松的坐騎如同捱了重重一拳般在飛馳中猝然中彈倒下，李如松一下子連人帶馬栽到了壕溝之中，等爬起來已經是血流滿面，就算這樣李如松依然沒有後退半步，仍然抵前督軍奮戰。

當平壤南城被突破之後，明軍開始向平壤腹地衝殺，日軍分兵堵截，這平壤西城正面戰線明軍的壓力大減。在平壤西線城樓上，日明兩軍的士兵絞殺在一處，為了避免誤傷，使得明軍大炮不再向城牆上發射，右協張世爵命令將大將軍炮集中向七星門發射，一顆顆沉重的鐵彈呼嘯著向城門砸去。雖然經過了日軍的加固，依然被打得城門木屑四濺，門後的鐵柵亦開始彎曲變形。當一枚炮彈再次呼嘯砸來的時候，七星城門再也經受不住如此的打擊，連著門樓轟然傾倒在地。早有準備的張世爵軍一擁而入，自此全線突破日軍防線。

血與火

當明軍主力於平壤城死戰之際，城北牡丹峰的戰鬥也到了白熱化階段。日軍修築的牡丹臺防禦極為堅強，內中亦建有土窟，實際上是在地上

挖出的大規模坑道，挖出的泥土作為牆壁夯實，留有射擊孔，依山而建，毫無攀爬之處，非常難以攻陷，更難以摧毀。吳唯忠所部多次攻至牡丹臺牆外，均被日軍猛烈的火力擊退。吳唯忠不顧傷亡，帶領士兵衝鋒，卻被日軍鐵炮擊中胸部，鮮血順著大腿流淌，將整個戰袍染成了血紅色，即便如此他依然高呼奮戰，終於成功殺入牡丹臺，火焚土窟，將其中日軍大部燒死，日軍殘部逃回平壤，守將之一松浦鎮信的家臣浦源次郎切腹自盡。

當成功突破之後，明軍主力逼近風月樓等諸土窟要塞，日軍集合殘部，與要塞內據險抵抗。日軍城內要塞修築得極為堅固，四面開孔，日軍躲於其中，用鐵炮四面開火，彈如雨下。明軍久攻不下，死傷慘重。後明軍拚死運來大批柴草，四邊堆積，然後用火箭引燃，風月樓付之一炬，將日軍頑抗者全部燒死。

此時小西行長率本部退守至練光亭土窟（城東，靠近大同江），李如松、李如梅指揮明軍將其包圍之後卻遭大同門附近的朝鮮偽軍用片箭攢射，李如松氣得對軍中的朝鮮官員破口大罵：「你國之人實在至為混帳！」這個事實亦證明當日祖承訓對朝鮮方面的控告並非虛言。

面對小西行長的頑抗，李如松又要按照前法堆積柴草準備一舉殲滅小西行長，卻因城中七星、普通門附近依然有日軍的土窟要塞尚未拔除，眾將因為士卒死傷甚多而要求暫時休兵而暫緩進攻。雖然明軍暫緩進攻，日軍卻已經到了彈盡糧絕的地步，小西行長清點兵力，全軍只剩下不滿五千人。【征韓偉略 P581】當夜日軍諸將商議，卻聽到斥候來報說：「敵人將練光亭團團圍繞，密密麻麻。而大同江沿岸冰封，日軍船隻全部被凍結，完全沒法用，要過江只能騎馬涉水而行。」

有馬晴信說：「明早敵人必然攻城，如今內城狹隘不便防禦，請盡快派人維修損壞的外牆固守，也許能等到援兵。」可憐的有馬晴信還不知道

第七章　平壤決勝

援兵永遠都不會到了。當然這種找死的提議被松浦鎮信所否決，他說：「這樣不行，大同江還是可以渡過去，但是援兵遲遲不來肯定有問題。我怕明天明軍就會將所有退路全部封死，把所有期望放到援兵身上顯然不現實。我軍如果選擇死守，則會徒然被毒火所燻死，毫無任何作用。我知道涼山中有中川寨，龍山中有南條寨，不如我們分兵兩路撤退，如果明軍追殺我們可以首尾夾擊，到了中川南條之後便可以與主力會合，齊整兵馬之後再殺回平壤，怎麼樣？」小西行長與宗義智則做豪邁狀，對松浦鎮信說道：「你的計策非常好，你們分兵兩路先行撤退，以圖再舉，我等死戰以成全我們的志向！」而大村嘉前與五島純玄被小西行長的豪邁所感動，亦願意一同赴死。當然小西行長不過是做做樣子，最終小野木重勝勸解道：「松浦鎮信的主意甚好，我們現在疲敝不堪又無援軍，堅守不過是送死，沒任何意義，還是渡江走人吧！」小西行長本就不想死，正在猶豫不決之時，李如松恰巧將俘虜的日軍翻譯張大膳放回，對小西行長說道：「以我軍的兵力完全可以一舉消滅你們，如今只是不忍多殺傷人命，因此姑且放你們一條生路。」小西行長簡直不敢相信這是真的，大喜道：「我們情願撤退，請不要追殺。」李如松佯裝答應了這個要求，將表面上堵截後路的一隊朝鮮伏兵調回，讓小西行長放心。卻又安排了李寧、查大受率精兵追擊。深夜中，日軍攜帶了十天的糧食，舉火把強渡大同江而逃。

　　明軍戰後檢查，斬首一千二百八十五級，繳獲馬匹二千九百八十五匹，日軍裝備四百五十二件。

痛打落水狗

當小西行長抱頭鼠竄之時，身邊即埋伏了朝鮮軍李鎰與金應瑞的部隊，可是此二人在初六已經被日軍殺得膽顫心驚，再無當日之勇氣。雖然察覺日軍逃跑，卻不敢追殺，讓李如松極為震怒。因此戰後被李如松所彈劾，李鎰因此被下獄，換上李薲繼續指揮部隊。除了他們之外黃海道防禦使李時彥、助防將金敬老等人亦觀望不戰。李時彥只是象徵性地派軍斬殺飢病落後者六十餘人，惹得柳成龍大怒，上奏請誅金敬老以肅軍法。後被李如松所勸阻，說雖然此人該殺，但是目前賊寇還未肅清，一個武士白白死了可惜，還是讓他白衣從軍立功贖罪吧！就在朝鮮上下均觀望之際，只有黃州判官鄭曄能夠主動出擊斬殺日軍九十餘級，此後銜尾追殺又斬三十餘級。

小西行長一路逃竄非常狼狽，日軍將能丟棄的武器裝備軍需物資全都丟了，包括傷重不能行走的傷兵，許多士卒雖然沒有受傷，但已在一天的戰鬥中耗盡體力，走不動，只有爬行著希望不致掉隊。日軍一路狂奔，終於來到平壤以南十里外的鳳山寨，防守此城的乃大友宗麟嫡子、大友氏當主大友吉統所領六千日軍。行長這才鬆了口氣，豈料入城一看，差點把鼻子氣歪了。城中居然無半點人影。【大友吉統本名大友義統，歸附豐臣秀吉後，受其偏諱，改名吉統。此次，他參戰朝鮮，引六千大友軍，黑田長政麾下效力，四月渡海後攻占鳳山，十一月得豐臣秀吉朱印狀以表戰功。平壤會戰打響後，行長向黑田長政、大友吉統、小早川秀包求救，長政派「黑田二十四將」之一的久野重勝前往偵查，不料被明軍毒刀砍傷。重勝倉皇逃回稟報，長政、秀包皆以為不能救，重勝則於翌日毒發身亡。吉統所部亦於鳳山城議論不定，家臣志賀親善以為當退，吉弘統幸力主增援。吉統本為紈褲子弟，膽怯有餘，謀略不足，曾於戶次川合戰中擅自逃跑，

第七章　平壤決勝

致使秀吉的九州遠征軍慘敗而回。這次，吉統又犯了老毛病，在親善慫恿下，心驚膽顫的他義無反顧地放棄鳳山城，撒腿向南溜之大吉（記於《大友家文書錄》）。事後，秀吉聞聽吉統行徑，甚為惱怒，同年五月初一，下〈大友勘當狀〉，申斥吉統，予以撤藩處分，領地收公，發毛利輝元看管（記於《豐公遺文》），大友氏滅亡。吉統後被送至周防國山口城本國寺囚禁，剃髮為僧。翌年九月，轉押至水戶，交佐竹義宣監管。】日軍人人奔逃了一夜，疲憊至極，只能就地露宿。小西行長擔憂明軍大軍追擊，僅僅休息了一陣子，晚上連夜趕路。

　　初九，小西行長終於逃到了龍泉城附近，日軍遙望龍泉城黑田長政的中白旗迎風飄揚，小西行長霎時間眼淚都要奪眶而出，有救了！他心中狂呼著！可是剛興奮完，查大受等人的的三千伏兵便一齊出動。當時日軍部隊正行軍在兩座山之間，明軍便埋伏在兩旁山上，頓時箭如雨下，日軍紛紛中箭慘叫。遭到偷襲之後日軍迅速用火繩槍向山上還擊，但是日軍身為敗軍，不論從精神、體力還是器械上早已如強弩之末，被明軍占據有利地形打得抬不起頭來。此時黑田長政家臣小河傳衛門在城樓上見到小西行長殘軍遭到襲擊，連忙派出了兩隊火繩槍手接應，小西行長見援兵來到，精神大振，對援兵道：「你們在後面頂住，我們先撤。」在久疲之下依然發揮出了極高的行動力，迅速地撤進了龍泉城，而日軍傷兵則均棄之不顧，只能原地等死，此戰日軍又被明軍斬去三百六十二顆頭顱，此外還生擒一人。

　　是役明軍獲得全勝，其中明軍陣亡七百九十六人，受傷一千四百九十二人，損失騾馬五百七十六匹，【經略復國要編卷七 P564】，總計斬首一千六百四十七級【經略復國要編 P563】，其餘葬身火海、跳城溺水的不可計數。按照計算，日軍實際損失當在一萬三千左右，而五千朝鮮偽軍或逃或降基本全滅。救出朝鮮被擄男女一千二百二十五人。

第八章
碧蹄血戰

序幕

　　明神宗萬曆二十一年（朝鮮宣祖二十六年；日本後陽成天皇文祿二年；）農曆正月二十三日夜，朝鮮開城，原「留後司」衙門內燈火通明，一隊隊身穿紅色棉甲的明軍兵士進入後很快便在轅門外豎起了一個「征東提督行轅」的牌匾。不同於外面的煊赫，提督行轅內堂中，李如松端坐於太師椅上，一陣風吹過，油燈上豆大的燈焰隨之搖擺，照在其臉上顯得是那麼晦明不定。

　　堂外忽然傳來一陣腳步聲，只見查大受、李寧、楊元、李如柏、張世爵等遼東諸將齊齊跨入堂內，笑著揖手道：「恭喜提督，賀喜提督，倭賊畏提督虎威，望風鼠竄，開城不戰而下，今朝鮮三京，已得其二，王京指日可下！」

　　聽了這些話，李如松的臉上卻並未顯出多少歡愉之色來，卻反問道：「爾等真以為勝負已定了？」

　　「區區賊倭，不過跳梁小丑，平壤一戰已讓群倭膽寒，這幫宵小絕不敢螳臂當車！」諸將紛紛道。

第八章　碧蹄血戰

「爾等只看到我軍進兵神速，卻不知我軍如今已進亦難，退亦難。」李如松嘆息道。

「大人此話怎講？」

「一者我數萬大軍兵至開城，後方轉運之糧草卻杯水車薪，士卒肚餓以至殺馬飽腹者多有，如此下去我軍堪憂。二者平壤戰後，論功之際南軍諸將多有怨言，軍心不服啊！今我軍外無糧草，內有罅隙，勝從何來？」

「糧草之事好辦，王京距此不遠，我等遼東諸將均為馬軍，大人只需提一旅精兵，帶足糧草，王京如探囊取物耳，兵數不多，糧草亦易籌措。至於那幫南蠻子……」查大受話音一頓，臉上現出一絲嘲笑的表情：「並無甚本事，至多背後發發牢騷。如見提督率我等收復二京，自也無話可說！」

「查總兵說得對！」「有理！」諸將紛紛言道。

「為今之計，也只有如此了。前日已有朝鮮哨探出去，明日應有回報。大受你既心有成算，那明日你便為先鋒，領五百騎為我軍探路。」

「遵命！」查大受喜道。

翌日，朝鮮哨探果然回報說，倭賊已經盡數逃竄，漢城王京已空。李如松大喜，立刻派查大受率五百騎，以朝鮮防禦使高彥伯為嚮導，直向漢城快馬而去。此時的查大受還並不知道，整個壬辰之役中最為著名的一場慘烈大戰——「碧蹄館血戰」將由他親手揭開序幕……

危局

平壤攻防戰後，小西行長慘敗而歸，在此一路上，小西行長都勸黑田長政、小早川秀包等沿途守將隨他一同撤往王京漢城，可是這些武將大名

們卻不像小西行長這些人與明軍真刀真槍地打過，依然狂言要與明軍決一死戰。當然這幫人也不都是傻瓜，他們雖然在小西行長面前繃著個臉，但是等小西行長一走，立刻就收拾包袱要向後方開城「轉進」。不過為了在小西行長面前充面子，導致日軍黑田長政的第三軍團被明軍先鋒衛尾追殺。此時只能斷尾求生，派出死士領一部殿後阻擊，保護部隊撤離。

這個十死無生的任務就落到了身為黑田家將的粟山四郎右衛門頭上，此人領軍突前至白川北十里的江陰寨隔河擺下陣勢，希望能對明軍半渡而擊。可是明軍卻並未在日軍眼皮子底下進行強渡，而是趁夜悄悄偷渡至南岸，在日軍面前擺下了陣勢，眼看交戰在即。此時粟山四郎右衛門的屬下都慌了神，對他說：「我們一共就兩千人，怎麼抵擋明國的大兵？還是向白川的軍團長求援吧！」於是粟山四郎右衛門就寫了一封信，信中道：「明國大兵壓境，交戰在即，請盡快發援兵來！」寫到一半粟山四郎右衛門清醒了過來，他們的任務就是殿後，哪有援兵給他們呢？於是他說：「白川路遠，求援肯定來不及，這封信中不需求援，告訴黑田軍團長此處便是我軍死地，來生再會！」等信使走後，粟山四郎右衛門便率領所有日軍向明軍發動了自殺式的進攻，全員戰死。

有了粟山四郎右衛門這樣的死士拚命斷後，才讓黑田長政諸將順利撤退至開城，與日軍第六軍團長小早川隆景會師。在這樣的情況下，正月十三日，在王京漢城的日軍總大將宇喜多秀家召開緊急軍議，與豐臣秀吉派遣至朝鮮督戰的石田三成、增田長盛、大谷吉繼這三奉行緊急磋商後認為，目前日軍分散在諸多支城內，兵微將寡，極易被各個擊破，不如收縮兵力，集中於王京漢城，以逸待勞，引誘明軍主力進行決戰。

應該說宇喜多秀家的決定是非常正確的，但日本自戰國時代以來就有「下克上」的傳統，軍議結果居然遭到了幾員大將的強烈反對。其中黑田

第八章　碧蹄血戰

長政、小早川隆景、小早川秀包【「西國第一智將」毛利元就的第九子，作戰勇猛，討伐肥後國國人一揆後獲賜「豐臣朝臣」姓、「羽柴」氏及梧桐花紋。此外，秀包與立花宗茂亦結為義兄弟，作戰勇猛的二人經常被同時任命為先鋒。】這些在開城的武將均為堅定的反對派。第六軍團長小早川隆景甚至大言說：「我自航海以來，就沒想過再回日本，如今與明國作戰，要是能戰死於此，我這把歲數也沒白活！」【征韓偉略 P589】這小早川隆景此人乃是「西國第一智將」毛利元就的第三子，後過繼給小早川興景因此叫做小早川隆景，此後因娶小早川正平之女而統一小早川氏使得毛利家從此得到瀨戶內海的控制權及得到伊予水軍之支援，對毛利爭霸中國，有極大的幫助。此後在毛利家的「嚴島之戰」與「九州攻略」中均有不俗的表現，後投靠豐臣秀吉，在進攻四國霸主長宗我部元親中立下汗馬功勞，因此被封越前、築後兩國，另加築後、肥前兩郡合共三十萬七千三百石，坐擁博多港，據守對馬海峽的要衝，是日軍中極為重要的大將之一，碧蹄館之戰後因表現卓越，最終成為代表日本最高權力的「五大老」的其中一員。在日本本土便位高權重的小早川隆景如此強硬的態度使得身為總大將的宇喜多秀家很是頭痛，不得不派出三奉行之一的大谷吉繼親自前往開城規勸小早川隆景聽從軍事會議的安排。當然小早川隆景這番做作也有可能是其對宇喜多秀家的妒忌之情所導致，早年宇喜多氏對毛利氏名為同盟，實為附屬。後來織田家發動中國攻略，宇喜多氏見風轉舵，投靠秀吉，宇喜多秀家做了豐臣秀吉的養子，從此扶搖直上，地位反超毛利兩早川，在壬辰之役前便被封為 57 萬 4 千石的重量級大名，此時更被任命為此次征伐朝鮮的日軍總大將。頂頭上司是這麼一個二十歲的毛頭小子，這讓以智勇自詡的小早川隆景自然極為不滿。

　　大谷吉繼不愧是三奉行之一，畢竟還是很有兩把刷子，小早川隆景這

樣的強硬之人最終亦被其勸服，他十六日入城，十八日駐紮在開城的日軍便意見一致，決定總撤退，徹底放棄開城，往王京漢城與總大將宇喜多秀家會合。明軍經平壤一役後進軍速度極快，僅僅兩天後，李如柏與李寧便率領明軍先頭部隊衝入了已經空無一兵的開城。不單單如此，還追上了因小早川隆景的耽擱而未能全數渡過臨津江的三四千名日軍，日軍見明軍追來，於是背靠臨津江紮營與明軍相持。明軍先頭部隊雖然人少，但卻並不畏懼，李寧面對日軍擺下陣勢就要開戰，但是此時日軍又開始玩起了小西行長之前用過的招數。他們在擄掠的朝鮮人中挑選了兩個婦人和一個小孩子，讓她們向明軍帶話說：「倭寇本來是要撤走的，但是軍爺們緊追不捨，他們沒辦法，只能在此駐紮防禦。要是軍爺們能夠放他們一馬，他們自然會全數撤走。」李寧當時就斥責道：「朝廷命令我等將倭賊斬盡殺絕，不能放走一個，倭賊想逃？真真是痴心妄想！」【朝鮮李朝實錄中的中國史料 P1664，征韓偉略 P589】此時日軍派出一小隊二十名士兵出營觀望，正好被明軍逮住一陣猛殺，斬首十二級，生擒一名。於是明軍乘勢殺向日軍部隊。此時冬季冰封的臨津江已漸漸解封，日軍見明軍毫不留情，於是搏命踩著漸漸消融的江面而逃。明軍見此時冰面很薄，又不知前路是否還有日軍部隊埋伏，因此僅派出斥候偵察，前鋒主力止步於江岸，並未窮追。之後斥候回報，離江二十里便有大約一萬四五千的日軍主力屯紮於山坡之上，明軍先鋒兵力不足，只能在開城靜候李如松率主力前來再作打算。此戰明軍共斬首一百六十五級，奪得倭馬二匹，盔甲刀銃共八十七件，明軍陣亡六名，傷六十七名。【經略復國要編 P566】

　　小早川隆景、黑田長政等一眾日軍擺脫追殺後終於撤到王京漢城。但此時的小早川隆景似乎已經患上了「明軍精神過敏症」一般，死活不肯入駐城內，大喊大叫著說：「明兵打過來了，我要跟他們決一死戰！」【征韓

第八章　碧蹄血戰

偉略 P591】結果被諸將強行架進了城內。到了城內後，總大將宇喜多秀家立刻再次召開軍事會議，商討迎戰事宜。當時在會議上又產生了激烈的分歧。以石田三成為首的三奉行主張籠城拒守，用堅城對抗明朝大軍。而小早川隆景、立花宗茂、加藤光泰等武將則堅決要求在野外決戰。最後因為漢城內日軍儲糧有限，無法長期據守，使得以小早川隆景為首的野戰派獲得了軍議的勝利，於是日軍開始廣派斥候，對明軍動向進行偵查，隨時準備出擊作戰。

此時集結在王京的日軍共計五萬餘人，預備出城野戰的日軍大約四萬一千人，分成前後兩軍，剩下的在王京駐守，具體編隊如下：

日軍分布	出陣順序	將領	數量	總數
前軍	頭陣	立花宗茂	三千人	二萬人
		高橋統增（宗茂之弟）		
	二陣	小早川隆景（前軍主將）	八千人	
	三陣	小早川秀包	五千人	
		毛利元康		
		築紫廣門		
	四陣	吉川廣家	四千人	
後軍	頭陣	黑田長政	五千人	二萬一千人
	二陣	石田三成	五千人	
		增田長盛		
		大谷吉繼		
	三陣	加藤光泰	三千人	
		前野長康		
	四陣	宇喜多秀家（後軍主將）	八千人	

日軍分布	出陣順序	將領	數量	總數
守備隊（駐守王京漢城）		小西行長、大友吉統		
參與碧蹄館作戰日軍總兵力		四萬一千人		

就在日軍囤積於漢城虎視眈眈之際，明神宗萬曆二十一年（朝鮮宣祖二十六年；日本後陽成天皇文祿二年；）農曆正月二十三日，李如松終於率主力進入開城，此時的開城已經是一片殘破，日軍撤退之際屠民焚屋，將朝鮮三都之一的松都開城破壞得幾乎只剩一片瓦礫。李如松雖然是武人，但亦有惻隱之心，見此慘狀便立刻命令張世爵主持救災賑濟，此時明軍後勤不濟，朝鮮方面負責的糧草遲遲不能運抵前線，但明軍還是從牙縫中擠出一百兩銀子，一百石稻米對開城的朝鮮民眾進行賑濟，實乃不易。此時後方朝鮮主持的後勤運輸已經混亂到無以復加的地步，當時朝鮮左參贊成渾便怒斥說：「明朝宋應昌乃二品高官，都親身視事，而他們朝鮮國一幫微末小吏卻辦事敷衍推諉，妄自尊大。」以至於後來朝鮮國王李昖都怒罵，沿途官員辦事並不盡心，極為可惡！無怪乎李如松在平壤一路高奏凱歌之際依然顯得那麼焦慮。

實際上平壤大勝之後，戰事發展對李如松來說已經勢如騎虎。平壤攻城之際，明軍南軍諸將浴血拚殺，屢立戰功，自身傷亡亦頗重。進攻牡丹峰的吳唯忠被日軍鐵炮正面打中胸部，以至於病勢危急，臥床不起，到了問朝鮮方面討要柏木作為棺材板的地步。而駱尚志則被日軍投下的巨石砸中腿部，受傷亦頗重。在朝鮮人的眼中，整個平壤之戰，駱尚志功勳最大，不但第一個殺上城樓，並且還成功打開含球門，使得明軍能夠順利殺入城中，緊跟其後的祖承訓等明軍北軍據朝鮮方面描述，卻僅僅是撿南軍殺死的日軍屍體砍下首級充功而已。但李如松戰後論功卻厚北薄南，首功

第八章　碧蹄血戰

並無南軍的份，以至於南軍諸將極為憤慨，紛紛投靠身為杭州人的經略宋應昌，使得李如松對部隊的掌控開始出現問題。這逼使李如松不得不單獨用自己的親信北軍來立下真正的功勳以平息物議，可他並不知道，在他的前方聚集著日軍整個壬辰之役中最大規模的重兵集團，正好整以暇，等待著他的到來。在後勤極度匱乏但卻前有強敵的情況下，李如松可謂是一手將自己推入了危局。

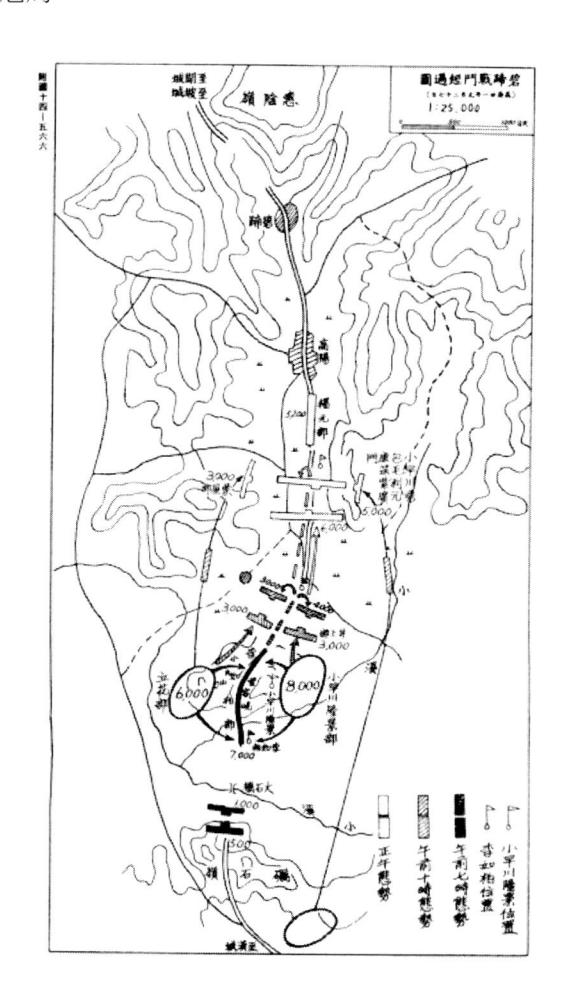

前哨戰

　　明神宗萬曆二十一年（朝鮮宣祖二十六年；日本後陽成天皇文祿二年；）農曆正月二十五日（日本曆正月二十四日）晨，綿綿細雨淅瀝瀝地下在昌陵上，將這座李氏朝鮮第八代國王睿宗和其王后的合葬墓上的殘雪沖刷一空。坐落於王京漢城東北的這座朝鮮王陵此時正迎來了一隊不速之客，這支由四十騎武士和一百多足輕【日本古代最低等的步兵】組成的斥候隊正小心翼翼地以搜尋隊形向著昌陵方向前進。如今已是「雨水」時分，但依舊春寒料峭，綿綿細雨順著斥候們的鎧甲向下流淌，將身體的溫度不斷帶走，雨水與殘雪融為一處滲入地下，士兵們將這樣的地面踩踏得泥水四濺。

　　抹了抹臉上的水痕，此隊斥候的首領加藤光泰對副手前野長康道：「前野殿，如此天氣，明國軍隊到現在也沒什麼蹤跡，難道真是被黑田那傢伙的殿後隊擊退了？」

　　「此處並無高山，草木亦稀，翻過前面的昌陵小丘便能對四周一覽無遺，如若還無明國軍隊的蹤跡，我想應該可以回王京覆命了。」前野長康整了整身上已經溼透的大鎧，回答道。

　　就在兩人說話的時候，昌陵的小丘上突然出現了一個騎馬的身影，隔著濛濛細雨望去，此人身上鮮紅的明軍軍甲赫然映入眼簾。

　　「明國人！」前方的日軍斥候大聲叫了起來。

　　加藤光泰亦同時看到了此騎兵，隨即大聲喝道：「此人必是明國斥候，居然膽敢孤身來此地查探，速速將此人擒獲，此人必然知道明軍如今的動向！」

第八章　碧蹄血戰

　　聽了主將的呼喝，武士們在馬上紛紛拔出了倭刀，一聲發喊，嚎叫著朝著小丘上衝去。

　　面對著數十騎武士的衝鋒，這個明國騎兵的反應卻很奇怪，不但沒有打馬落荒而逃，反而抽出了雪亮的馬刀，馬刀上映出的那副面孔流露出的表情既非恐懼，亦無憤怒，有的僅僅是憐憫。帶著這樣的表情，這個明國騎兵居然策馬向著日軍進行了反衝鋒。

　　這個明國人瘋了嗎？就在日軍覺得奇怪之際，在明國這個騎兵的身後，霎時間出現了數百黑壓壓的騎兵身影，沉重的馬蹄聲透過細雨傳了過來。發現不對勁的日軍已經來不及調整，雙方激烈地衝撞到了一起，金鐵交鳴之聲響起，數量上的劣勢讓日軍的武士們瞬間倒下了四分之一，失去了生命的軀體從馬上翻滾而下，重重地摔在地上，濺起一片泥水。

　　一次對衝之後，這些明軍騎兵們並未與日本武士進行纏鬥，而是順勢朝著武士身後的日軍足輕隊繼續衝鋒。

　　在加藤光泰的指揮下，日本足輕們手持長槍排成了方陣企圖阻擋明軍的騎兵。可在明軍騎兵居高臨下的衝鋒之下都是徒勞。一道道雪亮的刀光斜斜閃過，足輕們的竹木陣笠隨著人頭飛到了半空中，斷頸處的鮮血向空中噴灑，混著冰冷的雨水，將四周都染成血色。

　　如同巨大的潮流砸在了一條小舢板上，優勢的明軍騎兵僅一個衝鋒便將加藤光泰辛苦排成的方陣給打得粉碎。馬刀揮舞之下，日軍足輕們慘叫連連，還未等明軍撥過馬頭發起第二次衝鋒，日軍剩下的足輕們已經全數崩潰，四散而逃。加藤光泰與前野長康兩人在剩下的武士騎兵的掩護下，死戰得脫，向漢城方向逃去。

看著滿地的屍首，查大受此時可謂是志得意滿，此戰斬首六十級，收穫頗豐。望著逃往遠處的加藤光泰等人，他不由得冷哼一聲，心道：「倭賊果然如俺所料，不堪一擊！如非天雨道路泥濘難行，馬匹容易折損，此戰必定殺光這群倭賊！」正想著，身旁出來一騎，正是朝鮮防禦使高彥伯。只見他滿臉堆笑，豎起大拇指對查大受道：「總爺真乃虎將！在您手下，區區倭賊真如土雞瓦犬一般！」

　　查大受聞聽此言，臉上露出一絲笑意，但隨即將臉一板，虛虛一抱拳道：「此多賴聖天子洪福，將士用命爾，你國當謹記在心！」

　　「自然自然，皇恩罔極，小國絕不敢或忘！」頓了頓，高彥伯又道：「如今離王京已近在咫尺，並不見敵大軍出現，由此戰觀之，倭賊數目既少，戰力亦低，中國斥候所言王京已空看來並非虛言。」

　　聽聞此言，查大受微微頷首，只見他思慮半刻後，回首對身旁兩員親兵道：「你二人即刻快馬回稟提督大人，便說我軍已將敵前鋒擊潰，倭賊逃亡近半，攻取王京易如反掌，請提督速速率我遼東軍前來！」說罷，查大受揚臂大呼道：「此戰大勝，倭賊膽寒，弟兄們收拾好首級，這便隨我回返坡州，恭迎提督大軍駕臨！」

　　二十六日，在開城的李如松便接到了查大受的報捷消息，大喜之下立刻派出了精兵三千由孫守廉、李寧、祖承訓等人率領馳往王京，與查大受會合。而自己則於二十七日與楊元、李如柏、張世爵等將率兩千精兵親自殺向王京漢城。與此同時，在王京的日軍主力也從逃回的加藤光泰等人身上知曉了明軍業已殺到眼前。於是以立花宗茂為前鋒的日軍主力蜂擁而出，欲與明軍展開決戰，大戰一觸即發……

第八章　碧蹄血戰

「生摩利支天」之死

「混蛋！」立花宗茂將手中的馬鞭重重地擲於地上。自信滿滿地全軍殺出，卻連敵人的背影都沒摸著，這種挫敗感實在難以言表。立花宗茂乃是日本當時極為著名的一員武將，他的生父為高橋紹運，弟弟就是高橋統增。後來因為號稱「九州軍神」的立花道雪一再懇請，於是娶了其女而繼承了立花家。從小便受到徹底的斯巴達式的教育，號稱文武雙全，連豐臣秀吉也把他與本多忠勝相提並論，稱他是「西國無雙的大將」。後來因為勇武，經常與小早川秀包一起在戰場上擔當先鋒，因此被小早川隆景賞識，於是拜其為義父。此戰之前，小早川隆景便稱讚他說：「立花家的三千士兵足可頂他家一萬人馬。」於是被委以先鋒的重任。因此立花宗茂本人也對此次與明軍的決戰極為期待，希望能夠憑藉此戰立下更為輝煌的戰功。可是查大受將加藤光泰的斥候隊打殘之後便回到了坡州，讓立花宗茂撲了個空，讓他有力無處使，可謂鬱悶至極。

立花宗茂所用三日月圖軍扇

面對縮回坡州的查大受，日軍也沒什麼好辦法對付，只得在弘濟院【弘濟院在漢城西北郊，為漢城通平壤大路。】設立了一個前哨陣地，並著力加強對王京漢城以北的警戒和巡視。不甘心的立花宗茂率手下的三千人

繼續埋伏在左近等待明軍再次到來，而日軍主力再次撤回漢城。

日軍的這番布置並沒有白費，在坡州與李寧、祖承訓、孫守廉等將會合後，查大受與一眾明將再次兵發漢城。這次由於日軍加大了偵查的力度，在二十七日凌晨，明軍一到礪石嶺附近【漢城以北約 12 公里】便被立花家兩位家老——十時但馬守和森下釣雲率領的斥候隊所發現。接到回報的立花家開始全軍動員，向礪石嶺急速出發。

立花軍畢竟是早有準備，礪石嶺被其搶先一步所占領。立花宗茂率軍到了礪石嶺之後，還算沉得住氣，並未立時全軍殺出，而是一邊讓士卒吃早飯，一邊進行排兵布陣。立花宗茂起初將自己的軍隊分成了三部分。分別為先陣小野鎮幸和米多比鎮久七百人、中備十時連久和內田統續五百人以及本隊宗茂和其弟高橋統增二千人。由先陣部隊先行出戰，猛攻之後後撤，引誘明軍追擊，中備在先陣部隊之後接應，而本隊則伺機繞到明軍的側翼進行打擊。

當時所有人對此安排均無異議，但是過後原本作為第二梯隊的十時連久卻找到了小野鎮幸，要求換他來擔當前鋒。十時連久出身於九州島豐後國內國人眾中的十時氏，由於驍勇善戰，每次作戰都必定會立下一番槍【第一個殺入敵陣並殺死敵步兵的人。】、一番首【第一個奪取首級的人。】、一番乘【第一個殺入敵陣並殺死敵騎兵的人，或第一個登上敵人城牆的人。】等赫赫戰功，因此被前主君立花道雪讚道「勇猛果敢，臂力超群」，也因之被人們形容為「活著的戰神摩利支天」，於是得到了「生摩利支天」這樣的一個綽號，在立花家中擔任家老兼武者奉行的職位，可謂重臣。

聽了十時連久的要求之後，小野鎮幸當時便大怒。小野鎮幸亦立花家

第八章　碧蹄血戰

資深重將之一，當時其主君立花道雪喜用正奇兩軍來進行作戰，小野鎮幸便是奇軍的擔綱大將。其大戰二十二場、小戰不計其數，身上負傷六十七處，共獲大友、立花兩家感謝狀六十八張，智勇兼備。這樣的一員大將，居然被要求退至第二梯隊，這簡直就是赤裸裸地侮辱。因此小野鎮幸怒道：「混蛋！居然想這樣破壞軍法，你是想羞辱我嗎？」

十時連久急忙解釋道：「絕無此事！因為小野殿和米多比殿實為家中的重臣，二位的武勇和智略是家中不可欠缺的，如果讓已經老年的我和統續為先陣的話，面對明國如此大軍而犧牲並不足惜，還能讓敵軍先行疲憊，屆時小野和米多比殿為中備接續作戰，並配合主公宗茂的軍勢的話必定能夠取得勝利！所以請讓在下擔任先鋒吧！」【《立花朝鮮記》、渡邊村男《舊柳川藩志》】

小野鎮幸聽後，對十時連久感佩不已，於是向主君立花宗茂彙報後，同意了十時連久的要求。

這樣的記載現在看來有點出乎預料，從十時連久的表現看，似乎他已經預知到了身為前鋒將會遭遇到什麼，懷著這樣的心情，十時連久率手下的五百人踏上了未知的戰場。

礪石嶺下那條並不算窄的山路，隨著凌晨大霧的漸漸消散而變得清晰可見起來。馬蹄聲陣陣，明軍那鮮紅的衣甲在薄霧之中若隱若現，人馬口鼻中呼出的白氣與霧氣混在一處，如一列急駛的火車般向礪石嶺蔓延開來。

十時連久看著不遠處的明軍，用力地揪下了自己的一根頭髮，看著上面花白的顏色，想：「五十歲的老將，還能作戰嗎？」不由地望了一眼身邊的天野貞成【本名安田國繼，討取森蘭丸之「明智三羽烏」之一。】，只

見他神情亢奮，躍躍欲試。十時連久不由地笑了，是不是能繼續作戰，就讓這場戰鬥來檢驗吧！於是大聲地對天野貞成說道：「天野殿，我們比比看誰能拿到一番槍的榮譽吧！」說罷帶上自己的鐵兜鍪，一馬當先衝陣而出。

立花軍出擊

明軍同時亦發覺前方日軍部隊，在查大受等明將的指揮下，明軍迅速組成了一個內凹的半月陣型，面對衝陣而來的日軍部隊，不急不忙地拿出了隨身攜帶的三眼銃，一手引燃了火捻，黑壓壓的銃口對準了十時連久衝過來的隊伍。

當日軍更為接近之後，明軍終於看清了面前的敵人居然僅有數百人。查大受等諸將不由得哈哈大笑，紛紛對日本人大喝道：「倭賊們，是來送死的嗎？」明軍士卒們亦是哈哈大笑，隨著主將們同聲大喊，三千五百人的大喊使得驚鳥紛紛飛起，日軍攻勢亦不由得一滯。

十時連久見了明軍的威勢，知道此戰凶多吉少，但卻並不退縮，用立花家得意的「投槍乘入」戰法，將隨身攜帶的數把長槍向明軍投去。可就在同時，明軍手中的三眼銃也紛紛開火，上千桿三眼銃發出的火力在明軍

第八章　碧蹄血戰

面前五十公尺遠的地方形成了一面密集的彈幕，日軍衝鋒的隊伍如同撞上了一堵牆一般紛紛慘叫著倒下。十時連久投完了手中的長槍之後，就準備拔刀突入敵陣，卻發現由鉛彈石子組成的彈幕完全不是自己能夠穿透的。就在十時連久準備等明軍三眼銃發射完之後再行衝鋒之際，卻見明軍又從馬上拿出了一匣匣的「一窩蜂」，點燃之後天空中瞬間被飛箭所佈滿，飛箭尾部燃起的道道青煙在天地之中編織出了一道密密麻麻的網，向日軍射去。在三眼銃打擊下僥倖存活的日軍們再次受到了一次飛箭的洗禮，原本齊整的陣型如今變得像支漏勺一般四處透風。

遭受飛箭洗禮的立花軍

「明軍的火器不可能無限發射，熬過去就好了！」十時連久不斷地暗唸道。

正如十時連久所料，很快，明軍手中一匣子「一窩蜂」便燃放殆盡。十時連久自以為找到了機會，拔出倭刀，大吼道：「讓明國人見識見識我們立花家武士的勇氣吧！」殘存的立花家騎兵隨著十時連久向著明軍開始了衝鋒。

暫時打完手中火器的明軍見到日軍近距離衝鋒，卻絲毫不為所動，查

大受此時抽出馬刀大喊道：「倭賊急著來送死，我們大夥就做做好事，送他們上西天！」喊完便一馬當先迎了上去，其身後明軍紛紛拔刀，向著日軍衝去。這些明軍士兵身為家丁，各個均為遼東軍中的精銳，武藝馬術精熟，僅一個衝鋒便將十時連久的剩餘人馬徹底擊垮，被馬刀劈中的日軍騎兵發出了陣陣慘叫，翻滾著跌下馬來。將衝陣的日軍騎兵淹沒之後，明軍毫不停歇地順勢殺向十時連久騎兵隊後方的鐵炮隊，被騎兵衝殺至近前的鐵炮足輕毫無還手之力，須臾之間便被斬殺殆盡。

十時連久當初自信滿滿地想要以個人的勇武博取功勳的想法此時早已消失無蹤，立花宗茂交予他的任務本是誘敵追擊，卻沒想到明軍的戰力如此之強，剛一交戰己方便幾乎全軍覆沒，就連他自己也被一刀斬在頭盔之上，將頭盔上的裝飾物削去了一半。「不能全死在這裡！」十時連久奮起最後的餘力，逼開圍攻他的幾個明軍騎兵，撥轉馬頭便率殘部往回走。可十時連久忘了遼東明軍向來與韃虜作戰，騎射更是他們的看家本領。就在其回奔之時，一支飛箭帶著呼嘯聲穿過他的胸部。綽號「生摩利支天」的立花家勇將十時連久僅留下「下一任家老兼武者奉行請主公交給內田統續……」的遺言後，便死在了戰場之上。僅僅一個衝鋒，「生摩利支天」便成了「死摩利支天」，以日本人死後即成佛的觀念，這一刻十時連久也算是立地成佛了吧。此戰十時連久的五百人隊被斬首四百級，幾乎全軍覆沒。

戰場上硝煙瀰漫，火器轟鳴，在喊殺聲中，小野鎮幸率八百中備隊終於出現在了山嶺之上，此時十時連久隊被明軍肆意砍殺的情狀映入眼簾，看的小野鎮幸目眥欲裂。戰場上如此慘狀讓小野鎮幸知道不能再繼續拖延，他將手中的倭刀向前一揮，全員便向明軍進行突擊。明軍同時亦發現了小野鎮幸隊的存在，於是將已無戰鬥力的十時連久隊丟在一旁，好整以

第八章　碧蹄血戰

暇地整隊備戰。當小野鎮幸隊衝下山嶺之後，迎接他們的又是一陣強烈的火器洗禮。此時小野鎮幸才知道十時連久隊之前遭遇了什麼，在暴風般火器地打擊下，小野鎮幸完全沒辦法穿過由火箭與散彈組成的火網衝到十時連久餘部前接應。就在小野鎮幸與明軍一時間僵持不下之際，立花宗茂率餘下的兩千部眾，藉著尚未完全消散的霧氣，悄悄地掩至明軍右翼，同時全軍殺出，向明軍發起了突襲。

　　立花宗茂本軍加入戰團之後，明軍前鋒身上的壓力頓時加大，查大受、李寧諸將見日軍早有埋伏，而後方又是大河，形勢不利，於是喝令諸軍暫退，與兩面夾攻的日軍暫時脫離接觸。當明軍撤至望客峴後，小野鎮幸終於衝到了十時連久隊前，此時的他也只能望著十時連久的屍體沉默不語。如果不是十時連久主動請纓，此刻躺在地下的也許就是小野鎮幸自己吧！

立花宗茂作戰圖

明軍在撤退中擺脫了被兩面夾攻的不利局面，面對著追擊而來的日軍，明軍重整隊形之後繼續鼓譟而上，數百公尺範圍的戰場上鐵蹄奔馳，勁弓激射，而日軍則以長槍足輕列於陣前，以鐵炮足輕於陣後還擊，兩軍在硝煙瀰漫的戰場上進行著生死搏殺。回復正面對戰態勢的明軍再次藉著強悍的野戰能力漸漸扳回了局面，明軍的家丁精銳們呼嘯著向日軍戰陣中射去一支支勁箭，不時地有日軍足輕中箭慘呼倒下，日軍的陣型漸漸開始鬆動。立花宗茂見勢不妙，只能持槍跨刀親自在第一線高呼酣戰。鏖戰良久，立花軍依然抵擋不住明軍施加的巨大壓力，被打得節節後退。

立花宗茂所用鐵皮革包月輪文最上胴具足

　　就在立花宗茂苦撐之際，一直蓄勢待發的日軍大隊援兵陸續抵達，當前一隊人馬便是黑田長政的五千所部。當黑田長政那頂外覆金箔的大水牛肋立兜映入眼簾之際，立花宗茂終於長舒一口氣，此時他身上的鐵皮革包月輪文最上胴具足上已經插滿了箭支，幸好此具足用鐵極多，大大增強了

第八章　碧蹄血戰

鎧甲的防禦力，否則立花宗茂恐怕會步上十時連久之後塵。立花宗茂在日本人稱神勇，在如此激烈的戰場上亦戰得筋疲力盡，只得打馬至黑田長政近前，道：「長政殿，我軍已竭盡全力，仍不能得全勝，請長政殿相助。」

黑田長政見立花宗茂身上之戰痕，不禁暗自心驚，點點頭道：「貴殿請上小丸山暫休，黑田軍必與貴軍戮力與共！」說罷便揮全軍壓上，親自領軍加入了戰團。

黑田軍的加入讓日軍在戰場上擁有了絕對的兵力優勢，直接改變了戰場態勢。查大受見日軍援兵蜂擁而出，轉頭對李寧、祖承訓等將大喊道：「賊倭在此伏兵眾多，我等在此硬拚殊為不智，不如暫退以待提督大人！」

「賊眾大集，如此撤退恐怕會損失不小，為今之計我軍必須給敵人迎頭痛擊，將他們打疼了，方能平安後撤！」李寧策馬馳到查大受身前說道。

「正是如此，得給這幫倭賊一點顏色看看！」孫守廉、祖承訓等將紛紛叫道。

「殺倭賊！」明軍彷彿突然之間又迸發出了無限地戰鬥力，善騎射的明軍家丁們對日軍鐵炮射來的彈丸似乎毫不畏懼，直衝到陣前二十步內才將手中的箭射了出去，三千多明軍在日軍陣前跑成了一個弧形，連環地箭支像雨點般激射到日軍陣中。明軍在陣前也不是僅僅射箭而已，遇到膽敢攔路阻截的日軍騎兵，他們則拿起掛在馬上的三眼銃，掄起來便向日軍劈頭蓋臉地砸去，打得日軍騎兵紛紛筋斷骨折，慘叫著倒下馬去。戰至已時（9～11時），立花軍在明軍的反撲中再次遭到重創，武者奉行池邊永晟戰死，百餘士兵傷亡。

就在日軍被明軍猛烈的反攻打矇之際，小早川隆景率領的日軍主力終於出現在了戰場上，大股援軍終於穩定住了日軍行將崩潰的戰陣，而明軍則見好就收，趁著日軍不能整頓好隊伍的當口，迅速脫離接觸，後撤至望客峴以北，臨近碧蹄館。

碧蹄死鬥

惠陰嶺上，一隊百人的明朝騎兵在山路上打馬飛馳，領頭一將頭頂紅纓八瓣描金黑鐵盔，身披對襟鎖子襯棉甲，一席大紅披風在身後飛揚，如同一團火上下飛舞。突然之間此人的戰馬長嘶了一聲，在這連下了兩天雨的山路上猛地滑倒，將此人重重地摔了出去。

「提督小心！」「大人！」只聽得此人身後兵將紛紛驚呼，原來此人便是率兵來援的李如松。

就在查大受諸將在礪石嶺鏖戰之時，李如松亦策馬揚鞭向此處疾馳而來。之前他率兩千精銳趕到離王京漢城九十華里的馬山館，之後留下一千人馬作為後備，由楊元統率。本人親率一千精銳繼續向漢城方向出發。就在一路行進至惠陰嶺的當口，李如松卻接到了查大受諸將在礪石嶺被日軍大批伏兵圍攻的消息，不由心急如焚。立刻令人向楊元報信，令其速援，之後便將身邊這千餘人交由張世爵統領，跟隨其後進軍。自己則帶著百餘親將家丁，先一步向碧蹄館飛馳而去，就在穿越惠陰嶺山路之時，溼滑的山路使得李如松馬失前蹄，摔在地上，半天不能動彈。即便如此，李如松依然勉強上馬，堅持趕往碧蹄館。主將出師竟然摔於馬下，這不由得為即將而來的戰鬥蒙上了一層陰影。

第八章　碧蹄血戰

　　此刻，日軍主力將查大受所部逼往望客峴以北之後，這些大名武將們便開始意見不一起來，又一次在戰場上開始了激烈的軍議。在礪石嶺的激烈鏖戰後，明軍驍勇的表現造成日軍極為嚴重的損失，因此對於是否繼續戰鬥下去產生了激烈的分歧。以石田三成為代表的三奉行認為明軍是個難啃的骨頭，繼續打下去也未必能有多少收穫，因此希望停戰收兵。而黑田長政則因為率本部兵馬與明軍正面交鋒之後亦體會到了明軍的戰鬥力，因此轉變了之前好戰的態度，被三奉行請去勸說小早川隆景這個死硬派。可是小早川隆景不過是剛剛趕到戰場，並未見識到前一刻廝殺的激烈，因此不但否決了黑田長政的勸說，甚至對後來親自過來勸說的大谷吉繼說：「如今敵人就在眼前，我軍現在撤退必然會被追擊，我軍進退維谷，只能前進！」隨後小早川隆景向諸將要求指揮權。在此處小早川隆景算是真正的前輩，又有實績，因此最終在小早川隆景的強力鼓動下，日軍統一了方針，開始排兵布陣要與明軍決一死戰！【征韓偉略 P592】

　　既然身為極力主戰的強硬派，小早川隆景自然得首先做出表率，因此他將自己的本軍置於第一線迎敵，在正面由粟屋景雄率三千人為左翼第一隊，井上景貞率三千人為右翼第二隊，分前後向明軍發起進攻，他本人率剩下的兩千人駐紮在望客峴上作為指揮的大本營。而立花宗茂所部則駐紮在望客峴西面的小丸山上，預備作為奇兵向明軍的右翼突襲。毛利元康、小早川秀包、築紫廣門則率部於望客峴東面山上，預備作為奇兵向明軍的左翼突襲。宇喜多秀家，黑田長政等諸將則率兵駐紮在小早川隆景之後，次第跟進。

　　就在小早川隆景排兵布陣之際，李如松終於也趕到了碧蹄館前，與撤下來的明軍諸將會合。只見他並不理會前來迎接的諸兵將，直入陣前，見前方日軍於望客峴一線旌旗招展，漫山遍野，聲勢驚人。望見如此形勢，

李如松之前摔傷的臉不由得更顯陰沉，片刻後，他沉聲道：「誰來說說，如今是怎麼回事？」

之前說王京容易攻取的是查大受，後來發信說日軍不堪一擊的也是查大受，諸將不由得紛紛將眼神投往查大受身上，眼看躲不過去，查大受不由得策馬到李如松面前，作揖乾笑道：「回稟提督，早前進軍甚為順利，誰知賊倭居然埋伏了十倍的人來騙我軍，如今敵眾我寡，不如暫撤以避鋒芒？」

「混帳！」李如松見查大受如此說辭，不由得怒從心起：「國家養爾等千日，便是為了今朝，爾等不思拚死殺敵，讓我大明國威何在？汝事前海口已經誇下，此戰若就此退走，我遼東軍顏面何存？」說罷，拔出腰間寶刀，大聲喝道：「此戰有敵無我，如有畏縮不前者，不論官職尊卑，一律斬首！」

看到李如松絲毫不留情面，諸將均是肅然，李如松於是分明軍為兩翼，向著日軍的方向開始進攻。

此時小早川隆景方面亦調配完畢，粟屋景雄作為第一隊，首先與明軍先鋒交鋒，在李如松的嚴令下，明軍顯得鬥志昂揚，悍不畏死，精銳的家丁們拿出了他們的全部技藝，箭如暴雨般向日軍射去，將粟屋景雄隊打得一陣混亂。趁此機會，明軍此外亦分出一隊騎兵直衝粟屋景雄本隊，將粟屋景雄打得連連後退，眼看就要不敵。此時作為右翼第二隊的井上景貞急忙要上前支援，此時小早川家謀士佐世正勝諫言：「敵勢猖獗，粟屋隊很快就要不支後退，毋寧待敵軍追擊之時，從山坡上猛然衝下擊敵側翼，則敵軍必敗。」井上景貞從之。須臾之間，粟屋隊果然敗退，明軍騎兵追擊而來，馬蹄震地，「恰如海潮湧至」，井上隊遂一齊吶喊，從側面殺下山坡，粟屋隊亦轉身反攻，與明軍展開了一場惡戰。可就算是這樣，此兩隊

第八章　碧蹄血戰

人馬在認真起來的明軍面前，依然完全不是對手，死戰之下還是被打得連連後退。【征韓偉略 P594】

　　日軍見明軍強悍，小早川隆景不得不將自己的本隊人馬兩千人投入戰場，埋伏於左右兩翼山上的立花宗茂、小早川秀包諸將亦一併發動，向李如松中軍突擊。明軍雖受四面圍攻，但在李如松的指揮下隊形依然不亂，攻守有序，進退自在，日軍擁有巨大的兵力優勢，卻依然占不到任何便宜。戰至多時，張世爵所率的一千精銳終於趕到了戰場，此時小早川秀包正率他的五千右翼奇兵隊突襲李如松左翼，雙方相持不下。張世爵見狀立刻全軍突襲，自右側直衝小早川秀包本隊。明軍馬隊速度極快，如一把利刃般毫無阻擋地將敵人陣型撕開，小早川秀包隊完全來不及反應便陷入一片大亂。混戰之中，先鋒大將橫山景義，家臣桂五左衛門、內海鬼之丞、波羅間鄉左衛門、伽羅間彌兵衛、手島狼之助、湯淺新右衛門、吉田太左衛門等紛紛死於明軍的戰刀之下。幾個呼吸間張世爵部前鋒便衝到了小早川秀包本人的馬前。小早川秀包身為日本西國名將毛利元就的兒子，亦自負勇武，手持短槍便與明軍惡戰。

　　在雙方的死鬥中小早川秀包在日本國內的勇名於明軍精銳家丁面前卻顯得並不夠用，只聽得噹的一聲，小早川秀包手中的短槍便被一刀劈開，兩馬錯蹬之際還未等他反應過來，便感覺肩甲一緊，一股巨力讓他被一把拽下馬來。此時明軍馬隊從小早川秀包身前飛馳而過，長槍大刀沒頭沒腦地就向其招呼過去。「大人！」見小早川秀包生死一線，家臣桂繁次、粟屋源兵衛、白井包俊、荒川善兵衛、井上五左衛門等人拚死衝上前去，拉住他的盔甲就往回拖，硬是將小早川秀包拖回了陣中。【此段據筆者考證，日籍記載之李大孤當為張世爵。】受此挫敗，日軍右翼直到小早川隆景率軍在正面呼應才得以穩住陣腳，小早川秀包也因此撿得一條性命。

此番惡鬥由已時殺到午時，身處後陣的石田三成、吉川廣家亦率兵加入戰團，此時宗義智與松浦鎮信被石田三成從小西行長軍中調來，此戰指揮鐵炮隊對上了查大受部將張翼、荀文亮所部，戰場上一時硝煙瀰漫，廝殺聲不絕於耳。

　　隨著時間的推移，數萬人之間的廝殺將使得原本為稻田的戰場更顯得泥濘不堪。午後的太陽高掛空中，將氣溫升至最高，將冬季冰結的淤泥消融，使得明軍戰馬多陷於田中，衝擊力銳減。鏖戰至此，明軍之銳氣漸漸被日軍近十倍的兵力所抵消，隨身的「一窩蜂」、「神機箭」均燃放殆盡，如今剩下的只有血與肉的較量。喪失了騎兵衝擊力的明軍在日軍蜂擁而來的武士面前，裝備上的劣勢漸漸顯現。短而鈍的馬刀在修長而鋒利的日本刀面前盡落下風，以至於在交鋒中甚至被一刀兩斷。

　　李如松身處陣中，眼見形勢慢慢轉劣卻並未焦急，隨著他的號令，身邊親衛不時地向下傳令，整個明軍隨著李如松的指揮行動，雖處下風但陣型嚴整，將日軍死死地擋在陣外。此時隨著一陣密集的射擊聲，立花宗茂率著休整後的立花軍以立花家得意的三倍速鐵炮集體射擊戰法，向明軍右翼發起了猛攻。只見立花軍中的鐵炮足輕將按照特定劑量混合好的彈藥和彈丸從竹筒中快速地倒入鐵炮之中，向明軍瘋狂地發射。此時明軍三面受敵，陷入敵軍重圍。

　　當右翼的槍聲響起之際，李如松便知曉不妙，他的反應極為迅速，右手一拽，將馬後的大弓拉出，左臂一揮，大吼道：「眾兄弟隨吾殺賊！」便與其幾個弟弟李如柏、李如梅、李如梧、李如楠以及李寧，李有升等親信將官躍馬迎向氣勢洶洶殺來的立花軍。

　　在嗡嗡地弓弦顫動聲中，李如松率諸將射出的一支支勁箭破開空氣，落入了立花軍的戰陣中，帶起了一片片血花。隨即炒豆般地槍聲響徹雲

第八章　碧蹄血戰

霄，在日軍鐵炮的轟擊下，明軍騎兵亦不斷有人馬被鉛子擊倒，戰馬的哀鳴與人體倒地的撞擊聲混在一起，籠罩了整個戰場。李如松以主將之身主動出擊在第一線，雖然暫時穩定了明軍的右翼戰線，但也吸引了日軍的極大注意力，小野鎮幸與井上景貞雙雙揮軍夾攻李如松。霎時李如松身邊便圍上了幾十個武士，身後更有數百足輕手持長槍殺來。

「大人小心！」就在李如松即將被包圍之際，身邊竄出一騎，手中馬刀亂舞，將對李如松的攻擊全部擋下。此人便是李如松的親兵指揮使李有升，他用身子將李如松擋在了後面，獨自一人面對日軍小野鎮幸與井上景貞兩軍的圍攻。藉著馬匹的衝力，李有升連殺數人，但卻陷入日軍重重包圍。李有升乃遼東鐵嶺衛人，勇力絕倫，當初就是普通一兵，後來因為愛慕一妓而觸犯了軍令，即將被斬首之際被李如松救下，李如松對他的勇猛非常賞識，因此花費重金把此妓贖身，並賞賜了嫁妝讓其嫁與李有升。受了如此恩情的李有升終於在關鍵時刻用性命報答了李如松。

「有升！」李有升身為李如松的親兵指揮，感情非同一般，見李有升陷入險境，李如松大急，指揮眾將併力向前衝殺，卻為時已晚。只聽得李有升在陣中大喊：「提督，有升先走一步！」下一刻，在小野鎮幸的怒吼下，十數支五米長槍由日軍足輕舞動著狠狠地拍擊到了李有升的身上，將李有升砸下馬去，沒於陣中。

小野鎮幸之弟小野成幸正率立花家的金甲精銳隊猛攻明軍，見李有升被殺，大喜，急衝明軍軍陣，手持長刀急搏李如松。身穿金箔押桃型兜的小野成幸在陽光的照耀下渾身金光閃爍，為眾軍所矚目。

「來得好！」見此情形，李如松之弟李如梅未等小野成幸衝至面前，反手抽出一支鐵箭，滿弓射出，只聽得嗖地一聲，正中小野成幸面門，小野成幸仰天便倒，立時氣絕身亡。

金箔押桃型兜，立花宗茂入侵朝鮮之際特別訂做了數百頂作為儀仗之用，目前存世的尚有超過兩百頂。

　　小野成幸的陣亡讓日軍一時大亂，趁此機會，李如柏、李寧諸將隨著李如松奮力搏殺，終於將戰線穩定了下來。屋漏偏逢連夜雨，立花軍此戰損失極大，小野成幸剛死於李如梅箭下，還未等立花軍反應過來，便聽得陣後金鼓齊鳴，殺聲震天，一千明軍又從立花軍斜後方襲殺而入。此軍便是李如松留於馬山館的楊元所部，接到李如松傳信之後率部急援，終於在關鍵時刻趕上，給了立花軍重重一擊。

　　「援兵來了！」還在第一線搏殺的李如松看到殺來的援軍不禁長舒一口氣，大喊道：「援兵已至，眾將隨我殺賊！」隨著李如松的指揮，明軍集中全力，與楊元軍前後夾擊立花軍，將立花軍大將小串成重、安東常久斬於馬下，成功突破日軍包圍。

　　明、日兩軍經過一天的搏殺，均已筋疲力盡。李如松知道勢不可為，依然親自率兵斷後，走惠陰嶺緩緩後撤回開城。與明軍距離最近的立花軍在最後又遭重創，亦無力追擊。日軍總將小早川隆景見明軍雖後撤，但依然極有章法，亦下令收兵回返王京漢城。

第八章　碧蹄血戰

勝負輸贏

碧蹄館之役，明、日兩軍激鬥近一個白天，最終明軍在近十倍重圍之下突圍而出，而擁有絕對優勢兵力的日軍亦並未追擊，雙方最終似乎什麼都沒發生過，一切又回到了原點。幾乎所有人對此都有個疑問，這場仗到底誰贏了？

從雙方損失看：

明軍方面傷亡達數百人左右，【《經略復國長編》中李如松上報的傷亡人數為二百六十四人陣亡，四十九人受傷。李朝實錄中亦有三百、五六百與一千五百人傷亡的不同記載。其中三百之數與李如松上報之數相合，五六百則為當時的朝鮮知中樞府事李德馨在戰場上估算得來，一千五百人則為與北軍有巨大矛盾的南軍千戶吳唯珊所言。而日本方面對明軍的損失皆誇大至極，甚至遠超過李如松所率總人數，因此朝鮮方面作為第三方的數字更為客觀準確。】值得注意的是，此戰陣亡明軍均為李如松所屬遼東北軍之精銳家丁，更有親信重將李有升在內。損失可謂極為慘重。明朝家丁初為將領私兵後為朝廷所承認，有了朝廷正式頒發的軍餉，其待遇甚至超過普通兵丁十倍，可謂明軍將領手下最為精銳的力量，以至於對明軍將領而言，家丁就像他們的兄弟血脈一般。因此李有升及其眾多家丁的陣亡對李如松打擊可謂十分重大，就在此戰明軍撤退的路上，李如松在馬上便失聲痛哭，可謂悲痛至極。

日軍方面傷亡說法則比較眾多，明軍最後帶回開城的日軍首級為一百六十七顆，據附近觀戰的朝鮮官員的說法，明、日兩軍戰損相當，傷亡均為三百到五六百不等。而日軍方面自我承認的戰損均為數百人左右。

但種種跡象則表明，日軍損失遠遠不止數百人，此戰損失最大的便是作為先鋒出戰的立花軍，在與查大受遭遇之際便承受了極為嚴重的損失，而在後期更是李如松的直接攻擊目標，戰場上有名有姓的陣亡武將便以立花家占了絕大多數，而兩個月後的王京檢點中，立花家這段時間並未有大規模的軍事行動，但人數卻從三千多劇降為一千一百三十二人，可見明軍在碧蹄館之戰中對立花軍的傷害之大。

從戰術上看：

日軍以近十倍優勢兵力對明軍進行伏擊，之後甚至形成了包圍作戰，但依然沒能取得戰術上的完勝，甚至雙方在人員上的戰損都差不多，戰至最後，當明軍衝出包圍之後，連堅定的死硬派小早川隆景也不敢下令窮追，不得不收兵停戰。當時觀戰的朝鮮中樞府事李德馨向朝鮮國王李昖彙報時便說：「如果在最後能調一點南兵過來，此戰應該能勝。」【朝鮮李朝實錄中的中國史料 P1689】因此可以說雙方都未能達成各自的作戰目的，但就戰術上而言，日軍雖然占據了天時地利人和等各方面優勢，但卻僅能擊退明軍，可見日軍的野戰能力比起明軍來說有相當的差距。

從戰略上看：

明軍此戰損失慘重亦完全沒有達到預想的戰略目標，可謂是徹底的失敗。此戰打破了李如松速勝的構想，此後明軍軍中馬疫盛行，馬匹死亡達萬匹以上，而後勤更為吃緊，朝鮮方面完全無法對明軍進行足夠的後勤供應，甚至連錢世楨這樣的將官級別都幾天吃不上飯，李如松之所以急匆匆地帶數千精銳兵進王京，不是他不想多帶，實在是他沒那麼多糧食帶更多的人，只能出此下策。而戰略上的冒險讓李如松嘗到了失敗的苦頭，因為之前的賞罰不公，加上此戰遼東北軍不但未能立下壓服南軍的攻擊，反而

第八章　碧蹄血戰

損兵折將，直接使得李如松喪失了對南軍的掌控，南軍紛紛轉投與其本就不和的經略宋應昌麾下，明軍南北軍分裂之勢已成定局。面臨這樣的處境，即便悍勇如李如松，也不得不放棄戰鬥到底的念頭，開始轉向議和。

日軍此戰達到了守住王京漢城的戰略目標，稱之為勝利並無疑問，但日軍此役損失亦極為慘重，並且在野戰上對明軍的劣勢一覽無遺，此戰後日軍中即使是最強硬的小早川隆景等將亦放棄了向明軍反攻的念頭，明、日雙方開始轉為僵持。此外後勤問題不單單在明軍中存在，在日軍中亦是一個嚴重的問題，甚至比明軍更來得嚴重。因此此戰日軍雖然獲得勝利，但卻並不能扭轉日軍在朝鮮半島整體陷入頹勢的局面，以至於對議和，實際上日軍方面更為迫切。

對明、日兩軍來說，碧蹄館之戰是一次極為慘烈的正面野戰，此戰雖然並未打破明、日雙方的力量對比，也並未改變雙方的戰略局面，但卻直接扭轉了壬辰戰爭第一階段的戰爭走向，從大打出手，轉為認真討論議和事宜，實在可以說是壬辰戰爭中最為關鍵的一場戰役之一。

值得一提的是，此戰打完後，還有一些幕後小花絮等著明軍。碧蹄館之戰後第二天，李如松便下令全軍從坡州渡過臨津江，要撤回東坡驛，作戰之時看不到的朝鮮官員就像復活般通通出現在李如松眼前，要求李如松解釋。李如松也是個好脾氣的，對他們說這地方糧草匱乏，又是背水之地，後方增援以及糧草都沒運過來，只能過江休整大軍。而以柳成龍為首的朝鮮文武官員卻極力反對，想讓李如松在這地方與日軍硬碰硬。

李如松雖然不能跟中國歷史上那些名將相提並論，但在碧蹄館之役中，他聞敵強而敢進，眾寡懸殊亦敢戰，戰不利則敢後，絕對可以稱得上一個「勇」字。撤軍實際上也是無可奈何之下的決定，就算此時明軍全軍出動，數量也不過四萬多，而光在碧蹄館出現的日軍數量就有四萬多，在

數量絲毫沒有優勢的情況下,進行攻城作戰,勝算實在太小,更別說如今種種條件均不具備的明軍了。可是朝鮮眾官員卻根本不管明軍的實際難處,硬要明軍強上,顯然是把明軍當冤大頭耍。李如松雖然不見得有多睿智,可他也絕對不笨,見朝鮮官員給臉不要臉,那也就別怪他不客氣了。於是直接就向他們出示了早已寫好的彙報,上面寫著朝鮮王京有倭賊二十萬,己方才幾萬,還多有死傷,糧草也不濟,此外自己還得了病,估計得換人來打這場仗等等⋯⋯其實千言萬語一句話,大爺累了,不想陪你玩了。

　　這個文件可把朝鮮眾官員嚇得不輕,當然要極力爭辯,可是現在李如松對朝鮮官員那套冠冕堂皇的話語已經絲毫不理會了。後來李如松對宋應昌的彙報中就很明白的說,朝鮮急於復仇,凡是兵馬糧餉,沒有也說有。對他們來說,明軍進軍,如果贏了自然可以達到復仇的目的,如果敗了他們也沒什麼損失,所以不管局勢如何,一股腦地只會催促明軍進攻。因此絕不能聽信朝鮮方面的話。宋應昌當時還不相信,認為李如松在推卸責任,誰知道後來發現朝鮮方面在明軍出兵之時,既無兵馬協助討伐,亦根本無法保證糧草供應,才恍然大悟。實際上李如松能忍到如今已經算是脾氣夠好的,明軍進駐開城之時朝鮮方面就說開城有米和豆子各兩萬石,實際上壓根沒有,明軍進去就開始餓肚子。這個彙報弄得朝鮮國王李昖都說,開城能有四萬石糧食?別說明軍不相信,他自己都不相信!可見朝鮮方面純粹是在利用明軍,其提供的假情報屢次讓明軍蒙受了巨大的損失。至此,李如松實際上已經將朝鮮當成一個極不可靠並且時刻會誤導他的存在了。

　　等明軍渡過臨津江之後,第二天李如松留下查大受等數百兵將,直接率主力要回開城。這時候連日天降大雨,軍中馬疫大作,死亡過萬,而糧

第八章　碧蹄血戰

草又遲遲不到，李如松做出撤回開城的決定完全合情合理。但柳成龍聽到又跑來找李如松，危言恐嚇說如果明軍撤回開城，那朝鮮必然各地恐慌，到時候臨津江也會不保。對老於征戰的李如松來說，這種話簡直不值一哂，後來事實亦證明柳成龍的話基本都是胡扯。當然對於柳成龍，李如松還是比較優容的，不願意徹底撕破臉。於是對柳成龍先假裝答應不走，哄騙他離開。結果柳成龍前腳走，後腳李如松便拔營出發，柳成龍一光桿司令只能在旁跺腳，徒呼奈何。

柳成龍為了彰顯自己的骨氣，倒是留在了臨津江沒跟著回開城，還每天寫信讓李如松出兵。對這種信李如松當然拋諸腦後，再次哄騙柳成龍說要天晴路乾了才能進軍。如今連日大雨，何時才能到頭？柳成龍於是終於知道，李如松是真的不想再打下去了。

實際上不論李如松個人意願是否想要繼續，事實上大規模的會戰已經無法繼續下去了，前有強敵，後無糧草，外部是不可靠的盟友，內部是南北軍分裂的局面。這樣形勢下，強行打下去才是真的取死之道。

當明軍撤到開城後，很快就斷了炊，從水路運來的糧食一到就被飢餓難耐的明軍將士吃光，完全滿足不了明軍的需求。李如松對朝鮮官員所作所為已經到了忍無可忍的程度，明朝自己出錢出兵幫朝鮮抗擊日本，現在朝鮮方面不單單保證不了最基本的後勤運輸，還屢次哄騙明軍出戰。於是以柳成龍為首的朝鮮一干相關官員差點被李如松軍法從事。雖然最後還是放了他們一馬，但是李如松也堅定了自己將主力撤回平壤的念頭。

當時有流言說加藤清正會從咸興城出兵，經平安南道的陽德、孟山等地，迂迴進攻明軍的後方基地平壤，切斷明軍後路。這個流言對李如松來說不啻瞌睡遇到枕頭，李如松立刻藉口回防平壤，調集大軍便要走。當然以朝鮮方面的一貫作風，自然不會讓李如松那麼走了，這次現身阻攔的是

柳成龍的從事官辛慶晉，此人還準備了五點意見向李如松陳述：

一、朝鮮諸代先王長眠之所為日本人占據，怎麼能忍心丟棄呢？

二、漢城以南朝鮮民眾日夜盼望王師，如果他們得知王師北還，沒了希望，搞不好就直接投敵了。

三、只要是朝鮮的國土，寸土都不能讓。

四、朝鮮兵弱，全賴「天兵」神勇維持局面。如果北撤，好不容易聚集起來的散兵遊勇，義兵僧兵就會士氣大跌，更糟糕的可能還會一鬨而散。

五、若大軍撤退，日軍如果趁機進攻，那臨津江以北都守不住。

其實這些話相信完全不出李如松意料之外，都是一些冠冕堂皇的廢話，而且話中考慮的完全都是朝鮮方面自身的利益，完全沒有替他們口中的「天兵」考慮，萬一平壤被進攻怎麼辦？天兵現在沒吃的怎麼辦？王京中的日軍數量遠超過天兵，如何才能打敗這麼多敵人？實際上李如松心裡多半在罵髒話，這莫名其妙的五條關我屁事？

於是李如松乾脆直接無視辛慶晉，連個回答都不給，直接留下南軍系統的王必迪守開城，自己率主力回師平壤。從整個壬辰戰爭看，以碧蹄館之戰結束為轉折點，戰局開始進入了相持階段，史上最為有趣的和平談判即將開始……

碧蹄餘聲

碧蹄館戰後，明朝聯軍與日本方面實際上已經形成一種僵持的局面。日本方面在碧蹄館的小勝掩蓋不了他們在戰略上的巨大劣勢，而明軍方面

第八章　碧蹄血戰

亦無力更進一步。但是趁著日軍與明軍方面硬碰硬之際，朝鮮方面跟在明軍身後倒是搶了不少實地，雖然此時明軍後撤，但是朝鮮方面迅速填補了明軍的空白，身為朝鮮軍全軍最高將領的金命元坐鎮臨津江南岸，與臨津江北岸的查大受南北呼應。此外李薲、權慄、高彥伯、李時言等將分別率兵駐紮於坡州、高陽郡、揚州郡等地，與當時日軍控制區內的義軍與僧軍互相呼應，所謂前人種樹後人乘涼，藉著明日兩軍兩敗俱傷的當口，朝鮮方面實際上控制了王京漢城周邊的廣大區域。

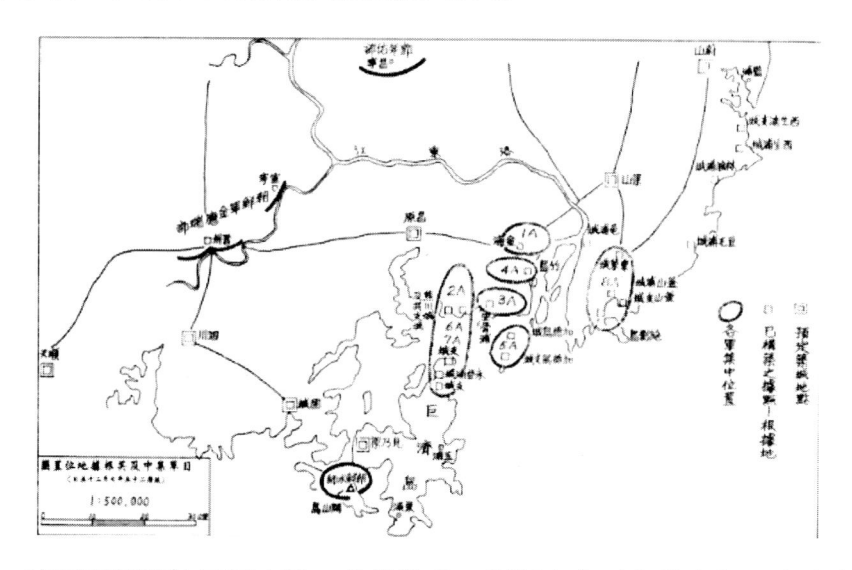

這種形勢對於日軍來說，非常難受，實際上在王京的各個日本大名武將向豐臣秀吉吹噓自己的碧蹄館大勝之際，日軍的占領區域不但沒有怎麼擴大，反而日漸萎縮，這樣的戰略形勢顯然是讓日軍難以忍受的。日軍如果想要打破這種形勢，那就只能主動出擊。所謂柿子要揀軟的捏，碧蹄館一戰後，日軍不可能繼續主動找戰力堅強的明軍部隊挑戰。那只能把主意打到附近的朝鮮軍身上。此時恰好有那麼一個最顯眼的目標，那就是地處漢城西僅三里多的幸州。

178

在幸州，目前駐紮的是朝鮮的全羅道巡察使權慄，權慄對於日本方面來說，已經可以算是老對手了，之前在梨峙與禿城，權慄均有不俗的戰績，此時他藉著之前明軍一路勝利的東風，率領兩千三百人從水原的禿城移軍到高陽境內的幸州，準備趁著明軍進攻京城之際，看看有什麼油水撈。可是權慄不知道的是，他到了幸州之後，他期待的明軍卻已經在碧蹄館被逼退，而權慄此時駐紮的幸州離漢城極近，正好在碧蹄館與漢城之間的要道附近，日軍一旦出兵北進，後方便立刻會收到幸州方面的威脅。這對日軍來說不啻於如鯁在喉，是必須要拔掉的釘子。於是打秋風變成了必須正面對抗日軍主力，當然此時的權慄並不知道形勢一下子會惡化成這樣。

雖然在幸州，權慄手中之兵僅有兩千三百，之後僧人處英又率僧軍一千赴援，總數不過就三千三百人。但對日本方面來說，權慄這個人之前的戰績不俗，因此一開始便用獅子搏兔之勢，幾乎拿出了大部分的本錢。此戰日軍分為七隊三萬餘人：第一隊小西行長；第二隊石田三成、增田長盛、大谷吉繼、前野長康；第三隊黑田長政；第四隊宇喜多秀家；第五隊吉川廣家；第六隊毛利元康、小早川秀包；第七隊小早川隆景；以日軍總司令宇喜多秀家為首，率主力直逼幸州城下，想用優勢兵力雷霆一擊，將幸州拿下。老實說日本方面並沒有小看權慄，但沒想到的是，出動了這麼強大的力量，卻還是踢到了一塊鐵板。

幸州離漢城如此之近，權慄身為一道主將，為何敢於率如此之少的兵力突進到敵人的中心地帶呢？這是因為幸州還有個形容詞，叫做城山！它一面臨漢江，三面均為丘陵，並且臨江地區均為沼澤地帶，僅有西北側有一條狹窄的道路可供進攻，可謂是華山一條路，地勢極為險要。當權慄入駐之後，又大造鹿角，修復城池，將幸州打造得固若金湯。此後又多派斥

第八章　碧蹄血戰

候四處偵察日軍動向。結果不出權慄所料,日軍二月十一日便開始動員,這天權慄派出的斥候便受到了日軍的大規模圍剿,損失了八九名精銳斥候。此後日軍前鋒千餘人便在幸州城下紮下了兩座營寨,開始了對幸州城的全面圍困。

到了二月十二日黎明,深紅的太陽從雲端緩緩而出,此時權慄佇立在幸州城的高臺之上,眺望五里外的平原,只見先有數百日軍騎兵呼嘯著衝至幸州城山下,在騎兵們背後,數萬日軍背插紅白旗,漫山遍野地向幸州城撲來,其威勢讓城內守軍不禁膽顫心驚。

權慄見了日軍軍勢如此浩蕩,心裡不禁一沉,而城內守軍則更是兩股戰戰,當時就想逃。可惜幸州城背後是漢江,四面環山,前面又是日軍,壓根沒法逃。雖然不是故意的,但是自然形成了一個背水一戰的局面,讓朝鮮守軍沒有選擇,只得拚死一戰。

敵我懸殊,朝鮮軍完全不可能出城野戰,只能死守城池。而日軍行軍至城下後,也不多作態,直接分成一批批的小部隊,順著那華山一條路進行輪攻。而打頭陣的則是小西行長這個倒楣蛋。

小西行長自從平壤被李如松狠狠揍了一頓之後,損失巨大,兵力雄厚的第一軍團最後只剩得六千餘人,碧蹄之戰他率兵防守漢城,僅僅是派了宗義智與松浦鎮信去應應景,整個部隊修養到現在雖然離恢復元氣還差得遠,但是畢竟這批殘部都恢復了戰鬥力。為了在日軍眾將面前抬起頭,小西行長這次主動請願第一個進攻,想要在這幫朝鮮人面前練練手,把失去的面子給賺回來。可是小西行長沒想到,朝鮮軍雖說整體戰鬥力稀爛,但是能打的還是有那麼兩三個,這權慄便是其中之一。當小西行長率軍順著路衝殺上來之際,只聽得權慄一聲令下,城上箭矢齊發,滾木礌石通通往下砸。權慄甚至在幸州中儲備了大量的各式火器,有大小勝字銃筒這樣的

散彈小炮，有震天雷紙神炮這樣的投擲火藥炸彈，還有各類火箭，對著小西軍便劈頭蓋臉地打了下去，瞬間便打倒了幾個衝在最前面的小西軍足輕。

當然朝鮮軍的這些武器一起打出去的氣勢很嚇人，但是威力卻並不大，小西軍被擊中的士兵大都只傷不死。此次小西行長為了挽回面子，也算是下定了決心，雖然幸州城上發射的火器聲勢駭人，但是小西行長依然逼催部下硬著頭皮向上進攻。迎接他們的則是又一輪的火器發射，再次打翻了數人之後，小西軍終於頂不住了，聽著前排被擊中的傷兵的慘叫，讓小西軍士氣大跌，小西行長本就不是一個打硬仗的料，見這幸州城如此難啃，也知道他這次是打錯了算盤，對於日本的大名來說，手下的兵將才是自己地位的保證，把實力拚光了那才是蠢材會做的事情。於是也顧不得丟臉，趕緊讓部下撤軍。

宇喜多秀家對小西行長打得這麼狼狽估計也有心理準備，小西軍剛撤下山，第二隊石田三成便領軍出戰。這次石田三成的表現比小西行長也沒好多少，照樣被朝鮮軍一輪炮火給轟了下去，不但如此，石田三成本人還被打傷，只能灰溜溜地撤下。

石田三成的失利讓宇喜多秀家有點驚訝，看來權慄此人的確不是浪得虛名。於是第三隊便派上了黑田長政這個能打的上陣，希望能有所突破。黑田長政以謀略聞名，他看到幸州城這樣險要的地勢就知道不好打，於是也沒像之前那兩位那樣硬攻，而是調集了幾百鐵炮足輕與朝鮮軍對射。可是朝鮮軍畢竟是居高臨下，又有防禦工事，一番對射下來還是黑田軍方面吃虧。經過碧蹄一役，黑田長政也不是那個一定要跟敵人拚個你死我活的楞頭青了，看到對射並未取得成效，乾脆就把兵馬撤了下來，坐看其他人表現。

第八章　碧蹄血戰

　　這三輪打下來讓宇喜多秀家很是生氣。之前的碧蹄館大戰，他掛個名義上的總指揮，實際上在戰場上進行指揮的是小早川隆景，戰後向豐臣秀吉報功後，小早川隆景等人受到了豐臣秀吉的大加讚賞。這讓身為總指揮的宇喜多秀家心中必然有想法，此次進攻幸州是他親自領軍指揮，城上僅僅是三千朝鮮軍罷了，其中一千還是僧兵這樣的非正規軍，這都打得如此狼狽，日後如何去統領這些位高權重的大名們呢？於是在黑田長政退下之後，宇喜多秀家決定親自領軍上陣，一定要將幸州城拿下，來證明自己的勇武。

　　也許是主將的心情傳遞到了士兵的心中，在宇喜多秀家的指揮下，他的本部士卒悍不畏死，拚命向幸州城發起波浪般地攻擊。當日軍方面下定決心之後，朝鮮軍火器殺傷力小的弱點暴露無遺，幾輪發射對日軍造成的傷害實在不大，而日軍藉著鐵炮的掩護，拚死殺入了幸州城西北子城。防守此地的乃是前來增援的僧兵，面對宇喜多軍的凌厲攻勢，不禁手足無措，瞬時便垮了下來。見日軍打開了缺口，朝鮮軍的魚腩本色開始顯露，紛紛謠傳說日軍已經攀登上城了，城要破了！前方作戰士兵開始紛紛逃跑。眼見要一發不可收拾之際，權慄此時充分展現了身為名將的素養，親自拔劍斬殺了數個逃兵，並率領親衛隊與宇喜多軍在缺口上進行殊死戰，其餘朝鮮士卒見主將奮勇當先，也紛紛鼓起勇氣，跟在權慄身後向日軍發箭投石，硬生生地將宇喜多軍給趕下了城，宇喜多秀家亦步了石田三成的後塵，連中兩箭，好在他身上的具足保護力足夠，沒受重傷，被護著撤了下去。

　　宇喜多軍雖然未能成功，但是成功殺入城內也讓日軍的士氣振奮了不少，第五隊則換了吉川廣家上陣，身為毛利元就的孫子，吉川廣家也算是智勇兼備，一面引軍猛攻，一面命人收集了大量柴草，順著風勢放火焚

城。可是吉川廣家沒想到，這幸州城身後就是漢江，別的不多，這水是源源不絕。還沒等吉川軍把火燃起來，就被當頭一桶桶的冷水給澆滅，讓吉川軍極為狼狽。

　　戰至此時，雙方已經打紅了眼。日軍甚至將大批原朝鮮軍拉來進攻，這些朝鮮偽軍面對侵略者毫無抵抗，但面對本國族人卻顯得尤為凶狠，發出的片箭刁鑽狠毒，給幸州守軍不小的殺傷。此時形勢危急萬分，權慄孤軍作戰，附近朝鮮眾將如健義副將曹大坤，秋義將禹性傳都不敢來救援。而日軍則出動了最後的王牌——小早川隆景。

　　小早川隆景在碧蹄館一役中可謂大出風頭，身為日軍實際上的第一線總指揮官擊退了明軍，雖然說此戰功績灌水頗多，但對日軍來說已經是一個非常了不起的「勝利」。因此宇喜多秀家雖然不想讓小早川隆景再出風頭，但也不得不派上這個老將，看看他能有什麼辦法。

　　小早川隆景一出手，果然就取得了進展，居然被他打到了第二層防線。就在這裡朝鮮軍與日軍瘋狂搏殺，最後連箭矢都全部射完。幸虧忠清兵使丁傑率漕船四十餘艘前來聲援，船上運了大量箭矢，才拯救了幸州城的危機。即便如此，幸州城的婦女們依然用她們的圍裙作為運載工具，包裹著數塊大石送給守軍，這些大石在幸州城這樣特殊的地形上給予日軍極大的傷害，而幸州婦女的圍裙在如此惡劣的條件下依然不會破，從此變成了幸州當地的特產，「幸州裙」此後甚至變成了一個著名的商標，在朝鮮當地擁有不低的知名度。戰至最後，權慄一直堅守在第一線，數次擊退殺入防線的日軍，最終守住了幸州城。

　　見小早川隆景也敗下陣來，宇喜多秀家也只能望幸州城而興嘆，當然心裡也是有點竊喜的，要是小早川隆景真打下來了，那這個毛利家的死老頭估計更是驕傲起來了。現在大家都丟臉，誰也別笑誰。日軍在日落之時

第八章　碧蹄血戰

終於開始了總撤退，此戰幸州守軍斬首一百三十餘級【朝鮮李朝實錄中的中國史料 P1702】，因為是守城戰，日軍可以從容收拾傷員與屍體，實際傷亡應該數倍於此。日軍主將宇喜多秀家，石田三成，吉川廣家，前野但馬受傷，偏將明石與衛門尉，中屋善四郎，戶崎彥右衛門尉戰死，損失不小。戰後權慄又做出一個驚人的舉動，他命令將戰死的日軍屍首千刀萬剮，並將肢體掛於林木之上洩憤。如此血腥的舉動實在不像是表現得綿羊一般的朝鮮人能做得出來的，也許這場戰爭改變了太多太多的人。

此戰獲勝極為難得，因此幸州大捷也與李舜臣的閒山島大捷，金時敏的第一次晉州大捷並稱為「朝鮮三大捷」，對朝鮮方面的抗戰產生了鼓舞人心的巨大作用。總體來說，此戰權慄能夠得勝的原因是多方面的，首先幸州山城地勢險要，易守難攻。其次權慄指揮得當，堅持到了最後。最重要的還是日軍方面缺乏強力的水軍，無法從漢江一面對幸州城進行攻擊，因此最終獲勝。

幸州大捷的確是一次戰術上的巨大勝利，但是究其實質，其影響力也僅僅是在戰術上，幸州之戰後，權慄因為損失巨大，後來探聽到開城日軍還會繼續前來攻打，無力繼續防守的他只能放棄幸州，撤退至臨津江南岸，與都元帥金命元會合。放棄了幸州城之後，實際上日軍與明朝聯軍又恢復成碧蹄館之戰前的對峙局面，明日兩軍均無力亦沒有意願再繼續正面打下去了。

第九章
三年議和

日軍窘境

　　幸州之戰後，明日兩軍都吃到了正面對打的苦頭，雙方開始了相持。在李如松的內心深處是絕不甘心變成如此局面的。目前的狀態，李如松已經不可能繼續調遣大軍再跟日本人拚個你死我活，但是這不代表沒辦法整治這幫「倭賊」。當時《三國演義》流傳廣泛，李如松想來想去，想到了官渡之戰裡面曹操對付袁紹的法子，準備給日本人來個絕戶計。他密令查大受招募死士，翻山越嶺，走小道成功偷襲了漢城附近的龍山倉。這個龍山倉是漢城日軍的後勤基地，有數十萬石糧食，結果被這些明軍死士燒了個乾乾淨淨！

　　這下子日軍慌了神，那麼多軍隊一下子沒了吃的，豈不是要天下大亂？就像捅了馬蜂窩一般，日軍蜂擁而出，四處搶劫擄掠，將漢城周邊地方焚搶殆盡。甚至日軍為了搶劫，連墳墓都挖掘一空。如果說日軍僅僅是打一個閃電戰的話，那麼這也算是《孫子兵法》中的因糧於敵，可是恰恰現在打成了一個相持拉鋸戰，單靠搶劫來的米糧遠遠不能維持日軍那日益巨大的消耗，這讓日軍陷入了一個難以為繼的窘境。

　　日軍主力幾乎都集中於漢城之中，此時漢城不但缺糧，而且日軍在碧

第九章　三年議和

蹄館之戰前害怕城內不穩而對漢城中的朝鮮人進行了一次大規模的屠殺行動，導致城中屍體遍布，如今春暖花開天氣轉暖，屍體無人掩埋，全城惡臭沖天，這讓素來喜愛潔淨的日本人完全忍受不了。缺乏衣物糧食，環境又極為惡劣，這使得日軍士氣急遽下降，甚至連最堅定的武鬥派之一，立花宗茂的弟弟高橋統增都開始抱怨起來。在他的筆下，朝鮮簡直就是一個異次元時空，「石頭能浮在水面上，枯葉能沉到水裡」，總而言之這地方不是人能待的。連主將都如此抱怨，下面的軍官士卒就可想而知，居然有士兵開始逃亡。相良家的家臣澤水左馬介便是歷史記載第一個有名的逃兵，不過此人也算是本事通天，居然在這樣的環境下還給他弄到了船逃回了日本。當然澤水左馬介的幸運並不代表其餘日本士兵也有如此本事，逃亡士兵不是被抓住就是被殺掉，能順利返回日本的寥寥無幾。但統計後，日軍失血率已經達到一個驚人的地步。統計如下：【臺灣國防大學《中國歷代戰爭史》14冊P5135】

部隊	原有兵員	現有兵員	損耗率
第一軍團	18,700人	6,629人	64.56%
第二軍團	22,800人	13,136人	40.69%
第三軍團（缺黑田長政部五千人）	6,000人	2,052人	65.8%
第四軍團（缺島津義弘部一萬人）	4,000人	2,855人	28.65%
第六軍團	15,700人	10,911人	30.05%
第八軍團	10,000人	5,352人	48.9%

就在這樣不利的形勢下，由於缺乏真正可以掌控全局的總指揮，日軍內部矛盾亦開始檯面化。小西行長與加藤清正兩人的矛盾越加明顯，小西

行長在明使面前甚至都不加遮掩,公然說:「吾等率領七萬兵卻一點功勞都沒,加藤清正率領兩萬人就湊巧抓住了朝鮮王子,這廝老把這個當作功勞拿出來炫耀,實在讓人氣憤!如果明國能夠答應開放封貢貿易,我立刻撤兵走人!」

雖然此刻朝鮮內的日軍主力形勢已經極為不利,身在日本的豐臣秀吉卻依然野心勃勃,對目前的戰況他依然極為樂觀。碧蹄館之戰後,在場各個日本大名武將們都將自己吹上了天,戰報回報到日本國內,就變成了斬首數萬的輝煌勝利。如此大勝,怎麼能不讓這位太閣大人胸懷激盪呢?於是他召見各路大名,企圖增兵二十萬,率領德川家康、蒲生氏鄉、淺野長政、前田利家這些大名親征朝鮮,一舉蕩平所有敵人。

這已經是豐臣秀吉第二次提出這個計畫,對這個計畫而言,留在日本的各路大名自然都是不想去的。尤其如德川家康這種心有異志的,對他們來說打下了朝鮮,甚至能入侵明朝,他們並沒多少好處,最大的受益者是豐臣家,打不下朝鮮,那更是白白消耗自己的實力,因此紛紛極力阻止。而對日本人民來說,這也無異於一場災難。葡萄牙傳教士路易士·佛洛伊斯(Luis Frois,西元 1532 年～1597 年)在談到他在北九州耳聞目睹的情況時曾說,人們非常厭惡徵集壯丁,認為那無異於去送死。婦女們在抽泣,因為她們預感到要被迫守寡。不安和嘆息充滿全國。一種預言也傳開了,說豐臣秀吉的征服事業必將失敗,日本國內必將掀起叛亂。反對戰爭的不止北九州居民,在古都奈良,興福寺多聞院僧人英俊獲悉戰爭動員已經開始後,便預料這次戰爭不會有好結果。當侵略軍正在蹂躪朝鮮國土時,他在日記中表示對朝鮮人民「無限同情」。百姓拒納軍糧,反對侵略戰爭。關東常陸(茨城縣) 百姓拒納軍糧,使正欲渡海的該國大名佐竹義宣軍隊處於「奄奄待斃」狀態。在軍內,官兵、民夫大量逃亡和譁變。一

第九章　三年議和

份數據記載，鍋島部隊從前線逃回的有 57 名，這些都是主力戰鬥部隊的官兵，「搬運夫並未計算在內」。當時兵士逃亡如此嚴重，以致豐臣秀吉不得不命令在各地設立緝捕逃亡者的崗哨（「人番留所」）。侵略戰爭發動不到 3 個月，集結在肥前平戶的島津部隊中，以梅北國兼為首 700 名官兵竟然拒絕渡海作戰並舉行譁變。

平壤戰敗後，日軍厭戰反戰情緒瀰漫。留在名護屋本營的羽前大名最上光義在寫給家裡的信中說道：「日本人早就想逃出京城，都這樣想，當和尚也好，只要能留下一條命。我也在盼望，能在活著的時候重新踏上故國芳香的土地，哪怕喝上一杯家鄉水也好。」

不過奇怪的是，聽到豐臣秀吉想要親征的消息，身在朝鮮最前線的眾日本大名武將們居然也是極力反對這個計畫，為此甚至還集體簽名寫了一封甚為有趣的戰報，內容大體上是我軍戰果累累，敵軍膽寒，遣使求和。因此本著誠意，我軍內部合議後準備讓出漢城，轉進釜山。希望太閤殿下能夠暫緩親征，到秋季豐收之後再發動大軍。

大勝之後居然不敢乘勝追擊，反而要遠遁千里。讓出至關重要的王京漢城，僅僅是為了顯示一點誠意？這樣拙劣的謊言居然也被豐臣秀吉所採納，真的將渡海計畫又生生延後了半年。從形勢上說，豐臣秀吉親征可以立即改變朝鮮戰場上的力量對比，亦能改變日軍的指揮權不明，力量分散的問題，隨著大軍而來的補給物資亦能夠緩解目前漢城日軍的窘境，如此多的好處，為何身處前線的這些日軍大名們居然不願意豐臣秀吉前來，而用如此拙劣的理由來阻止呢？理由只有一個，那就是前線的日軍大名們並不願意讓豐臣秀吉看到朝鮮戰場上的實情。他們不想讓他知道，日軍不但不是從一個勝利走向另一個勝利，甚至還是被打得節節後退，甚至用近十倍的兵力打伏擊也只能打得兩敗俱傷。要是豐臣秀吉來到朝鮮戰場，知道

了事實，那將發多大的雷霆之火，他們這些報喜不報憂的大名武將們又將會受到怎樣的處罰？因此他們無論如何也要阻止豐臣秀吉親征朝鮮，抱著這個目的，甚至連最堅決的主戰派加藤清正與小早川隆景也在這封戰報上簽下了自己的名字。

談判再開

　　如此拙劣的一封戰報遞了上去，明眼人一眼應該就能夠看清其中的蹊蹺，可是豐臣秀吉偏偏就被這份戰報所矇蔽，將親征的日期再次推遲了半年。豐臣秀吉這樣一個可以說是梟雄的人物居然也會如此輕易地被這樣一封明顯有問題的戰報所矇騙，看似有些太不可思議。難道他真的不知道這封戰報有問題嗎？答案當然是否定的，因此豐臣秀吉派出了毛利秀元率兩萬人渡海援助，實際上之所以迫切地想要親征，就正是看清了目前日軍在朝鮮戰場上不利的局面。但是繼續徵兵後豐臣秀吉才發現，除了京都的警衛以及名護屋屯駐的兵馬外，居然已經徵不到後續的兵員了。只能長嘆道：「我太不幸了，降生在日本這樣的小國，如今兵將都不足，能怎麼辦呢？」加上多方阻礙，豐臣秀吉的親征計畫只能胎死腹中。

　　當然前線既然被說得「一片大好」，那就得做出不是小好，而是大好的樣子出來，雖然太閣殿下答應了不來朝鮮，但是也只能瞞個半年，要在這半年內把事情遮掩過去，那就只有一個辦法，就是盡快達成和談。只要和談成功，那豐臣秀吉自然會打消親自前來日本的念頭，前線日軍諸將不但無罪，反而各有功勞。但是目前可以說是戰爭狀態，如何才能再度和談呢？最擅長做這件事情的當然非小西行長莫屬，因此在他的授意下從龍山

第九章　三年議和

　　派出使者偷偷找上了查大受的家丁。在其家丁的引見下將提議和談的書信投到朝軍忠清兵使丁傑的大營裡。丁傑不敢怠慢，立刻將書信轉送柳成龍。三月七日，柳成龍將日軍有意議和的消息轉達給了駐紮平壤的李如松。

　　這可是打瞌睡送枕頭，現在的李如松早已不是當初那個氣吞萬里如虎，要將倭賊一鼓盪平的李如松了。碧蹄館之戰的失利，已經讓他當初發熱的腦袋徹底清醒了過來。碧蹄館一戰，明軍從死傷人數上雖然並不多，但卻多為北軍精銳，為此甚至損失一員心腹大將，已經可以算得上傷筋動骨。而此戰打得如此狼狽更坐實了先前李如松論功偏袒北軍的事實，自此後對南軍再無威信可言。此外一直存在的後勤問題依然沒有得到妥善解決，春季多雨，朝鮮道路泥濘更是不利於北軍騎兵出戰。可以說從天時地利人和各個方面都不允許李如松再繼續打下去。日軍突然提出求和，這不啻給了李如松一個極好的下臺階的機會，軍事手段不能取得全勝，只要能議和，那麼也是可以接受的。

　　站在李如松的立場來說，如果議和成功，那麼他既可以說是保住了朝鮮國祚不失，並且收復朝鮮都城，又保證了日本日後不會繼續入侵明朝，保證了邊境的安寧，也算基本完成了任務。至於注定不會高興的朝鮮方面，沒人沒錢沒糧還一直想讓明軍衝殺在前當炮灰，那麼他們在這件事上就不可能有任何發言權，只能跟著李如松的步調走。

　　雖然李如松此刻早已轉變了內心的想法，但是先前他那一力主戰的姿態擺在那裡，對於和議，他不可能拉下臉來主動實行。這次日本人主動派人求和，可以說是互有所需，於是一拍即合，迅速打得火熱起來。

　　當然要和談，就必須有和談的人選，這個人選實際上也是現成的。那就是差點被李如松宰掉的沈唯敬，李如松對沈唯敬現在的心態可謂是矛盾至極，剛入朝鮮之時，李如松恐怕絕想不到有一天他還得倚重這麼一個在

他心裡極為猥瑣的小人吧？實際上公平來說，沈唯敬雖然力主和議，但是對整體戰局也立下了不少功勞。首先他單槍匹馬深入平壤，拖延了日軍的後續攻勢，此後他以他浙江人特有的商業頭腦，與平壤中的日軍做起了生意，從而打探清楚了平壤城中日軍的虛實，此外李如松攻打平壤，也是藉著沈唯敬的和談旗號使得小西行長麻痺大意，疏於防備。可以說沈唯敬對李如松後續攻陷平壤做出了很大的貢獻。

於是在三月二十六日，沈唯敬恢復了其和談使者的身分，再次趕赴日軍大營。不論史書如何評價沈唯敬這個人，他都稱得上膽大包天這四個字。先前李如松借用沈唯敬的名字欺騙了小西行長，並順利攻陷平壤，讓小西行長損失慘重，沈唯敬這三個字可是日軍內部的黑名單。這次他再次深入日軍內部，萬一有人惱羞成怒，拿先前沈唯敬的欺騙紀錄來說事，直接把沈唯敬給砍了，也可以說是極為正常。實際上，當時五島純玄便極力提議用車裂的方式把沈唯敬這個小人給殺掉。有鑑於此，連當時駐守臨津江南岸的朝鮮都元帥金命元都這樣勸阻過沈唯敬。可是沈唯敬卻毫不擔心，反而說現在日軍早已敗象顯露，急切想要議和，怎麼敢傷害天朝上使！就憑這段將當前形勢剖析得明明白白的話，沈唯敬的見識與膽色便可見一斑。

對這次和談，日本方面極為重視，小西行長、加藤清正、小早川隆景等重量級大名均參加了，可謂陣容極為強大。但沈唯敬面對這樣的場面卻絲毫不懼，開口便說：「天兵四十萬援兵即將入朝，如果你們識相放了被俘的兩個朝鮮王子，趕快滾蛋，那就罷了，否則天兵一到，必然將爾等化為齏粉！」四十萬這個數字一看就是在胡扯，日軍方面自然不會相信，但是誰也不敢保證明朝就真的不會再次增兵朝鮮。上次打了三千人，結果明朝一下子派了四萬多軍隊前來，現在戰事僵持，明朝會不會再派出援軍，

第九章　三年議和

會派出多少援軍日本方面還真的不敢說。更何況日軍在王京漢城原本情況就已經不容樂觀，早有撤出漢城的打算，於是自然態度就軟化了下來。沈唯敬是何等人物？察言觀色的功夫實在是一等一。一看日本方面有了妥協的意願，立刻把出行前經略宋應昌所提出的談判條件給拋了出來。

首先日本方面必須徹底將軍隊撤離朝鮮，並且要歸還兩位被俘王子以及其餘大臣。此外要求豐臣秀吉上表謝罪，這樣的話可以考慮把豐臣秀吉封為日本國王。這個條件無疑是極為苛刻的，在場的日軍眾將恐怕沒有一個人敢替豐臣秀吉做這個主。當然漫天要價就地還錢，於是經過一番唇槍舌劍，日本方面半推半就地表示，為表誠意，日本方面可以答應先撤出漢城。但是你沈唯敬上次被李如松當槍使，騙我們和談，現在雖然達成了初步意向，但是你這個人我們不相信，必須請皇帝欽使前來，表示日軍是向明朝皇帝低頭，這樣才肯心甘情願地撤軍，頗有點降漢不降曹的架勢。

停戰

既然日本人肯答應撤兵，那就好辦，李如松也沒想到和談居然會如此順利，兵不血刃便能拿下王京漢城，只要王京被收復，那麼李如松在朝鮮可謂已立於不敗之地。至於日本人提出要求皇帝欽使來進行談判這個問題，在李如松看來不過是個小事。皇帝自然是不能輕易驚動的，這幫倭賊素來不服王化，哪裡知道真正的欽使是什麼模樣？派兩個人冒充一下也就得了。於是這個光榮而又艱鉅的任務便被交到了宋應昌旗下的幕僚謝用梓與徐一貫兩人身上。不過很奇怪的是，為此還替他們分別安上一個參將和游擊的頭銜。如果熟知明朝內情的人，必然會知道這實在有違常理，皇帝

的使者要麼是高官顯貴,要麼是太監,派一個參將一個游擊作為欽使,簡直就是明擺地說,此二人是假的。之所以這樣安排,可能也是沈唯敬的提點。現在的日本乃是武士當國,文官反而不值錢,所以替此二人加兩個武官的頭銜,可能也是打著有利於與日本方面談判的算盤吧?如此拙劣的冒充,沈唯敬倒是一點心理陰影都沒有,依然大搖大擺地將此二人帶到了龍山。而此二人也是被趕鴨子上架,竟然與沈唯敬一唱一和,還真把初步的和談協議給簽了下來。

談判後成文的協議大致有這麼幾條:

一、日軍歸還兩位王子和被俘眾朝鮮官員。

二、日軍從漢城撤往釜山。

三、布陣於開城的明軍在日軍撤出漢城後亦同時撤退,不能對日軍進行追擊。

四、明朝派出使節赴日本進行進一步談判。

此條約的簽訂,最終意味著日軍占領朝鮮甚至侵占中國的野心全面破產,在付出了巨大代價之後,卻並未收穫到多少真正的利益,可謂是偷雞不成蝕把米。當然目前日軍方面也顧不得這麼多,靠著這個條約,起碼將他們從此刻極端不利的戰略局面當中拯救了出來,避免了全軍覆沒。對明軍方面此條約可謂是大勝利,不費一兵一卒就能將日軍驅逐到朝鮮釜山一線的南部沿海地區,並順利光復王京漢城,這不論是對宋應昌還是對李如松而言,都是可喜可賀的。

當然這個合約,還是有人不高興的,最不高興的當屬朝鮮方面。朝鮮方面的心理實際上已經在最初的戰役中體現得淋漓盡致,明軍的實際困難朝鮮方面從來都視而不見,只會催促明軍進攻再進攻,不管損失多大,能

第九章　三年議和

不能吃飽穿暖,都要進攻,直到把日軍斬盡殺絕為止。李如松入朝之初,被朝鮮人很是哄騙了幾把,次次衝殺在前,到了碧蹄館一戰後終於清醒了過來,發現朝鮮人總是在玩「送死你去,撿漏我來」的把戲。對明朝來說,此次援朝實際上都兩可之間,幫忙是人情,不幫是道理。朝鮮方面卻老以為豐臣秀吉嚷嚷兩句要打明朝,就真以為朝鮮是代明朝受過了,一直拿此事來要挾明朝。有道是「不怕神一樣的對手,就怕豬一樣的盟友」,朝鮮方面如此行事,使得原本抱著同情態度的明軍諸將對此越來越反感,更加使得李如松的和談決定深得軍心。這不單單是李如松本人不想繼續打下去,而是明軍上下均不願意再將生命消耗在這無意義的戰爭中,因此當和議成功之際,明軍上下歡聲雷動,喜悅至極。

話說回來,朝鮮方面當真如此寧死不屈,要與日本人打到底嗎?實際上也並不盡然。實際上在朝鮮內部,包括柳成龍在內,都是對此次議和樂見其成的。但是朝鮮內部對此事則有個潛規則,叫做可做不可說。為了標榜朝鮮君臣的堅貞不屈,絕沒有喪權辱國,因此議和是絕不能由他們的口中提出的,甚至明軍要議和他們還得盡力反對。但實際上,他們內心卻非常希望和議能夠成功。因此朝鮮國王後來哀嘆道:「看目前的形勢,不單單是天將想要議和,連國內群臣也都想議和,只是不敢說而已。」所以議和這個黑鍋就讓明軍背了起來,朝鮮君臣則可以待在安全的地方,為了標榜自己而對明軍的議和行為指手畫腳,實在是典型的得寸進尺!

朝鮮方面這樣的態度,自然使得明朝方面極為不滿。有一次明軍游擊將軍周弘謨帶著代表萬曆皇帝的旗牌赴日軍大營,路過金命元的大營時遇到柳成龍。為了顯示皇帝威嚴,周弘謨要求柳成龍向旗牌跪拜。柳成龍認為這旗牌上寫著不許擅殺日本人的詔令,是給日本人拜的,自己與他們不共戴天,也絕不和他們同拜一塊旗牌。周弘謨大怒,三次企圖強迫柳成龍

屈膝。柳成龍不服,逕自上馬去也。

周弘謨之後將此事上報李如松,李如松當即大怒,罵道:「旗牌代表著皇帝陛下的威嚴。朝鮮蠻子竟敢無視,太過無禮!我們乾脆撤兵回去好了。」朝鮮負責聯繫的接伴使李德馨聞言大驚,趕緊通報柳成龍。柳成龍當然心慌至極,於第二天和金命元兩人親至李如松指揮部謝罪。李如松此時還在生氣呢,就把柳成龍晾在外面,壓根不見他。柳成龍無奈,只得在門外候著。這時天降小雨,淅淅瀝瀝把兩人渾身都淋溼了。李如松這才稍微消氣,讓兩人進入營帳。柳成龍再三致歉,將雙方的不快暫告化解。

可是一波未平一波又起。剛慰平李如松的怒氣,柳成龍和金命元正走在回坡州的路上呢,突然從後面趕上來三騎明軍傳令兵,死拉猛拽,又把柳成龍強行押回了大本營。原來李如松得報,柳成龍為了阻止和談,下令臨津江上所有船隻停擺,阻斷交通。李如松再次怒不可遏,覺得這廝必然是故意作對,要拿柳成龍是問。

此事柳成龍是被冤枉的,當然不服控告,不過之前的種種讓李如松以為柳成龍是死鴨子嘴硬,更是火上澆油,叫人把柳成龍扒得只剩褲衩,要綁在樹上抽。危急關頭,前線查大受的部將趕到,證明臨津江上船隻往來如常,才消了柳成龍一場棍棒之厄。最後李如松將誣告者抓出來,打個半死了事。

李如松與柳成龍之間的關係,從初入朝時的互相詩文唱和、其樂融融到如今劍拔弩張,動輒喝斥打罵,可謂是朝明之間對於和戰矛盾的一個縮影。

除了朝鮮方面,日軍的強硬派也是不高興的一方。其代表便是率軍曾經獨自突擊到咸鏡道,打到明朝邊境的加藤清正。此人在碧蹄館之戰前在朝鮮咸興城變便狂言稱要發兵打下北京,俘虜明朝皇帝。李如松攻下平壤

第九章　三年議和

之後駐守在王京漢城的宇喜多秀家諸將連續請求，加藤清正才不情不願地率軍返回漢城。明日談判之際，小西行長、石田三成等人與加藤清正分歧極大，因此他們聯合起來杯葛加藤清正，包括同意釋放朝鮮兩王子均是為了消除加藤清正之前所立的功勞之舉。除了加藤清正之外，反對議和的日軍諸將並不在少數，甚至連小西行長的部將松浦鎮信對此都持反對意見。最後以加藤清正為首的強硬派之所以同意撤軍，是因為小西行長等人先斬後奏，敲定了和議之後才向軍中諸將透露，更重要的是王京已無存糧，軍中又開始流行傳染病，因此才不得不屈從於議和派。此次議和，不論從內容還是對議和的看法來說，均隱患頗多，此次議和從結果上來說，不過是一個臨時的停戰協議罷了，和平還遠遠沒有來臨。

光復漢城

在明日達成協議後，四月十九日，李如松率軍再臨坡州。同日，日軍也全軍開始撤出王京漢城，此時日軍方面又做出了一件極為缺德的事情。因為此時王京漢城中依然有著大量的朝鮮人，這些人在漢城失陷之後無法逃走，只能老實地留下當順民，數量遠超過日本兵。但是日軍此時要撤退，眼見朝明聯軍就在王京周邊虎視眈眈，日軍害怕這些朝鮮人會有異心，萬一在他們撤軍之際有人裡應外合阻擊日軍，外面明軍一包圍，那就大事去矣。於是撤軍之前日軍諸將就商議到底是把這幫人全殺了還是都趕走。可問題在於此時的日軍早已不是初入朝鮮的日軍了，入朝以來，日軍損失巨大，不得不從朝鮮人中挑選兵員補充進軍隊，此時朝鮮兵甚至已經占到日軍步兵總數的一半左右，這些朝鮮兵在漢城都沾親帶故，不管日軍

是發動屠殺還是驅逐，必然會在這些朝鮮兵中產生恐慌甚至仇恨，日後還如何驅使他們呢？商議到後來，還是在諸將中甚有威望的小早川隆景出了個主意，讓日軍臨走時四處放火，到時候朝鮮人必然會四處救火，也就顧不上追擊日軍了。這個餿點子雖然極為不道德，但倒是收到了效果，朝鮮人果然忙於救火而無心追擊，日軍由此順利地撤往釜山。

翌日，柳成龍在明軍主力的護衛下，終於回到了久違的王京漢城，自此，朝鮮三京全部收復，可謂是明軍入朝作戰以來，最為值得紀念的一天。可是當滿心歡喜的柳成龍踏入漢城後，舉目四顧，原本的好心情便被一掃而空，取而代之的則是深深地憤怒。日軍的一場大火後，城中民眾百不存一，倖存者猶如餓鬼，死去的人馬屍體滿城都是，暴露在光天化日之下，臭氣沖天。城內建築幾乎被付之一炬，即便有倖存的也均被搶劫一空。看到這有如人間地獄一般的情景，柳成龍憤怒至極，立刻求見李如松，要求李如松馬上發兵，追擊日軍。柳成龍開口很容易，但真正要去賣命的卻是明軍。雖然日軍目前實力大損，但卻用朝鮮偽軍填補了兵員的損失，從之前的歷次戰鬥看，朝鮮人對抗日軍不怎麼樣，但投靠到日軍手下，反而能夠爆發出非同一般的戰鬥力，朝鮮人特有的射箭技術在他們手中發揮得淋漓盡致，不論是對明軍還是對本國人，下手均毫不留情。日軍撤軍時的總兵力少說也有六七萬之眾，而且極為警覺，撤退時行伍整齊，步步為營，交替掩護。而明軍此時在漢城中不過也就萬把人，追擊數量是自己六七倍，並且防範嚴密的敵軍，這事放在碧蹄館之戰前也許還有可能，而如今就算是柳成龍把天說下來也是不成的。於是李如松隨便找了個藉口，說要追擊可以，但是明軍沒足夠的船隻渡漢江，除非能有足夠的船，否則追不了。李如松想著這幫朝鮮人平時連運糧食都沒足夠的船，現在怎麼可能一下子湊齊足夠大軍渡江的船隻呢？可是他沒想到，柳成龍這

第九章　三年議和

人也不是省油的燈，李如松這話正中其懷，此人在日軍撤軍之際，便早有準備，當時就令朝將成泳水使李蘋趕快蒐集漢江附近大小船隻。李如松剛把話說出，柳成龍就把蒐集到的八十艘大小船隻給拿了出來。這下子把李如松逼到了風口上，沒奈何，只能命李如柏率兵追擊。不過還未等柳成龍開心多久，剛剛坐上船沒多久的李如柏突然就嚷嚷著腳疼，嚴令所有士卒撤回，非但如此，李如松當即還控制了所有的渡船，連權慄趕過來要求獨自追擊也不被允許。

這在柳成龍看來，明擺著是李如松故意如此。當然他也沒猜錯，此時李如松早已把寶全部壓在了議和成功的上面，再也不願有任何節外生枝。而權慄這樣的朝鮮軍，在李如松眼裡不過就是譁眾取寵的一群傢伙罷了，放這幫傢伙追過去，打得好，明軍面上無光，如果打敗了，那目前和談的大好局勢立刻毀於一旦，說不定還得被宋應昌命令去收拾爛攤子，怎麼做都沒好處的事情，自然是敬謝不敏。見到明軍如此行事，柳成龍氣急敗壞，直接病倒在床，動彈不得。沒有這樣的一個人整天在耳邊聒噪，李如松的世界恐怕都變得清淨了很多。

好景不長，明日雙方的默契只維持到五月中旬，原本李如松與宋應昌一人主戰一人主和，現在恰恰相反，變成了宋應昌主戰，李如松主和。這恐怕也與明軍內部的南北軍派系爭鬥有關。對於前陣子吃盡苦頭的北軍，南軍眾將官面對日軍依然維持著心理優勢，他們對日軍的戰法更為適應，也更適應朝鮮入春之後的氣候。而李如松在此之前的賞罰不均導致了他們立功求勝的心態更為強烈，私下裡與宋應昌和朝鮮方面串聯，對出戰極為積極。因此身為經略的宋應昌寫信催促李如松盡快進兵。

此時明朝方面又調遣了時任四川副總兵的劉綎率兵馬五千入朝參戰，成為朝鮮戰場上的新生力量。這個劉綎是江西南昌人，他可謂將門世家，

其父便是嘉靖年間有名的將軍。此人勇力過人，傳說其能單手托起一張放滿酒菜的八仙桌；擅使大刀，所用鑌鐵大刀重一百二十斤，馬上輪轉如飛，天下稱「劉大刀」。他弓馬嫻熟，又擅用袖箭，曾經用墨在木板上隨便畫點，然後用袖箭擲去，無不中的。又曾經拉出戰馬數十匹，呼之俱前，麾之皆卻，見者無不讚嘆。而他統領的五千兵馬也非常特殊，居然是一支多國部隊。在他麾下，暹羅、都蠻、天竺各國勇士均被其收為家丁，此外軍隊主要構成則為四川、福建、雲貴以及南蠻兵，最善長山地作戰，驍勇無比，可謂是朝鮮戰場上的生力軍。

初入朝鮮的劉綎就像當初的李如松一般自信滿滿，在十三歲便隨父南征北戰的他的眼裡，倭寇壓根不足畏。於是在李如松令下，一馬當先，殺奔釜山。在殺入慶尚道之前，首先必須踰越鳥嶺。這座山嶺橫亙七十里，峭壁一線天，灌木叢雜，軍隊行軍都無法成行成列，地形極為險要，在此地自信滿滿的劉綎就被日軍先給了個下馬威。日軍在此據險防守，劉綎麾下的多國部隊雖強，也被堵在這裡完全過不去。最後還是查大受與祖承訓率兵走小道翻越槐山，直接威脅日軍身後，迫使日軍撤退，這才讓劉綎順利翻越鳥嶺。鳥嶺一戰後，劉綎與祖承訓跟在日軍身後追殺，占領大邱城，逼近了日軍精心構築的要塞群防守體系，隨後，李如松亦率主力大軍越過鳥嶺進入聞慶城。

自此，朝鮮國土的絕大部分已經被朝明聯軍所光復，而相對應的，日軍則以慶尚道東南沿海為中心，自蔚山至巨濟之間，依山憑海築城十六座，構成以堅固要塞群為中心的巨大防禦體系，日軍水軍還占據巨濟，加德等近海諸島，水路呼應，可謂是進可攻退可守。此時戰爭已經轉入一個相持階段。對此，聯軍方面亦在日軍陣營外建立起了包圍網。劉綎率川兵駐星州，八莒。駱尚志，王必迪率南兵駐慶州。吳唯忠率南兵駐善山，鳳

第九章　三年議和

溪。李寧，祖承訓，葛逢夏駐居昌。各路明將將日軍外圍團團圍住，與日軍防線進行對峙，此時雙方均停止了敵對行動，等待和談的結果，彷彿期待已久的和平即將到來。此時雙方主和派極力維持的和談卻純屬雞同鴨講，主戰派們卻對和談心懷不滿，暗地裡磨刀霍霍，在這和平的表象下雙方內部暗流湧動，隨時都有可能噴湧而出。

日軍建築的堅固倭城要塞

荒唐談判

就在明日雙方正在各自鞏固防線之時，五月八日，小西行長與宗義智也陪同著沈唯敬、徐一貫和謝用梓三人從釜山登船出發，向著日軍大本營——名護屋駛去。此時天氣已經轉熱，長達七天的海路卻也並不難挨，伴隨著陣陣海風，大明的使者們又一次踏上了這片既一衣帶水，又無比陌生的土地。

就在名護屋，大明的使者受到了非同一般的待遇。豐臣秀吉此時也收起了當時對朝鮮使者的傲慢嘴臉，真正地擺下了「我有嘉賓，鼓瑟吹笙」的排場。使者們剛入城，便被豐臣秀吉麾下諸重臣分別宴請。直到五月二十三日，豐臣秀吉終於做好了諸般準備，親自會見大明的使者。

在馬可波羅的書中，日本被稱之為黃金之國，豐臣秀吉此時的表現也不愧於這個稱號，見面伊始，為了感謝沈唯敬對明日兩國和平所作出的卓越貢獻，出手便賞了千枚銀幣以及一把價值千金的金裝長刀。當徐一貫、謝用梓等人踏入宴會廳之時，眼前一片金燦燦的光芒，只見酒宴上的酒器陳設居然全為純金打造，四周分設古玩古畫，可謂奢華至極。

徐一貫和謝用梓頂著天朝使節的名號而來，但實際上他們都不過是宋應昌身邊的幕僚罷了，身上連個文官的品級都沒有，這輩子哪裡見過這個？別說他們是假冒的，就算是這個時候的明朝萬曆皇帝，擺出這樣的排場都不是那麼容易。要知道萬曆時代財政最好的一年，明朝的國庫太倉不過盈餘四百多萬兩白銀。而豐臣秀吉去世之際，所埋藏的金子就有四億五千萬兩，當時窮瘋了的明朝皇帝還曾經派太監去南洋探查過銅礦，要是萬曆皇帝知道日本能有這麼大一筆錢，窮瘋了的明朝皇帝和大臣們會不會無視祖訓，傾盡全國之力來搶呢？可惜明朝方面並不知道豐臣秀吉居然有這麼大一筆財富。

不過此二人也算是有兩把刷子，定了定神之後便與日本人聊起了繪畫藝術，跟日本人在席內有來有去，言談也算不落下風。吃飽喝足之後，雙方移步西堂，開始了正式談判。說到談判，這就牽涉到語言的問題，此時東亞國際上的通行語言是漢語，即便這是在日本，談判也必須用中文來進行。豐臣秀吉出身社會底層，教育程度不高，雖然在寺廟內學習過一陣子，但是寫字認字勉強可以，直接用漢語跟明朝使節直接對話那是絕不可

第九章　三年議和

能。因此便有了這樣一幕古怪的談判，日軍侵朝一來已經鼎鼎大名的日本僧人玄蘇作為談判主要人員，徐一貫與謝用梓則作為明朝談判成員，雙方用互相書寫的方式進行談判，而豐臣秀吉則高坐一旁，審視雙方來回的談判條文。

談判伊始，徐謝二人便質問玄蘇為何日軍答應和談，卻暗地裡在全羅、慶尚二道蠢蠢欲動呢？玄蘇則一口否認，推了個乾乾淨淨，反而要求明使答應嫁一位公主給日本，並且承諾只要和親成功，不但立刻撤兵，還可以出兵幫明朝剿滅在遼東的那些女真韃虜。這獅子大張口可把徐謝二人給嚇得不輕，別說他們都是冒牌貨，就算是真的使節，那也不可能答應這麼荒唐的條件。可是人在屋簷下又不好堅決回絕，要知道明朝在朱元璋時代派到日本去的使節，可是有曾經被殺得只剩一人的例子的。要是這個大倭賊豐臣秀吉發起瘋來，把他們都砍了豈不是倒楣透頂嗎？於是只能虛以委蛇，說這和親事情他們做不了主，還得回奏朝廷才行，當然如果剿滅女真韃虜真有用得著日本的地方，天朝自然會派專使來的。

對於兩個明使的推諉敷衍，豐臣秀吉自然能看得出來，於是玄蘇當時便開始了赤裸裸地威脅，叫囂道：「如果不能和親，那麼目前在朝鮮二道的日本大軍可沒那麼容易撤回來。我們太閣殿下以石田三成、大谷吉繼、增田長盛、小西行長為心腹，貴朝對二位使臣應該也是這樣吧，你們二位請千萬別無視我們太閣大人的話！」又說道：「之前中國已經將想法下達給朝鮮國王李昖，李昖也派了使者過來答應替中國轉達，但卻隱匿不報。中國是不得已才發兵攻打，實際是因朝鮮阻礙消息而去問罪的。如今二位明國的使者親自前來和親，看來已經明白中國的真意，要是貴國還是假作不知，任由朝鮮人胡說八道，那麼中國的太閣殿下說不定就得親征遼東，親自問一問到底你們是怎麼想的！」

如此囂張直白的話說出來，明使們面面相覷，也只能先敷衍過去，反正回去以後把實際情況如實上奏便是，到底怎樣，也不是他們能決定的，看這倭國關白如此凶蠻，還是先應付著再說。

　　見到明使們改變了態度，豐臣秀吉大喜，居然開始做起了不久以後去明朝北京等名城遊歷的美夢，於是賓主盡歡，談判到這裡，也算是基本結束。剩下的就是賞玩風月的時間了。徐謝二人也算是既來之則安之，整天遊歷名護屋的湖光山色。偶爾還能作作詩，心情相當地好，當時有記載的詩文有四首：【征韓偉略P621】

　　詩一：

　　重疊青山湖水長，無邊綠樹顯新妝。

　　遠來日本傳明詔，遙出大唐報聖光。

　　水碧沙平迎日影，雨微煙暗送斜陽。

　　回頭千態皆湘景，不覺斯身在異鄉。

　　詩二：

　　杳旋軺車來日東，聖君恩重配天公。

　　遍朝萬國播恩化，悉撫四夷助至忠。

　　名護風光驚旅眼，肥州絕境慰衰朽。

　　洞庭何及此清景，空使詩人吟策窮。

　　詩三：

　　一奉皇恩撫八紘，忽蒙聖諭九夷清。

　　晴光湧景靈蹤聚，山勢抱江煙浪輕。

第九章　三年議和

詩四：

處境奇蹤難鬥靡，揚州風物寧堪爭。

扶桑聞說有仙島，斯處定知蓬又瀛。

從詩文裡面看，此二人雖然是假冒「天使」，但是心態卻跟正牌貨可沒任何區別，在他們的心中，來日本是為了教化日本這群蠻夷，為了播撒大明天朝皇帝的皇恩，雖然偶爾不得不說些違心的話，不過那也是「君子」的權變之道罷了，算不得什麼。當然最有趣的還是豐臣秀吉本人看過這些詩文之後居然大讚，為了替二位使者助興，居然一下子出動了上百艘船隻泛海而遊，旌旗翻飛，海浪翻湧，聲勢逼人，豐臣秀吉親自邀請二位使者上船宴遊大海。之後又在山中擺下茶宴，與二位使者交流中日茶道之異同。見了指斥自己是蠻夷的詩作居然還能如此開心，不得不說豐臣秀吉是個奇葩，當然更有可能是他教育程度太低，沒能領會其中涵義。但是更為奇怪的是這些詩作均被日本方面忠實地記錄在史書中，甚至被日本人誇讚說二位使節進退有度，風度翩翩，實在一副大國氣象，大勝朝鮮人物。如果說豐臣秀吉的漢語教育程度有限倒也罷了，但日本精研漢學的人物可不是一個兩個，這些詩中的涵義，不可能一個都看不出來。即使是這樣，二位使者居然能獲得如此好評，也只能說日本人的民族性就是膜拜強者的緣故了。明朝雖然當下存在著深重的危機，但是張居正的改革就像一顆續命丸，讓明朝這個早就極為艱難的爛屋子粉刷一新，讓萬曆皇帝有錢有糧食打仗。雖說戚繼光、俞大猷、李成梁這些同時代的名將們老的老，死的死，但明軍打下的底子依然還在，中基層軍官士兵依然肯戰，敢戰。在沒有接觸的時候日本方面也許還可以自高自大一番，但是在朝鮮打到現在，十幾萬日軍打起朝鮮來如摧枯拉朽，對上區區四五萬明軍卻從朝明邊境被

一路打至朝鮮東南沿海。對日本來說，這樣一個龐然大物，顯然是不能力敵的，對這樣一個國家的使臣，自然也會有極高的評價。

各有算盤

　　明日在日本接觸到這裡，總算是告一段落，在豐臣秀吉的首肯下，六月二日，宇喜多秀家與三監軍按照約定，將被俘的朝鮮二王子以及諸位朝鮮大臣放回，沈唯敬同時回歸朝鮮陪同，順便將談判內容回報明朝方面。如果按照這個模式，雙方接下去自然應該以談判為主，不應該發生很大的戰事，但歷史的發展卻往往讓人瞠目結舌。雖說目前和談派占據了上風，但是不論朝鮮還是日本，主戰派都很有市場，這派無時無刻想搞出一點事情出來。於是就在這個時間，這兩派不約而同地開始了一次軍事行動。

　　事情還得從李如松於漢江頓兵不進說起，當時朝鮮方面主戰派如權慄、柳成龍強力要求追擊日軍，但被李如松所阻止。到了五月分，經略宋應昌發令要求李如松追擊，並調遣劉綎率五千川貴兵為前鋒。李如松因此解除了禁令，調遣主力進逼日軍。而之前被李如松強力阻止的朝鮮軍此時彷彿如脫韁的野馬，以都元帥金命元與巡察使權慄為首的朝鮮軍於六月十四日在宜寧大會諸將，包括朝鮮各路義軍在內，糾結了五萬兵馬【日本戰史朝鮮役第一冊 P263】，匯聚一處，商議進兵事宜。

　　對於明朝方面力主和談，朝鮮方面顯然是不滿的，包括朝鮮國王李昖在內，都對此持有異議，因此於五月底暗地裡下旨要求朝鮮各路軍馬追擊日軍。而朝鮮將領中，權慄靠著守城打贏了幸州之戰，因此自信滿滿，真以為自己天下無敵了，之前找李如松硬是要獨自追擊，完全不把明軍放在

第九章　三年議和

眼裡。現在有了這麼一個名正言順的進軍機會，哪裡會放過，因此大力要求渡過岐江與日軍決戰。這種被勝利衝昏頭腦的思想在當時朝鮮軍中倒是很有市場，雖然有明白人郭再佑、高彥伯兩將以敵軍依然強大，而朝鮮軍卻多為烏合之眾，又缺乏糧餉補給的理由想要阻止進軍。但此時朝鮮眾將早已腦子發昏，巡邊使李蘋當時就跳了出來，扯著嗓子大罵阻止出兵的諸將膽小，不忠於朝廷。被大義這麼一壓，反對派也只能熄火，於是全軍按照權慄的策劃，渡過岐江，進軍咸安。可此時自信心過度膨脹的朝鮮軍諸將卻不知，就在同一天，日軍糾集了九萬主力精銳，殺奔晉州，朝鮮軍進軍的咸安方向，正是日軍兵鋒所指……

日軍攻擊晉州總兵力排布如下：

軍團編號	軍團兵力	軍團主將	部將	各部將直屬兵力
第一軍團	25,624 人	加藤清正	加藤清正、相良賴房	6,790 人
			黑田長政	5,082 人
			鍋島直茂	7,642 人
			毛利吉成	1,671 人
			島津義弘	2,128 人
			高橋元種	741 人
			秋月種長	388 人
			島津忠豐	476 人
			伊東佑兵	706 人
第二軍團	26,182 人	小西行長	小西行長、宗義智、松浦鎮信、大村喜前、五島純玄、有馬晴信	7,415 人
			長谷川秀一	2,470 人

軍團編號	軍團兵力	軍團主將	部將	各部將直屬兵力
第二軍團			長岡忠興	2,296人
			昌原十一人眾	4,400人
			淺野長吉、長慶	4,000人
			故羽柴秀勝的兵	4,018人
			伊達政宗	1,258人
			黑田如水	325人
第三軍團	18,822人	宇喜多秀家	宇喜多秀家	7,785人
			石田三成	1,646人
			大谷吉繼	1,535人
			木村重茲、太田伴助、山田藤藏	1,823人
			稻葉貞通	638人
			明石則實	363人
			齋村廣英	370人
			別所吉治	313人
			一柳可遊	406人
			竹中重利	246人
			服部一忠	693人
			谷衛友	340人
			石川貞通	298人
			宮部長熙	912人
			垣屋恒總	201人
			木下重賢	450人
			南條元清	803人
第四軍團	13,600人	毛利秀元	毛利秀元	13,600人

第九章　三年議和

軍團編號	軍團兵力	軍團主將	部將	各部將直屬兵力
第五軍團	8,744 人	小早川隆景	小早川隆景	6,596 人
			立花宗茂	1,133 人
			高橋統增	288 人
			築紫廣門	327 人
			小早川秀包	400 人
總兵力合計		92,972 人		

　　日軍的此次行動看起來很巧，其實卻是日軍內部主戰派早有預謀的一次行動。此次行動表面上是為了報復日軍在第一次晉州之戰戰敗的恥辱，實際上則是以加藤清正為首的日軍主戰派的一次軍事盲動。這場仗打到現在，日軍幾乎是一路撤退，雖說目前在和談，但是以目前不利的戰略形勢，身處前線的日軍武將各個都心知肚明。可是在日本的太閣大人卻向明朝開出了如此高的談判條件，成功的機會實在是微乎其微。因此只能出動主力，炫耀兵威，用武力給明軍以壓力。所謂以打代談，才能讓明朝方面正視日本的實力，從而增加談判桌上的籌碼。這樣令人心動的建議連豐臣秀吉也無法拒絕。為了保障戰役的勝利，豐臣秀吉更派出名將伊達政宗增援朝鮮。因此權慄主持的出兵計畫，簡直就是向一塊硬得不能再硬的鐵板一頭撞去。當然此時的權慄自信滿滿，以為自己手中的軍隊有穿甲彈的能耐，但現實往往很殘酷，他們非但不是穿甲彈，甚至連雞蛋都不如。當朝鮮軍進入咸安之際，他們發現城內空無一人，想像中的日軍人影全無。最搞笑的是不戰而入咸安的朝鮮軍居然就斷糧了，士卒們只能摘還未熟的青柿子充飢。不知己不知彼，甚至沒有後勤都敢無腦向前衝，權慄這樣的所謂「名將」就這樣硬生生地創造了一個戰爭史上的奇葩戰例。

　　如此用兵，失敗其實是遲早的事情，恐怕權慄自己也沒料到，這報應

居然會來得這麼快。剛占領咸安的第二天，日軍主力便從金海遮天蔽日地殺來。本來朝鮮軍已經軍心渙散，見到如此威勢，更是嚇得不知所措。朝鮮軍諸將此時內部開始大分裂，有的說要死守咸安城，有的要退守鼎津，結果還未與日軍照面，僅僅是一聲炮響，朝鮮這幫烏合之眾就一下子炸了營，紛紛逃出城，逃跑時為了搶出一條生路，倒是人人爭先，將城門擠了個水洩不通，朝鮮兵們在擁擠中紛紛墜吊橋而死。當時權慄、金命元、李薲、崔遠等人逃往全羅道，而倡義使金千鎰、崔慶會、黃進等人卻避入了晉州城準備據城死守。咸安剛一照面，這所謂的「名將」權慄就立刻原形畢露。當他在收復漢城之後，於李如松面前可是信誓旦旦，慷慨激昂地要追擊，誰又能想像得到在真正面對日軍之際居然是如此地不堪呢？他的表現連朝鮮方面自己都看不過去，後世修朝鮮《李朝實錄》的史官評價權慄說：「此人為人品性平庸，沒什麼長處，僅僅是恰巧打了個幸州大捷，以此倖進為元帥，結果束手無策，沒一件事情能辦好的。如此不學無術之輩，居然被委以重任，國家任人能談得上稱職嗎？」只可惜李如松擋得了一次，擋不了第二次，所謂神仙難救該死的鬼，就連明軍在盲目自信之下都會吃虧，又何況這幫烏合之眾呢？

　　就在咸安之敗後，朝鮮方面也收到了沈唯敬發來的急報，確認了此次日軍出動的目標正是晉州城，而且此次日軍乃有備而來，一定要打下晉州城，為前次失敗雪恥。日軍的藉口也是現成的，因為前次平壤和談，約定了在和談期間不允許有戰鬥行為，但是朝鮮方面無視沈唯敬的和談成果，依然派士兵殺戮日軍割草的士卒，因此現在雖然明日雙方初步達成和談意向，但是日軍一樣有權利進攻朝鮮人把守的晉州，這叫一報還一報。因此沈唯敬向朝鮮方面建議，此次日軍主力出動，聲勢浩大，晉州鐵定守不住，不如暫時把城池讓出來，將城內軍民通通撤走，日軍目的僅僅是攻陷

第九章 三年議和

晉州城而已,如果城內空無一人,又缺乏後續糧草,自然會撤走。到時候朝鮮軍可以不費吹灰之力再拿下晉州城,豈不是皆大歡喜嗎?

從後來的結果看,無論是沈唯敬的情報,還是他所出的主意,都是頗為精確的,但沈唯敬又如何知道這麼多日軍的機密呢?其實說來有趣,這居然都是小西行長透露給他的。此次攻打晉州城,小西行長顯然是不贊成的,對他而言這明擺著是加藤清正這幫主戰派想拖和談的後腿而打的鬼主意。雖然小西行長極力阻止,但此次行動卻獲得了太閣大人所批准,表面上是阻止不了了,但是你不仁我不義,加藤清正用打仗來拖小西行長的後腿,小西行長就能把軍事情報都給賣了來拖加藤清正的後腿,好讓明朝方面早作準備,讓加藤清正丟個大臉。

可以說沈唯敬的警告從時間上來看,可謂是恰到好處。如果晉州城內文武官員對此事重視起來,按照沈唯敬的建議迅速撤離,那麼加藤清正等人必然會無功而返。但可悲的是,咸安之敗後,一群敗軍之將湧入晉州城,其中為首的便是金千鎰這麼個老憤青。此人是義兵起家,對朝鮮朝廷來說,義兵從來都是後娘養的,從咸安之敗就可以看出,權慄、金命元、李薲、崔遠這些朝廷將官均是撤回宜寧,後又撤向全羅道的南原。而義兵將出身的金千鎰、崔慶會、黃進等人卻與朝廷兵馬分道揚鑣,撤入了危機重重的晉州城,可謂是赤裸裸地分成了兩個系統。這金千鎰剛被朝廷封了個倡義使,算是正式被扶正,心裡激動萬分,恨不得一死報效君恩,正巧逮到了這麼個機會就像打了強心劑一般,完全無視沈唯敬的警告,死活要與晉州共存亡。

金千鎰這樣表態,算是徹底將晉州城上下軍民送上了不歸路,朝鮮義軍將領中最為清醒的紅衣將軍郭再佑知道此戰必敗,因此苦勸老友黃進不要撤往晉州這個死地,但黃進不肯聽,說道:「君子一諾千金,已經答應

的事情，雖然必死但是亦不可食言！」執意赴死。郭再佑無法，只能執酒灑淚而別。

對於日軍對晉州的大舉進犯，明朝方面亦對此極為憤怒，劉綎當時便傳書於加藤清正，措辭極為嚴厲，但卻被無視。與明朝打了這許久的交道，日軍很清楚如今晉州周邊僅有劉綎一支明軍，數量不過五千而已，絕不敢輕動。劉綎這樣的虛言恫嚇對清楚明軍底細的日軍來說，當然發揮不了任何作用。

晉州攻防

在咸安「打垮」朝鮮軍主力後，日軍順勢將晉州城團團圍住。此時晉州城內，倡義使金千鎰領兵三百，忠清兵使黃進領兵七百，慶尚右兵使崔慶會領兵五百，義兵將高從厚領兵四百，副將張潤領兵三百，義兵將李繼璉領兵百餘，義兵將邊士禎【或邊士貞】遣其副將領兵三百，義兵將閔汝雲領兵二百。加上聞聽日軍包圍晉州城，狼狼趕回來的晉州牧守徐禮元以及判官成守璟、金海府使李宗仁、全羅兵使宣居怡及洪季男等人，總兵力大約有八千人。諸將當即在晉州城內開始了軍事會議，按理說，此戰戰場在晉州，主持防務的應該是晉州牧守徐禮元這些當地官員。但金千鎰等義軍仗著手中有兵，大剌剌地直接接管了晉州城的防務，將徐禮元等人撇在一旁。甚至看徐禮元守城意志不堅，還被李宗仁威脅道：「誰敢輕易棄城者斬！」硬是脅迫徐禮元守城。這些義兵將原本與徐禮元這些當地官員互不統屬，而朝鮮朝廷也並未給金千鎰足夠的授權，讓他有權管轄晉州官員，這直接導致了以徐禮元為首的晉州城本城官僚對金千鎰等義兵將的抵

第九章　三年議和

制，為晉州最終失守埋下了極大的禍根。

實際上在沈唯敬將日軍的戰略目的透露出來之後，晉州城在戰略上已經完全沒有了堅守的價值，但朝鮮官方卻對此一言不發，既不命令晉州城全線撤離，亦不給金千鎰足夠的許可權來接管晉州城，態度極為曖昧。朝鮮官方的完全不作為，將局勢一步步拖入了最壞的局面。而如此局面的形成，實際上卻有著極為錯綜複雜的內情。首先朝鮮官方實際上是被輿論逼得無法主動釋出撤退的命令，這其中類似權慄、金千鎰這樣的強硬主戰派功勞不小，這些人遇到敵人不是按照戰略戰術分析之後選擇進退，而是無視敵我強弱，無腦地硬碰硬。包括之前的咸安之敗，都是這種人在後推波助瀾所導致的結果。而這種思潮，在朝鮮官方非常地有市場，甚至連身為名臣的柳成龍也不免受其影響。可既然不敢下令撤退，就應該統一事權，號令不一是最基本的兵家大忌，為何朝鮮官方也不做呢？其實原因還是在晉州城的這些人均為義兵出身身上。這些人在日本入侵後，自己拉起了隊伍，在敵後活動，戰績不俗。相對於幾乎每戰必敗的政府軍，這些人的戰績顯然耀眼了很多。這樣的局面持續下去，這些義兵將自然會向朝鮮朝廷要求更大的權力。對這些人，朝鮮方面是既要用，更要防，免得這些人尾大不掉，日後不好控制。此次這些義兵將自陷死地，對朝鮮方面來說，又何嘗不是存著坐山觀虎鬥的心思呢？現在的戰局明眼人都能看出，明軍已經將日軍壓迫到了朝鮮沿海，就算晉州失守也不可能改變大局。因此不論勝負，都達到了消耗這些義兵將實力的目的，這套借刀殺人的手段朝鮮人用起來純熟無比，之前在明軍身上用過多次，這次終於用在了自己人身上。因此當晉州城被團團圍住之時，駐守宜寧的權慄、金命元等將坐擁朝鮮軍主力，卻也未出動一兵一卒進行援救，聽憑晉州城自生自滅。

當徐禮元被這些外來義兵將完全壓制之後，金千鎰基本掌控了晉州城。

他將城內的男女老少都集結起來，登城協防。可是晉州城如今實際上是一座孤城，城防在第一次晉州之戰後，早已殘破不堪，如今召集了大量勞力進行修復，但臨時抱佛腳又怎能有多好的效果呢？眼看晉州城不可守，前來援助的全羅兵使宣居怡及洪季男等將判斷形勢，提出不如向漢城方向撤退，暫避鋒芒。但是此時剛愎自用的金千鎰已經完全聽不進任何不同的意見，嚴厲地否決了他們的建議。於是導致晉州城內的朝鮮軍再次分裂，宣居怡及洪季男等將只能引兵出城，向雲峰方向撤退。

從咸安緊追而至的日軍，並未給金千鎰太多的時間，六月二十一日，日軍便到達晉州。在晉州城的東北山上，突然出現了兩百騎兵。緊接著第二天，日軍五百騎兵就在晉州城外的北山之上擺下了陣勢，炫耀兵威，引誘朝鮮軍出城迎戰。晉州守軍知道實力不濟，因此按兵不動。

見晉州守軍沒有任何反應，於是日軍部隊漫山遍野前來，將晉州城團團包圍。

有了第一次晉州之戰的經驗，此戰日軍顯然是有備而來，抵達晉州城下之後，迅速按照軍團之分將晉州城各處戰略要地占領。

加藤清正率領第一軍團 25,624 人進攻城北方向。小西行長率領第二軍團 26,182 人進攻城西方向。宇喜多秀家率領第三軍團 18,822 人進攻城東方向。毛利秀元率領的第四軍團 13,600 人與小早川隆景率領的第五軍團 8,744 人分散把守晉州城周邊的山上駐紮。此外吉川廣家一部駐紮於南江南岸要道。

相對應的，晉州城的防禦對策則是利用城南的寬闊大江「南江」為屏障，挖掘出一條護城壕溝將城西與城北圍住，並將南江之水引入壕溝作為護城河。將重兵駐紮於無防護的城東，作為重點防守區域。

第九章　三年議和

當日軍不斷完善晉州包圍圈之際，晉州城中的朝鮮軍似乎完全沒有任何反應。小西行長事前告誡過沈唯敬，讓晉州城內的朝鮮軍民先行撤離，現在晉州城如此反應，城內的朝鮮人會不會早就逃光了呢？此時日軍的斥候居然搞了個大大的烏龍，回報說城內空無一人。顯然是這幫斥候壓根沒好好偵察，中途摸魚的緣故。

為此日軍居然進行了一場大討論，大部分日將居然真的認為晉州城是真的空了，可以大搖大擺地進城。只有宗義智與松浦鎮信兩人說：「朝鮮兵善於潛伏，聽說他們的兵法中有用乾飯乾魚作為糧食，就能潛伏數日等待敵人，我軍不可輕動。」加藤清正也支持這種看法，不過此人的出發點卻是想要爭功。如果城內真的沒人，這樣輕易入城，他是沒有功勞可言的，因此加藤清正堅信城內必有伏兵……結果這幫日軍「名將」們居然沒有一個提出派幾個斥候進晉州城看看到底是不是空城。

實際上晉州城內的朝鮮軍壓根沒想過要用什麼空城計伏擊日軍，更加不敢把日軍放進城再打。就在日軍在城外對這子虛烏有的朝鮮伏兵討論得熱火朝天之際，城內的朝鮮軍自然顯露了行跡，終於讓日軍諸將停止了爭論。

因為這子虛烏有的空城計耽誤了一天的日軍，第二天終於開始正式地攻城行動。日軍第一波試探性進攻便被城內亂箭射退，傷亡三十人，日軍暫退。摸清晉州城情況之後，日軍開始了大規模的土木作業。之前晉州城挖掘壕溝引水成護城河，用來封鎖晉州城西與城北。日軍此刻仗著兵力充沛，居然將壕溝掘開，將水引走，又不惜人力運土將壕溝全部填平。僅大半天的時間，晉州城西面與北面便再無屏障，赤裸裸地展現在日軍面前。

消除了護城河的障礙之後，日軍在黃昏時分又捲土重來，與朝鮮守軍大戰良久，一直打到晚上二更才暫時撤退。卻又於三更時分再次攻城，一

直打到五更天才撤退。古人多營養不良，多患夜盲症，因此夜戰風險極大，攻城戰更是困難。但日軍卻顯得不惜代價，一個通宵的時間對晉州城進行了幾乎不間斷地密集打擊。顯然是依仗兵力的優勢企圖迅速消耗晉州守軍的兵力、體力與精神。

到了第二十三日，日軍繼續用雄厚的兵力不惜代價地消耗晉州守軍。在東門外造了八座飛樓，居高臨下鳥瞰晉州城的虛實，此外日軍又砍伐城外竹林，橫縱相間地加工成一面面巨大的竹排作為防禦屏障，竹排之後放置大量火槍隊，圍繞著八座飛樓形成一個堅固的防禦進攻體系，依託這個體系，日軍在竹排後用火槍向晉州城射擊，如雨般的彈丸打得晉州守軍抬不起頭來。此日從白天戰至深夜，幾乎沒有一點停歇，最終日軍還是被守軍頑強擊退。

第二十四日，日軍又花費了大量人力物力，在東門堆建了一座土山，日軍於土山之上居高臨下，用火槍打擊晉州守軍，使得晉州城陷入了極為不利的局面。此時忠清兵使黃進正負責防守此面。有鑑於此，他下令在城內一樣堆建土山，一個通宵下來，黃進身為大將，和普通士卒一樣，光著身子運送土石。黃進此種與晉州軍民同甘共苦的行為大大激勵了晉州城內的男女老少，他們紛紛自發地幫助黃進，僅用了一個晚上，便把巨大的土山堆建完畢。黃進將玄字銃筒火炮運上土山，向城外日軍土山猛轟，數發炮彈擊中日軍土山上的兵營，在內的日將數人正在山上，其中有一人正巧被炮彈擊中，餘者狼狽撤下山，於是日軍的攻城計畫再次受挫。

到了二十六日，日軍又製造一批巨大的木櫃，外面蒙上生皮防禦箭矢彈丸，日軍士卒頂著這樣的木櫃向晉州城再一次展開了衝鋒。城內守軍用大石猛砸，將木櫃擊毀後又輔以箭矢，擊退了日軍的猛攻。但日軍並未放棄，又伐巨木作為支撐，修木屋於上，居高臨下向城內發射火箭與鐵炮。

第九章　三年議和

晉州城內平民搭建的茅草屋紛紛被點燃，濃煙滾滾，火焰滔天。戰事慘烈如此，對攻守雙方都是一個巨大的考驗，但此時晉州城內守軍卻開始了一場內訌。晉州城牧守徐禮元就是個文人，平時也沒經歷過戰事，這幾天的表現自然遠不如金千鎰這群義兵起家的將官。金千鎰剛愎自用，本就看徐禮元不順眼，這幾天下來更是對徐禮元不屑一顧。而徐禮元身為正牌牧守，對這幫對他動輒呼來喝去的義軍將更是極為不滿，雙方矛盾愈加深重。雙方的裂痕甚至連局外人都看得一清二楚。當時有一老妓，對金千鎰的幕僚說，第一次晉州之戰時，主帥金時敏牧守率領大家齊心合力，團結一心，因此最終能擊退日軍。而現在城內形勢與當初完全相反，此戰前景真的很難說。此老妓的話實乃金玉良言，要是金千鎰足夠聰明，能及時醒悟過來，與徐禮元演一齣「將相和」，那晉州城還有那麼一點希望能守下來。但對此老妓的話，金千鎰不但聽不進去，反而以妖言惑眾的名義將其斬殺。並直接撤掉了徐禮元，任命張潤為代理牧守。金千鎰的此種行為，實在是官場大忌，他一個客將，不但不是徐禮元的上司，甚至連正規軍都不是，做出這樣的事情，一個囂張跋扈的評語就免不了。就算此戰把晉州城守住了，金千鎰事後也必然會受到追究，甚至功勞越大，過錯也越大，這首先就是政治上的幼稚。其次從進入晉州城起，金千鎰與徐禮元兩人便彼此看不順眼，金千鎰明知徐禮元不是打仗的料，卻非得將徐禮元逼得一起守城，結果造成號令不一，指揮不善的問題。甚至在有人指出問題之後卻諱疾忌醫，反而將對方殺掉。這更是在戰略戰術上的幼稚。禍不單行，就在內訌的同時又天降大雨，晉州城守軍手中的弓箭均受潮而變得鬆垮，無法射擊，城內軍民在經過這幾天殘酷的搏殺中也已筋疲力盡。日軍見此機會，投書於城中進行勸降。此時金千鎰已經把所有的希望寄託在了明朝援兵的身上，於是回書絕不投降，並假稱三十萬明軍即將殺到，企圖威嚇

日軍。但金千鎰不知道的是，距離晉州最近的明軍劉綎軍早已派出了援軍，但劉綎不過五千兵馬，面對日軍九萬大軍實在有心無力，當先鋒被日軍擋回之後，劉綎也只能撤回。因此當金千鎰用明軍威脅日軍後，得到的只是日本人的一陣嘲笑。

見城內不肯投降，日軍再次對城內瘋狂攻擊。到了第二十七日，日軍再次修築五座土山於東、西兩門之外。上面用竹子搭建涼棚，居高臨下向城中施放彈丸。晉州城軍民死傷慘重。之後又打造巨大的木櫃作為四輪車。幾十個日軍步卒身穿鐵甲，以此車為掩護前進，進到城下用鐵錐鑿城。此車為加藤清正與黑田長政所製，用堅固的木板打造成巨大的櫃狀，外面蒙上生牛皮，形狀正如龜甲，因此號稱「龜甲車」。就在此危急關頭，金海府使李宗仁勇猛無比，一馬當先連殺五人，率親兵將一部日軍殺退。城上軍民又丟火油罐焚燒敵車，將龜甲車紛紛燒毀，日軍死傷慘重。戰至二十八日黎明，日軍暫退，李宗仁也因此回軍休息。換了徐禮元負責防守的工作。但此時徐禮元無職無權，連牧守都被撤了，誰會聽他的？於是城內防守鬆懈，被日軍潛至城下，差一點將城樓鑿穿。李宗仁氣得怒斥徐禮元，可是他也不想想明知徐禮元不行，卻非將他脅迫入城，這又是誰的過錯？在城內軍民的防守之下，日軍偷襲再次失敗，死者枕藉，日軍一將領亦中彈身死，屍體被日軍搶走。大戰結束後，黃進站在城上俯瞰城下，感嘆今日之戰居然殺敵千餘。此時悲劇發生了，有個未死的日軍鐵炮足輕還在城下，偷偷地向上發射了一槍，彈丸擊中木板之後在彈跳之下又擊中了黃進的左面頰，於是黃進成為了晉州城陣亡的首位高級將領。

此時晉州城中，以黃進與張潤最為能戰，黃進戰歿之後讓本就惡劣的形勢更為不利，也讓晉州城守軍士氣大跌。於是二十九日，以金千鎰為首的義兵方面做出了一個極為荒唐的決定，居然決定讓徐禮元代替黃進為巡

第九章　三年議和

城將。這幫義兵將從來都不善待徐禮元，這時候卻把他推出去企圖穩定局勢，這豈不是緣木求魚一般可笑嗎？徐禮元表現一如所料，極為不堪，崔慶會當即喊打喊殺，以動搖軍心的罪名就要處死徐禮元。徐禮元身為晉州牧守，被這群義兵將想訓斥就訓斥，想撤職就撤職，甚至發展到如今想殺就能殺的地步。徐禮元如此處境，就算當上了巡城將，又有誰會聽他的命令？當然最後徐禮元被刀下留人了，換了張潤為巡城將。但是戰況激烈，張潤剛赴任，便中彈陣亡。

此時天降大雨，東門城牆這幾天早就被日軍鑿得坑坑窪窪，被大雨這一沖，本就匆匆趕築的城牆一下子垮塌下來。城牆外的日軍依仗龜甲車的掩護，抓住時機雲集城下瘋狂攻城，藉助天時成功登上城牆。李宗仁立於城上率親兵手持腰刀奮戰，城內守軍削竹為兵，投石刺擊，與日軍殺成一團。就在李宗仁將要把日軍打下去之時，一件誰都沒想到的事情發生了。金千鎰親自防守的西北門居然抵擋不住日軍的攻勢，最先被打垮。可笑義軍們整天對著徐禮元喊打喊殺，事到臨頭卻是這位義兵首腦的部屬最先崩潰。無怪乎事後柳成龍給這位金千鎰的評價是「不知兵事又自用太甚。」實在一點都沒說錯。金千鎰這邊被突破，晉州城的局面可謂是全面崩潰。金千鎰、崔慶會等人於矗石樓投江而死。而李宗仁率部十餘人奮劍死戰，居然無人能擋，被他直殺至南江，江水茫茫前無去路，李宗仁再如何勇猛也已英雄末路，但他在這最後時刻依然勇猛至極，雙腋下夾著兩個日兵，大喊：「金海府使李宗仁也！」衝入了江水之中，壯烈戰死。而徐禮元，這位一直風評很不好的晉州城牧守最後在樹林裡被宇喜多秀家的家臣岡本椎丞所斬殺，將其首級醃漬之後傳首名護屋，被當成了日軍炫耀武功的象徵。不管歷史如何敘述此人，他也與那些堅持到最後的義兵將一樣，最終都未向日軍投降。

獸行

　　短短七八天，晉州城便宣告陷落，第一次晉州之戰的失敗被日軍討回，晉州城的激烈抵抗讓日軍變本加厲地釋放他們的獸性。就在這一天，晉州城六萬軍民幾乎被屠殺一空，可謂創造了整個壬辰戰爭中日軍獸行的最高紀錄。屠城過後，日軍將城內建築付之一炬，更把城牆推倒，將護城溝渠填平，填埋所有水井，還將所有樹木砍倒，真可謂是雞犬不留，不遺一物。手段之狠，只有當年往迦太基的土地裡撒鹽的羅馬軍差可相比。

　　大功告成，日軍當然要擺開酒宴，犒賞士卒，大肆慶祝了。七月七日，日軍諸多高級將領在矗石樓大排筵宴，並抓來了一批妓生前來助興。【朝鮮妓生，相當於日本的藝伎，是指專門為國王和兩班貴族提供聲樂服務的女子，一般也賣藝不賣身。】加藤清正部下猛將毛谷村六助喝得酩酊大醉，朦朧中看見一個朝鮮美女在樓臺上向他拋媚眼，風情萬種。毛谷村六助大喜，撲到樓臺上，一把抱住那半推半就的美女。忽然，鉅變陡生，朝鮮美女也用力抱住毛谷村六助，一齊順勢跳入南江之中！大雨過後江水湍急，很快兩人都被沖得沒了蹤影。席間諸將都被驚得目瞪口呆。毛谷村六助是個落魄武士的兒子，年輕時候是個樵夫，但據說卻天生神力，可以將馬舉起。在豐臣秀吉舉辦的相撲大賽中甚至連勝三十五人，最後被加藤清正的家臣木村又藏擊敗而歸順了加藤清正，是加藤清正麾下十將之一。如此猛將與一個朝鮮弱質女流同歸於盡，大家都覺得臉上無光，宴會也舉辦不下去了。【也有說死的不是毛谷村六助，而是另外一個日將。因為另有傳說這個毛谷村六助是在慶長之役期間被明軍誘殺。也有說他活著回到日本，活到六十二歲才死。】

第九章　三年議和

　　戰後經朝鮮方面調查，這位勇敢的妓生叫朱論介，死時年僅十九歲。更有靠不住的傳說說朱論介其實是晉州城淪陷後自殺身亡的崔慶會的新婚妻子，為夫報仇才化妝成妓生，前來暗殺日將的。不管怎樣，朱論介義舉已成為第二次晉州之戰中朝鮮軍民悲情抗敵的代表。戰後，朝鮮政府特地建造「義妓祠」，以紀念這位國難期間義節不屈的少女。朱論介的故事經過多次民間加工，傳唱至朝鮮大江南北，成為該民族一個不朽的傳奇。而「義妓祠」也至今香火不斷。

　　晉州之戰後，日軍分兵數路向各處掃蕩，威逼南原。此時駱尚志在南原駐防，他休整城池，準備抵禦日軍主力，並派炮手三百名在鷲城嶺上駐紮，作為支援。而晉州之戰前撤出的洪季男等人領兵於晉州城外圍與日軍先鋒大戰，轉戰數十里，最終擊退日軍前鋒。此時劉綎則率兵從八莒急進軍至陝川，吳唯忠自鳳溪開至草溪，以保衛慶尚右道。

　　晉州大屠殺之後，朝明兩方面的神經已經緊繃到了極點，均擔心這是日軍下一波入侵的前奏。就在此時，全羅道南部的光陽城和泗川城也遭到日軍洗劫，這正佐證了朝明兩國的判斷。於是沈唯敬這位議和的直接主導者立刻被召至李如松大營問話。李如松見到沈唯敬之後，當著朝鮮官員的面就立刻質問他，當初你信誓旦旦地保證日軍絕不會入侵全羅道，為何現在事情變成這樣？沈唯敬在此壓力面前竟然並不怯場，拍著胸脯再次保證，日軍這次的目標就是晉州城，打完晉州城便會立刻撤退。至於入侵全羅道的那些人，必然不是日本人！

　　沈唯敬有小西行長這樣一個「內線」，這話說出來就是底氣十足，過不了多久，李舜臣便證實，劫掠兩地的竟是假扮日軍的朝鮮人！此時全朝鮮因為戰火，農業生產遭到巨大的破壞，糧食顆粒無收，昔日屯糧也大都被日軍和朝鮮官軍搜刮一空，全朝鮮餓殍滿地，處處可見餓死的屍骨。在

活命與造反之間，其實選擇並沒有那麼難。這些朝鮮人為了活命，在戰爭伊始就可以向日軍投降，以至於到現在，日軍中一半以上都是朝鮮人，這些朝鮮人反身殺戮自己的同胞，甚至比日軍還要凶殘得多，在晉州城的血債，其中有一半也得算在這些人的頭上。這些朝鮮饑民沒有這個膽子更沒有能力去打日本人的主意，為了要活下去，也只能去洗劫同胞的城市。

就在朝明聯軍如臨大敵之際，日軍主力卻在大舉掃蕩劫掠後，一如沈唯敬所說，此舉僅為報仇，並無大舉反攻之意。日軍主力回收之後分為三部，一部撤往泗川、固城方向燒殺搶掠；一部向三嘉、宜寧方向劫掠之後，最終屯紮於咸安、昌原等地；一部滿載被擄男女與金銀財寶等物，撤往金海。讓連日來緊張備戰的朝明聯軍鬆了一口氣。

日軍戰後論功，加藤清正、小西行長、黑田長政三人戰功相若，但加藤清正最早將晉州城城牆破壞，因此論功為第一。伊達政宗戰功卓越，毛利秀元率兵殺入西門後斬殺尤多，各自收到豐臣秀吉的感狀作為表揚。並升毛利秀元為正三位，參議。而朝鮮方面則開始展開了大規模的悼念活動，追贈金千鎰為右贊成。黃進、崔慶會為左贊成，張潤為兵曹參判，其餘陣亡人等均有追封，並建廟祠祀，牌匾上書忠烈二字，可謂是備極哀榮。可惜再怎麼悼念，都改變不了晉州城被圍之後，以權慄為首的朝鮮官軍並無一兵一卒援救的事實，更有趣的是，朝鮮國王居然認為權慄敢戰，有膽氣，完全無視其之前的表現，便急不可耐地任命其代替金命元為都元帥，統帥朝鮮各路軍隊，真可謂對晉州陣亡諸將的一個絕大的諷刺。

朝鮮八道地方被入侵損害總覽：

平安道：

平壤府城、中和、祥原等郡，俱經焚蕩占住。寧邊、肅川、成川、定

第九章　三年議和

州、安州、龜城、朔州、昌城、義州、江界等府鎮，德川、順川、熙川、雲山、嘉山、郭山、宣川、鐵山、龍川、渭原、碧潼、博川、理山、寧遠、慈山、價川等郡，甑山、咸從、江西、永柔、龍崗、三和、順安、江東、三登、陽德、孟山、泰川、殷山等縣，俱賊未入境。

黃海道：

黃州、海州、瑞興、平山、豐川等府鎮，鳳山、谷山、遂安、信川、安嶽、載寧、白川等郡，新溪、牛峰、文化、松禾、長淵、甕津、康翎、殷慄、江陰、長連、兔山等縣，俱經焚蕩占住。只延安府一城，守臣固守，奮勇拒敵，賊遂大挫而去。

京畿道：

廣州、驪州、坡州、楊州、水原、富平、利川、仁川、長湍、南陽等府鎮，楊根、豐德、加平、安山、朔寧、安城、麻田、高陽等郡，龍仁、振威、永平、陽川、金浦、砥平、抱川、積城、果川、衿川、通津、交河、漣川、陰竹、陽城、陽智、竹山等縣，俱經焚蕩，亦有占據。江華、喬桐等府縣，俱賊未入境。

江原道：

原州、淮陽、襄陽、春川、三陟、江陵、鐵原等府鎮，通川、平海、旌善、高城、捍城、寧城、平昌等郡，金城、蔚珍、歙谷、伊川、平康、金化、狼川、洪川、楊口、橫城、麟蹄、安峽等縣，俱經賊患，亦有占住。

慶尚道：

慶州、星州、安東、昌原、金海、密陽、善山、大邱、東萊等處府鎮，草溪、蔚山、梁山、清道、醴泉、永川、興海、金山、咸安、陝川等

郡，慶山、固城、巨濟、義城、泗川、鎮海、開寧、三嘉、高靈、宜寧、河陽、龍宮、彥陽、漆原、仁同、聞慶、咸昌、知禮、玄風、軍威、比安、義興、新寧、靈山、昌寧、機張、熊川等縣，俱經焚蕩，占住。靑松、寧海等府，榮川、豐基、咸陽等郡，南海、盈德、居昌、奉化、河東、淸河、安陰、丹城、禮安、迎日、長鬐、真寶等縣，俱賊未入境。只晉州一城，本鎮官固守拒賊，斬殺甚眾，賊遂遁歸。

咸鏡道：

安邊、鍾城、慶興等府鎮，文川、高原、三水、端川等郡，洪原、利城、明川等縣，俱經賊患，亦有占住去處。

忠清道：

忠州、清州等鎮，清風、丹陽、槐山等郡，文義、堤川、懷德、延豐、陰城、清安、鎮川、永春、報恩、永同、黃澗等縣，俱經焚蕩，亦有占住。公州、洪州等鎮，林川、泰安、韓山、舒川、沔川、天安、瑞山、沃川、溫陽等郡，鴻山、德山、平澤、稷山、定山、青陽、恩津、懷仁、鎮岑、連山、尼山、大興、扶餘、石城、庇仁、藍浦、結城、保寧、海美、唐津、新昌、禮山、木川、全義、燕岐、青山、牙山等縣，俱賊未入境。

全羅道：

珍山、錦山等郡，龍潭、茂朱等縣，俱被焚掠外，羅州、光州、南原、長興、順天、潭陽、濟州等府鎮，寶城、益山、古阜、靈巖、珍島、淳昌、金堤、礪山、靈光、樂安等郡，昌平、臨陂、萬頃、金溝、綾城、光陽、龍安、咸悅、扶安、咸平、康津、玉果、高山、泰仁、沃溝、南平、興德、井邑、高敞、茂長、務安、同福、和順、興陽、海南、求禮、

第九章　三年議和

谷城、長城、珍原、雲峰、任實、長水、鎮安、大靜、旌義等縣，俱賊未入境。只全州府一城，賊至城外，望見守備完固，不犯而退。

瘋狂條件

　　第二次晉州之戰的大勝利，讓豐臣秀吉的野心再次膨脹起來。謝用梓和徐一貫二人在臨走之際，又收到了豐臣秀吉最新的談判條件。這次除了要納明朝公主為后妃，恢復中斷已久的勘合貿易之外，更提出要將朝鮮八道一分兩半，四道歸入日本版圖，四道交給朝鮮國王李昖，並且要朝鮮王子以及大臣等送交日本作為人質，並要求朝鮮方面盟誓臣服日本，永不背叛。這種駭人聽聞的條件，不要說謝用梓和徐一貫二人不敢答應，甚至回到朝鮮後都不敢隨便提。當然這時候豐臣秀吉這個大老粗又鬧了個大笑話，他找人弄了封漢文國書帶去明朝，可惜所託非人，此人居然照著明初日本懷良親王致明朝的國書給抄了一遍。全文如下：

　　蓋聞治世，五帝禪宗，豈中華而有主焉；夷狄而無君？乾坤浩蕩，非一主之獨權；宇宙寬洪，則諸邦有分守。堯、舜有德，四海來賓；湯、武施仁，八方拱手。夫天下者，天下之天下，非一人之天下也。臣居（經略）（遠弱）之倭、偏僻之國，城池未滿六尺，封疆未足千里，常懷知足之心。故知足者，常知足者也。陛下作中華之主，萬乘之君，至尊也，常懷不足之心，而行滅（施）（絕）之意，率起盡之兵，來侵臣境。（是以水來壓降之至將迎）（水澤之地，山海之州，自有其備，豈肯跪途而奉之乎？）自古軍無常勝，將無常敗。臣論文，有孔、孟道德之文章；論武，有孫、吳韜略之兵法。上既不慈，下以不孝。（如賀藍山前略而不甚者有何慎武）

（相逢賀蘭山前，聊博戲，臣何懼哉？）不如罷刀兵，而講和為上，霸戰為下計。年年來進，歲歲來朝，惜民人之艱辛，免生靈之塗炭。今差首將哈哩嗎，齎本赴奏，謹具奏聞。

俗話說天下文章一大抄，寫文作詞本就離不開借鑑，但如此拙劣的抄襲，甚至讓朝鮮人都看出來了，那就笑話大了。朝鮮方面從沈唯敬那得到國書內容之後，不但直稱這國書抄襲痕跡極濃，而且大罵此國書大逆不道，簡直是可忍孰不可忍。不過還好這封國書基本都是抄的，因此豐臣秀吉的幾個條件倒是沒寫進去，要不然謝用梓和徐一貫二人大概都不敢拿出來。

當然對豐臣秀吉而言，這樣的國書和談判條件已經很給明朝面子了，要知道他在進攻朝鮮之前，可是一心要征服中國、印度，定都北京的。可惜豐臣秀吉這樣的大老粗完全不明白他這些條件對明朝意味著什麼。別說現在戰場上朝明聯軍把日軍已經逼到只有一隅之地，就算是日本人能打到東北，這樣的條件也休想讓明朝接受。

謝用梓和徐一貫二人回來之後，雖然對和談的具體情況三緘其口，但是有兩個人他們是不敢隱瞞的，第一個當然是宋應昌，第二個則是李如松。宋應昌此人好大喜功，起初便是一力主戰，但明軍四五萬軍隊久居朝鮮，不但很難得到朝鮮提供的補給，甚至還要不斷貼補大量的糧草器械讓朝鮮人度過難關，錢糧就像決堤的河水一般洶湧地流淌出去，鉅額的軍費開銷在明朝這個日漸衰敗的帝國身上，已經成為了一個巨大的負擔。雖然朝內支持打到底的呼聲依然占據優勢，但是這些人除了喊打之外，卻變不出最至關重要的錢糧來。因此主和派雖然屬於少數派，在朝中的發言權卻一點也不小，施加在宋應昌身上的壓力也越來越大。如今擺在宋應昌面前的只有兩條路，一條就是立刻獲得全勝，這條以目前的局勢，顯然不可

第九章　三年議和

能。另外一條便是盡快議和成功，這條路相對比較現實，但當宋應昌得知談判內容之後，這個夢也隨之破滅。豐臣秀吉如此大逆不道的條件，宋應昌是萬萬不敢答應下來的。而同樣身為主戰派的李如松，亦是早早轉變了態度，知曉了如此大逆不道的條件後，他居然一聲不吭，乾脆假裝不知道此事，來個悶聲發大財。可李如松可以難得糊塗，宋應昌卻不行，他是主持朝鮮戰事第一線的最高級別文官，不論戰和最後的結果都得由他來負責，因此在兩難之下，只能將跟隨謝用梓和徐一貫二人回來的日本使者小西飛（內藤如安）扣留在遼東，並嚴令沈唯敬去日軍大營重新談判。這次宋應昌給了沈唯敬一個近乎不可能完成的任務，那就是要求日本方面全部撤軍，上表請罪並且立誓永不侵犯朝鮮，這樣明朝方面才能允許封豐臣秀吉為王。至於是不是能允許日方進貢，恢復以前的勘合貿易，這個原則上是不行的，但是有商量的餘地，此外其餘日方條件一概駁回。明日雙方談判的價碼差距之大彷彿隔了一個太平洋一般，這讓沈唯敬如何是好呢？

沈唯敬無可奈何地再次去了日軍大營，此時跟隨他同行的還有個叫做譚宗仁的游擊將軍。可能此時宋應昌對於沈唯敬已經深為警惕，因此派了此人對沈唯敬進行監視。不過不論是宋應昌還是譚宗仁都萬萬想不到，沈唯敬與小西行長的關係極佳，到了日軍大營之後，譚宗仁就當著小西行長的面全面否定了豐臣秀吉的條件，並將宋應昌的價碼原原本本地說了出來。此次議和可謂是小西行長一手促成，要是讓這個譚宗仁把事情都捅出去，那第一個倒楣的就是他。不過一貫狡猾的小西行長也不會做這個惡人，他直接將譚宗仁交給了加藤清正。加藤清正就是一大老粗，一見這譚宗仁，立刻就將其拘禁起來，讓小西行長得以安心與沈唯敬商量如何度過難關。

就在沈唯敬與小西行長暗地裡密謀之際，有趣的事情卻發生了，明日

兩國軍隊居然在沒有達成任何協議的情況下，極有默契地開始了撤軍。是年八月，李如松撤兵返回遼東，鑑於日軍未撤，留劉綎五千人，吳唯忠、駱尚志兩千六百人以及薊遼兵一萬六千人左右於慶尚道駐紮，防備日軍，但由於議和進展，劉綎等人於翌年先後召還，明軍於朝鮮駐軍已經為數甚少。而日軍則在豐臣秀吉的命令下，留四萬人防守十八處沿海據點，其餘八萬餘人分批渡海回歸日本。

和戰之爭

這先斬後奏，兵倒是開始撤了，但是議和卻遲遲沒有進展。宋應昌深知這議和的難言之隱，雖然現在已經是身不由己，但是也絕不敢拍板定這個調子，只能拖一天是一天。宋應昌這樣消極怠工的態度終於讓石星無法容忍，他決定搬掉這塊絆腳石，首先於十二月上書將宋應昌、李如松二人調回國，然後讓「能辦事」的顧養謙接替宋應昌，完成議和重任。

這換帥如換刀，顧養謙剛剛走馬上任，立刻就傳來了「好消息」。這沈唯敬真的讓豐臣秀吉服軟了！沈唯敬是怎麼做到的呢？這小西行長得知沈唯敬帶來的條件之後，亦是頭痛萬分。他清楚地知道，明朝方面開出的條件豐臣秀吉絕不可能答應，甚至會大大地觸怒這位關白大人。一旦如實彙報，勢必戰火重燃。他自入朝以來，好處沒撈到多少，反而損兵折將，對朝鮮這鬼地方他早就受夠了。相比而言，小西行長與他的女婿宗義智對明日貿易那鉅額的利潤卻是垂涎三尺！於是他與沈唯敬商議之後，把心一橫，一不做二不休，竟然與沈唯敬合謀偽造了一封豐臣秀吉的降表，由沈唯敬帶到明朝。

第九章　三年議和

　　萬曆二十一年十二月日,日本前關(伯)(白)臣平秀吉,誠惶誠恐,頓首頓首,謹上言稱謝者。伏以,上聖普照之明,無微不悉;下國幽隱之典,自求則鳴。茲瀝卑悰,布幹天聽。恭惟皇帝陛下,天祐一德,日靖四方。皇建極,而舞干羽於兩階;聖武昭,而來遠人於萬國。天恩浩蕩,遍及遐邇之蒼生;日本獻微,咸作天朝之赤子。屢託朝鮮以轉達,竟為祕匿而不聞。控訴無門,飲恨有(自)。不得已而構怨,非無謂而用兵。且朝鮮詐偽存心,乃爾虛瀆宸聽;若日本忠貞自許,敢為迎刃王師。游擊沈唯敬,忠告諭明,而平壤願讓;豐臣行長等,輸誠向化,而界限不逾。(詐)(詎)謂朝鮮反間,構起戰爭?雖致我卒死傷,終無懷報。第王京唯敬,舊章復申;日本諸將,初心不易。還城郭獻芻糧,益見輸誠之悃;送儲臣歸土地,用伸恭順之心。今差一將小西飛彈守,陳布赤心,貲得天朝龍章賜,以為日本鎮國恩榮。伏望陛下,廓日月照臨之光,弘天地覆載之量,(此)(寵)照舊例,特賜冊封藩王名號。臣秀吉,感知遇之洪休,增重鼎呂;答高深之大造,豈愛髮膚?世作藩籬之臣,永獻海邦之貢。祈皇基丕著於千年,祝聖壽延綿於萬歲。臣秀吉,無任瞻天仰聖激切屏營之至,謹奉表以聞。

　　這封降表與先前的那封,可以說是天差地別,簡直是從一個霸氣十足的梟雄一下子變成了一個畢恭畢敬的小受氣包,這種反差實在是讓人瞠目結舌。這理所當然地會引起懷疑,當此降表一被披露出之後,朝鮮方面馬上便說,此降表中的語言文字,跟前一次的降表差別巨大,倒是很像朝鮮人或者明朝人的筆調,非常可疑。如此漏洞處處的降表對急於達成議和的石星和顧養謙來說,實在是來得恰到好處。

　　就在此封降表之前,朝鮮向明朝派出一個以謝恩使金晬為首的謝恩使團,此使團進京之後便大肆宣揚日軍在晉州的暴行,強調日軍完全沒有議

和誠意，希望引起明朝方面的警惕，破壞掉石星一力主導的議和企圖。結果便是大明群臣因此事吵成一鍋粥。主戰者有之，主守者有之，許封不許貢者有之，封貢並許者有之，簡直就是一團亂麻。宋應昌是主張既封又守的，下場就是既被主戰派炮轟，又被主和派批評，兩面不是人。

朝鮮使團引起的騷動，讓石星用最新的假降表好不容易給壓制住了，有關此事朝臣雖然各有各的意見，但是扯到後來其實就是在瞎吵，要說道理，戰守派的道理非常站得住腳，不但有朝鮮方面的證實，而且還有福建巡撫從日本的許儀後得來的第一手情報，可謂樁樁件件有證有據。

但是實際上全都沒用，一談到關鍵問題，石星用四個字，「沒錢沒糧」就給頂回去了。不是要打嗎？麻煩先把錢糧弄到再說。一談到這個根本問題，戰守派就無言了。

這世界上總是沒有不透風的牆，此時又發生了一件事讓石星的議和計畫險些完蛋。當時有個浙江餘姚人叫諸龍光的，曾經是李如松家裡的塾師，之後被李氏父子冷落，懷恨在心。此時李如松身為軍方大佬，也暗地裡支持議和。主戰派既無法籌得軍費，又無法得到軍方的支持，在朝堂上便無法阻止議和。因此不滿的主戰派文官便暗地裡認為以李如松為首的軍方行賄媚倭。當時明軍指揮胡澤將小西行長的手書抄送了一份給顧養廉，其中便有和親的字樣。顧養廉一見之下被嚇了一跳，連忙找來徐一貫、謝用梓兩人詢問。此二人又怎麼敢說實情，只能矇騙說這是日本人沒文化素養，他們和親的意思實際上是和平親愛的意思，和親就是息爭。此後顧養廉和石星則拿這種說法繼續哄騙皇帝與群臣。但這個世界上沒有不透風的牆，諸龍光知曉了豐臣秀吉真實的議和條件，包括豐臣秀吉要求明朝和親的事實。於是出首告李如松私許日本與天朝和親。御史唐一鵬等信以為真，隨即上疏彈劾李如松及東征在事諸臣，給事中喬胤隨後和之。這下算

229

第九章　三年議和

是捅了馬蜂窩，不但沒有達到應有的效果，反而造成了反作用。萬曆皇帝詔令不必會議，將諸龍光下於大獄，究問主使之人。那諸龍光抵死不肯吐出幕後主使者，法司先是擬以杖譴了事。萬曆帝大怒，詔令將他和同夥陳仲登一起枷於烈日下。朝臣不平，紛紛為諸龍光訟冤。國子監祭酒劉應秋疏言一個妄人上書，何必置之死地。刑部尚書趙煥也兩次上疏力爭，稱盛暑必斃命，而二人罪不當死。萬曆皇帝不聽，傳旨切責趙煥等。不久又命將諸龍光遣戍瘴鄉。沒幾天，竟死於酷刑之下。

為何諸龍光的告密會招致萬曆皇帝如此之大的反應？原因便是主戰派在政治上的過於幼稚。李如松是李成梁的兒子，萬曆年間兩大名將，李成梁與戚繼光齊名，號稱縱橫北方邊塞四十餘年，前後鎮守遼東近三十年，屢破強豪，力壓各方北方游牧部落，立頭功一萬五千次，拓疆近千里。那時候的遼東，幾乎就是李家的天下。動李如松就等於動李成梁，要知道寧夏哱拜之亂不過剛剛過去，身為一個區區副總兵的哱拜叛亂就費了九牛二虎之力才平定下去，那在遼東根深蒂固的李家要是被逼反，又會如何？因此不管這事情到底是不是屬實，這諸龍光都不能不死，否則無以表明萬曆皇帝對李成梁父子的信重。

草草地了結了「和親」一案，事情又回到了原點。戰守派與封貢派就這樣誰也說服不了誰，就這樣一拖就是近一年的時間。在這時間內，新任經略顧養廉可比他的前任宋應昌堅決多了。他不但將朝鮮方面派往北京的使臣許頊給扣留在遼東，還派遣參將胡澤攜親筆信前往朝鮮，要求朝鮮國王同意封貢的提議。在顧養廉的信內，可謂寫得直白至極。大意為天朝幫著朝鮮收復大部國土，救回王子大臣，已經是仁至義盡，識相的就趕快同意封貢，這樣日本人撤軍，朝鮮也能保全，皆大歡喜。要是不識相，那麼日本人再打過來，天朝可管不了了，朝鮮要是自己扛不住，完蛋也是自找

的！這封信可謂是擊中了朝鮮的弱點。朝鮮如今能不滅國，主要就是靠著明軍的援救，要是明軍罷手，朝鮮勢必會亡國。之前朝鮮很了解明朝自居天朝上國的心態。你不是天朝上國嗎？那就得幫我們把事情擺平，不但得出錢出人出力，打點折扣都堅決不答應。現在顧養廉撕破臉，擺出一副撒手不管的樣子來，這下子朝鮮君臣徹底傻眼。前文亦提到，實際上此時朝鮮的重臣們也紛紛傾向於議和，僅僅是朝鮮國王特別不甘心而已。因此在柳成龍等人的勸說下，終於改變態度，同意日本封貢。此時朝鮮方面還不知道時間開了他們一個大大的玩笑，他們做出的決定恰恰將事情推向了他們最不想看到的境地。

朝鮮討論來討論去，最後好不容易同意議和，這一下子就拖到了九月分。這時候顧養廉這個遼東經略的位置也開始坐不穩了。在顧養廉上任遼東經略這幾個月內，他將駐紮在朝鮮內剩餘的一萬多明軍幾乎通通調回國，僅僅在朝鮮留了象徵性的兩千多人駐守。而他又一力主和，因此便成了主戰派言官們的靶子，甚至連大學士徐一貫也跳出來竭力反對封貢。這徐一貫可不是等閒之輩，他在爭「國本」案中得寵，在朝中位高權重，僅次於首輔趙志皋，實際上便是未來首輔的當然人選。他反對封貢的理由主要因為他是浙江人，而顧養廉提出的封貢交接地便在寧波，浙江沿海素受倭患，對日本極為仇視，因此徐一貫為了本鄉本土，也得把這事情給搞砸了。得罪了這位大佬，顧養廉也只能黯然求去。在上本乞解軍務之後，顧養廉回到了朝內。繼任者孫礦兼右僉都御史代為欽差總督薊遼保定等處軍務兼理糧餉經理朝鮮。

這位孫礦是個兩面派，本來是主和派，結果看到主戰派勢大，就開始極力主戰。不想他剛到遼東，屁股還沒坐熱，朝鮮王一紙上表到了，朝鮮方面竟然全盤同意了顧養廉的議和提議。這下子孫礦和一眾主戰派官員都

第九章　三年議和

傻了眼，連朝鮮都願意封貢，那還有什麼可說的呢？萬曆皇帝於是大怒，怒斥主戰派官員阻撓封貢，同時指責兵部不能勇於任事，並且將率先上疏的的戰守派官員郭實給革職為民。還要兵部嚴查阻封貢、造言惑眾者姓名，以便懲罰。實際上不論是戰守還是封貢，都是政見不同，就算是萬曆皇帝本人也在這兩種政見中猶豫不決過，又怎麼能如此惱羞成怒地處置無罪的官員呢？

封貢

萬曆二十二年（西元1594年）十月二十三日這一天，石星再次上疏請封日本。此時朝堂上再無異議，萬曆皇帝此時再無猶豫，准日本使節小西飛進京，許其予封；如日軍不退，則興兵正罪，一意征剿。

有了萬曆皇帝的一錘定音，一幕議和的大戲終於進展到了實質性階段。石星首先派姚洪赴遼陽召小西飛；一面又遣游擊陳雲鴻與沈嘉旺赴朝鮮釜山，宣諭小西行長迅速率眾啟行，以候封使。另外責成沈唯敬在館陪伴處理各事，其朝見、冊封、遣使等儀俱照朝鮮、琉球事例。

十二月初七日，日本使節小西飛在明軍指揮李英春的陪同下入京，此時的小西飛，已經在遼東滯留一年有餘。眼看議和即將成功，石星不禁大喜過望，居然盡撤京城三大營兵夾道相迎。石星的後臺大學士趙志皋甚至想請萬曆帝親自御午門城樓接見，萬曆皇帝以夷情未審的理由回絕趙志皋的提議。

十二月十九日，石星會同眾官，與日本使節小西飛開始正式談判。在談判桌上，石星提出准許議和三事：「第一日本兵必須全部撤回日本，一

個都不允許滯留釜山；第二僅僅允許封豐臣秀吉為王，不允許日本朝貢；第三必須發誓永遠不再侵犯朝鮮。如果日本方面同意則許封，不同意則不可許。」這些條件，基本上就是想用一個空頭的王爺封號就把豐臣秀吉給打發了，簡直就是把豐臣秀吉當傻子一般，這和豐臣秀吉向明朝提出的那些狂妄條件何其相似！可見雙方高層打到現在，均既不知彼又不知己，或者是只願意相信自己想相信的，對擺在面前的事實視而不見。

聞聽這些條件後，小西飛卻毫不猶豫，一口答應。在遼東羈留的這段日子小西飛並未白過，此時的他已經非常了解明朝內情，對明日之間的議和內幕可謂是深深地參與其中。如果說明日之間的議和活動是一場錯綜複雜的荒誕劇的話，那麼小西飛就是其中深諳內情的寥寥數人中的一個。身為小西行長的心腹，小西飛深知小西行長想要恢復明日貿易的迫切，因此小西飛全盤接受了石星提出的方案。也許有人會問，這三條中，許封不許貢不是明擺著拒絕了日本想要的勘合貿易嗎？為何小西飛也會答應下來呢？實際上明日之間的走私貿易活動極為猖獗，在日本亦有大量華人居住，只要戰爭平息，貿易活動立刻便能恢復。所謂瞞上不瞞下，到時候什麼都可以操作。

小西飛答應得如此爽快，讓萬曆皇帝都感到不可思議，這使者實在有點奇怪。於是命司禮監太監張誠傳奉聖諭，要求石星等會同文武及科道等官，令通曉日本語的通事再次當面嚴加詰問，確保萬無一失。二十日，石星與內閣大學士趙志皋、定國公徐文璧等，召集吏部尚書孫丕揚等六部九卿及翰詹科道各官在午門左闕譯審日本使節。這小西飛實在算是人才，大庭廣眾之下，被明朝群臣前後共問答十六條，其一一作答，毫無破綻。當日，兵部將此日本使節面同多官親書應對情辭盡數封奏朝廷。

見到日本使者如此恭順，跟以往所聽到的傳言大相逕庭，萬曆皇帝龍

第九章　三年議和

顏大悅，即冊封豐臣秀吉為日本國王，並按小西行長提供的名單冊封日本國大臣。日本自永樂初錫封，原賜有龜鈕金印。但小西飛供稱舊印遺失，無從查尋。於是又以禮部之請，花費了數萬兩銀子，命工部另行鑄造日本國王金印一顆以及冠冕、法服等。

十二月三十日，萬曆帝從兵部尚書石星之請，命臨淮侯勳衛後軍都督府僉書李宗城授署都督僉事充正使、五軍營右副將左軍都督府署都督僉事楊方亨為副使，各賜武官一品服，齎策命印章，前往冊封豐臣秀吉為國王。不久又命沈唯敬為宣諭使，隨同前往。此時議和派可謂大獲全勝，戰守派雖然極為不甘，依然不斷有人上書企圖阻止議和。如太僕少卿張文熙居然為了阻止封貢，提出了一個發浙江、福建、南直隸、廣東四省兵馬，直搗日本的計畫來。此種純屬異想天開的計畫，被南京兵科署科事刑科給事中徐栢輕易就給拒絕了。就這樣，明朝的使節們踏上了前往日本的道路，這場議和大戲，終於到了尾聲。

此次議和，沈唯敬可謂「勞苦功高」，但是小人物的悲哀便在此，辦事的雖然是他，但是到了論功行賞的時候，這最後一步卻輪不到他了。這位李宗城的來頭不小，他父親便是臨淮侯李言恭，祖先則是開國元勳之一的曹國公李文忠，可謂是將門世家、世代勳貴。此人少小以文學知名，跟他爹一樣，吟詩作畫倒是一把好手。不過非常奇怪的是，他爹臨淮侯李言恭出使之前強烈反對他身為正使出使，甚至上書說：「如果非要讓李宗城出使，他如果真的誤事了，請千萬不要降罪。」結果老爹果然十分了解兒子，這李宗城還真就不堪大用。

天使逃亡

　　萬曆二十三年（西元 1595 年）二月，萬曆皇帝對日本頒發詔諭、敕諭各一道，派李宗城、楊方亨持詔諭、金印及國王冕服、禮物，與沈唯敬等一同出發。小西飛也隨行。但是李宗城一行磨磨蹭蹭，到了四月分才渡過鴨綠江抵達義州。不久來到漢城暫住下來，準備待日軍盡撤後再入日本。小西飛身穿明朝服飾，置於標下，出入相伴，形影不離。

　　到了漢城之後，這李宗城的屁股就像是被膠水黏住了一般，死活不肯離開，藉著日軍大軍還在釜山，要求日方履行兩國議和所談妥的條件，必須全面撤軍，釜山不留一卒才能渡海前往日本。此時沈唯敬也與李宗城鬧翻了，李宗城世代貴族，怎麼看得起沈唯敬這麼個市井草民，而沈唯敬也是一樣，議和可謂是他一手促成，其中出生入死可謂九死一生，現在倒好，居然被這麼個紈褲子弟輕鬆當了個正使。兩人互相看不順眼，於是李宗城就把沈唯敬打發至日軍大營，讓他催促日軍撤軍。小西行長見到沈唯敬當然極為熱情，設宴款待，但撤兵一事卻一拖就是個把月。最後在李宗城的催促下，小西行長只能先撤熊川數陣及巨濟、塢門、蘇津浦諸屯做做樣子。後來實在拖不下去，就把問題推到加藤清正身上，反正小西行長向加藤清正頭上潑的汙水也夠多，也不在乎這麼一次兩次。於是加藤清正再次成了明日之間議和的絆腳石。

　　老這麼拖著也不行，小西行長於是親自去日本說服豐臣秀吉撤軍。不知道他用了什麼辦法，居然讓豐臣秀吉同意了小西行長的請求。於是七月初一日，明朝方面獲報小西行長於上個月二十六日回國。豐臣秀吉差人分管燒毀房屋及接待等事，釜山大將門敦等三營先回，加藤清正等三營次

第九章　三年議和

之，只留釜山房屋以待天使。但別無搬運之狀，並道：「恐怕如上次在平壤遭受欺騙。願天使速入營中，當悉如約。」小西行長這樣的姿態做了出來，又有石星在北京催促，但李宗城居然硬是不肯走，打發副使楊方亨於八月初十日去釜山大營，自己仍留漢城。

這李宗城就是不肯動身，讓身在北京的石星發了急。於是也顧不得跟李宗城之間的情分，連連發函催促李宗城行動。李宗城無奈之下，只能於九月初一從漢城出發，拖拖拉拉地走到十月分才進入釜山。當李宗城終於到了釜山，那就由不得李宗城了，實際上小西行長所有的撤軍活動也不過是做做樣子，等李宗城到了，掌控權便再次落到了小西行長與沈唯敬手中。沈唯敬這段時間以來，往返日本、朝鮮間，在明日之間敷衍調和，使盡了十八般解數。但是此種情形，又豈是那麼容易能糊弄過去的。於是幾個月下來，依然無甚成果。

就在沈唯敬在百般活動之際，這位議和正使李宗城卻搞了一樁大事出來。對馬島島主宗義智是小西行長女婿，跟小西行長一樣是屬於議和派，對明日貿易極為垂涎。因此他對正使李宗城便極盡奉承，每夜遣美女二三人侍寢，還大行賄賂。李宗城這位仁兄大概是被捧得過於飄飄然了，還以為自己身在北京。他聞聽宗義智的老婆聰慧貌美，於是色心大起，居然打起了她的主意。對日本人來說，女人雖然並非那麼重要，但是一個敵國的使者，身在敵營，不思完成使命，卻覬覦敵人首腦的妻子，這種人又怎麼能指望他以後能有什麼作為呢？宗義智自此之後便知道李宗城絕不是個成大事的料，於是不再將李宗城放在眼裡，轉而討好楊方亨。

不久福建人蕭鳴鶴、王三畏等從日本來，拜見李宗城，極言關白桀驁不馴，實無受封之意。並說：「豐臣秀吉聽說冊封使節要來，決定囚禁使節，並當做人質向天朝索要歲幣，而且還要發兵朝鮮。這議和絕對不會成

功,去了不過徒辱使命而已。」這一番話真真假假,虛實參半,把李宗城唬得心神不寧,日夜涕泣思歸。就在之後,前明使謝用梓姪、沈唯敬營千總謝隆因與李宗城爭道,互不相讓。李宗城便擺出欽差大臣的威風,準備殺他。謝隆懷恨在心,便恫嚇李宗城左右,稱日本人將要行刺他。這一個區區千總居然敢跟欽差大臣,勛貴之後搶道,可見這李宗城平素的作為實在毫無威信可言。被謝隆這麼一嚇唬,膽小如鼠的李宗城又想起蕭鳴鶴、王三畏的話,嚇得六神無主。於是竟然在四月初四的二更時分,棄璽書印敕不顧,帶了身邊的家丁三名扮作差官模樣,背負黃袱面紗擊鑼而出。騙守門日兵道:「有急遞,請開門。」日兵信以為真,讓李宗城給逃了出來。

李宗城逃出之後,日軍尚不知曉,直至天明之後方才發覺。當下一軍俱動,分道追趕,至梁山、石橋不得而返。這下子算是捅了馬蜂窩,宗義智等人生怕有變,趕忙率兵包圍副使楊方亨的館所。

這楊方亨完全不知道李宗城逃跑,事情發生之際他還在睡覺。宗義智有求於他,於是也不敢驚動,就在外面等著。誰知道這楊方亨實在能睡,等到太陽升得老高他還沒起來,於是才闖入館所,令通官跪告道:「正使逃去。」楊方亨聽到這個消息是又驚又怒,不過這楊方亨總算是比李宗城這樣的廢物強得多,他知道生死成敗在此一刻。於是表面上顯得極為鎮定,輕描淡寫地道:「這傻子沒過過國外的生活,久在營中,悶不可耐,因此跑了。」隨之起身對麾下諸將道:「現今正使既去,你們現在都歸我管,不能讓日本人感覺我等慌亂狼狽!」然後讓宗義智等毋令侵暴諸官,也不得追趕正使。宗義智見楊方亨顯得成竹在胸,於是遵命而退。傍晚,楊方亨到正使衙門,將金印捧還下處。他這一番做作,總算是安下了宗義智等日本諸將的心,紛紛道:「印信在此,楊副使猶在,我們又有何顧慮。」因此咸遵節制,內外乃安。

第九章　三年議和

　　李宗城夜半出逃，不知所向，不但讓日本人好一頓找，甚至連朝鮮方面都轟動了，朝鮮人趕緊發動全部力量四處尋找。最後，在山郡巖谷之間找到他，他正解下腰帶準備在一棵樹上吊死呢！原來，李宗城自出逃之後，中途與僕人失散，月黑不辨行徑，不敢走大路，只管抄山路亂走。至天明時，不覺迷了路。舉目眺望，遠處乃是日軍堡壘。只得回頭，仍舊奔竄於山谷中。這廝嬌生慣養，在此絕境之下哪裡有任何生存技巧，連著餓了三天，最後想到的辦法居然是上吊自殺。還好這傢伙命不該絕，適遇朝鮮哨探人，忙上前將他解救下來，送往王京。

　　李宗城到了王京，見到朝鮮王之後倒是定下心來，滿口開始胡說八道，說：「豐臣秀吉抓住沈唯敬逼他同意七件事，沈唯敬奴才一個，貪生怕死，於是無所不應。我聽到之後，覺得自己一死猶不足惜，恐辱國命。這才決定逃出來，實在罪該萬死。」這李宗城別看他平時就一酒囊飯袋，但到了這關鍵時刻，找人背黑鍋的本事卻是一流的。一番話下來，就把自己描述得高大無比，把罪名直接扣到了沈唯敬的頭上。但李宗城忘了一點，要是都無證據，想告倒沈唯敬那是輕而易舉。但是李宗城現在做出的事情不但整個使節團都有目共睹，副使楊方亨當時就將實際情況上奏朝廷，朝鮮方面也派遣陪臣沈友勝將此事上奏。李宗城身為天朝使節，把臉給丟到國外去了，這讓萬曆皇帝怎麼能不憤怒？於是馬上以辱命下詔逮問李宗城，先下錦衣衛獄，不久改命科道往審。同時又開始議戰守之計。

　　這戰守之議重開，實際上就是又一場口水戰的開始，憋得很久的戰守派火力對準了石星，那是好一頓彈劾，可謂凶猛。而議和派的首腦石星則讓兵部不輕不癢地上了一道奏摺說：「議和正使李宗城已經下獄論罪了，現在最主要的是討論誰代替他出使日本。如果非要談戰守，那麼等到封貢議和失敗了再談不遲。」這奏摺的意思很明白，現在封貢議和是既成事

實，既然做了就得做到底，否則動不動改弦更張，朝廷的威信何在？

這樣敷衍了事的回答，將戰守派官員刺激得亂了分寸，憤怒之下居然有人把之前那樁和親的案子又翻出來說事。被皇帝親自定案的事情，居然再拿出來說，那豈不是就是直接打皇帝的臉嗎？於是萬曆皇帝大怒，直接將上書的直隸巡按御史曹學程下獄，關了十年才被釋放。戰守派這樣一個輕率的舉動，導致議和派不戰而勝。既然從上到下都在爭吵，沒有定論，那麼由兵部尚書石星主導的這場議和大戲就還得繼續演下去。

冊封日本

李宗城的逃跑雖然給議和派添了大麻煩，但是對沈唯敬來說這可是一件天大的喜事，副使楊方亨都不得不跑來哭求沈唯敬給條活路。沈唯敬此時可謂志得意滿，居然取笑楊方亨道：「人臣當國難，正宜努力捐軀，徒哭泣何為？」

楊方亨的回答很俗套，直接來了一套人人耳熟能詳的說辭：「我上有八十老母，下有三歲孩兒，實在是不能死啊！」

沈唯敬得意洋洋地道：「你如果確實想要回去，也無難事。」

楊方亨知道沈唯敬和日本人關係密切，急忙懇求他指點迷津。沈唯敬笑道：「真要好好回去，只須謹記兩句話。」

楊方亨忙問：「哪兩句？」

沈唯敬命他俯耳上來。楊方亨忙上前側耳傾聽。但見沈唯敬將那張嘴湊上，一字一頓地說出八個字：「支吾中國，奉承日本。」

第九章　三年議和

　　楊方亨如夢方醒，當下滿口答應。自此凡事均聽沈唯敬主張，甘心做他的傀儡上司。將李宗城遺下的錢、糧、銀兩及酒器、金帛都任由沈唯敬收執。一面揭報石星，極言倭情無變，正使自為奸人誤而已，力薦沈唯敬能任事。石星於是具疏請將楊方亨升為正使，沈唯敬以神機三營添注游擊將軍署都指揮僉事的職銜充副使。立刻渡海，以完成封事。

　　這時候沈唯敬實在是利令智昏，居然開始在釜山裝起了大爺，向石星要錢要物。石星至此已無可奈可，一切曲意從之。此時兩個人的命運已經拴在一起了。為了讓沈唯敬感恩賣命，石星遣人領銀二萬兩，隨冊使東行支銷；又與札付三張，約銀五百兩給冊使賞人；同時月給沈唯敬家小供贍銀十五兩，還撥巡撫軍士夜為沈唯敬看守私宅。石星夫人則時常遣饋沈唯敬老婆飲食不絕，以拉攏其心。

　　當然石星也防備沈唯敬出賣自己，先遣游擊陳雲鴻至釜山向日本人宣諭，繼而又遣家人張竹、王鬍子馳驛至釜山，探視虛實。不想這沈唯敬好大本事，竟將三人都弄成同夥，為他捏報安妥。這陳雲鴻原為一介白丁，因將其女送給石星為妾，驟拜三品游擊將軍。與沈唯敬自是臭味相投，好不可言。更是聲稱願意以全家性命，可保萬全。故而石星不再疑忌，一意聽之任之。

　　沈唯敬在釜山此時可謂是一手遮天，本來明朝的條件為日軍必須全部撤軍才可以進行議和。此時日軍雖有撤軍行動，但是顯然主力猶存，戰略要點幾乎一個都沒放棄。沈唯敬在彙報中居然說這些日軍是降倭若干，已令朝鮮擇地安置。石星則為其背書道：「營柵盡焚，尚有餘倭防護冊使。」把這些日軍全說成是保護明朝使節的護衛隊。就在這樣上下欺瞞之下，明朝使節終於在沈唯敬的帶領下離開了釜山，朝著日軍渡海而去。

　　萬曆二十四年（西元 1596 年）六月十五日，楊方亨、沈唯敬帶著隨從

四百餘人大張旗鼓地由釜山渡海。但臨行前卻出現了一個問題，之前豐臣秀吉在日本向謝用梓和徐一貫提出的條件中，重要的一點就是朝鮮要永遠臣服於日本，並且要朝鮮王子與重臣必須親去日本作為人質。這麼荒唐的條件當然不能到處宣揚，但是沈唯敬還是要求朝鮮方面必須派出夠分量的重臣一同去日本。

　　朝鮮國王李昖對議和正有意見，首先心裡就不情願。而朝鮮各個大臣多是貪生怕死之輩，一聽要去日本，一個個就像死了親爹一般，更是強烈反對。但不派又怕明朝方面發怒，到時候承受不起。當時沈唯敬接伴使黃慎就啟奏道：「如果真的不想遣使，那就明明白白地拒絕，不要像現在這樣含含糊糊地，否則日後必然後悔。」朝鮮國王雖然覺得此話有理，但就是彆彆扭扭地不願意派出使節。到後面聽說日本方面發怒才隨便推了個武官李逢春來敷衍，後來覺得武官可能會誤事，於是黃慎便光榮地被推出當了這個替死鬼，任命他為敦寧都正，為通信正使，以大邱府使樸弘長為副使，前赴日本。此時已經是八月十八日，楊方亨、沈唯敬一行都已經到日本堺港了，朝鮮使臣卻尚在中途。

　　明朝的使者終於來到日本了，可是這樣就行了嗎？兩國條件差距之大可不是矇混就能隨便敷衍過去的，怎麼才能保證議和的順利進行呢？小西行長認為，首先得讓主戰派閉嘴，這其中尤其應該閉嘴的便是加藤清正。小西行長一回到日本，首先便上告豐臣秀吉，說加藤清正居然敢在對明朝和朝鮮的書信中，自稱姓「豐臣」，同樣是主和派的石田三成亦隨之附和。這一狀並非是誣告，而是確有其事，完全可以被人看作是謀反的徵兆，隨之而來沒收領地甚至被勒令切腹也都是很正常的事。還好秀吉對人還算比較寬容的，只要是有能力並且為秀吉所欣賞的，就會得到優厚的回報，更何況是這些自己親手提拔起來的親信重臣。因此被處以了「謹慎」

第九章　三年議和

（禁足，不得自由行動）的處罰。雖然並不是很重，但是失勢可謂在所難免了。不過可能是老天都在幫加藤清正。就在小西行長還在興奮的時候，一場突如其來的天災卻及時救了加藤清正一命。日本文祿五年（西元1596年）閏七月十三日夜，日本京都附近發生了一場大地震。據載，京都附近死者高達四萬五千人。豐臣秀吉耗巨資修建的伏見城也塌了一半，其中侍者奴僕被壓死四百餘人。豐臣秀吉與他的寵妾澱姬，新生兒子阿拾當時在五層樓上，結果坍塌的房間堵住了出路，只能躲在內等待救援。危急之際，加藤清正不顧隨意出門會遭到更嚴厲的懲罰，第一個衝入坍塌的建築內搜尋豐臣秀吉。（《細川家書》則說第一個衝進來救援的是細川忠興。）守衛外門的細川忠興出於對加藤清正的友情和信任，抱著可能因此被處罰的覺悟，放他通過了。正在惶然無助的豐臣秀吉見到加藤清正，激動不已，叫道：「虎之助，你終於來啦！」於是徹底原諒了加藤清正犯下的錯誤。因為此事，加藤清正還被稱之為「地震加藤」。

這場大地震不但讓豐臣秀吉差點完蛋，連明朝的使節團都遭受了波及，使者們下榻的館邸全部損壞，楊方亨與沈唯敬逃出生天，但楊方亨手下千總金嘉猷、沈唯敬手下朱璧及家丁四名均身亡。也因此，金碧輝煌的伏見城被震得一塌糊塗，以「兵農分離」蒐集來的民間兵器鑄造的方廣寺也塌了，豐臣秀吉準備向明朝使節炫耀排場的企圖算是徹底破產。豐臣秀吉是個好面子的人，他可不想在明朝使節面前丟臉，於是只能先把房子修好，再來接見明朝使節。這樣一耽誤，便是近兩個月。

大戲落幕

　　日本文祿五年（西元 1596 年）九月初一，金秋時節的伏見城已是草木黃落，隨著微風的吹動，滿城一片赤黃。在那通往伏見城的道路兩旁人群聳動，觀者如堵。一排排日軍士兵持槍配刀分列左右維持秩序。道路上明朝使節團打起了全副儀仗，一路上鼓樂喧天，端的是威風凜凜。朝鮮使節黃慎坐於轎中，見沿途日本人甚至有焚香祝禱的，心中不由大定，心想：「看來日本人要議和還真並非誑言，其國上下人等對停戰亦翹首以盼呢！」

　　可心裡美滋滋的黃慎剛到伏見城的館邸，便挨了當頭一棒。宗義智的家臣柳川調信怒氣沖沖地闖入使節館邸，對著黃慎便怒斥道：「你們朝鮮居然不派王子親自前來，卻派了這麼個芝麻綠豆大的小官，是想羞辱太閣殿下嗎？」聲聲斥責將黃慎的心情從天堂一下子打到了地獄，他慌忙向來人求情，但最終依然不被允許與明使一同拜見豐臣秀吉。

　　第二天，豐臣秀吉正式在伏見城接見明朝使節。五大老之一的毛利輝元率諸將奉命列兵仗，延請使者入城。楊方亨站在使者入宿館邸之外，看著日方盛大的接待陣容，不禁長吸一口氣，定了定神，穿戴起全副官袍，當先走了出去。沈唯敬亦披掛整齊，手捧金印，隨之而行。

　　明朝使者們隨著毛利輝元進入大殿，兩旁日本各大名列坐，肅然寂靜，若有所待。隨著一聲「太閣殿下駕到」的高呼，殿上黃色大幕被緩緩拉開，清瘦的豐臣秀吉身穿日本朝服緩步走出，侍臣二人手握佩刀緊隨其後。從兵發朝鮮以來，不知不覺，已是三年有餘，豐臣秀吉老態漸露，但眼中的野心之火卻依然旺盛。只見他肅立階上，向明朝諸使節看來。沈唯

第九章　三年議和

　　敬原本膽子極大，立在楊方亨之後，尚自顧四看，此時與豐臣秀吉雙目相交，如遭錘擊一般，頓時便推金山倒玉柱地跪拜了下去。楊方亨見沈唯敬拜了下去，立時手足無措，略一猶豫，隨即跟著拜了下去。

　　豐臣秀吉見明朝的使者如此恭敬，不由大悅，大聲道：「使者遠來到此，辛苦了！」楊方亨不懂日語，聽豐臣秀吉聲音洪亮，因為不滿其所為，頓時舉止失措，渾身顫抖不已。

　　此時小西行長見勢不妙，連忙出列，對沈唯敬道：「請使者開始行禮！」

　　聽得「老朋友」小西行長發話，沈唯敬終於鎮定下來，趕緊手捧金印以及冠服，獻於豐臣秀吉，隨後又將賜給諸日本大名的冠服呈上，好不容易完成了賜印賜服禮。

　　次日，豐臣秀吉擺下盛大的宴席，邀請楊方亨與沈唯敬出席。只見豐臣秀吉坐於上首中央，頭戴七旒皂縐紗皮弁冠，內著素白紗紅領黻文中單，外穿五章絹地紗皮弁服，下著纁色素前後裳，腰繫紅白素大帶，腳穿大紅素紵絲舄，腰佩青玉珮。楊方亨與沈唯敬坐於右方下首。德川家康、前田利家等七人、皆身穿鬥牛服、飛魚服、蟒服、麒麟服等明朝所賜各色冠服，坐於左方下首。其餘官職更低的小大名則沒有資格坐於堂中，只能在堂外廊庭內用餐。楊方亨與沈唯敬看這堂上諸人，自豐臣秀吉以下盡為大明衣冠，恍惚如在大明朝堂之中。觥籌交錯之間，豐臣秀吉舉杯大聲笑道：「如此盛況，怎能無歌舞助興？」聽聞此語，堂上樂師立刻演奏起了正式的官方雅樂。可音樂聲剛一響起，立刻便被豐臣秀吉喝止道：「雅樂由中土傳來，當著天使的面，豈非班門弄斧？既為娛賓，當奏我日本之樂！」於是堂上鼓笛之聲大作，能樂亂舞拍子開始上演。聽得本族的「流行音樂」，堂下眾日本人不禁歡呼起舞，如痴如狂。

　　盛宴之後，豐臣秀吉返回花田山莊，便準備好好欣賞一下明朝詔書到

底給了他多少好處。於是便立刻叫人翻譯給他聽。豐臣秀吉身邊當時有三位相國寺鹿苑院的高僧對漢文極為精通，分別為西笑承兌、玄圃靈三、唯可永哲三人。最後這個任務落到了西笑承兌身上。小西行長被這個突然的舉動打亂了陣腳，翻譯竟不是女婿宗義智，也不是女婿的家臣景轍玄蘇，這可如何是好？小西行長只能賣著老臉，對西笑承兌耳語道：「如果太閣殿下知道詔書中的內容，必然大怒，到時候誰都沒好果子吃！還請您讀的時候委婉點，把那些不和諧的內容都別讀出來。」

可這個西笑承兌又沒事先打點過，讓他突然欺騙太閣殿下，他怎麼有這個膽子？於是將明朝的詔書一字不漏地讀了出來：

奉天承運，皇帝制曰：聖仁廣運，凡天覆地載，莫不尊親帝命。溥將暨海隅日出，罔不率俾。昔我皇祖，誕育多方。龜紐龍章，遠賜扶桑之域；貞珉大篆，榮施鎮國之山。嗣以海波之揚，偶致風占之隔。當茲盛際，宜讚彝章。諮爾豐臣平秀吉，崛起海邦，知尊中國。西馳一介之使，欣慕來同。北叩萬里之關，肯求內附。情既堅於恭順，恩可靳於柔懷。茲特封爾為日本國王，賜之誥命。於戲！龍賁芝函，襲冠裳於海表，風行卉服，固藩衛於天朝，爾其念臣職之當修，恪循要束；感皇恩之已渥，無替款誠。祇服綸言，永尊聲教。欽哉！朕恭承天命，君臨萬邦，豈獨又安中華，將薄海內外日月照臨之地，罔不樂生而後心始慊也。爾日本平秀吉比稱兵於朝鮮，夫朝鮮我天朝二百年恪守職貢之國也，告急於朕，朕是以赫然震怒，出偏師以救之，殺伐用張原非朕意。乃爾豐臣行長遣使藤原如安來，具陳稱兵之由，本為乞封天朝，求朝鮮轉達，而朝鮮隔越聲教，不肯為通。輒爾觸冒以煩天兵，既悔過矣。今退還朝鮮王京，送回朝鮮王子陪臣，恭具表文，仍申前請。經略諸臣前後為爾專奏，而爾眾復犯朝鮮之晉州，情屬反覆，朕遂報罷爾者，朝鮮國王李昖為爾代請，又奏釜山倭眾經

第九章　三年議和

年無譁，專俟封使，具見恭誠。朕故特取藤原如安來京，今文武群臣會集闕庭，議審始末，並訂原約三事：自今釜山倭眾盡數退回，不敢留住一人；既封之後，不敢別求貢市，以啟事端；不敢再犯朝鮮，以失鄰好。披露情實，果爾恭誠，朕是以推心不疑，嘉與為善。口敕原差游擊沈唯敬前去釜山宣諭，爾眾盡數歸國，特遣後軍都督府僉書署都督僉事李宗誠為正使，五軍營右副將左軍都督府署都督僉事楊方亨為副使，持節賫誥封爾平秀吉為日本國王，賜以金印，加以冠服，陪臣以下皆各量授官職，用溥恩賚，仍詔告爾國人，俾奉爾號令，毋得違越，世居爾土，世統爾民。蓋自我成祖文皇帝賜封爾國，迄今再封，可謂曠世之盛典矣。自封以後，爾其恪守三約，永肩一心，以忠誠報天朝，以信義睦諸國，附近夷眾務加禁戢，毋令生事於沿海。六十六島之民久事徵調，離棄本業，當加以撫綏，使其父母妻子得相完聚，是爾之所以仰體朕意，而上達天心者也。至於貢獻，固爾恭誠，但我邊海將吏唯知戰守，風濤出沒，玉石難分，效順既堅。朕豈責報一切，免行俾絕後寡，遵守朕命，勿得有違，天鑑孔嚴，王章有赫，欽哉故諭！萬曆二十三年正月二十一日【此詔書原件藏於大阪博物館】

　　豐臣秀吉的表情，隨著詔書的不斷誦讀聲愈加陰沉，雙拳緊握，青筋畢露，好不容易聽得西笑承兌讀完，豐臣秀吉終於忍耐不住，疾步走來，一把搶過詔書，將其與頭上七旒皂皺紗皮弁冠同擲於地上，怒道：「俺要成為日本國王，直接就做了，何須明國之力？小西行長說這次是讓俺當明國皇帝，因此俺才命令大軍班師。小西行長這廝不單單是把我給騙了，現在看他跟明國私通，其罪不小，快將這廝帶來！這次非得將這廝的狗頭砍下來不可！」【江戶後期史家賴山陽（西元1781年～1832年）〈裂封冊〉一詩描述其情景：「史官讀到日本王，相公怒裂明冊書。欲王則王吾自了，朱家小兒敢爵豫。」詩中「相公」指豐臣秀吉，「朱家小兒」指明朝萬曆皇

帝（西元 1563～1620 年）。實際上此乃賴山陽本人的幻想，明朝詔書原件與豐臣秀吉接受的明朝衣冠鞋帽均保存到現在，完全不存在豐臣秀吉撕毀詔書一事。】

見豐臣秀吉大發雷霆，西笑承兌也不禁心驚膽顫，小西行長可是豐臣秀吉的重臣啊，要是因為他就被斬了，那小西行長的家臣與女婿宗義智日後跟他算後帳怎麼辦？於是趕忙說道：「中華文化遠遠超過其餘國家，因此諸國自古以來都是這樣受封的。如今太閣殿下威德傳播到了明國，因此明國才特意前來冊封，這難道不是流傳千古的美事嗎？希望太閣殿下能厚賞明國使者，並賜回國書，兩國永偕通好，將這美名永傳於後世。」

聽得西笑承兌的解釋，豐臣秀吉不禁稍展其眉，沉思片刻道：「原來如此，無怪乎俺聽說前朝將軍足利義滿亦曾受封。」實際上對這次議和，豐臣秀吉抱了極高的期望，其中最重要的兩點便是恢復勘合貿易以及朝鮮稱臣。如今明朝不過是用一個空頭國王頭銜便將其打發了，這可不是他願意看到的。但是西笑承兌又說得沒錯，身為下人出身的他，竟得到中朝敕封國王，這對他無論如何來說都是值得榮耀並倍加珍惜的。於是將擲於地上的冠冕與聖旨小心翼翼地拿了起來，用手輕輕地揮了揮，吹去皮弁冠上沾染的灰塵，又將其穩穩地戴回了頭上。

此時小西行長已經被帶到花田山莊，豐臣秀吉見到他，雙眉又立了起來，大罵道：「混帳東西，你做的好事！」

小西行長被召來之際，知曉事發，但他不愧是商人出身，立刻將保命的東西帶上，此刻見了秀吉，痛哭流涕道：「臣冤枉啊！這跟臣一點關係都沒有！這實在都是三奉行的主意，微臣只不過是照辦罷了！」說著從衣服內掏出幾封與三奉行往來的書信，上面清清楚楚地寫明了這議和的事情三奉行都涉足其中。這下子豐臣秀吉沒了話說，三奉行可是他的左膀右

第九章　三年議和

臂，小西行長也是重臣，要是都砍了，實在牽扯太大，再加上西笑承兌的幫腔，總算是原諒了小西行長。急召加藤清正與三奉行前來花田山莊，對他們說：「與朝鮮的議和我絕不允許，明朝的使者也不能再留了，明天就趕他們走。我要再起大兵，以滅朝鮮！」這板子不能打到明朝身上，那麼也只能落到朝鮮身上了，總得有個出氣筒。

九月四日，楊方亨、沈唯敬等人被押往堺港，此時豐臣秀吉餘怒未消，竟然準備將朝鮮使節通通處斬。此事再次被西笑承兌所阻，有道是兩國交兵不斬來使，身為日本上國，不能做出這樣貽笑大方的事情。

沈唯敬與楊方亨商議道：「我等萬里遠來，不得一封書信回去，有何面目？況且議和諸事皆與小西行長再三講定，還是懇託他去申前約。」於是便派人去求小西行長。

不多時，小西行長來回覆道：「太閣殿下怒罵你等，不曾圖遂日本所求，只為朝鮮謀事。絕不再見，速請回去。」不過小西行長還算盡力，他極力勸說豐臣秀吉厚賜明朝使節團。

九月九日臨行前，柳川調信突然前來告知黃慎道：「太閣殿下將要再起大兵，攻伐朝鮮，趕快讓你們的王子來日本謝罪，如若不然，我軍就再把他們俘虜過來！現在太閣殿下已經命令加藤清正先行出發，明年二月大軍繼發。」

黃慎聞聽此言大驚，趕忙告訴沈唯敬，沈唯敬當時卻不相信。他們因為颱風無法出海，只能滯留名護屋，有一日聽到市井日人傳言加藤清正與黑田長政即將出兵了。楊方亨大驚失色，但沈唯敬倒是一臉鎮靜，居然對他說：「怕什麼，我的舌頭還在就沒事。」這傢伙實在夠狂妄，居然自比戰國縱橫家張儀了！【張儀是魏國人，曾經師從於鬼谷子，學習縱橫遊學。張儀

學業期滿,回到魏國,因為家境貧寒,求事於魏惠王不得,遠去楚國,投奔在楚相國昭陽門下。昭陽率兵大敗魏國,楚威王大喜,把國寶「和氏之璧」獎賞給了昭陽。一日,昭陽與其百餘名門客出遊,飲酒作樂之餘,昭陽得意地拿出「和氏之璧」給大家欣賞,傳來傳去,最後「和氏璧」竟不翼而飛,大家認為,張儀貧困,是他拿走了「和氏璧」。張儀本來就沒拿,就是不承認,昭陽嚴刑逼供,張儀被打得遍體鱗傷,始終不承認,昭陽怕出人命,只得放了他。張儀回到家,問妻子「我的舌頭還在嗎?」,妻子告訴他還在,張儀苦笑著說「只要舌頭在,我的本錢就在,我會出人頭地的」。】此時寺澤正成拿著豐臣秀吉的國書前來,文中列舉了朝鮮幾大罪狀。罪一:前年朝鮮來使,居然隱瞞日本欲通好明國之事;罪二:日本從沈唯敬之請,將朝鮮二王子送還,如今居然不主動前來謝恩,甚至明使前來,朝鮮故意派了這麼兩個芝麻綠豆大的小官來,簡直就是羞辱日本!罪三:日本與明國和談,因為朝鮮反覆無常,導致遷延數年。黃慎回到王京後,向國王李昖詳細彙報了在日本和談的情況,並斷言日本人必然會再次入侵。可是別看朝鮮上下似乎對議和深惡痛絕,但實際上根本就認為這時候已經天下太平了,但心裡卻根本沒把黃慎當回事。最後李昖也就封了他一個嘉善大夫的官銜便置之不理。

　　至此,沈唯敬辛苦數年,一無所獲。只得故計重施,偽造表文二道,其一謝恩,其一乞天子處分朝鮮。又恐朝中見疑,便將屈辱真情隱下,捏造秀吉十分恭順,貢冠披袍,叩首謝恩等語。一面自掏腰包,託人到市上採購猩猩氈四條、天鵝絨及大小日本人製作的金器皿,冒充秀吉貢品。照當初小西飛買中國諸貨之例,計貢三十餘,抬牌上明開日本國王豐臣秀吉相贈什物,先解赴兵部施行。因臨時匆匆,連正成所贈唯金圍屏也放入權且充數。然後,一行人灰溜溜地渡海自回朝鮮。荒唐的議和鬧劇,自此宣告結束!

第九章　三年議和

　　不過呢，對這次議和，朝鮮李肯翊所著的《燃黎室記述》一書中卻留下了一個極為有趣的記載。在日本豐臣秀吉設宴招待沈唯敬多次，這沈唯敬是個煉丹出身的，因此每次在宴席上都會服食丹藥。豐臣秀吉極為好奇，便問這是何物？沈唯敬便吹噓此物實乃延年益壽、補腎壯陽之仙丹。這沈唯敬年紀一大把，卻長得一副仙風道骨的樣子，不論體力、精力還是頭腦都是極好。這一番哄騙讓豐臣秀吉不能不信。於是便向沈唯敬討要了不少丹藥，自己服用。服用之後起初確實面有紅光氣色改善，但漸漸地便下瀉紅痢一病不起，再之後不久，便一命嗚呼了。此記載雖然為野史，但是跟沈唯敬的出身極為吻合，如果豐臣秀吉之死真的與沈唯敬有關，那歷史可謂跟當時所有人都開了一個大玩笑。

第十章
烽火再燃

石星倒臺

沈唯敬回到朝鮮後，自知此事遲早露餡，便找了個滯留朝鮮以「督促日本退兵」的藉口，讓楊方亨先回。石星則給予大力配合，並為日本未遣謝恩使辯解道：「不必來謝，以滋騷擾。」

萬曆二十五年（西元1597年）正月十四日，加藤清正已經率兩百餘艘船抵達朝鮮，朝鮮求救書信連綿不絕地發往北京。而到了二月分，楊方亨才帶著購自日本集市的所謂豐臣秀吉「貢品」厚載而歸。朝中大臣都不是傻子，見之無不嘲笑道：「猩猩毯、天鵝絨出自南番，都是別人賣給日本的，這哪裡是日本的土特產？」唯獨石星深信不疑，並以部分「貢品」珍珠鵝絨賂送東廠的探子們，以塞住這些耳目的嘴巴。

被沈唯敬徹底拉下水的楊方亨，現在就像風箱中的耗子，既想保有封貢大功，又怕事情敗露後擔當不起。可是這個世上沒有不透風的牆，明朝廷在檢驗豐臣秀吉的「謝表」時，卻發現案驗潦草，前折用豐臣圖書，不奉正朔，無人臣禮，更不像是豐臣秀吉「求降」的口吻。這時朝鮮的告急文書送到北京，這下子紙包不住火，萬曆皇帝這才發覺自己受了騙。

第十章　烽火再燃

　　經過嚴厲追問，楊方亨只得吐露真情。他將所有過錯推到石星身上，原來，石星知道萬曆皇帝喜歡金珠鵝絨，便修書教沈惟敬買來詭稱豐臣秀吉所貢。楊方亨還將石星前後寫給他的十三封密信全部交出，稱石星乃幕後主使，欲苟完媾和之事。

　　石星不甘坐以待斃，也以楊方亨密揭進呈，最後為了脫罪竟然把遼東經略孫鑛給告了，說：「孫鑛與加藤清正私通，故意給他錢，唆使他入侵破壞議和。」這下子朝中亂了套，官員們互相攀咬，這時候科道言官們紛紛上場，這次也不管誰是誰非，乾脆通通打倒，他們在上書中說現在封貢議和絕不能繼續下去了，如今石星誤國，孫鑛也有問題，請皇帝把他們全都罷免，重新商議如何出兵援救朝鮮。

　　萬曆皇帝此時已經極為憤怒，他將楊方亨下獄嚴查，又將石星、楊方亨與孫鑛的官司交由刑部尚書蕭大亨會同九卿科道等官議罪。蕭大亨此人素來剛正嚴明，做事對事不對人，他雖然也是主戰派，但是審訊石星卻手下留情，判詞中說：「石星力主封貢，實際上是為了替國家省錢，同時保護屬國，並非有其他的圖謀。如今弄成這樣，只是因為誤信小人讒言，他也對自己的處境有清醒的覺悟，主動請求罷免，因此建議將其削職回籍，等到朝鮮事定，再看如何處分。」

　　對石星而言，此判詞可謂精到，石星身為明朝兵部尚書，從頭到尾都不可能圖日本的任何好處，之所以鑄成大錯，第一是對日本和朝鮮之間的形勢沒有一個清醒的認知，第二便是明朝軍隊在朝鮮的表現讓他信心不足。實際上在最早討論是否應該援朝的時候，石星還是個堅定的主戰派，如果不是明朝國力日衰，明軍在戰場上又無法取得速勝，石星也不會改弦更張，一力主和。

　　對主戰派的孫鑛，蕭大亨更是力主無罪，希望皇帝能讓孫鑛繼續留守

遼東。而對楊方亨，蕭大亨則是另外一番說法，極力主張嚴懲。

萬曆皇帝看了蕭大亨的判詞，倒是沒有全盤接受，對石星其實萬曆皇帝心裡還是很惋惜的，在他看來，石星的確是為了國家省錢而一時糊塗。但是孫鑛既然有私通日本的嫌疑，就應該革職回籍聽勘。薊遼總督這個職位，還是另選合適的官員接任。至於楊方亨，反覆小人，本當重究。但是他冒著正使逃竄的風險遠赴日本，沒有功勞也算有點苦勞，就免去他的死罪，著革職永不敘用算了。

按照皇帝旨意的精神，朝中大臣再次會議，以前兵部尚書田樂為兵部尚書。其時田樂致仕在鄉，遠道未便趕及，便以刑部尚書蕭大亨暫署兵部事；又推兵部左侍郎邢玠代孫鑛為欽差總督薊遼保定等處軍務經略禦倭兼理糧餉，進兵部尚書兼都察院右副都御史；原兵部尚書石星、薊遼總督孫鑛兩人均免職。

萬曆二十五年（西元 1597 年）二月初五日，明朝廷召集各官討論朝鮮局勢，複議征倭。喊打喊殺很容易，但是真正要出兵了，就發現朝廷的錢真不夠用。日本這次一來又是十來萬人馬，真要出兵救援起碼也得跟上次差不多，少說也得四五萬。可是因為議和，駐紮朝鮮的幾路兵馬幾乎都撤完了，即使最後一支駐防部隊劉綎的川軍也已於三年前回籍，而天津、登萊戍守的南兵也俱各議罷。不單單如此，平壤之役中最勇敢的薊三協南營兵，當年為戚繼光所招募，在朝鮮戰場上立下汗馬功勞，結果朝廷卻賞罰不公，因此心懷不滿，歸國後鼓譟於石門寨討要餉銀。薊州總兵王保假意答應，卻將他們引誘至演武場，繳械後大肆屠殺數百人。幸虧兵備使項德楨檄止，否則非被殺得一個不剩。當時給事中戴士衡、御史汪以時言南兵並未造反，完全是王保肆意殺人，要求嚴查。但是跟王保勾結的巡關御史馬文卿庇保，居然捏造南兵大逆有十，官司打到石星這裡，石星這時候正

第十章　烽火再燃

為了議和糾紛搞得焦頭爛額，哪有閒心管這個，本著多一事不如少一事的原則，他乾脆同意了馬文卿的上奏，使得王保居然以平叛的功績升官發財。就這樣英勇的南兵們沒有戰死在對外殺敵的戰場上，卻倒在了自己人的屠刀之下，實在可悲可嘆。因此人心憤懣，意欲再次召募時，應者寥寥。舉朝上下，無計可施。對石星來說，區區幾個大頭兵的性命算得了什麼，明代發展到萬曆年間，文官地位已遠遠高於武官，甚至達到了動輒羞辱的程度，對於下級士兵，在石星這樣的高級文官心中更屬於區區炮灰。可石星沒有想到，他的行為就是在摧毀一個國家的脊梁，他所做的事情，跟四百多年前秦檜冤殺岳飛並無本質區別。恰巧主戰派此時面對經濟上的困境以及軍隊厭戰的情緒無計可施，只能把這些一股腦全歸罪於石星，此時朝臣們開始前赴後繼地上疏彈劾石星，有的指責他「媚倭辱國」，有的指責他「誤國欺君」，有的則直斥他和趙志皋等「黨同欺罔」。措辭也越來越嚴厲，先前還只要求「速賜罷斥」，到後來竟主張予以「正法」。

對於石星這個一向順著他意志行事的臣子，如果說萬曆皇帝先前還是抱著「輕聽誤國，情有可原」的想法的話，可是隨著朝鮮局勢的不斷惡化，石星成為眾矢之的，萬曆帝的態度也開始來了個一百八十度的轉彎。

八月南原之敗後，萬曆皇帝立刻下詔道：「倭奴狂逞，掠占屬國，窺犯內地，皆前兵部尚書石星諂賊釀患，欺君誤國，以致今日，戕我將士，擾我武臣，好生可惡不忠。著錦衣衛拿去法司，從重議罪來說。」這份聖旨一下子將石星打入了無底深淵，看來皇帝是鐵了心要把石星當替罪羔羊以息天下人之口了。

九月初四日，逮捕石星下於刑部獄，隨後開始討論罪狀。九月十三日，依《大明律》定「隱匿軍情失誤律」論死，其妻子與兒子併發煙瘴地永遠充軍。這個決定對於石星來說無異於是一個晴天霹靂。刑部尚書蕭大亨

當時便認為這個罪定的過於重了，石星嚴格上來說，也只能算好心辦壞事，用錯了方法，哪裡需要殺頭呢？於是極力反對。但是卻被萬曆皇帝切責。但是蕭大亨堅持原則，終究還是不肯奉詔。於是皇帝沒法，只好將石星長期關押在獄中，直到第二次援朝戰爭勝利後病死，其妻高氏則直到萬曆三十一年（西元 1603 年）方才得以赦免返鄉。

萬曆皇帝

　　石星這個人可謂是明朝官吏的一個典型代表，他在隆慶帝在位之際，曾經擔任給事中，屬於所謂的「科道言官」。科道言官原本是為了制衡權臣與皇帝所設的，他們的職責是規諫皇帝、左右言路、彈劾百官、按察地方等，大凡從中央到地方的各級衙門、從皇帝到百官、從國家大事到社會生活，都在言官的監察和言事範圍之內。因此必須具備三大素養：一是「必國而忘家，忠而忘身」；二是必須正派剛直，介直敢言；三是學識突出，

第十章　烽火再燃

既通曉朝廷各方政務，又能博涉古今。可是到了明朝中後期，這些言官們卻往往熱衷於沽名釣譽，甚至以惹怒皇帝為能事，如果挨了廷杖，那麼立刻便可以譽滿天下。這石星便是如此，彈劾了內臣恣肆威福，遭到了廷杖並被削職為民，於是立刻名聲大振。有了這等好名聲，便如同有了個無敵護身符一般，到了萬曆年間，他便被重新起復，到了萬曆十九年（西元1591年）便升到了兵部尚書這個位置。可是他除了敢觸怒皇帝，能力實在稀疏平常。身為兵部尚書，居然還看不清楚現實，妄想周邊諸國都應理所當然的頂禮膜拜，做著所謂天朝大國的美夢，居然會相信豐臣秀吉這樣一個日本實際掌權者會滿足明朝一個空頭封號。最終慘淡收場，是為一嘆。之所以釀成如此悲劇，除了石星個人問題之外，實際上更多的還是明朝當時政治、經濟體制的全面惡化所致。政治上官場腐敗、士風澆漓，厚黑學大行其道。經濟上明朝稅收幾乎全集中於田賦上，百姓負擔極重，當土地兼併嚴重，百姓逃亡愈演愈烈之後，政府稅收亦愈加困難。張居正改革之後暫時扭轉了明朝的財政狀況，但隨著張居正被徹底打倒而毀於一旦，財政拮据，入不敷出。對石星來說，文官素養的下降導致其對東北亞的地緣政治缺乏足夠的了解；名將戚繼光、俞大猷的逝去，李成梁的老去導致有能力的帶兵將領後繼無人；張居正被打倒導致財政拮据。無怪乎石星從最初主戰派最後變成了堅定的議和派，實在是巧婦難為無米之炊導致的。

沈唯敬之死

石星倒臺，朝堂上開始了一次大清洗，局勢已經將沈唯敬逼入了死角。沈唯敬此時率親信家丁三百，出入釜山、宜寧一帶。表面上聲稱奉

勅協調,其實是暗懷打算,一旦朝廷降罪,便立刻投奔「老朋友」小西行長。當然此時沈唯敬還在打著盡力使議和成功用以脫罪的打算,因此一面上書稱豐臣秀吉只是要朝鮮割讓三道,只要滿足便會撤兵。一面責成朝鮮國相慶林君金命元,敘其終始以自辨。可朝鮮人早就看穿了沈唯敬的伎倆,現在石星已經失勢,更不會理睬他,甚至直接稱其為左右賣國反覆之臣。當時浙兵游擊茅國器初至王京漢城,問他日軍人數多寡時,他居然恐嚇道:「要多就多,天兵退守鴨綠為上策。」加藤清正、小西行長遣柳川調信回日本請示師期,沈唯敬又代他們「解釋」道:「待柳川調信回來,日本兵即撤。」沈唯敬來回這樣撒謊敷衍,以為還有機會。可是他不知道,不論明朝還是朝鮮,他的話都已經無人相信,等待他的只有明正典刑一條路。

新任總督邢玠是個徹頭徹尾的主戰派,素來切齒痛恨這種小人,上任之後便決定拿沈唯敬開刀,用以震懾那些首鼠兩端,心懷鬼胎的文武官員。但又怕驚動了沈唯敬,一旦其逃脫反為日本人所用,洩漏明軍虛實,反而會成為大害。於是先寫了兩道書函給予安撫,表示沈唯敬熟悉倭情,日後還有借重之處云云,讓沈唯敬漸漸失去戒心。對沈唯敬來說,叛逃實在是個下下策,見到新任經略對他依然信任,於是便放下心來,將行李家事搬入離釜山七百里的南原。見穩住了沈唯敬,於是邢玠命令南原守將楊元派人四路設防,堵死其出逃之路。又將沈唯敬身邊的三百人用藉口裁撤,斷其爪牙。

六月十四日,柳川調信過海傳令,要小西行長、加藤清正等將調兵進攻。沈唯敬得此消息,無計可施,只得求朝鮮僧人以密帖送加藤清正,恐嚇道:「原本議和已經談成,但就是你在旁邊進讒言壞事。現在邢總督認定你為罪魁禍首,率精銳七十萬盯著你打,你還是趕快請和,要不然就大

第十章　烽火再燃

禍臨頭了！」這沈唯敬來來去去就是這麼一招，早就被加藤清正摸得一清二楚，看到這麼一封滑稽的信，加藤清正簡直笑破了肚皮，於是回了一封信道：「朝鮮兵馬都是一幫窩囊廢，讓我打得很不過癮，能跟明軍決一死戰，我已經盼望多時了！」

沈唯敬看到這封回信，知道他的虛言恫嚇的招數已經徹底沒用了，眼看戰火重燃，石星又被降罪，前景是大大地不妙。於是派婁國安、張龍等屢往釜山，假裝去會見小西行長談判，暗地裡開始準備投奔小西行長。小西行長也算夠義氣，當即答應道：「有機會我會派兵接應你。」於是沈唯敬令人廣收中國珍奇及狐貂皮八百張，作為媚倭進見之資。說話算話，小西行長當即派柳川調信於六月十八日駕船九隻，領兵五百至海邊，差人到宜寧通知沈唯敬，可是卻被極為警覺的朝鮮方面派兵所阻攔。

朝鮮方面立刻就此事向楊元進行彙報，楊元知道再不動手就來不及了，於是倉促間選了差官六人，自南原星夜馳至宜寧十里許，見到沈唯敬正以駝馬馱著狐貂先行。楊元一見，即大聲追問日軍情況如何。沈唯敬驟見楊元等人，不由一陣驚慌，隨即鎮定下來，答道：「成不得了。」楊元道：「既成不得，為何不赴見本鎮，以符前言？」沈唯敬道：「我且不往，明日往慶州差人與加藤清正講話，一個半月方回。」

楊元看沈唯敬言語雖如往常，但臉色已變。當即與差官出示鈞票，將其拿下，送往麻貴大營，隨後械送京師。之後御史況上進奉命抄家，搜出日軍旗幟一面，長、短倭刀、劍共三百三十六口，倭衣、倭器、紬絹、犀帶、日本圖等項共三百六十三件，其妻陳澹如賣入教坊為奴。

可憐陳澹如從妓女的身分，兜了一圈，又做回了老本行，只能嘆息遇人不淑吧。

當然沈唯敬不愧是一個自比張儀的人，就算下了大獄，依然是不慌不亂，被押送進京之後，依然該吃吃，該喝喝，完全沒有任何身處絕境的自覺。

　　此時沈唯敬已經是名聲狼藉，舉國皆曰可殺。但是耐人尋味的是，萬曆皇帝卻並未當即殺他，讓其在詔獄當中一待就是兩年。按說沈唯敬把明朝這個天朝大國的臉面都丟盡了，為何竟然遲遲不殺呢？其實很簡單，沈唯敬實在非常有用。抓到沈唯敬是萬曆二十五年（西元 1597 年）六月分，可是剛過一個多月便南原失守，抓住沈唯敬的楊元全軍覆沒，僅以身免。日軍雲集全羅道，逼近王京漢城。當時明方總指揮麻貴驚於日軍軍勢之盛，居然要棄守王京漢城，全軍退守鴨綠江，差不多等於直接放棄朝鮮全境。當時的海防使蕭應宮認為不可，從平壤日夜兼程趕到王京漢城阻止麻貴撤軍。在蕭應宮的強烈反對下，麻貴終於放棄全軍撤退的想法，發兵守稷山，朝鮮亦調都體察使李元翼由鳥嶺出忠清道，威脅日軍前鋒。邢玠本人也趕赴王京漢城，這才將人心穩定下來。可是當時日軍勢大，明軍入朝不過八千餘人，敵眾我寡，如何應對呢？此時邢玠招身邊的參軍李應試問計。李應試卻反問道：「如今朝廷對日本到底是個什麼政策？」

　　邢玠悄悄地說：「陽戰陰和，陽剿陰撫，你可千萬別洩露出去！」邢玠這話實在是代表了明朝上下目前的心態，主戰是所謂的政治正確，這條紅線不能碰，但是議和嘛，只要不說，黑箱作業還是可以的。

　　「那就容易了！」李應試回答道：「其實日本人對封貢並不死心，所以楊元才能逃得回來，現在只需要派人跟他們說沈唯敬並沒死，日本方面肯定會退兵。」

　　邢玠覺得此言有理，於是派人將沈唯敬的手書分別送於小西行長、加

第十章　烽火再燃

藤清正等將。這沈唯敬的親筆書信對加藤清正是絲毫無用，但是對小西行長來說可是大大地有用。接獲書信的小西行長果然引軍後退。加藤清正失去友軍的呼應，為避免陷入孤軍深入的境地，這才放棄繼續攻擊稷山，後撤到蔚山一線。

沈唯敬一封手書，便極大地改變了第二次援朝之戰初期的戰略局面，輕易地分裂了日軍主力，使得明軍守住了王京漢城一線的防線，可謂功勞極大。因此海防使蕭應宮便極力為沈唯敬求情，力保沈唯敬，甚至在上奏中將青山、稷山大捷的功勞全都算在了沈唯敬的頭上。這下子惹惱了總督邢玠與經理楊鎬，兩人彈劾蕭應宮悾怯，不肯親自解壓沈唯敬去京城，將其削職罷官。但不論明軍內部如何爭鬥，沈唯敬在其中的作用有目共睹。稷山之後，明軍陸戰幾乎盡遭敗績，留著沈唯敬，說不定就在什麼時候能發揮奇效。因此這沈唯敬雖然早早地便被定了死罪，但是一直都沒有執行。一直到了萬曆二十七年（西元1599年）四月，援朝之戰因豐臣秀吉病亡而徹底結束之後，沒了利用價值的沈唯敬才與捉拿他的楊元先後於鬧市中斬首，真可謂是一種黑色幽默。

朝鮮黨爭

從萬曆二十一年（西元1593年）八月晉州之戰後，在朝鮮戰場上便再無大規模的戰事，一直到了萬曆二十五年戰火重燃。朝鮮度過了三年多的「和平」時光。按說作為一個遭到戰爭嚴重摧殘，而且戰爭威脅從來未曾遠離的國家，怎麼樣也得整軍經武，發憤圖強了吧？朝鮮人卻彷彿並不這麼看。當然也不能說他們什麼都沒做。事情也是做了一些，平壤之戰中，

朝鮮國上下均見識了明軍南軍的強大戰鬥力，從此便對南軍極有好感。現在事實證明了朝鮮以前的那套玩意絕對是不中用的，需要全面地革新。於是南軍便理所當然地成為了朝鮮軍隊學習的對象，南軍很多軍官也被禮聘為朝鮮新軍的教頭。

明朝南軍，其主要基礎均為戚繼光所打造。因此這些南軍軍官們奉為圭臬的自然便是戚繼光所寫的《紀效新書》。所謂眼見為實，南軍的戰鬥力成為了最好的廣告，導致《紀效新書》也隨之在朝鮮上層極為流行，極受推崇。在朝鮮編練新軍之時，便也按照《紀效新書》中的要求，將每11名士兵編成一小隊，按兵種分為弓小隊，火槍小隊和刀斧小隊。這11人協力合作，共同進退，形成堅實的戰鬥基本單位。三種小隊各取其一，成為戰鬥大隊：旗。三旗為一縱，五縱為一哨。這樣分工明確，帶來的戰鬥力提高是顯而易見的。可是這種情況建立在真的能按照《紀效新書》中的內容實行才行。可是朝鮮呢，一共就編練了25個哨，加起來不過一萬兩千多點，5哨駐防漢城，其餘20哨則分布全國各地。而日本方面的總兵力從來都是十幾萬以上，這一萬二的新軍便如同笑話一般。

除了這些擺擺樣子的新軍之外，朝鮮在這三年多中，做得最起勁的事情便是內鬥，所謂「與人鬥其樂無窮」，這些朝鮮大臣們彼此之間傾軋的激烈程度，比起對日本人亦不啻多讓。在日本侵略的外部威脅並未解除的情況下，居然能產生如此大規模的內鬥情況，這實在不可思議。為何會出現這樣的情況呢？禍根還是在「黨爭」二字。因為「黨爭」朝鮮失去了最寶貴的備戰時間，導致被日軍長驅直入，險些滅國，如今朝堂上的官僚大臣們依然毫無悔改之心，紛紛以極大的熱情投入這場政治爭鬥。

首先在「東人黨」與「西人黨」的爭鬥中，最後以東人黨的大獲全勝而告終。但東人黨獲勝之後便迅速分裂為「北人黨」與「南人黨」，北人黨以

第十章　烽火再燃

李山海為黨魁，而南人黨則以柳成龍為黨魁。之後日軍入侵朝鮮，西人黨死灰復燃，暫時又在朝廷中占得一席之地。當時祖承訓平壤輕敵失敗之後，西人黨與北人黨便反對向明朝請求援軍。可是因為南人黨堅持，於是有了李如松率領四萬大軍進入朝鮮，收復平壤的大勝。也因此，以柳成龍為首的南人黨聲望大漲，也因李如松的關係，南人黨在朝鮮朝廷上全面壓倒了西人黨與北人黨。可是好景不長，當晉州之戰後，朝鮮進入了一個停戰期，此時李如松率領的明軍主力開始撤軍，對朝鮮國內的影響力日趨減弱，隨之而來的便是北人黨政治勢力的抬頭。

到了萬曆二十三年（西元1595年），因為小西飛在北京的恭順表現，使得議和冊封得到萬曆皇帝的首肯。此時反對議和最強烈的朝鮮國王李昖卻沒想著臥薪嘗膽，整軍備戰，倒是開始文恬武嬉起來。自以為天下無事的他開始大肆封賞「有功」的眾臣，北人黨領袖李山海亦重返朝堂，擔任領敦寧府事兼大提學的職位。其實，「領敦寧府事」不過是給退了休的朝廷元老大臣的虛職，並沒有實權。但是李山海兼任的「大提學」，卻是在司憲部掌握言路的實職。掌握了言路，便掌握了輿論，此時北人黨雖然在朝廷上依然居於劣勢，但是領袖回歸，勢力大漲，此時便盤算著要跟南人黨一較高下了。

南人黨的黨魁柳成龍在這場戰爭中功勳卓著，如果直接攻擊，顯然不會產生任何作用。於是北人黨便將主意打到了柳成龍全力支持的軍方代表李舜臣身上。在明軍主力撤出朝鮮後，支撐南人黨的主要軍事力量就是屢立戰功的李舜臣領導的朝鮮水軍了。因此，要除掉柳成龍，首先就要先把李舜臣給除掉。可是李舜臣在之前的戰爭中功勳卓著，可以說朝鮮軍隊最後的臉面便是李舜臣維持的，想要扳倒這樣一個將軍可不是那麼容易。這時候北人黨想了一個辦法，那便是拉攏元均這個人。

元均這個人可謂無能至極，第一天便自沉了幾乎所有的艦船，但是朝鮮朝廷之後卻未給予他嚴厲的懲罰，反而讓他跟著李舜臣戴罪立功。跟著李舜臣這位名將，那自然是百戰百勝，他在其中渾水摸魚，居然得到了朝鮮朝廷的嘉獎。元均完全沒有意識到他的戰功全都是因為李舜臣而得，反而對李舜臣嫉恨交加。就這樣元均順理成章地倒向了北人黨，身為他們倒李的馬前卒搖旗吶喊。

　　對扳倒李舜臣這件事，元均可不像對陣日軍那麼窩囊。他不單單向全羅右水使李億祺造謠，還在水軍最高將領的會議上指斥李舜臣。

　　水軍內部的分裂狀態，朝鮮朝廷中自然也有察覺。比起元均來，李舜臣此時聖眷正濃，過往的輝煌戰績可不是吹出來的。因此一開始元均怎麼鬧都沒什麼效果。甚至因此被調出水軍，改任忠清道兵使，讓他做回他的陸軍老本行。當然北人黨不會看著元均就這麼被輕易擊敗，於是同時也開始抹黑李舜臣。這李舜臣是功勳名將，單純地攻擊當然不會有任何作用，因此北人黨來了一招釜底抽薪，你不是水戰名將嗎？那就命令你去打日本水軍，要把他們全消滅。這招可謂陰狠之極，此時明日兩國在北京已經就和談達成初步意向，朝鮮國內上下也都開始文恬武嬉，讓李舜臣突然大規模挑起戰事，就算贏了，也肯定會背上一個擅自尋釁，破壞和談的罪名。南人黨領袖柳成龍當時力勸朝鮮國王同意議和，如果李舜臣這麼做，對一手提拔他的柳成龍也是一個極大的打擊。此外日軍水軍在遭到李舜臣接二連三的打擊之後，痛定思痛，平日防備極為嚴密，平日幾乎都龜縮於海港之中，即便出海亦是小心謹慎，大舉出航，讓李舜臣完全找不到機會下手。在這種情況下，李舜臣如果強行攻擊，很有可能遭到一場敗績。當然如果李舜臣不打，那麼就更好不過。所謂將在外君命有所不受這句話，一百位君主當中，未必有一個擁有如此廣闊的胸懷能包容這點。李舜臣要

第十章　烽火再燃

是膽敢抗命，那正好證明了他驕橫跋扈，目無君上，更是要速速除掉才行。如此陰毒的一石四鳥之計，果然造成了李舜臣極大的麻煩。

李舜臣打仗是個內行，但玩政治便極為外行。朝廷這樣的命令，在李舜臣的眼裡自然是無比荒唐，為了當前的局勢以及手下的艦隊著想，居然真就沒有去理會。這樣的處理方式，在軍事上是正確的，在政治上卻可以說是極大的錯誤。對付這種荒唐的命令，李舜臣面前有個最佳的學習對象，那便是鎮守遼東三十餘年，官至太傅，封寧遠伯的明朝名將李成梁。李成梁在遼東，號稱大捷十次，頭功一萬五千次，時時刻刻都能以出色的戰績向朝廷彙報，因此青雲直上，到了八十的年紀依然被萬曆皇帝所倚重。李舜臣如果此時表面上聽從這個命令，率領手下艦隊小打小鬧幾次，打沉幾艘日軍船隻，也炮製幾個「頭功」，「大捷」出來，這樣既不會遭受什麼損失，也不會因為全面開戰引火燒身，又避免了朝鮮朝廷的猜忌。政治上幼稚的李舜臣面對難題，選擇了一條最為坎坷崎嶇的路，帶來的後果便是朝鮮朝廷的猜忌，僅是因為當時沒有更適合李舜臣的人選，才暫時沒有動他。

這次事件，深深地動搖了李舜臣在朝鮮朝廷內的根基，北人黨深諳「趁他病要他命」的政爭訣竅，於是再次發動攻擊李舜臣的浪潮。領事右議政金應南當時上疏攻擊李舜臣，稱元均功勞卓著，卻被李舜臣隱瞞，而且元均登陸殺敵之際，李舜臣居然還見死不救。鄭崑壽與鄭琢等人紛紛附和。幸得南人黨柳成龍、李元翼等人庇護，才使得李舜臣逃過一劫，但此時明眼人已經看得出來，李舜臣在朝鮮國王李昖心目中的地位，已經搖搖欲墜了。

即使這樣，李舜臣依然對國家一片忠心，夙夜匪懈，絲毫沒有考慮過自己的利益得失，在〈閑山島〉一詩中，他寫出了「水國秋光暮，驚鴻

雁陣高。憂心輾轉夜，霜刀照夜弓。」這樣的詩句。憂國憂民之心躍然紙上，民族英雄之稱，李舜臣當之無愧。

自毀長城

　　北人黨對李舜臣的攻擊雖然迅速，但是攻擊的理由卻大都站不住腳，並無真憑實據，基本上都是風聞言事罷了，因此並不能致李舜臣於死地。到了萬曆二十五年（西元1597年）一月，明日之間的和談實際已經破裂，豐臣秀吉再次下令大軍討伐朝鮮。經過之前的慘痛教訓，日本方面充分意識到水軍被嚴重打擊導致後勤不足所帶來的嚴重後果，李舜臣變成了必處之而後快的人。而此時朝鮮黨爭劇烈，李舜臣處境堪憂，日本方面看朝鮮人這麼急不可耐地要自毀長城，又怎麼能不幫著出一把力呢？於是一個朝鮮史上最出名的間諜粉墨登場了，這個間諜的名字就叫要時羅。這個人是個僧人，隸屬小西行長麾下，精通朝鮮語，在接待朝明兩國使節之際出了不少力。他對戰爭的局勢走向判斷頗為精到，看出豐臣秀吉命不久矣，於是曾建議朝鮮使節黃慎對豐臣秀吉虛與委蛇，等豐臣秀吉死了，自然也就天下太平了。這番言論可是正合朝鮮上下的胃口，朝鮮人對豐臣秀吉都恨不得食其肉寢其皮，聽到要時羅預言他馬上就要死了，當然會對其另眼相待。結下這個善緣之後，要時羅便頻頻與朝鮮方面接觸，甚至將豐臣秀吉再次向朝鮮用兵的全部計畫都透露了出來，可謂是朝鮮人民的「老朋友」。也因此，他便成為了實施陰謀的不二人選。

　　當時小西行長派要時羅至慶尚左兵使金應瑞的大營慰問。可能有人奇怪，朝日兩國不是死敵嗎，為何小西行長能派人去朝鮮軍中慰問呢？這還

第十章　烽火再燃

是因為小西行長是最大的議和派的緣故。小西行長力主議和，所以與明朝和朝鮮接觸密切，在大部分的明朝和朝鮮的官員眼中，小西行長時不時地能透露很多日軍機密，尤其是死對頭加藤清正的動向，因此尚屬於可以往來的日本人。在與金應瑞接觸之際，要時羅便開始大發牢騷，說現在議和失敗，全都怪加藤清正這個賊子從中作梗，我們對他實在是恨之入骨。據我所知，加藤清正某月某日會去一島上巡視，你們朝鮮善於水戰，正好把這廝給除掉，也算是我們皆大歡喜，可千萬別放過這個機會喲。這加藤清正是最死硬的主戰派，也是朝鮮人心目中最凶惡的敵人，把這傢伙殺掉可是朝鮮上下期盼而不得的美事啊！金應瑞跟要時羅是老相識，又知曉小西行長與加藤清正之間惡劣的關係，因此對此情報深信不疑，趕忙向朝廷彙報。朝鮮國王聞知此事後，立刻召集文武大臣們商議此事，甚至將與要時羅相熟的黃慎也召來詢問。黃慎雖然與要時羅很熟，但是在此事上卻非常謹慎，說加藤清正和小西行長之間的確仇怨甚深，但是在豐臣秀吉的命令下，他們還是一致對外的。而且自古以來，從來沒聽說奇謀祕計是由敵人提供給我方，讓我方勝利的。朝鮮國王李昖雖然口中稱是，但是心中卻不以為然。此時北人黨的官員們一擁而上，紛紛發言認為此事實在是千載難逢的好機會，怎麼說也得試試看。而柳成龍雖然知道北人黨不懷好意，但卻也未力阻，恐怕他心裡也信了這個情報。於是李昖以慰勞諸軍的名義，派黃慎密諭李舜臣，命其按照要時羅的情報伏擊加藤清正。黃慎雖然並不贊成，也只好受命催促李舜臣發兵。可是李舜臣這時候再次犯了耿直的毛病，他斷然道：「海道艱險，敵人必然在此地埋伏了重兵，如果我們帶的船多了，那麼敵人便會發覺，如果帶的船不夠，那反而會被敵人擊敗。」總而言之，李舜臣就是覺得這事做與不做都會失敗，因此就不肯白費功夫了。這種應對，再次突顯了李舜臣政治上幼稚的大問題。要知道此事是親

自敲定，代表了國王的意志。李舜臣身為臣下，師出無功是能力問題，去不去做卻是態度問題了。如果不看好這個情報，那麼帶著大規模艦隊前去也就是了，嚇走了敵人，那只能算是敵人太狡猾，自己運氣不好而已。沒有真憑實據，便將國王的命令不當一回事，這樣的人怎麼能不受猜忌呢？

此事實際上完全是小西行長與加藤清正的陰謀，加藤清正以自己為誘餌來到島上，四周埋伏大批艦隊，企圖殲滅朝鮮水師，李舜臣將此事置之不理，在事實上避免了更大的損失。要時羅見誘敵不成，便又去金應瑞處，假意責怪朝鮮方面為何不抓住這個大好機會，加藤清正明明就在島上。這事情傳開後，大批不明真相的朝鮮官員紛紛指責李舜臣，有些慣於見風使舵的小人便想借助這股東風往上爬，他們才不在乎李舜臣之前立了多少功勞，殺了多少倭寇，在他們的筆下通通一筆勾銷，總而言之一句話，這李舜臣該死！北人黨看到輿論終於被塑造了起來，自然在其中推波助瀾，這群腐敗無能又怕死的官僚們對日本人無可奈何，但對付起自己人倒是花樣百出。於是李舜臣被逮捕，元均終於去掉了這個眼中釘肉中刺，如願以償地當上了「忠清、全羅、慶尚三道水軍統制使」。

這次李舜臣是栽了，但是北人黨卻並不放心，畢竟李舜臣是個名將，過往戰功赫赫，萬一有什麼風雲變幻，指不定就能鹹魚翻身。於是為了將此案辦成鐵案，北人黨攛掇國王李昖派了成均館的司成南以信去查探這件事。這成均館便類似於明朝的國子監，是朝鮮的最高教育機關，司成便是其中的負責人之一。派個教育部官員去查探軍事上的事情，可見朝鮮朝廷在這件事上有多麼的兒戲。這南以信也不負北人黨所望，兜了一圈以後，便回來啟奏說加藤清正的確在島上逗留了七日，我軍如果出動的話簡直是唾手可得。以明眼人看來，這個調查結果可謂是漏洞處處，這南以信到底透過什麼管道將加藤清正在島上逗留的時間打探得如此精準？又怎麼知道

第十章　烽火再燃

加藤清正到底帶了多少水軍艦船,以至於可以將其唾手可得的?這顯然是製造出來的謊言。可是這謊言卻非常能迷惑人,這樣的結論出來,那李舜臣簡直是舉國皆曰可殺了。這欲加之罪何患無辭?之前李舜臣不把朝廷的命令當回事的老帳通通被翻了出來,你風光的時候這叫將在外君命有所不受,你倒楣了這就叫輕慢朝廷,目無君上。早就記恨在心的國王李昖當時就定了調,說李舜臣如此罪大惡極,就算這次他除掉了加藤清正,也不能輕饒。順帶也把明將李如松等人數落了一通,說他們在朝鮮各個都欺瞞皇帝,搞得朝鮮人也有樣學樣,不把朝廷當回事,現在這個李舜臣便是榜樣。這種武官輕慢朝廷的習氣,一定要重重懲治。這昏庸的老小子到了現在還分辨不清到底誰忠誰奸,自己把國事弄得一團糟,好不容易出了這麼一個忠臣良將,居然還想要殺掉。明朝出人出錢幫這樣一個國家打仗,最後還落下一堆埋怨,實在可謂是吃力不討好。

以李舜臣被逮捕為代表,預示著朝鮮朝廷上南北黨爭已經上演到白熱化的階段,可這時候身為南人黨領袖的柳成龍卻害怕了。這李舜臣是柳成龍一手提拔起來的,身上就打著南人黨的烙印,柳成龍就算不為國家興亡、民族大義著想,只為了黨爭,也應該拚命保下李舜臣才對,他怎麼會在這時候退縮了呢?其實這應該從柳成龍的性格特點說起。不論南人黨還是北人黨,都是從當年的東人黨分裂而來。他們當時齊心合力鬥垮了西人黨,但是在對待西人黨的時候卻產生了矛盾。北人黨領袖李山海主張除惡務盡,而南人黨領袖柳成龍卻主張以大局為重,不要窮追不捨。從對待西人黨一事便可以看出,柳成龍喜歡求穩,做事不堅決,帶有先天的妥協性。李舜臣如今處境幾乎是人人喊打,柳成龍此時便鼓不起勇氣力保李舜臣,僅僅是不痛不癢地說了兩句之後,便沉默不語了。

也算是天無絕人之路，柳成龍雖然怕了，但是另外一個強力人物卻站了出來，將李舜臣保了下來，此人便是身為判中樞府事的鄭琢，這中樞府掌管王命出納與軍務，之後王命出納事務轉移議政府與六曹，軍務又為兵曹和三軍鎮府所等單位所奪，變成一個閒職單位，可是此時因為戰爭的關係，身為判中樞府事的鄭琢對軍務上便有不小的發言權。他當時說李舜臣是個名將，絕對不能殺，軍機厲害，我們身在朝堂之上又怎麼能完全清楚呢？李舜臣不出擊，必然有他的道理，人才難得，還是讓他做回小兵，戴罪立功把！鄭琢此人曾經幫助國王李昑從平壤逃到義州，可謂有擎天保駕之功，他的話對國王李昑來說分量很重。因此看在鄭琢的面子上，李舜臣保住了性命，罰去都元帥權慄帳下白衣從軍效力。

在獄中李舜臣經受了嚴刑拷打，這並未擊垮這位名將，但是在李舜臣入獄這段時間，他的母親在牙山縣聽說李舜臣入獄，居然憂懼而死，這對他來說簡直就是晴天霹靂一般，當時被震得兩眼發黑，連天上的太陽也變得黯然無光。李舜臣出獄之後，多方打點，路過牙山縣為母親辦理喪事。出殯當天，大雨滂沱，李舜臣無法遏止滿腔悲憤，嚎哭不已，幾至暈厥，腦中充滿了追隨母親而去的念頭！忠臣良將遭到如此對待，朝鮮朝廷內這些官僚們可以欺瞞國王，但是卻欺瞞不了中下層的軍民，他們都為李舜臣憤憤不平，也對這個腐敗的朝廷充滿了失望。

丁酉再亂

就在朝鮮方面內鬥得不亦樂乎的當口，豐臣秀吉的大軍卻已經準備妥當，殺奔朝鮮而來。

第十章　烽火再燃

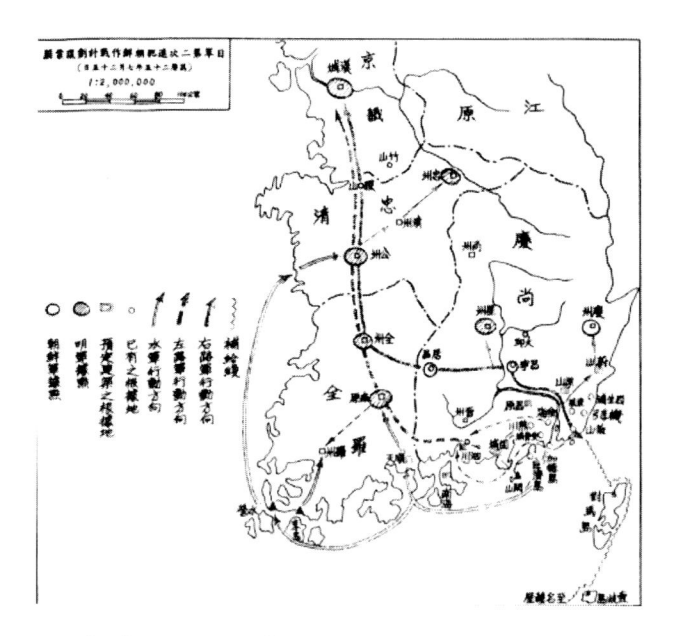

　　萬曆二十五年（西元 1597 年，日本慶長二年，朝鮮李朝宣祖三十年）正月，豐臣秀吉以小早川秀秋為主帥，宇喜多秀家、毛利秀元為副，黑田孝高為參謀。命小西行長戴罪立功，依然與清正同為先鋒，動員九州、四國、本州各大名兵力十四萬餘人。他本人居於伏見城，遙控指揮；置吏於浪古耶，負責後勤糧運。此次出兵，日本正值天皇年號慶長元年，因此稱之為「慶長之役」，而朝鮮方面因為此年正值丁酉年，因此稱之為「丁酉再亂」。

　　這次大軍征討，豐臣秀吉算是含憤出擊，但是他安排的這個出擊陣容卻如同兒戲一般。前次文祿之役，豐臣秀吉安排的主帥是二十出頭的宇喜多秀家，從戰爭的表現看，即便宇喜多秀家曾經當過豐臣秀吉的養子，也絲毫不能鎮住手下這些資深的大名武將們。這次慶長之役，居然又換了一個更年輕的前養子小早川秀秋，年紀不過十五歲，而兩個副帥，一個宇喜多秀家剛到二十三歲，另外一個毛利秀元不過十八歲，這種安排簡直就是

可笑了。一群娃娃主帥，又如何團結手下這群老前輩，發揮出他們最強的戰鬥力呢？在總指揮的層面上看唯一夠分量的是擔任參謀的黑田孝高，此人可謂是豐臣秀吉一直以來的謀主，要是能全心全意地替小早川秀秋謀劃，倒是能改善日軍指揮方面的問題。可問題在於黑田孝高此人因為才能極高，被豐臣秀吉所忌，一直處於被壓制的狀態，四十多歲便被迫將家主之位讓給了長子黑田長政。而且此人在文祿之役前便是堅定的反戰派，在文祿之役時也擔任過參謀，最後因與三奉行發生矛盾，差點導致其被勒令切腹自殺，最後不得不靠出家為僧來脫罪。一直遭遇如此待遇，當然會心懷不滿。此時黑田孝高已經與豐臣秀吉貌合神離，暗地裡與德川家康勾結了。讓這樣一個懷有異心的人當參謀，又如何能真心實意地替豐臣秀吉謀劃攻取朝鮮呢？

庚長之役日軍出兵詳情					
軍團編號	主將	下屬部將	分兵力	總兵力
第一軍	加藤清正	加藤清正	一萬人	一萬人
第二軍	小西行長	小西行長	七千人	一萬四千七百人
		宗義智	一千人	
		松浦鎮信	三千人	
		有馬晴信	二千人	
		大村喜前	一千人	
		五島玄雅	七百人	
第三軍	黑田長政	黑田長政	五千人	一萬人
		毛利吉威	二千人	
		島津忠豐	八百人	
		高橋元種	六百人	

第十章　烽火再燃

庚長之役日軍出兵詳情			
軍團編號	主將	下屬部將	分兵力	總兵力
第三軍		秋月種長	三百人	
^		伊東佑兵	五百人	
^		相良賴房	八百人	
第四軍	鍋島直茂	鍋島直茂	一萬二千人	一萬二千人
第五軍	島津義弘	島津義弘	一萬人	一萬人
第六軍	長宗我部元親	長宗我部元親	三千人	一萬三千二百人
^	^	藤堂高虎	二千八百人	^
^	^	池田秀氏	二千八百人	^
^	^	加藤嘉明	二千四百人	^
^	^	來島通總	六百人	^
^	^	中川秀成	一千五百人	^
^	^	菅達長	二百人	^
第七軍	蜂須賀家政	蜂須賀家政	七千二百人	一萬一千一百人
^	^	生駒一正	二千七百人	^
^	^	脇坂安治	一千二百人	^
第八軍	毛利秀元	毛利秀元	三萬人	四萬人
^	^	宇喜多秀家	一萬人	^

| 庚長之役日軍出兵詳情 |||||
軍團編號	主將	下屬部將	分兵力	總兵力
駐紮於朝鮮各據點的防禦部隊		小早川秀秋（釜山）	一萬人	二萬三百九十人
		太田一吉（目付監軍）	三百九十人	
		立花宗茂（安骨浦城）	五千人	
		高橋統增（加德城）	五百人	
		築紫廣門（加德城）	五百人	
		小早川秀包（竹島城）	一千人	
		淺野長慶（西生浦城）	三千人	
總計				十四萬一千四百九十人

　　正月十四日，先鋒加藤清正統領部將豐茂守等乘船二百餘艘先驅渡海到朝鮮。眾所周知加藤清正是最強硬的主戰派，上一次他一路打到明朝邊境，最後被逼撤軍，可謂是不甘心至極，因此這次再度殺入朝鮮，他的行動尤為積極。先是直接占領了日軍修築的竹島城，此城在日軍撤離之際便被放棄，可笑的是朝鮮方面既未派人防守，又未將其摧毀，如今被日軍再次輕易占據利用，實在是天作孽尤可為，自作孽不可活。占領竹島之後，加藤清正立刻與釜山留守日軍合兵，攻破機張、梁山最後殺入西生浦，揚

第十章　烽火再燃

言如若朝鮮不交出王子來日本謝罪就絕不罷兵。加藤清正這一路如摧枯拉朽一般，再次打得朝鮮軍毫無還手之力，因此洋洋得意地說：「我今一出，朝鮮舉竿可定。」這話看似狂妄，但如果朝鮮沒有明朝做後盾，那說不定就變成事實了。

這次日軍侵朝，與上次的目的發生了根本性的變化。之前豐臣秀吉狂妄至極，夜郎自大，自以為日本是世界第一強國，因此不但要占領朝鮮，還要占領大明、印度等國，定都北京，於是制定的戰略戰術是以鯨吞戰術，對朝鮮首都以閃電戰進行斬首攻擊，以戰養戰，迅速擊破朝鮮上層抵抗力量，吞併朝鮮，再整合朝鮮軍力，攻伐明朝。可是真正打過才知道，雖然朝鮮軍不堪一擊，但是大明朝畢竟是天朝大國，幾萬明軍入朝之後立刻改變了朝鮮戰場上的局面，將日軍打得連連後撤，這使得豐臣秀吉也清醒過來，意識到之前那些狂言不過像笑話一般，完全不可能實現。因此此次侵朝，日軍便改鯨吞為蠶食戰術，打著穩紮穩打，長期占領的主意，戰略目標僅限於朝鮮，至於什麼占領大明、印度早就丟於腦後了。既然決定要好好經營朝鮮，那就不能像前次一樣胡亂殺戮平民了，因此張榜大肆宣傳「朝日親善，共存共榮」，保證日軍絕對不會禍害老百姓。可是朝鮮人民才不會相信這些鬼話，看到日軍又來了，慶尚左道的朝鮮人逃散一空，完全不理會日軍的宣傳。

就在加藤清正渡海的第二天，小西行長也率大軍渡海。因為議和的失敗，小西行長在豐臣秀吉那裡失分極多，為了戴罪立功，這次小西行長進軍的速度也極快，他從釜山外洋直入豆毛等浦，最後在釜山大興土木，預備長期經營。

到了二月十六日，加藤清正所部已經深入晉州，日軍軍勢範圍已經恢復到晉州之戰後的局面。此時朝鮮國上下驚慌失措，不知如何是好。國王李昖急忙打發家眷去漢城西北的海州避難，見到國王這樣，下面的也有樣學樣，宰執大臣們各為全身遠禍之計。柳成龍託言蒐集軍糧，走奔尚州，都元帥權慄率兵東撤，到了漢江才駐紮下來。朝鮮各路軍民各將家口奔徙遠境，皆不戰而逃，完全沒有任何人有為國盡忠的打算。其實有此種情況，完全都是這些國王大臣們自作自受。他們對之前的教訓不但沒有任何切膚之痛，反而熱衷於內鬥，陷害忠良，這樣的朝廷，這樣的國王大臣們，又如何能團結所有軍民對抗外來侵略者呢？如今他們只想到一件事，那便是馬上向明朝告急，請求天朝的援軍。

當加藤清正與小西行長在全羅道大致站穩腳跟後，日軍主力陸續抵達朝鮮。根據計畫，日軍主要分為了三個野戰集團軍。

右軍以毛利秀元為主將，下轄加藤清正、黑田長政、鍋島直茂父子、池田秀氏、中川秀成、長宗我部元親等將，總兵力約六萬四千三百人。

左軍以宇喜多秀家為主將，下轄小西行長、宗義智、松浦鎮信、有馬晴信、大村喜前、五島玄雅、蜂須賀家政、毛利吉成父子、生駒一正、島津義弘、同忠豐、秋月種長、高橋元種、伊東佑兵、相良賴房等將，總兵力約四萬九千六百人。

水軍以藤堂高虎為主將，下轄加藤嘉明、脅坂安治、來島通總、管達長等將，總兵力約七千二百人。

此外小早川秀秋坐鎮釜山，淺野長慶駐守西生浦，與剩餘日軍部隊一起構築朝鮮南部沿海陣地。

第十章　烽火再燃

元均之死

　　從一月到六月，日軍在朝鮮毫無阻礙地完成了大軍集結，不但如此，小西行長還順便「幫」了朝鮮人一把，把朝鮮對日本最大的威脅，水軍名將李舜臣給整得死去活來。就這樣，被人整了的朝鮮人還回過頭對小西行長感恩戴德，北人黨黨魁李山海當時便滿懷深情地道：「要時羅和小西行長可是朝鮮人民的老朋友，一定要讓他們滿意！」受到如此深情的接待，小西行長也不好意思不表示表示。這李舜臣是被打倒了，但他一手打造的朝鮮水軍卻還完好無損呢，於是朝鮮人民的「老朋友」要時羅再次粉墨登場。

　　這次他還是老招，先去找了金應瑞。為了圖謀朝鮮水軍，小西行長可是花了血本，他授意要時羅洩漏日軍未來的侵攻計畫。比如說日軍計劃六月底七月初開始展開攻勢，首先主攻目標便是全羅道。加藤清正會從慶州、密陽或者大邱中任意一地發兵，小西行長則由宜寧、晉州出兵。不但如此，要時羅還極為熱心地向朝鮮方面建議如何防禦。他提出的辦法是朝鮮方面應該堅壁清野，軍糧、軍器、牛馬、老弱要麼轉移到荒僻的海島上，要麼就藏在深山老林之中，不要留下一粒糧食給日軍。另外集結壯丁組成游擊隊，時時刻刻騷擾日軍。這些情報可是千真萬確，替朝鮮人出的主意也是陰狠毒辣，要是朝鮮方面真的依照實行，那也真夠日軍受。

　　這麼重要的情報讓金應瑞是又驚又喜，這情報與金應瑞所掌握的情報完全一致，但又詳細精準得多，這簡直是天上掉下來的大餡餅。此時金應瑞對要時羅可謂是言聽計從。看到火候到了，要時羅這時候才將真正的目的透露了出來。他說：「上次我冒死向你們透露加藤清正那廝的情報，結果你們沒能抓住機會。這次我探查到，又有一批運輸艦隊將要抵達釜山，

這批艦隊缺少防護，你們要是能出擊必然能全殲這批艦船。這樣好的機會你們可千萬別再錯過了！」

金應瑞得到了這麼多珍貴的情報，簡直如獲至寶，急忙再次快馬飛奏朝廷，強烈要求朝廷調動水軍伏擊日軍運輸艦隊。既然有上一次的教訓，這次出擊便顯得勢所必然，這個任務便理所當然地落到了新任忠清、全羅、慶尚三道水軍統制使元均的頭上。這元均耍陰謀詭計是一把好手，遇到真正的大規模水戰，他就開始害怕了。可這種情況卻由不得他退縮，他就是藉著攻擊李舜臣膽小，不敢主動出擊而上位的，如果他也跟李舜臣一樣不出擊，不但國王李昖饒不了他，連扶他上位的北人黨也不會輕饒他。

可真要打，元均的心中卻極為忐忑。他上任以來，可謂是將李舜臣一手打造的這支戰鬥力很強的朝鮮水軍給弄得千瘡百孔。他上臺的第一件事就是把李舜臣之前制定的，已經行之有效的號令和制度全面廢除，然後就在水軍內部進行政治鬥爭，打壓流放李舜臣的親信將領士兵，四處安插自己的親信。而他自己卻整日酗酒，根本不理軍隊的日常整訓，動不動就鞭撻士卒，甚至帶小妾進軍營淫宿。所謂上行下效，這樣的主帥，又如何能帶出一支有戰鬥力的軍隊？此種情況很快便感染了下層將士，當兵做的是刀頭舔血的買賣，他們可不管主帥到底在朝中有多少勢力，如何能鑽營，他們只知道能帶他們打勝仗，盡量少死人的主帥才是好主帥。像元均這樣的，怎麼看也都是個酒囊飯袋，把命交到他的手上，那就真的要祈禱老天保佑了。於是元均手下的將士們也都有了自己的小心思，紛紛打起了遇到日軍就逃的念頭。

被逼無奈之下，元均也只好點齊所有的船隻，按照要時羅提供的時間航向釜山，去截擊日本運輸艦隊。六月十九日，元均率艦隊從閒山島出發，做出一副要進攻的樣子。這元均畢竟也是老於行伍，雖然才能本事樣

第十章　烽火再燃

樣不行，但是對水軍中的情形倒也不是一無所知。因此他路上遇到了島津義弘和高橋統增部下的小股巡邏艦隊，隨便打了一場後便縮回了閑山島水軍大本營。

元均如此無能的表現，讓扶他上位的北人黨大大地丟臉，甚至還給了南人黨攻擊的口實，甚至連都元帥權慄都對其極為不滿。紛紛向元均施加壓力，命令其必須出擊。此時元均才明白這個三道水軍統制使不好當，但是沒辦法，趕鴨子上架，上級說你行，你就得行。元均此次也顧不得這許多了，為了頭上的烏紗帽，也是豁出去了。

七月七日，元均率艦隊再次從閑山島出發，殺奔釜山而去。這次元均卻不像第一次出擊那樣畏首畏尾，而是走了另外一個極端，他絲毫不考慮船中水手的體力，只顧催逼他們盡力搖櫓划船，用最快的速度到達目的地。可是元均卻不知道，他的一舉一動均在日軍的預料之中。在要時羅的幫助下，日軍對朝鮮水師的動向瞭若指掌，此外日軍還在閑山島至釜山沿線布下極多眼線，一見朝鮮水師出動，立刻乘著潮水用快船接力通風報信。日本水軍在充分的情報支持下，聚集了全部水軍主力與部分陸軍，在釜山附近的絕影島埋伏，以逸待勞，等朝鮮水師自投羅網。

元均率水師抵達絕影島附近後，已經接近黃昏，此時天色陰沉，風急浪高。朝鮮水軍自從閑山島出發之後，在元均的催逼下艦隊中的水手又累又餓，完全沒有得到休息。於是元均將艦隊開往絕影島的港口中，準備休整一夜，第二天伏擊日軍補給艦隊。可是朝鮮水師剛入港口，還未下錨，早就埋伏在絕影島周圍的日軍水軍便殺氣騰騰地衝了過來，將朝鮮水師圍堵在了港口附近。所謂趁他病要他命，由於情報充足，日軍水軍做到了知己知彼，抓住了朝鮮水師最為虛弱的時候，發起了最致命的攻擊。

六百餘艘日軍戰艦在海平面的那頭乘風殺來，海面上的陰雲彷彿跟隨

著這些戰艦而翻滾，落日的餘輝已經無法穿透黑暗的雲層，讓這些戰艦彷彿從地獄中殺出的魔艦。不再溫柔的海風亦彷彿聽從日本人的召喚，呼嘯著撲向了朝鮮水師，讓朝鮮水師處在了逆風的不利境地。見到日軍殺來，元均此時也破罐子破摔，不顧水師目前的窘境，揮劍大叫著命令全軍迎戰。此時慶尚右水使裴楔對戰局極不看好，他對元均說，絕影島港口周圍地形複雜，我軍無法展開攻勢，力勸元均速速撤離，但卻被已經瘋狂的元均拒絕。於是裴楔乾脆違抗元均命令，吩咐自己所屬的十二艘艦船按兵不動。

　　硬著頭皮迎戰的朝鮮水師只好迎著狂風，向日軍發射大炮，弓箭。可朝鮮水師逆風作戰，水手們也都已經筋疲力盡，沒有體力承受高強度的划槳與作戰，被狂風吹得七零八落。藤堂高虎、脇坂安治、島津忠恆指揮日軍水軍迅速合圍，炮火震天。聽得炮火響起，島津義弘率領三千陸軍，殺往絕影島港口，企圖俘獲朝鮮水師尚在港口停泊的部分船隻。此時裴楔正在港口，一見日軍殺來，知道大大地不妙，於是也不管元均死活，率所部奪路而逃。

　　此時日軍順風作戰，進退自如。他們知曉朝鮮水師是一支疲軍，因此故意不與朝鮮軍正面作戰，而是像牛皮糖一樣黏著朝鮮水師，玩你進我退，你退我進的把戲。一旦發現某艘朝鮮軍艦無法正常航行落單，便一擁而上。日將島津忠恆、箕浦忠光等人紛紛跳上朝鮮軍艦廝殺，朝鮮水師士卒早已筋疲力盡，如何是這幫日軍的敵手，於是或被俘或被擊沉。元均見日軍水軍如此強大，而裴楔又先逃，剛剛鼓起的勇氣就像被戳破的氣球那樣飛得無影無蹤，於是急忙下令撤退。這個無腦的命令一下，直接導致了朝鮮水師的全面混亂，被日軍窮追猛打，損失慘重。

　　戰鬥從黃昏一直打到入夜，厚厚的雲層使得星月無光，在伸手不見五

第十章　烽火再燃

指的海面上,敵我難辨,日軍也無法繼續追擊,元均總算是撿回一條命,率殘部一路逃回加德島。

到了加德島,朝鮮士卒經過兩天的奮戰,可謂是又飢又渴,紛紛在此停泊取水。這加德島是閒山島至釜山之間的一個大島,可謂是休整補給的必經之地。因此日軍早早在此埋下了伏兵。趁著朝鮮士卒們紛紛下船取水,不成行伍之際,日將高橋直次、築紫廣澄突然率軍殺出,朝鮮水師猝不及防,又不擅陸戰,被斬殺四百餘人。

朝鮮水師遭此猝襲,只能倉皇逃竄,而日軍主力艦隊則像狗追著骨頭一般鍥而不捨。就這樣一路追逃,元均好不容易將水師撤到巨濟島北岸的漆川島。漆川島與巨濟島僅僅隔了一個小海峽,這條海峽的名字便是漆川梁。這巨濟島乃是朝鮮第一大島,可以說是閒山島的屏障,相對而言算是比較安全。此時朝鮮都元帥權慄身在固城,距漆川島並不遠,因此元均大敗的消息很快便傳入了他的耳中。權慄本對元均此次出擊抱著極大的期望,結果卻得到這麼一個結果,自然憤怒不已,竟然派了使者手持軍令趕赴漆川島,將元均召至固城,當眾狠狠地賞了元均一頓「竹板炒肉」,並且命令他重整旗鼓,與日軍再戰,如若再敗,提頭來見!可是這頓好打不但沒有讓元均知恥而後勇,反而讓他自暴自棄起來,回去之後居然借酒消愁,喝了個酩酊大醉。就在元均沉醉酒鄉之際,日軍水軍也藉著夜色悄悄掩至漆川島附近。島津義弘首先率陸軍兩千人在漆川島及固城沿海一線埋伏。七月十五日二更【晚上九點到十一點】時分,日軍五六艘先頭船隻突然駛入漆川島四處放火,此時朝鮮水師主帥醉酒,兵無鬥心,頓時大亂,四處逃竄。到十六日黎明,藤堂高虎率本部水軍當先發起總攻,加藤嘉明等將繼至。只見日軍戰艦接近朝鮮軍艦後,船上紛紛飛出鐵爪,日軍水軍嚎叫著順著飛爪降到朝鮮船上,掀起一陣腥風血雨。朝鮮水師的艦船此時

已經毫無反抗能力,不是被日軍投擲的油火罐燒沉就是被日軍跳幫戰術俘虜。此時鍋島直茂的兒子鍋島勝茂正好在竹島,見到有便宜可撈,便駕船前來湊熱鬧,也俘虜了一艘朝鮮軍艦。這傢伙戰後大發感慨道:「我小時候曾經跟隨太閣殿下遊歷,見過野櫻滿山伴隨著白雪爛熳奪目的風景,以為這就是天下最壯觀的景色了。誰知道此戰見加藤嘉明豪戰,血色漫布天海,頓覺以前看過的那些景色都不算什麼了。」

朝鮮水師此時已經徹底潰敗,部分棄船登岸,部分駕船逃往固城秋原浦。可這些日軍早有預料,島津義弘的陸軍在沿岸早就布下了天羅地網,這些朝鮮潰卒們大部被殺。逃往秋原浦的水師殘部則被追擊的日軍水軍團團包圍,盡數擊沉。元均與宣傳官金軾、順天府使禹致績等人在秋原浦棄船登岸,倉皇逃竄,但日軍亦派兵下陸窮追不捨。元均可能是在醉夢中被驚醒,連衣服都忘了穿,就拿了一把劍,光著膀子隨著朝鮮潰兵而逃。可這傢伙生活糜爛,酒色無度,早就被掏空了身子。又老又肥的他不過跑了百十公尺便氣喘如牛,汗如雨下,一屁股坐到一棵松樹下再也起不了身。此時他身邊的朝鮮軍兵們沒有一個人想到去救他們的主帥。宣傳官金軾體能很好,跑得飛快,還有餘力觀望身後的情形。他最後看見的便是元均被六七名日軍圍住,生死不知。【根據相關的歷史紀錄,朝日雙方的歷史紀錄中並無元均存活的記載,但也沒有元均被殺的第一手紀錄。】

此戰朝鮮水師被俘船隻就有二百六十艘以上,被殺、溺亡者數千人,李舜臣的得力助手全羅右水使李億祺、忠清水使崔湖等人均力戰至死。可以說李舜臣一手訓練出來的朝鮮水師在這一戰被一掃而空。日軍順勢乘勝向西,南海縣、順天府依次陷落,日軍軍勢直指兩湖地區【湖南全羅道、湖西忠清道】,王京漢城岌岌可危。

如果說此戰還有亮點,那當屬慶尚右水使裴楔,這傢伙派了手下日夜

第十章　烽火再燃

監視日軍動向,一發現苗頭不對便率手下戰船逃往閑山島,不但毫髮無損,而且他逃到閑山島之後,知道日軍馬上便會追殺過來,於是一把火將閑山島上的軍事物資燒得乾乾淨淨,又將在島上的朝鮮軍民盡數撤離。讓尾隨而至的日軍一無所得。可謂是保存了朝鮮水軍的最後一絲元氣。可是這樣的逃跑行為注定無法受到讚賞,戰後裴楔受到了多方面的指責,甚至李舜臣也認為這樣的行為連元均都不如。元均以自己的死洗脫了一切罪名,在戰後居然還撈到了一個「一等效忠仗義迪毅協力宣武功臣」的頭銜,與李舜臣、權慄並列。而幾乎算是被他害死的李億祺與崔湖兩人卻僅僅獲封了一個「二等效忠仗義協力宣武功臣」和「二等奮忠出氣迪毅清難功臣」。當然這個結果免不了有北人黨在其中上下其手。恐怕元均的「陣亡」,讓極力推薦他的北人黨們長舒一口氣,人死萬事空,這元均死了,北人黨還可以為他套上一個國家英烈的光環,那麼北人黨之前推薦元均的責任便從此無人在意,甚至北人黨順勢還將罪名直接扣到了都元帥權慄的頭上,指責原本元均並不同意冒進,正是因為權慄的命令,才導致了最後的慘劇。雖然歷史上最後元均的生死並無明論,但是相信就算元均生還,等待他的也只能是悄無聲息的「被陣亡」吧。

第十一章
再臨半島

再次入朝

當萬曆二十五年（西元1597年）正月十四日加藤清正率先殺入朝鮮之際，明朝議和使團楊方亨等人還在思索著如何糊弄朝廷上下，可是戰火的燃起徹底打破了他的企圖。當朝鮮方面的求救文書雪片般地遞入北京之時，議和派徹底在朝堂上被打倒，入朝參戰的呼聲成為主流。但是這並不能解決關鍵的問題，擺在朝廷官員面前的實際上是個爛攤子，朝廷財政緊張，缺錢缺糧，更有浙兵無故被屠殺的事件，使得南兵上下怨氣極深，兵無戰心。除此之外，軍事主官的人選亦是一個難題，如果說按照經驗而言，有過第一次援朝經驗的李如松無疑是最為合適的人選，可是李如松這個人卻很不合朝中文官的胃口。

李如松之父李成梁在遼東身為武官中的最高長官幾十年，使得李氏一門在遼東可謂一手遮天。這早就引起了朝內清流官員們的大肆抨擊，導致李成梁最後黯然請辭。但李如松的強勢上位延續了李成梁在遼東的輝煌。李氏一門在遼東的盤根錯節形成了一個大規模的遼東將門集團，李如松便是他們的總代表，這顯然對朝廷是一種威脅。而李如松在先前入朝參戰時，驕橫霸道，跟經略宋應昌對立。在這個文官對武人有絕對壓制權的時

第十一章　再臨半島

代,這種行為顯然觸碰到了明朝文官集團的底線。此外李如松入朝參戰後的表現又不能讓朝野上下滿意,實際上之所以有議和派的存在,都是建築在李如松統領的明軍無法速勝的基礎上的。

以上種種,使得主戰派官員們一時之間有了巧婦難為無米之炊之感。但出兵援朝如今已成為了主流,即便是再困難,這個架子也必須得搭起來,因此難歸難,依然還是在很短的時間內決定出兵的大體框架。

這次被換上來的便是被譽為良將的麻貴。遼東李氏自李成梁的高祖時代便是軍官世家,直至李如松兄弟,可謂是明軍遼東將門一系的代表。而麻貴也非常類似,他的父親麻祿便曾任大同參將,麻貴的兄長麻錦,姪子麻承勳也都是當時有名的將官。因此麻貴是明軍宣大【宣府、大同的合稱】一系邊軍的代表人物,也因此這兩個軍官世家被稱之為「東李西麻」。最後,麻貴被任命為備倭總兵官後軍都督府都督同知,不久加提督銜,統率南北水陸官兵。

此次在入朝參戰文官的任命上,明朝上下也頗費了一番心思,雖然說出兵援朝是一個大原則,但是明朝方面對朝鮮朝政混亂,文武貪生怕死,後勤保障不力,對明軍純粹是利用的做法已經深為不滿。此外當時遼東經略宋應昌對李如松僅僅是遙控指揮,並未親臨第一線,導致無法掌握實際情況。有鑑於此,透過武英殿大學士吏部尚書張位力薦,以奪情起用升山東布政司右參政楊鎬為右僉都御史,經理朝鮮軍務。所謂的經略朝鮮軍務,實際上就等於臨時性的朝鮮總督,在朝鮮管理包括朝明兩方的一切事宜,真正將入朝參戰的明軍的命運掌握在自己的手中,這正是明朝不願再當冤大頭,對朝鮮方面之前拙劣表現的一個反應。這個職位對朝鮮方面來說當然是極為不願看到的,他們對明軍的態度是一種純粹的利用心理,他們希望明軍在打敗日本之後就可以全部撤出朝鮮,不希望明朝對朝鮮國內

事務指手畫腳,更擔心明朝會藉此機會吞併朝鮮。而經略朝鮮軍務這個差遣的確立,便使得朝鮮的頭上有了一個太上皇,這使得朝鮮方面非常地不舒服。當然形勢比人強,現在明擺著沒有明朝在後面撐著,朝鮮立刻便是滅國的下場,因此就算不情願,朝鮮方面也得捏著鼻子認下來。除此之外,任命兵部左侍郎邢玠為兵部尚書兼右副都御史,總督薊遼、保定等處軍務兼理糧餉經略禦倭,確定了入朝參戰的總指揮人選。

刑玠夫婦

除了這三位最高指揮官之外,明朝方面規劃了一個陸軍近九萬,水軍兩萬四千的龐大陣容,比李如松那次的規模以及陣容要龐大得多,看起來非常唬人。可現實狀況卻沒那麼美好,此次先期入朝的麻貴僅僅拼湊了一萬七千人馬,於五月九日晚抵達遼陽,於五月十八日分批渡過鴨綠江。

麻貴雖然與李如松是一東一西,但卻同屬北將,見慣了蒙古韃虜,卻從沒與日本人作戰的經驗,因此也很是慎重。初到朝鮮後,便火速派吳唯忠率南兵四千屯南原,兼理籌餉;陳愚衷率延綏騎兵二千屯全州,楊元率

第十一章　再臨半島

遼東騎兵三千一百扼忠州,與南原軍互相呼應;茅國器率浙兵三千屯星州,控制鳥嶺、秋風嶺;麻貴則率本部兵馬於七月開至碧蹄館,後駐王京漢城居中排程。待總督邢玠率領的主力大軍一到,明軍即由南原、忠州兩路出發,直搗釜山。

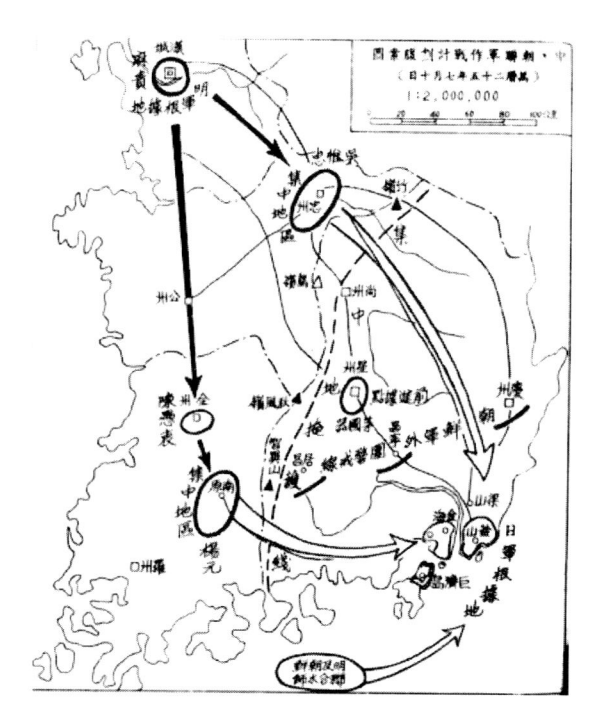

可是六月楊元到了忠州之後,居然嫌棄忠州屢遭兵災,過於殘破,不願意在此駐兵,因此強烈要求與南將吳唯忠換地防守。這楊元提出此要求的時候也不想想,他覺得忠州殘破不願意駐軍,難道吳唯忠就不覺得忠州殘破?可能是在第一次入朝,李如松偏袒北軍讓楊元有了南軍就是後娘養的錯覺,因此向吳唯忠提出這樣過分的要求居然也是理直氣壯。最後博弈的結果楊元倒是如願以償地調到了南原,可是他不知道,這樣驕橫的行為恰恰將自己送入了鬼門關。

此時朝鮮又值雨季，大雨四五日不止，盡夜如注。平地皆為大水，三江大河一望滔天。明軍冒雨前行，甚是艱楚，但無一退縮，終於在七月左右均到達預定的防守地點。可是不久，朝鮮水軍全軍覆滅。日軍兵分兩路，左路以宇喜多秀家為主將，小西行長為先鋒，沿宜寧、晉州一線，進攻南原；右路以毛利輝元為主將，加藤清正為先鋒，沿密陽、大邱一線，向全羅道挺進，進攻全州。水軍由藤堂高虎率領，配合左路軍全力進攻南原。兩路大軍採用鉗形攻勢，最後在王京漢城會師，一舉拿下漢城。南原則是進攻重點。

南原失守

　　加藤清正率軍自西生浦經慶州入全羅。朝鮮諸城望其旗幟，望風而潰，駐軍雲峰的朝鮮都元帥權慄棄城而逃，「紅衣將軍」郭再佑亦狼狽逃至昌寧的火王山上。行長則率左路軍占領泗川、南海、順天，登陸光陽豆恥津。隨即與加藤清正合兵於八月十七日攻陷黃石城，前金海府使白士霖棄城而逃，剩下的安陰縣監司郭逡率軍民死戰，皆沒於城內。郭逡的兩個兒子郭履祥、郭履厚抱著父親的屍首痛罵日兵，至死罵不絕口。郭逡的長女，和郭履祥的妻子慎氏都已經逃出城外，但一聽說父兄丈夫戰死，於是雙雙自縊於郊外林中。戰後，諡郭逡「忠翼」之號。

　　八月十二日，小西行長自蟾津江入海口登陸。緊隨其後的，便是左路軍總指揮宇喜多秀家的主力大軍，共約五萬人，水軍將領島津義弘、加藤嘉明則率七千水軍阻絕全州援路，合軍威逼南原，兩湖大震。

　　原本在麻貴的規劃中，南原東有雲峰、鳥嶺，南有三浪、大江直通金

第十一章　再臨半島

海、竹島，此為全羅門戶，可以屯聚馬行，為朝鮮最要害處。而開山島在朝鮮西海水口，守此以阻截日軍艦船，又為南原右障。因此麻貴派兵分駐南原、全州以為掎角之勢。而朝鮮將領金應瑞、李元翼又在雲峰之外，權慄兵在閒山之內，閒山又有舟師守把，水陸相援，各為障蔽，看起來似乎是萬無一失。可是麻貴萬萬沒有料到，朝鮮軍居然是如此不堪一擊，看似面面俱到的防禦實際上就像一張紙一般，一捅就破，僅僅數日，戰略重地南原便岌岌可危。

要是南原守將是老將吳唯忠的話，那麼也許還有那麼幾分機會，可是偏偏楊元非得跟吳唯忠換。這真是天堂有路他不走，地獄無門非闖進來。

這南原地處平原之上，可謂是周圍一馬平川，是最容易受到圍攻的城池，也是守軍極難防守的城池。因此一些熟悉當地地形的朝鮮將領向楊元建議乾脆放棄南原，把軍隊和百姓全部移到十里之外的蛟龍山城，改在那裡與日軍打防禦戰。蛟龍山城海拔 500 多公尺，山路險峻，易守難攻，肯定能令日軍大吃苦頭。這楊元可能覺得自己上次跟著李如松，在平壤把小西行長殺得哭爹叫娘，在碧蹄館率領一千兵馬就能在四萬多日軍的包圍下將李如松輕鬆救出，現在不過是守個南原城，那還不跟玩耍一樣？因此不但沒同意，還把蛟龍城一把火給燒了，以顯示其「破釜沉舟」。

有自信心是件好事，可是與日軍打了這麼多次仗，到現在都不能正確地評估敵我雙方的真實戰力，這就是楊元的悲哀了。從楊元的身上，可以看出此時明軍優秀將領的凋零狀況是多麼地驚人。此時的明軍中下層士兵與軍官依然擁有堅強的戰鬥力，可是中高級將領素養的急遽退化才是明軍在朝鮮戰績並不盡如人意的主因之一。

楊元不願意去容易防守的蛟龍山城，卻花費了極大的人力物力增築南原城牆一丈；城外浚鑿濠塹一兩丈，濠內又築羊馬牆，多穿炮穴；城門安

大炮數三座。日夜施工，忙了一個多月方才大功告成。

到朝鮮水軍全軍覆沒之後，南原民眾便嗅到了危險將近，紛紛逃亡，很快南原便成為了一座空城。此時楊元才嗅到了一絲不妙，先遣家丁將行李二箱押回平壤，一面檄召朝鮮全羅兵使李福男同守。李福男遷延不至，楊元連遣夜不收前往催促。李福男不得已，只得率七百名士卒前來助守。這李福男是朝鮮一道總指揮，手下居然只有七百士兵，真不知道這些朝鮮將領平時是做什麼的。倒是之後光陽縣監李春元、助防將金敬老率部趕到。朝鮮軍合起來也有三千餘。朝明兩軍合起來達到了六千餘人，讓楊元略略有了些底氣。可是楊元卻不知道，他寄予厚望的全州陳愚衷的援兵早因為島津義弘的阻攔而退走。至於吳唯忠，對楊元的處境可能只會丟下一句「現世報」便置之不理吧。要是楊元知曉了這一切，會不會在信中苦苦哀求道：「二位將軍，看在朝廷的面上，拉兄弟一把，拉兄弟一把呢？」誰也不得而知。但有一點可以知道，楊元的所作所為已經將自己陷入了死地。

八月十三日，日軍先鋒百餘人殺至南原城下，他們在城外田間三三兩兩散伏，對著城頭放槍。明軍則以勝字小炮回擊。可是日軍鐵炮射程遠，精度高，加上陣型疏散。而明軍的火炮射程近，發射速度慢，根本難以命中。剛一交鋒，明軍便顯出頹勢。此時明軍實際上依然擁有勝機。楊元手下三千餘人均為遼東精騎，而日軍則以步兵為主。南原城四周乃一馬平川，楊元完全應該將兵馬帶出城外，以騎兵的優勢機動力與日軍在野外周旋，避開日軍主力，威脅日軍的補給線，有機會便用優勢騎兵吃掉日軍小股部隊，這樣不但能給予日軍相當大的殺傷，還可以迫使日軍無法順利向前推進，取得較好的機動防禦效果。可是楊元卻什麼都沒做，就這樣在南原城中死守。

第十一章　再臨半島

　　第二天日軍主力好整以暇地在南原城下擺開陣勢，採用圍三闕一的戰法，三面包圍南原城，開始攻城。在攻城之前，日軍派出了使者，企圖勸降楊元，此時楊元對守城還是自信滿滿，怎麼可能考慮投降呢？他毫不猶豫地將勸降書撕碎，將使者趕了出去。

　　在南原城的南門外，有一大片朝鮮百姓自建的房屋建築，對守城者來說，這片地區是一個極大的隱患。在中國數千年來的戰爭總結中，對守城早有一套成熟的規則可循，其中最重要的一點便是城池四周的障礙物，例如樹林，房屋等能清理的全部都要清除，這既可以對敵人的動向一目了然，也避免了敵人利用這些障礙物悄悄接近城池而不被發現。但是不知道是時間不夠還是人手不夠，對這片房屋，楊元僅僅是放了一把火，別的就聽之任之。結果日軍就利用這些房屋殘存的牆壁為掩體，用鐵炮足輕為主力對城牆上的守軍射擊，面對這一切，楊元麾下的遼東馬軍無計可施，城頭守軍死傷慘重。

　　將城頭明軍火力控制住之後，日軍又開始重施故技，繞城修築木柵三層，防止明軍騎兵衝出。此時日軍已經基本控制了局面，明軍可以說已無勝機。日軍在修築木柵的同時，派出大批人手，在城外收集水田中的稻草，成堆的稻草密密麻麻地堆在牆壁之中，城內守軍不知道有何用意。就這樣耗了數天，援兵遲遲不至，城內守軍士氣劇降，楊元心中也開始猶豫，開始思考退路。主將如此，下面的軍兵便更無戰心。

　　十五日夜裡，日軍突然出兵夜襲，先鋒藤堂高虎與脇坂安治兩人所部為先鋒當先攻城。只見日軍槍炮齊鳴，城頭上鉛彈亂飛，將守軍打得不敢抬頭。然後無數日軍肩扛稻草束，飛快地投入南原城外的壕溝之中，僅僅一刻鐘，南原城外的這道屏障便被填平。大批日軍蜂擁而上，又用稻草束往城牆下堆，很快便形成了與南原城牆一樣高的稻草階梯，此時城上守軍

完全無力防守，見日軍破城，全部逃散一空。日軍殺入城內之後四處殺人放火，只見濃煙滾滾哭喊連天，南原城已經陷入一片地獄之中。

傳報官寧國胤慌忙跑入報信。楊元方在帳中，聞報驚起，來不及披衣，散髮跣足跑出廳上。情急之下，將寧國胤的衣靴脫下穿上，急急上馬，僅帶著家丁十八人便要從西門出逃。

在他身後明軍馬隊亂成一團，齊齊堵在西門之外。

在守城之際，南原城城門早已用磚石堵死，此時想要打開，也不是一時半會兒能辦得到的，為此很是耽擱了一陣子。等到西門被打開，日軍早已在門外擺開了陣勢，重重疊疊守備森嚴。此時明軍也沒有了退路，為了性命只能硬衝日軍大陣。面對明軍的亡命一搏，日軍鐵炮足輕瘋狂射擊，槍聲如雷，鉛彈如雨，可憐明軍就這樣冒著如此強大的火力奮力前突，死傷慘重。衝到近前，日軍以長槍阻住明軍騎兵的衝鋒，用三尺倭刀亂砍馬足，明軍在這樣的組合攻勢之下紛紛被打落下馬。但是即便如此，明軍馬隊依然前仆後繼，面對日軍槍林彈雨依然死衝，最終取得了成效，日軍的戰陣還是無法將明軍全部留下，楊元連中兩彈，但依然率領一百七十人逃出生天，在他們身後，留下了一條混雜了明日兩軍的斑斑血路。

此戰後，南原守軍可謂全軍覆沒，明軍僅楊元與一百七十人得以生還，而朝鮮方面李福男、金敬老、李春元及朝鮮南原府使任鉉、接伴使鄭期遠等皆死於城中。

南原失守之後，還未等日軍殺來，全州城內的朝鮮百姓便嚇得紛紛向城外逃竄。守軍為穩定人心，下令關閉城門阻止百姓逃亡，但這些朝鮮人沒有膽子去與日本人拚殺，卻有膽子對自己人動手。他們不但放火焚燒城門、房屋，甚至聚眾衝擊城門。好好的一座城，還未等日軍殺過來，便已

第十一章　再臨半島

被搞得殘破不堪。在城內的陳愚衷見此情形，知道大勢已去，於是也率軍北逃。八月二十日日軍不戰而取全州，之後日軍左右兩軍於全州會師，總兵力高達十二萬，兵鋒直指漢城。

日軍會師之後，於二十五日召開軍議，制定下一步的作戰方針為：兵分兩路北進，經忠清道殺入京畿道，一路由毛利秀元為主將，黑田長政為先陣；另一路由加藤清正為主將；其餘各部則南下平定全羅道。次日，諸將便將軍議報告呈遞豐臣秀吉。二十七日，日軍開始南下，準備掃蕩全羅道。

之前麻貴聞聽重鎮南原被圍，急遣游擊將軍牛伯英南下救援，途中碰見陳愚忠，才知南原、全州皆丟，二人合兵一處，暫駐公州，希望能暫時拖延日軍的攻勢。兩日後，毛利秀元、加藤清正、黑田長政及監軍太田一吉和竹中重利引大軍四萬由全州浩浩蕩蕩殺奔公州。麻貴聞報，為避免被各個擊破，命令陳愚忠、牛伯英二將撤回漢城，放棄公州。就這樣，公州也落入虎口。麻貴為迎公州守軍安然撤回，命朝鮮官員蒐集大船，於漢江、錦江架浮橋。可朝鮮地方官卻一再敷衍，只送來三十餘艘小舟，這種作法令麻貴等明將極為不滿，從而使得明朝與朝鮮的關係出現裂痕。這些朝鮮官員，聽說南原之敗後，紛紛收拾家當準備北逃，朝鮮國王李昖雖然礙於提督麻貴尚在王京漢城，無法公然逃跑，但是也讓王妃與世子先期撤出王京漢城。這些人膽小怕死，百無一用，卻敢在背後評論明軍推諉不前，實在世所罕見。

至此朝鮮戰局可謂是全線糜爛，明軍剛一入朝，便遭受了這樣無法想像的慘痛失敗，顛覆了總指揮麻貴的整個戰略布局，也讓麻貴認清了他面前對手的真正實力。此時麻貴面前的形勢極為險惡，明軍主力尚未抵達，麻貴手中掌握的兵力不過八千，要面對的卻是十二萬全副武裝的凶惡敵

人，而朝鮮方面不但不能提供絲毫助力，還得防備他們壞事。對麻貴而言，他必須為麾下的八千明軍將士負責，於是他做出了一個順理成章的決定，向經略刑玠建議，放棄漢城，全軍退守鴨綠江，與主力會合之後再作打算。

知曉了麻貴的打算之後，明海防使蕭應宮從平壤日夜兼程趕到王京漢城阻止麻貴撤軍，經理楊鎬亦於九月初從平壤抵達王京漢城督戰。這楊鎬在後世可是個極為出名的人物，明清換代的關鍵一戰薩爾滸之戰便是在他的領導之下進行了一個四路分進合擊，使得明軍數路全軍覆沒，拉開了明軍在遼東整體潰敗的序幕。當然這個時候的楊鎬跟在名將董一元的後面，混了些軍功，後來又在屯田上做出了一點成績，於是大家竟然便認為此人知兵事，讓他來朝鮮做這個經理。楊鎬到了朝鮮之後，倒是與蕭應宮一樣，強烈反對麻貴撤兵。可是面對如此險惡的局勢，不是光一句應該死撐就能完事的，楊鎬除了讓麻貴死撐之外，毫無辦法，只能玩了一招殺雞儆猴，把逃回來的楊元與沈唯敬一樣直接下獄論死，又將陳愚衷打了一百軍棍，免死充軍，順便還將那個被要時羅哄的暈頭轉向的金應瑞給砍了。【陳愚衷下場出自《再造藩邦志》】

血戰稷山

王京漢城內，離王宮不遠的一處官衙外，戒備森嚴，全副武裝的明軍將士分兩排列隊，人人刀槍在手。九月的朝鮮已是初秋時節，但秋老虎卻依然肆虐，豆大的汗珠自這些明軍將士臉上滴下，卻無人去擦拭。官衙上的牌匾上，赫然寫著「提督府」三個大字。此時這提督府已是中門大開，

第十一章　再臨半島

彷彿在迎接什麼人。不過片刻後，就聽一聲鑼響，一隊明軍走了過來，當前數人高舉「欽差經理朝鮮軍務都察院右僉都御史」的旗牌。

此時提督麻貴站在門外，將楊鎬一行人迎入提督府內。入得提督府內，楊鎬也不多話，直入堂上高坐，向麻貴肅容道：「麻提督給邢經略的書函本官已經知曉，方今形勢，舉朝矚目，撤兵一事斷不可為，如若再退，本官定當稟明皇上，到時麻提督恐怕吃罪不起！此間形勢邢經略已盡知，不日亦將趕到王京督戰，漢城不容有失！」

萬曆年間，文武之間的等級差距已經形成了一道巨大的鴻溝，文官視武將如豬狗，李如松也就是仗著自己的背景夠深厚，才敢與宋應昌對抗，換了普通武將絕對不敢如此行事。麻貴雖然也掛了個欽差提督南北官兵禦倭總兵官的頭銜，但是在楊鎬面前也不得不低頭。

一番訓斥，讓堂下麻貴很是難堪，但也讓他警醒，如今負責朝鮮戰事的三大文官異口同聲地要求死保王京，這已經不是戰爭局勢的需求，而是政治上的需求了。如今朝堂上主戰派剛剛將議和派打倒，卻沒想到剛入朝鮮便吃了這麼一個大敗仗，南原近三千人全軍覆沒，如果王京漢城再丟失，那麼朝堂上的局勢變化可就難說了。到時候不論是誰得勢，這個板子都會打到麻貴的頭上。

既然下定了決心，麻貴立刻便傳人召副總兵解生、參將楊登山、游擊牛伯英、頗貴，片刻後，原本就候在提督府內的四員將官便齊齊來到。剛進門，參將楊登山便急急地道：「提督大人，這次真的要打？」

麻貴緩緩點頭道：「皇上與朝廷諸位大人都在看著我們，楊經理親自來王京督戰，邢經略亦不日即到，此戰勢在必行！」

「可是末將聞聽，全州倭賊有十餘萬人，火器犀利，凶悍無比，連那幫眼睛長在頭頂上的遼東佬們都栽了，我們現在區區八千人馬，這場仗沒法打啊！」楊登山又道。

「混帳東西！」麻貴猛地一拍桌子，大怒道：「我們宣大勁旅縱橫長城內外，何曾怕過誰來？遼東兵不行，我們宣大軍就更要打出個樣子來！此戰本提督將親赴水原，與倭賊決一死戰！」

見麻貴如此說，楊登山一拍大腿，亦道：「既然提督這樣說，末將還有什麼好說的，也罷，我老楊就算拚了這條性命，也不會丟我們宣大軍的臉！」

聽楊登山如此說，麻貴神色稍緩，微微點頭道：「你等四人帶兩千精銳即刻出發向水原方向，到達水原後不要停留，繼續向南探查敵情！」

「解總兵，」麻貴轉頭又對解生說道：「此戰以你為首，如若遇見倭賊，不可退縮，需一鼓作氣，此戰我宣大軍必前無橫敵！」

「尊提督將令！」四員將官異口同聲道。

第二天，解生等四員將官便率兩千精銳騎兵，開赴離王京漢城以南九十里的水原，麻貴則率剩下主力，尾隨而去，在水原建立總指揮部，並遣兵於葛院，埋伏於介川上下，以為後援。解生等將則越過水原，向稷山方向挺近，搜尋敵軍。

此時日軍在占領公州後兵分兩路、繼續北上。加藤清正部於九月六日進占清州，同一天，毛利秀元的前鋒黑田長政部進據天安，距離王京漢城不過一百六十餘里，距身在水原的明軍主力可謂近在咫尺。

第十一章　再臨半島

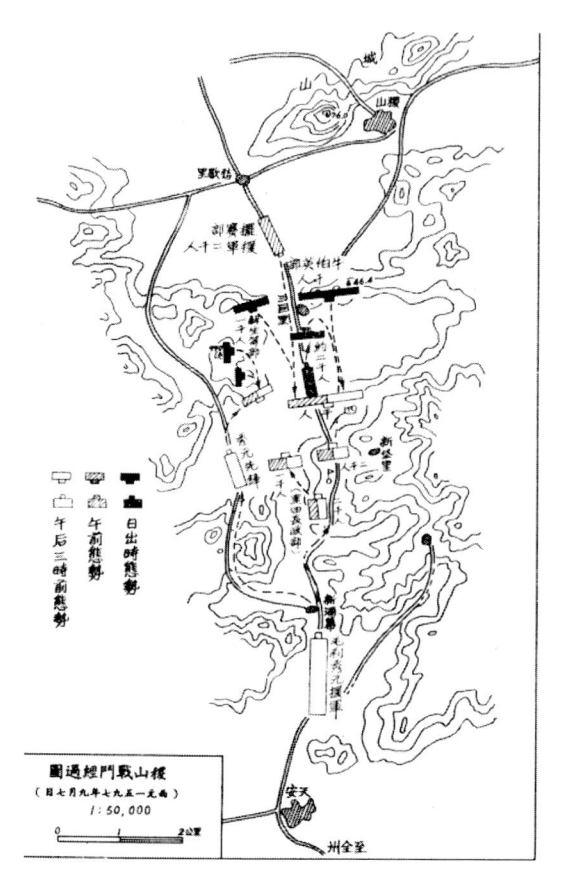

九月七日黎明，天矇矇亮，在稷山南面的素沙坪大路之上，數百日軍身穿白衣，列隊而行。隊中旗手高舉黑田長政之黑白軍旗，昂首闊步向前進發。

「看，那是什麼！」日軍排頭兵大聲地叫了起來，只見他們面前不遠的西山之上，黑壓壓地一片，但卻看不真切。片刻後，一輪紅日從山後噴薄而出，此時日軍們才終於發現，那黑影居然是成群結隊的軍隊。「是明國人！明國人埋伏在山上！」日軍內的士兵紛紛驚叫了起來。

此隊日軍便是黑田長政從天安派出的先鋒部隊，分由黑田圖書助、慄

山四郎右衛門與毛屋主水率領，準備越過稷山，為黑田長政的後續部隊打前站。聽得前隊騷動，黑田圖書助上前檢視，只見山上人影密密麻麻，人喊馬嘶，不知凡幾。不由大驚，忙道：「前方必是明國大軍，我等兵少，不如與長政殿會合，再作打算？」

「不可！」黑田圖書助身後的毛屋主水反對道：「我見大軍屢矣，無過於信長公與武田家的長篠合戰。此處敵人，看上去竟然倍於長筱合戰，我軍如若就此撤退，必受追擊，有死無生。既然已成死地，不如向前殺敵而死。我等懷必死之心奮戰，如果能僥倖擊敗敵人，或能全軍而還！」

這明軍不過兩千之數，在西山之上又不過數百，而長筱合戰織田德川聯軍與武田軍合計達五萬之眾，這毛屋主水居然能將明軍數量誇張成這樣，可見未戰心已怯，連敵軍的數量都無法分辨，只能靠蠻勇來催眠自己了。

就在日軍發現明軍的同時，明軍同樣發現了他們，山上解生聞報前來檢視，見日軍白衣白褲，不由召來游擊牛伯英，問道：「你看山下是何人等？」

牛伯英看了片刻道：「我等渡過鴨綠江，一路行來，觀朝鮮人多穿白衣，恐怕山下不過是一隊朝鮮敗軍吧？」

二將話音未落，卻見山下那隊人馬齊聲發喊，迅速從行軍佇列整成戰鬥陣型，前三排士兵紛紛拿出手中鐵炮，黑洞洞的槍口正對著明軍瞄準。

「不好！山下是倭賊！」解生等諸將見此情形，哪裡還有什麼不明白的。明軍原就嚴陣以待，此時紛紛跨上馬，刀槍出鞘。只見西山上一明軍傳令兵將手中令旗上下揮舞數次，隨後山上明軍便如洪水一般衝了下來。

就在山上明軍出動之前，日軍鐵炮足輕當先開火，前排發射，二排瞄

第十一章　再臨半島

準，三排裝彈，循環不絕，霎時間槍聲如雷，硝煙漫天。隨著陣陣的槍聲，鉛彈無情地撕裂了人馬的血肉，在陣前濺起了朵朵血花，可這絲毫不能阻止明軍的衝鋒。這些日軍不知道，他們面前的對手已經換成了西北的鐵漢。面對狂亂飛舞的彈幕，明軍彷彿一道洪流從山上傾瀉而下，初升朝陽的對映在明軍紅色的棉甲上，如血一般鮮豔。在付出了十餘人的代價後，明軍終於衝至五十步內，前排騎兵的手上紛紛揚起了三眼銃，那銃眼之後的火繩早已點燃，只見火光一閃，彈藥從三眼銃中迸發而出，日軍軍陣中立時響起數聲慘叫，引起一陣混亂。射擊完畢後，明軍騎兵將手中三眼銃一擺，策馬狂衝，不過呼吸之間便殺至日軍陣前。此時日軍鐵炮足輕早已後撤，後排長槍隊向前衝殺，兩側日本兵揮舞著雪亮的長刀向明軍斬來。幾個呼吸之間，雙方人馬便撞擊在一起，明軍戰馬的巨大衝擊力讓日軍陣前密集的長矛紛紛折斷，後排明軍的戰馬則繼續向前衝入，他們手中的三眼銃此時已經被當成了鐵錘，掄舞著向日軍足輕們的身上砸去，中者無不筋斷骨折。此外大量明軍騎兵在外圍並不使用火器，而是手持大弓，一根根的羽箭射往日軍陣中。這部分騎兵卻非漢兵，而是明軍中的蒙古勇士。麻貴手下解生、楊登山、頗貴、擺賽四人號稱四大韃將，全都是蒙古人，此時這四將中三人在此處，可見明軍中蒙古人數量極多。蒙古勇士們的騎射使得日軍陣中響起了聲聲的哀號。即便遭到如此強力的打擊，日軍依然悍勇無比，傷卒亦不後撤，反而嚎叫著用受傷的軀體纏抱住馬上的明軍，將他們向下撕扯，企圖同歸於盡，其凶悍實在是世所罕見。

靠著悍不畏死的悍勇，黑田圖書助等人在明軍騎兵的強力衝擊面前勉強維持住了一條戰線，雖然被打得節節後退，但總算並未被捅穿陣型。可就在膠著之際，震天的馬蹄聲又從側翼響起。原來明軍來到此處後，解生將全軍分成左中右三部分，此時於日軍作戰的不過是明軍的一部分而已。

明軍衝鋒之前已經在西山上用令旗發出了訊號，此時另兩隊明軍殺到，日軍再也維持不了防線，立刻被捅穿了多處。解生、楊登山、牛伯英和頗貴四將趁此機會左衝右突，揮舞馬刀左右劈砍，可謂擋者披靡。最終解生斬首二級，楊登山斬首二級，頗貴斬首三級。見主將如此勇猛，身後明軍亦士氣大振，趁勢追殺，日軍只得收縮兵力，向後奔逃，眼見要全軍覆沒。

就在兩軍交戰之際，黑田圖書助身後，率領三千眾行軍的黑田長政聽得前方鐵炮聲陣陣，心中疑惑，傳來枝次右衛門道：「前方炮聲不絕，究竟是怎麼回事，我非常擔心，你檢視後立刻回報！」之後黑田長政還是不放心，又令家臣後藤又兵衛、黑田三左衛門、野村市右兵衛等人率兵前去檢視。

就在明軍已將黑田圖書助徹底壓倒之際，黑田三左衛門等人終於趕了上來。到達戰場後他們不禁大吃一驚，黑田圖書助居然被大隊明軍騎兵圍攻，眼見就要全軍覆沒。而此時唯一的撤退路線便是透過身後的渡橋，黑田圖書助等人勉力統帥隊伍，向渡橋方向步步撤退。黑田三左衛門見此情形，大聲道：「我軍前鋒勢小，即將就殲，敵軍大兵如若乘勝衝過渡橋，其勢必迫長政公之本陣，則事休矣。此刻縱然九死一生，也須阻擋敵軍渡橋！」拔刀一馬當先，越過渡橋向明軍衝鋒。黑田圖書助軍見援軍來到，不由士氣大振，與黑田三左衛門合軍逆戰。面對明軍潮水般的攻勢，黑田三左衛門對屬下大喊道：「此地乃吾死所！絕不能讓明軍過橋！」靠著這樣必死的精神，日軍終於逃脫了全軍覆沒的下場。另外一側的後藤基次大概是看多了三國演義，命令士兵在山上來回繞圈奔跑，對明軍造成前方尚有日軍大軍的假象。

明軍見日軍援兵到來，解生等將怕日軍主力到達，於是下令脫離接觸。而日軍方面亦擔心寡不敵眾，黑田三左衛門等人救下黑田圖書助之

第十一章　再臨半島

後，亦率兵緩緩而退，此時天色已晚，雙方均罷兵休戰。

晚上明軍軍營之中，解生高坐上首，帳下諸將均面色凝重。游擊頗貴出聲道：「想不到倭賊如此凶狠！南原遼東兵敗得不冤啊！」

「是極，我軍今日雖有小勝，不過以多擊少耳，如今倭賊大集，明日當有苦戰！」游擊牛伯英接道。

「諸位放心，我已遣人急報提督，援兵即刻便到。」解生沉吟了下，開口說道：「提督大人早已有言，此戰事關重大，不可輕忽。以此戰觀之，倭賊雖凶狠，但亦難敵我等馬軍精銳。明日我等當決死作戰，以鐵騎衝突，必能全勝。諸軍當敢死作戰，如有怯懦不前者，臨陣脫逃者，軍法從事！楊元之事當引以為戒！」

「請總兵大人放心，我等宣大男兒，明日定然戮力破敵！」

收到解生發來的緊急軍情，身在水原的麻貴知道勝敗在此一舉。因此立刻傳令各營，向前開拔，以迎接大戰。又派遣游擊擺賽率精兵兩千五百人前往稷山，增援解生。同時，退回黑田長政本陣的黑田三左衛門等將將交戰情形向黑田長政作了詳細彙報。當聽得明軍陣容極盛，單單正面便有五六千人之多，山中敵營中更不知有幾萬騎的情報後，黑田長政不由大驚，急遣人向毛利秀元求援，此外重整敗軍，決定在第二天決死一搏。也許是被明軍的氣勢所壓倒，日軍對明軍的數量估計嚴重錯誤，不論是黑田三左衛門還是毛屋主水，均將前面明軍的數量誇大了十倍以上，可見明軍此戰氣勢之恢弘。但即便如此，黑田長政依然決定與明軍正面決戰，亦可見日軍之凶悍。

九月八日拂曉，清晨的第一縷陽光灑落在稷山之上，讓人隱約看見紅白兩個數千人規模的軍陣在靜靜地對峙。戰馬們也許被清晨的寒氣所侵，

紛紛打著響鼻，打破了這片靜謐。

身穿白衣的黑田軍以母里太兵衛部為右翼第一隊、井上九郎右衛門部為右翼第二隊、後藤又兵衛部為左翼第一隊、黑田圖書助部為左翼第二隊，左右兩翼兵馬共三千人，黑田長政自引二千兵馬居中，擺出了一個鶴翼大陣，對抗明軍。而明軍則以解生為首的四千五百明軍馬隊迎戰，可謂勢均力敵。

黑田長政

隨著一聲淒厲的吶喊，日軍兩翼齊飛，搶先向明軍發起了攻擊。最前數排鐵炮足輕早已將彈藥裝填完畢，此時用扳機將點燃的火繩向火門蓋點去，槍管中頓時火光迸現，青煙繚繞，震天的槍響讓戰場霎時沸騰了起來。明軍亦不甘示弱，精心布置的數門大炮對日軍軍陣發出了怒吼，漫天的散彈向日軍軍陣撒去，在日軍一片白衣的軍陣中泛起了大片的紅色血花。雙方從一開始便傾盡全力向對方開火毫無一絲試探之意。就在火力對轟之際，明軍的馬隊如潮水般向日軍陣前奔來，此戰蒙古四大將齊聚，新

第十一章　再臨半島

加入的擺賽又號稱四大韃將中最勇，此戰率領兩千五百生力軍，左衝右突，勇猛異常。鐵炮與騎兵的對決再次上演，可這裡不是日本的長篠，日軍也沒機會修築三道防馬柵，面對明軍的精銳騎兵，鐵炮隊僅僅施放一輪便被明軍騎兵衝至近前，漢蒙混雜的明軍騎兵帶來了日軍從未見識過的西北塞外的作戰風格，他們圍繞著日軍軍陣像剝洋蔥一般將日軍由外至內一層層地殺傷削弱。黑田長政眼見形勢越發不妙，親率手下家臣武士，以騎兵對騎兵。日軍武士盔甲大異於中原，身穿具足的武士們鎧甲鮮豔華麗，又多帶奇形頭盔面具，這批人一下衝出讓明軍吃驚不小。但此時雙方均殺紅了眼，即便日軍形似厲鬼，明軍依然毫不手軟，日軍的武士刀雖然鋒利，但對上明軍手中巨大黑粗的三眼銃卻絲毫不占優勢，他們身上光鮮無比的具足鎧甲只需被這些沉重的傢伙砸一下，便會骨斷筋折。黑田長政的反擊就如滄海中的一簇浪花般很快便消失得無影無蹤。此時明軍千總李益喬、把總劉遇節率軍又至，明軍四面攻擊，黑田長政亦無力回天，率敗軍順著山路南撤，向木川、清州方向退去。考慮到稷山以南多為山區，不利騎兵行動，而明軍經過兩日激戰，筋疲力盡，再加上毛利秀元的三萬大軍已經逼近稷山，麻貴下達了北撤的命令。當天晚上，解生即率全軍離開稷山，途徑振威，回師水原。並未遠退的黑田長政部隨後進入了空無一人的稷山城。

　　稷山之戰可謂是明軍援朝抗日以來，雙方第一次在兵力相若的情況下進行的正面野戰，戰鬥的結果再次說明了日軍雖然足夠強悍，但是在平地野戰中，依然不是明軍騎兵的對手。此戰黑田長政亦是拚盡全力，但依然蒙受了戰死五六百人的慘重損失。而明軍方面則傷亡兩百餘人，損失亦不小。但明軍憑此戰打出了威風和氣勢，同時給日軍以極大的錯覺，讓日軍以為防守王京的明軍規模極大，有數萬騎之多，戰鬥力極強。於是即便毛

利秀元占領稷山之後，亦不敢繼續進軍。

　　稷山之戰的勝利，亦極大增強了朝鮮方面的信心。戰前，王京漢城城內人心惶惶，朝鮮官員們居然都將行李準備好，就等著戰敗的消息傳來就跑路。國王李昖也想像壬辰年那時一樣腳底抹油，但是被楊鎬逼著巡視江上，用來安定人心。可見朝鮮國內從上到下都瀰漫著一股失敗的氣氛。當稷山之戰獲勝，不久又傳來參將彭友德守青山大破日軍的消息，朝鮮方面自此方安定下來。

　　稷山、青山之戰雖然獲勝了，但歸根究柢還並不是主力決戰，漢城一線的防線依然面臨著兵力匱乏的問題。日軍如果反應過來，那麼在幾乎十比一的力量對比前，聯軍的未來依然極其危險。此時經略刑玠已經到達平壤，為此他極為揪心，最後不得不利用此時已經被抓獲的沈唯敬，派遣使者離間小西行長與加藤清正。最終大獲成功，使小西行長率先向南方沿海撤兵，從而使得加藤清正成為孤軍，不得不於十四日向東方撤軍。

鳴梁海戰

　　就在明日陸軍在稷山一帶生死搏戰之際，朝鮮水師也在面臨一場生死存亡之戰。當之前元均戰死的消息傳來，朝鮮朝野上下這下子傻了眼，好好的一支水師就被朝鮮君臣給折騰光了，實在可以用敗家子來形容。但是這個世界上是沒有後悔藥可以吃的，現在更重要的是怎麼辦才好？實際上擺在他們面前的辦法只有一個，那就是讓李舜臣重新出山。北人黨當然不肯讓李舜臣出山，可是形勢比人強，就算國王李昖不願意也得捏著鼻子忍下來。七月二十二日，朝鮮朝廷恢復李舜臣「全羅道水軍左使，兼慶尚，全

第十一章　再臨半島

羅，忠清三道統治使」之職。實際上都元帥權慄聽聞元均失敗之後，早料到朝廷有此一著，事先即已命令李舜臣代理前往收拾水師殘兵敗卒了。

這時朝鮮南部二道到處日軍橫行。李舜臣帶著一員軍官自慶尚道進入全羅道，晝夜潛行，間關抵達珍島，準備召集殘部，重振旗鼓。李舜臣到了珍島時，眼見舟船器械，蕩然無存。多年苦心經營的朝鮮水師雄風不再，到處一片荒涼。正嘆息間，慶尚右水使裴楔帶著戰船十二艘來了。李舜臣喜出望外，接著又得鹿島戰船一艘，勉強湊成一軍。要知道如今的朝鮮水軍，基本實力均是裴楔保存下來的，因此李舜臣也極為重視裴楔的意見，在討論未來的水軍方針的時候，裴楔大概是覺得前途黑暗，居然提出放棄船隻，撤往內陸的意見。這個主意李舜臣當然不會採納，就算是死，他也要與日軍決死一搏，怎麼能不戰而逃呢？見說服不了李舜臣，這個裴楔又玩起了明哲保身這套，棄船走人。

此種情況壓根沒有打擊到李舜臣，反而激發了他必死的決心。相約為國盡忠，同生共死。諸將無不感畏奮發。為了重振軍威，李舜臣重拾獎懲制度，雷厲風行地處罰了一批惑亂軍心的將領，並重賞勇敢的士兵。與此同時，李舜臣還上疏朝廷，駁斥漢城中許多官員對海軍悲觀的態度，並希望宣祖收回裁撤水軍，放棄全羅道沿海的成命。

抵達殘兵集結地回龍浦後，李舜臣發覺離日軍太近，便全軍西撤到蘭浦。但這並未讓朝鮮水軍贏得多少時間。到了八月二十八日就有八艘日軍軍艦出現在蘭浦的海面之上。這隊日艦實際上不過是一支先頭小分隊，可就是這樣朝鮮水軍見到敵船的影子就想撒腿逃跑。李舜臣眼看要完蛋，只得命令自己的旗艦一馬當先殺入敵陣。眾部下見主將玩命，不自覺也往上衝，找回了早就被拋到九霄雲外的勇氣，跟著殺出軍港，將日艦趕了回去。經此一戰，朝鮮水軍終於重新鼓舞起了士氣，找回了他們當年縱橫海

上的豪情。

　　當然，吃了小虧的日本人肯定不會甘心，得知朝軍竟還有殘餘水軍，日軍數百艘戰艦如怒濤般的反撲將隨時重來。有鑑於此，李舜臣又下令放棄蘭浦，率領一百二十餘名士卒，領著十三艘戰船棲依於珍島東北方向的碧波亭洋中。珍島位於全羅道海岸線的最西側，之後便是茫茫黃海。如果珍島失守，日本海軍便能長驅直入，直指江華島，威脅漢城！可以說，李舜臣把全軍帶入了背水一戰的境地！但為什麼李舜臣要選在此危地與日軍決戰呢？除了對全軍造成退無可退，必須決死一戰的壓力外，他還有什麼別的謀略嗎？

　　實際上，李舜臣選擇在此作戰，的確經過了深思熟慮。碧波亭前有小島橫堵，港灣深廣，可藏匿數十艘戰船，附近又有狹窄的鳴梁口，最狹窄處僅二百五十公尺。如果在此地迎擊，日軍艦隊再龐大也無法展開，只能以小股艦隊與朝軍對陣，可謂一夫當關，萬夫莫開之地。此外，此處水文極為複雜，不但水流湍急，且有很多暗流，漩渦。每天海潮都要漲落四次，當潮汐瞬息變化，濤聲轟鳴如雷，故稱「鳴梁」。不要說外國人，就連大多朝鮮人也敬而遠之。

　　即便如此，李舜臣還嫌不夠，又在鳴梁口東西通道暗設鐵索、木樁，以妨礙敵船的行動，決心要給日軍水軍好看。

　　除了在地理上大做文章之外，李舜臣又對朝鮮水軍的艦船動起了腦筋。日軍水軍作戰實際上極為單一，主要殺傷力實際上還是依靠速度，接近船隻後投擲火油彈或者跳幫作戰。因此李舜臣將手上這十三艘戰船通通在頂層上加裝了帶有利刃的頂棚，這樣就能很好地防禦日軍這兩大作戰方式。這次的改裝便是後世稱之為「龜船」的雛形了。

第十一章　再臨半島

李舜臣製作龜船圖

　　到了九月七日，十三艘日軍戰船將棄守的蘭浦占領，此後日軍水軍主力源源而來，不到一個星期便有數百艘之多。實力如此懸殊，李舜臣依然不急不忙，慢條斯理地做著戰前準備。他將戰船全都安排在鳴梁海峽出海口的西側，又安排了數十艘小漁船，在遠處虛張聲勢。同一天，日軍又向珍島進行數次試探性攻擊。又被李舜臣所擊退。日軍接二連三地試探，使得所有人都知道，日軍即將而來的大規模攻勢已經迫在眉睫了。

　　九月十五夜，月明如畫。李舜臣帶甲枕鼓而臥，忽然起坐呼左右取燒酒來。飲一杯，悉呼諸將到跟前道：「今夜月色甚明。賊謀多詐。無月時固然襲我，月明也應來襲，警備不可不嚴。」於是吹號角命令諸船舉碇。又傳令各船斥候待變，將所有部卒都從熟睡中喚起。過了好久，哨探船果然急報日軍來犯，諸軍頓時一陣騷動。李舜臣喝令諸船勿動，寂然以待。

　　此時日軍水軍以藤堂高虎為主將，糾集加藤嘉明、脇坂安治、來島通總諸將，率三百三十艘船隻，其中戰船一百三十艘，運輸船二百艘，從蘭浦發兵，向珍島殺來。由於航路狹窄，日軍艦隊被分為四五個小隊，魚貫前行。

這時皎潔的月兒懸掛在西山，巍峨的山影倒遮住海面，致使被遮的一半海面微呈陰暗。日軍水師戰船無數，從陰影中出來，逐步逼近朝鮮水師。好整以暇的李舜臣指揮旗艦首先放炮，其餘諸戰船紛紛開炮。日軍以鐵炮回應，卻完全奈何不了李舜臣精心打造的龜船戰艦。於是日軍用來偷襲的先頭部隊就這樣被再次擊退。

　　天明時分，日軍主力捲土重來，遠遠望見日軍戰船數百艘蔽海而上，朝鮮水師不由得紛紛心生懼意。李舜臣此時再次身先士卒，率旗艦當先殺出，與日軍正面交戰。此時李舜臣的精心安排終於發揮了作用，鳴梁海峽的早潮退了，洶湧的潮水將日軍戰船衝得七零八落。此時巨濟縣令安衛率戰船順著潮水直衝入日軍戰船群中，被日軍戰船所包圍，安衛冒死奮戰卻無法突圍。李舜臣見此情景，亦率所有戰船殺入敵陣。在他的指揮下朝軍集中火力攻擊一艘巨大的日艦。面對如此攻擊，日軍卻表現得無可奈何，除了火炮，別的武器或戰術對朝鮮水師造成的傷害微乎其微，又被先前所設的鐵索、木樁所阻，無法靈活行動，只能被動挨打。最終此船被擊沉，從落水陣亡的日軍將士中，有人認出了其中赫然有主將之一，來島通總的屍首！【《再造藩邦志》中稱其馬多時，Matashi 的音譯，即「來島」。】在日軍第一次壬辰年侵朝的唐浦海戰中，李舜臣擊斃日軍主將來島通之。這次他的兄弟又在李舜臣手下遭遇同樣悲慘的命運，真是來島家的大剋星啊！自此，控制日本瀨戶內海的海賊勢力村上水軍，其三大支柱之一的來島水軍遭到毀滅性打擊，再也未能回到歷史的舞臺。日軍損失慘重，不敢再戰，灰溜溜地撤軍而回。

　　在鳴梁海戰中，李舜臣以十三艘龜船對陣日軍水師三百餘艘船隻，居然擊毀日艦三十一艘，可謂是世界戰爭史上的一大奇蹟。

第十一章　再臨半島

第十二章
蔚山之役

明軍反攻

　　以稷山、青山兩戰打掉了日軍的銳氣，又用沈唯敬的書信離間了日軍的主要大將之後，無心作戰的日軍撤軍南下，諸將開始經營自己的小地盤，當然在這其中免不了做些殘忍之事。例如在稷山踢到鐵板的黑田長政為了洩憤殺掉三百朝鮮人並割鼻記功，而之後吉川廣家更是弄了一萬多個鼻子炫耀。這群人中，身為最強武鬥派之一的加藤清正也不含糊，不但洗劫了慶州，還火燒「佛國寺」，與西方十字軍洗劫同為基督教之城的君士坦丁堡可謂異曲同工，也許加藤清正燒殺搶掠的時候，心裡還覺得送這些朝鮮人上西天也是莫大的功德也說不定。其餘日本諸將則在沿路大量擄掠壯丁，或押往日本或留下修築城池，而老弱病殘者盡殺。朝鮮全羅道本來富庶，現在算是徹底被破壞。最後日軍方面加藤清正退守慶尚道蔚山，小西行長退守順天，島津義弘屯於全羅道泗川，朝鮮東南沿海幾乎均被日軍所占據。

　　所謂來而不往非禮也，明軍剛到朝鮮就被打了一記悶棍，南原之敗差點使得明軍撤到鴨綠江去。好不容易在稷山、青山艱難地將日軍擋在漢城之外，但都是防禦性質的戰鬥。這對於內心火熱，一心想要建功的楊鎬來

第十二章　蔚山之役

說顯然不能接受。於是第一波明朝援軍抵達朝鮮之後，楊鎬就急著催促麻貴領兵南進。

對麻貴來說，目前這點援軍在數量上依然處於劣勢，但此時楊鎬是頂頭上司，大明朝以文御武這句話可不是隨便說說的，麻貴也沒李如松那樣的後臺抗命不尊。因此便點起大軍，以李如梅為前鋒，向南進行攻擊。此次明軍進攻顯得非常順利，全州、南原幾乎空無一人，而谷城、求禮等地小股日軍則見到明軍就望風而逃，一路明軍小有斬獲。

但是這種小打小鬧是滿足不了楊鎬的欲望的，於是他將主意打到了日將中最好戰的加藤清正頭上。要說日軍侵朝以來，加藤清正身上可謂集中了朝明兩方絕大部分的仇恨，不論是朝鮮還是明朝方面都相信，只要將加藤清正所部殲滅，那麼日軍剩下的都不過是像小西行長般的軟弱派，可以一鼓而平。於是盤踞在蔚山的加藤清正便被確定為首要打擊的目標。

蔚山屬朝鮮國慶尚道蔚山郡，在慶州西北蔚山灣口處，距釜山約八十餘里。此地到處丘陵起伏，唯江流所經之處方有狹隘的平原。距蔚山城東平原上一座小山聳立，名曰島山。蔚山、島山均臨近太和江，由此可循水路通往釜山，其陸路則可透過彥陽前往釜山。

此時萬曆皇帝發帑金犒賞三軍，賜邢玠尚方寶劍，先斬後奏，以重事權，令他火速親臨王京視察排程。以浙江道監察御史陳效監軍紀功。再詔令全國徵兵十萬，歲餉八十萬石。試圖一舉消滅日寇，光復朝鮮。於是邢玠於十一月渡過鴨綠江，進入王京親自督戰。

要說比起楊鎬來，邢玠算是比較知兵的，他到達王京之後便釋出了一系列的戰守細則。此時明軍援軍主力已陸續到達王京漢城，而朝鮮國王李昖也擺出一副全力配合的模樣，於是邢玠將朝明聯軍分為三路：

	屬國	將領	數量	總數
左協	明朝	主將副總兵李如梅，領游擊盧得功、董正誼、茅國器、陳寅（南兵）及川兵千總陳大綱	12,600人	16,600人
	朝鮮	忠清道節度使李時言以及平安道諸將	4,000人	
中協	明朝	主將副總兵高策、領副總兵吳惟忠、立功副總兵祖承訓、游擊頗貴（宣鎮）、李寧（大同）、李化龍（保定）、柴登科、范進忠	11,690人	16,890人
中協	朝鮮	慶尚道兵馬節度使成允文、防禦使權應銖、慶州府尹朴毅、咸鏡、江原道諸將	5,200人	
右協	明朝	主將副總兵李芳春、解生、領參將盧繼忠、游擊牛伯英、楊萬金、陳愚聞、守備方時新、都司鄭印（真定）、把總王戡（真定）	11,630人	14,930人
右協	朝鮮	慶尚左道兵馬節度使鄭起龍、防禦使高彥伯、黃海道諸將	3,300人	
總計				48,420人

　　以經理楊鎬與提督麻貴統率左、右兩協軍馬自忠州鳥嶺向東安，趨慶州，專攻加藤清正。中協高策駐宜寧，策應東面的左右兩協，並防禦西面屯紮在順天的小西行長部。又在三協中揀選馬兵一千五百，與朝鮮軍合營，由天安、全州、南原而下，大張旗幟，裝出將攻順天等處之狀，以牽制行長東援。此外巡撫標下參將彭友德、楊登山、游擊擺賽、坐營張維城等將俱聽臨期調遣，東西策應。

　　除此之外，總督刑玠總結了之前明軍在朝鮮的戰情，因此對後勤極為

第十二章　蔚山之役

重視，他在平壤一帶預備行糧十二萬，其糧餉足支一個月，都令明朝、朝鮮專官催運。王京以北則委郎中董漢儒督催，平安、黃海等道節度使韓應寅等則負責將明朝所運之餉運至王京，然後轉運各營。朝鮮王又分委大司憲尹承勳專管左協營，吏曹參判柳永慶等專管中協，戶曹分司參議李時發專管右協營，觀察使黃慎等管西路全羅各營。進兵之時，即令跟隨催督，仍令自備十日烘炒，以備緩急之用。實際上就是實行責任制，一旦哪個地方出了問題，立刻便能確定負責人，並進行懲罰，這使得朝鮮方面慣常的互相推諉，貪生怕死的現象得到了遏制。

此外，為了打贏這場重要的戰役，明軍還準備了巨量的火器，有大將軍炮一千二百四十四門，火箭十一萬八千支，火藥六萬九千七百四十五斤，大小鉛子一百七十九萬六千九百六十七斤，皆遼陽分守張登雲運。此外還準備了大量三眼銃、鐵須筤、鐵悶棍、火炮、火筒、團牌、佛郎機等專門針對日軍的火器。

此外，刑玠為了萬無一失，還想出動一支精銳的水軍與陸軍一起水陸夾攻，可是此時明軍的水師主力未到，僅有游擊季金率領的三千三百名水兵，因此無法形成有效的戰鬥力。雖然刑玠屢屢催促兵部，但福建、浙江、南直隸水兵皆遷延未至。刑玠不得已，命令季金率兵與朝鮮李舜臣合兵，並抽調銃手二百名，真定長箭手一百名，委南兵把總楊貴嚮導，把總於承恩統領，與朝鮮水兵官李應龍的五百餘名水兵一起，埋伏於加藤清正所部占領的機張島，等日軍與明軍主力交戰之際便鳴鼓為疑兵，以搖亂其心。一旦日軍奔潰揚帆，則與主力一起追殺。

當所有準備均已停當後，刑玠於十二月初四日大聚官兵，誓師南下。邢玠和楊鎬、麻貴登壇祭告天地，誓戒官兵。隨後宴賞諸將，犒賞三軍，

祭旗出發。一時萬炮齊發，聲震天地。朝鮮臣民紛紛舉手加額道：「自生長以來所遇兵革，未嘗見此威儀！」對明軍軍容讚嘆不已。

日軍的防禦

而日軍方面，在二月初之際，便由加藤清正親自選址，在蔚山進行山城修築。這座城位於釜山東北，屬慶尚南道，坐落於原蔚山城東面四里的一座約五十公尺高的高地——島山上，日本文獻中就稱之為蔚山城或者蔚山新城，但在朝明相關文獻中則稱之為島山城【此城又被稱為甑城、新城、新鶴城、鶴城】。此城以高地為基礎，自上而下建立了本丸、二丸、三丸。本丸位於高地頂部，東西長約一百一十公尺，南北長約五十餘公尺。北側稍低部分為二丸，東西長約一百一十公尺，南北長約四十餘公尺。三丸築於西北突出側，東西長約四十餘公尺，南北長約一百一十公尺。整體用石垣【即石頭壘成極為陡峭的城壁，上面多有柵欄】修成，石垣高約十四公尺，總長度為一千四百餘公尺，其中修築有十二座箭塔。在三丸之外又有一條長達兩千六百餘公尺長的土壘，即為外郭。土壘上以潮溼的生松木做木柵夾土為塀【即木頭製作的牆壁，兩層木板中填有沙石或黏土，有很好的耐久性和防火性】，三面環繞島山城，外郭內有大量房屋作為士兵住宿與物資儲存之地，並設有數個曲輪作為局部防禦據點。島山城南為大海，乘船可直入城下，順著太和江去日軍的補給兵站西生浦城僅有七十里，而陸路透過彥陽到達釜山也只有八十餘里，一天內便可抵達。應該說此城不論是地理位置還是防禦程度，都可謂是一座要塞級別的堅城。

第十二章　蔚山之役

　　加藤清正將此城作為重要的根據地經營，因此此城在建設上可謂是不惜工本，動用了大量的人力物力。因此包括淺野幸長、宍戶元繼以及加藤清正手下眾部將在內的大批人馬以及眾多朝鮮和日本強行徵發而來的民夫苦役為了建築此城可謂是不分晝夜，拚命工作，才終於在十二月二十二日將此城築成。

　　【日本通常所見的城郭，都會在城郭內部按照不同的機能和用途劃分成一個一個小的區域。中間由木板或城牆間隔。這些區域的劃分，主要就是為了萬一敵人攻陷了一個區域，其他區域可以繼續保持戰鬥狀態，使得戰鬥可以繼續下去。而這種區域就被稱作是「曲輪」。在近代城郭內，曲輪也被統稱「丸」，以下就是一些曲輪的作用和名稱。

　　本丸（一之丸・本城）：

　　這裡是一座城郭的中心地帶，平時這裡是城主生活起居的地方，戰時這裡就是指揮部。在近代城郭裡，這裡也就是天守閣或者政府所在地。一般攻下這裡就意味著戰鬥的結束。

　　二之丸：

　　直接防衛本丸的區域，可以用來儲藏武器、彈藥、兵糧。平時為了做防守的準備，一般這裡也會建有城主的臨時住所。一般來說，二之丸以內的部分都被稱作「內曲輪」或者「內城」。

　　三之丸：

　　對本丸提供間接的防守，同時也是直接防守二之丸的曲輪。主要由構成城的外郭廣大空地組成，平時是家臣的住宅，養馬場等等的所在地。在平山城裡，三之丸一般都建造在丘陵部以外的平原部分，於是人們通常也把它稱作「內山下」。

獨立建築在城外的曲輪（一般稱之為「出丸」），最有名的就是西元1614年大坂冬之戰時豐臣方武將真田幸村在大坂城南側所修築的要塞「真田丸」。】

　　為了修築如此複雜堅固的山城，附近的材料尤其是石料極為缺乏，因此日軍玩了個拆東牆補西牆，居然將原蔚山城城牆全部拆除，將其石材運送至島山城修築，這個辦法倒是解決了島山城的材料危機，但是這也使得原蔚山城完全失去了防禦能力，最終讓日軍自食惡果。

　　就在身在蔚山的日軍緊鑼密鼓地築城之際，明軍的主力已經殺氣騰騰地向蔚山而來。十二月二十日，明軍於慶州會合，開始戰前部署。楊鎬自以為帶過幾次兵，就真以為自己知兵，於是居然將刑玠戰前的規劃完全打亂，他令中協高策、吳唯忠把守彥陽、梁山等地要害，防備釜山之敵，令左協董正誼等駐紮於南原、求禮一帶，牽制順天小西行長部，令李金、於承恩統領南兵以及朝鮮水兵在臨近蔚山的沿海島嶼虛張聲勢，又令右協盧繼忠率兵兩千在西江口駐紮，防備日軍水路援兵。這種安排看似面面俱到，其實卻是分散兵力之舉，從最後的結果來看，也並未收到任何效果，實在可以稱得上昏招。

　　此時日軍方面對明軍如此大張旗鼓的動向居然毫無所覺，根本沒有想到明軍在如此嚴冬時節會主動發起進攻。因此所有的精力均放在城池完工交接以及運送後勤物資當中。這個時候的島山城雖然已經大體竣工，但城內的戰略物資卻並不充裕，尤其是糧食方面極為匱乏，因此加藤清正甚至本人還在西生浦指揮物資運送的事宜。

　　在蔚山至島山防禦陣地中日軍兵力分布大略如下：

第十二章　蔚山之役

將領	數量
加藤清正部將加藤安政、九鬼廣龍等	3,000 人
淺野幸長	3,000 人
毛利秀元部將宍戶元繼、三澤為虎等	10,000 人
太田一吉（監軍）	500 人
總計	16,500 人

擊破蔚山城

　　萬曆二十四年（西元 1597 年）十二月二十二日夜，刺骨的寒風呼嘯著颳過蔚山平原，帶起了層層的浮雪，此時遠方突然出現了一束火光，迎著這呼嘯的寒風而來，火光明滅不定，讓人以為馬上便會在這漆黑的夜中徹底熄滅之際，這束火光的後面突然出現了一條由火光組成的光帶，片刻間便布滿了山野，仔細一看，原來是大隊明軍騎兵打著火把，身穿鑲嵌銅釘的棉甲，全身厚裹，牽著馬在黑夜中行軍。四野除了火把的光芒之外一片漆黑，人群之中無人說話，只有人馬行軍時的喘息聲與踩在地面積雪上發出的吱吱悶聲，這一切都混在呼嘯的風聲中，並不明顯。這隊人馬便是左協大將李如梅以及巡撫直屬的擺賽、楊登山率領的明軍先頭部隊。

　　迎著凜冽的寒風，明軍的速度依然並不見緩慢，直到離蔚山城六里外的太和江畔明軍才停止了前進，諸將在臨時搭建的帳篷內開始了軍議。

　　眾將入得帳中後，李如梅肅容站於上首正中，對眾將僅略一頷首，也並不寒暄，便道：「我軍日夜兼程，現距蔚山城不過六里，一路上不見倭賊蹤跡，可見城內倭賊必然不備。如今長夜將過，我意主力埋伏於此處，

再選一將率兵急襲蔚山城，如若倭賊無備，那便盡數殺之，如若倭賊有備，那便佯裝敗退，將倭賊誘入此處，殺他個片甲不留！眾位以為如何？」

「好！」李如梅下首擺賽與楊登山二將不約而同地挺身而出，在帳下抱拳道：「李總兵所言甚是，我願領兵為先鋒，往蔚山城走一趟！」

見擺賽與楊登山二人互不相讓，李如梅微笑著點了點頭，道：「二位將軍英勇如此，不愧是我西北名將！」又看向擺賽道：「擺游擊，我聽聞你的勇武聞名西北軍中，我意選你為這個先鋒，你可願意！」

「我願意！」擺賽昂首道：「此次必將倭賊一網打盡，李總兵你就看著吧！」說完還斜眼瞟了一下楊登山。

楊登山本就不是一個好脾氣的人，其身為參將，本就比擺賽高一級，見擺賽爭得了先鋒的差事已經老大不快。再被擺賽耀武揚威地一撩撥，不禁火冒三丈，揮起老拳便與擺賽廝打，卻被眾將趕忙拉開。

李如梅沉下臉道：「都是軍中大將，像什麼樣子！楊參將，你也不用心急，擺游擊誘敵回來，倭賊必然大股雲集，到時候少不了你的份！」

眾將商議已定，便紛紛出帳安排所部。擺賽回軍之後，便點起五百精銳騎兵，向著蔚山城而去。

當擺賽率軍行進至蔚山城外三里之際，天色漸漸泛白，蔚山城已經盡在眼簾。整個蔚山城早已不復舊觀，城牆全被拆去，彷彿一個赤裸的美女般毫無防備。駐紮在城內的日軍為毛利輝元的家臣冷泉元滿、阿曾沼元秀和都野家賴所部，他們在蔚山城左兵營的舊址駐紮，由於防備鬆懈，營外不過寥寥無幾的數個哨兵而已。此時擺賽下令部下齊齊上馬，從慢到快，向著蔚山城疾馳。

黎明時分正是人最為疲勞的時刻，日軍的哨兵們亦在打著瞌睡，居然

第十二章　蔚山之役

等擺賽快殺至近前了才發現眼前的敵人。當他們正要敲響警鐘之際，一支支致命的鐵箭便在明軍蒙古神射手的射擊下穿透了他們的胸膛。下一刻，明軍騎兵隊便從他們的身邊掠過，向著日軍兵營殺去。這些騎兵一面奔馳，一面點燃了手中的火把，到處拋擲，僅僅是片刻之間，原本安靜的如同一潭死水般的日軍軍營瞬間沸騰了起來，被火把點燃的營帳烈焰沖天，從睡夢中被驚醒的日軍士兵們如同無頭的蒼蠅一般喊叫著亂跑亂撞。眼見日軍營地已被大火所籠罩，明軍騎兵們便開始了對人命的收割。他們靈巧地控制馬匹的奔跑，將手中的馬刀平穩地維持在一個向外的位置上，與日軍擦身而過，簡單地帶起了一片血光和沖天的頭顱。冷泉元滿身為一軍主將，此時也無法控制混亂的部眾，只能和阿曾沼元秀、都野家賴一起逞著日本武士的武勇，揮舞著長刀希望能夠多留下幾個明軍騎兵。可是他們的個人的勇武在這些蒙古騎兵眼中不過是可笑的蠻勇罷了，霎時便是一篷箭雨射過，將此三人射得如同刺蝟一般，死得不能再死。對明軍來說，他們三人之死不過只是紛亂戰場中的一朵小小的浪花罷了，他們吶喊著，殺戮著，向日軍傳播著死亡的恐怖，不過半個時辰，蔚山城內日軍便被斬殺殆盡。

蔚山城火起，廝殺聲，槍聲不絕於耳，此種情況立刻便被島山城的日軍所察覺。是明軍！明軍怎麼突然殺到這裡？島山城的日軍也顧不得想太多，他們首先派人通知身在西生浦的加藤清正，隨後淺野幸長、加藤安政、宍戶元繼、太田一吉等將紛紛出兵救援。只見日軍一下子便出動了上萬人馬，浩浩蕩蕩地由島山城向蔚山城殺去。

眼見敵軍來勢洶洶，擺賽也是見好就收，顧不得斬首，便率軍撤出蔚山城，以蒙古人最為擅長的騎射戰法引誘日軍主力，如同吸鐵石一般將日軍引到了太和江邊，與李如梅商議好的埋伏地點。日軍此時被擺賽騎兵挑

覺得怒火萬丈,發誓要將這一小股明軍殲滅之時,突然發現他們的身後又出現了一支明軍。這正是楊登山率領的兩千騎兵,他埋伏於路旁,待擺賽將日軍引誘過來之後,他便率軍斷了日軍的後路。而李如梅與游擊頗貴亦率兵殺出,頓時將日軍團團包圍。日軍見中計,大驚失色,監軍太田一吉立刻下令諸軍向島山方向撤退。可這時候撤退又是談何容易,明軍弓箭、三眼銃齊上,向日軍發起了潮水般的進攻,日軍此時已陣型大亂,群龍無首,只能各自為戰,各安天命了。加藤安政所部加藤與左衛門、九鬼廣隆、九井善助、喜田孫兵衛、加藤安行等將在混戰的洪流中集合在一起,向外突圍。而淺野軍則將部隊一分為二,淺野忠知與淺野忠吉各領一隊,互相以鐵炮隊掩護後撤。而太田一吉等將因為兵少,被明軍團團包圍,差點全軍覆沒,太田一吉本人也身受重傷。明軍當場斬首四百四十餘級,生擒日將一名。

太和江畔四野均為平原,正是明軍騎兵的用武之地,只見明軍騎兵隊用熟練的控馬之術分散集合隊伍,緊緊地咬著日軍潰兵,一支支致命的羽箭從他們手中射出,將日軍如同剝竹筍般一層層消滅。就在大戰之際,右協總兵李春芳、解生等將亦從西路馬村趕來,併力圍攻。日軍本就混亂的軍勢再次雪上加霜。此時島山城日軍見勢不妙,急忙派出軍船前來迎接。日軍見到希望,便瘋狂地向太和江邊突圍,終於在付出了極大代價之後與島山城援救的軍船會合。這些潰軍見到己方的軍船之後彷彿找到了生還的一線希望,因此瘋狂地朝船上湧來,不一會兒當先靠岸的幾艘日軍軍船便擠滿了人。可後來的日軍士卒們依然不管,拚命往上擠,不一會兒便有四五艘軍船被狂湧的人群所擠翻,淹死之人不可計數。

第一天的戰鬥讓日軍方面損失慘重,駐守於蔚山城的冷泉元滿部幾乎全軍覆沒,由島山城出擊的日軍援軍亦損失慘重,而明軍方面卻奇蹟般地

第十二章　蔚山之役

一人未損，可以說蔚山第一戰明軍以全勝之姿拉開了整個蔚山之戰的序幕。好不容易擺脫明軍追殺後，日軍全軍退守島山城。日軍此時島山城防守態勢如下：

防守將領	防守區域
淺野幸長	外郭東面
宍戶元繼、加藤與左衛門等	外郭北面
太田一吉	外郭西面
加藤安政所部	島山主城

加藤清正

此戰後，日軍軍心大喪，日本諸將均慶幸道：「如果不是唐人行動遲緩，未能抓住最好的時機，我軍必然會全滅。」就在島山城內日軍人心惶惶的當口，淺野幸長派出的報信使者木村甚藏騎快馬衝入西生浦，將蔚山遭襲的消息告知了加藤清正。聽聞蔚山遭到明軍圍攻，加藤清正不由得大驚失色，他叫道：「蔚山乃是我全權負責的城池，一旦失守，我如何有顏面去見太閣殿下？何況出征之前，我答應了淺野長政好好照顧淺野幸長，如果我見死不救，回國怎麼去見他爹？」於是立刻命部將加藤美作、片岡右馬允等將留守西生浦，並向釜山請求援兵。他本人則點取二十心腹，乘一艘關船急趨島山城。最終在十二月二十三日夜半駛入島山城。加藤清正的到來使得已經處於崩潰邊緣的日軍軍心得到了稍許恢復，但日軍此時僅剩下兩三天的糧食，形勢危在旦夕。

功虧一簣

　　第二天，明軍主力大集，正式全面進攻島山城。二十三日的大勝讓明軍士氣爆棚，對島山這樣小小一座城池更覺得不在話下。於是楊鎬、麻貴率大軍將島山三面圍住，命令左協攻擊城東、中協攻擊城北、右協攻擊城西。

　　首先發起進攻的便是明軍左協，游擊茅國器、陳寅為先鋒，大軍隨後，對島山城外郭發起了強攻。此處正是淺野幸長所部據守的島山城外郭曲輪之一，朝明聯軍將其稱之為「城隍堂」。茅國器所部為南軍步兵，尤精火器，對陣日軍鐵炮隊可謂正是棋逢對手。面對外郭的土壘，明軍首先以大炮猛轟，沉重的鐵彈呼嘯著砸到了土壘之上，形成了一個個極深的彈

第十二章　蔚山之役

坑。於此同時，日軍則以鐵炮反擊，火繩槍的彈丸向明軍急速地射擊，但畢竟射程有限，未對明軍的炮兵陣地造成太大的威脅。隨著明軍不間斷地炮擊，日軍把守的土壘漸漸被擊毀，此時茅國器所部南兵們手持鳥銃，直衝上前與日軍對射，在他們的掩護下，餘下步兵手持布簾、挨牌，向土壘被轟開的缺口猛衝。面對明軍強而有力的攻勢，日軍在外圍的防禦幾乎可以說不堪一擊，鐵炮隊的轟擊在明軍如潮水般的衝擊面前，如杯水車薪，甚至淺野幸長自己也親自手持鐵炮向明軍連連射擊，都依然不能阻止明軍前進的步伐。很快茅國器、陳寅所部便衝入了島山城外郭。這些訓練有素的南兵們殺入缺口後便立刻組成鴛鴦陣，十二個為一隊，與日軍展開巷戰。戚繼光創出的鴛鴦陣面對此種情況可謂是如魚得水。日軍或雜亂或個人蠻勇的戰法在鴛鴦陣面前紛紛潰敗。很快南兵們就穩穩地將缺口占領，大隊明軍隨之一擁而入，全面殺入島山城外郭。

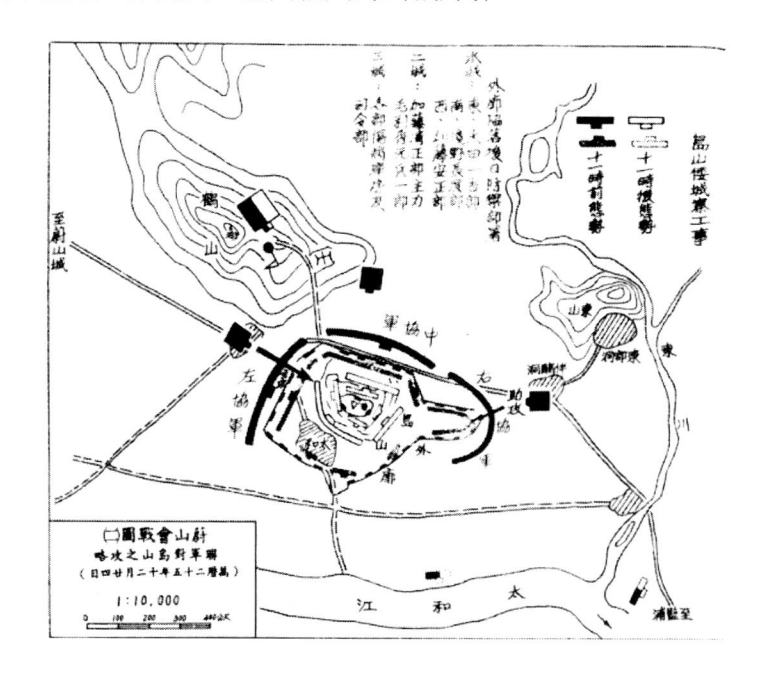

所謂擊破一點全線崩潰，在日軍城東防線告破之後，城北伴鷗亭、城西太和江的日軍曲輪均被攻克。島山城外郭房屋眾多，亦屯紮了大量日軍的物資，明軍殺入外郭之後便四處放火。一時間烈焰滔天，熊熊烈火將外郭內千餘間房屋全部焚毀。此時明軍斬首八百餘級，其中茅國器所部便斬首六百六十一級，俘虜日軍四人。在外郭防禦的淺野幸長、宍戶元繼等將所部日軍皆已被擊潰，倉皇向島山主城內逃竄。而身後明軍則不依不饒，尤其南軍游擊陳寅與茅國器所部，跟在日軍潰兵身後銜尾追殺，直入島山城三之丸，其進軍之快讓日軍措手不及。

　　此時已經到了最後關頭，加藤清正身騎白馬，親自在二之丸督軍奮戰，只見他手持鐵炮不斷射擊，而其身後親兵則負責裝填，再交由加藤清正發射。一時間彈落如雨，明軍在二之丸內並無太多障礙物可以遮擋，只能以挨牌、布簾等作為屏障。茅國器所部攜大炮入內，希望以大炮壓制日軍犀利的鐵炮。但島山城仰角極高，大炮發射的鐵彈要麼無法打中，要麼就高飛過島山城，完全無法對二之丸乃至三之丸的日軍造成傷害。即便這樣，南軍游擊陳寅親自冒著日軍凶猛的火力率隊猛攻，在付出百餘人的代價後，居然硬是拿下了二之丸。茅國器所部與陳寅所部一起，對日軍窮追猛打，眼看著明軍南軍就要殺入本丸，取下敵將加藤清正的頭顱了，可此時誰都沒想到的事情發生了，明軍陣中居然響起了噹噹的鳴金撤退的聲音。此時一名明軍傳令兵跑來，對茅國器道：「楊經理有令，今日鏖戰良久，損傷甚多，命你部多割倭賊頭顱，明日再戰！」

　　眼見勝利在望，如何便要撤兵？說到底，還是在一個南北之爭，這其中還隱含著東西之爭。實際上不論是朝鮮方面，還是明朝方面，對在朝鮮作戰早有明白的認知，那便是擅長火器的南軍才是克制日軍的殺手鐧。但可悲的是，南軍在朝鮮戰場上從來沒有獲得過主導權。幾乎在朝鮮戰場上

第十二章　蔚山之役

有話語權的最高級將領通通是北方人。此次進攻蔚山，三協主將竟然全為北人。在這種情況下，南軍自然便成為了被打壓的對象。南軍作為尖刀，啃最硬的骨頭那是可以，但是想要吃最大的肥肉，那可是萬萬不行的。這楊鎬在入朝鮮當經理之前，在遼東作戰靠的便是李如梅，此二人的交情可謂莫逆。在明代要升官，賺取軍功可謂是一條捷徑，一場大戰砍個幾百上千的頭顱，那便是大捷，朝中如果有人說說話，這官位職權輕輕鬆鬆便可以升上去。因此楊鎬當然要偏袒以李如梅為首的遼東將門一系。此次進攻島山城，可能楊鎬見島山城形制高險，因此單純就想讓南軍去啃這塊硬骨頭，根本沒讓李如梅出戰，可是沒想到南軍打得如此順手。眼見日軍就要全軍覆沒，楊鎬自然不能眼睜睜地看著擊殺加藤清正的大功落入南軍手中。他如此做派，自然會激起南軍將士的不滿，前次入援朝鮮有個火爆脾氣的南軍游擊王必迪，此次的陳寅脾氣也絲毫不比他小。雙方矛盾發展至後來，楊鎬藉故囚禁陳寅中軍周陞，陳寅居然就差點起兵進攻楊鎬駐地去搶人，南北軍的激烈衝突再次上演，楊鎬實在需要負不可推卸的責任。

明軍此時除了南北之爭外，甚至還有個東西之爭。在蔚山戰場上，楊鎬是最高文官，而麻貴則是最高武官。可恰恰這個最高武官出身自西北宣大一系，跟遼東一系的李家可不是一路人。對於軍功，麻貴懷的心思與楊鎬一樣，都是要為本系統的將官爭取更多的軍功。但明朝此時文官已經遠遠凌駕於武官，因此楊鎬很有些我行我素的味道，竟然把麻貴當成了擺設，軍令幾乎全數由楊鎬做出。最終雙方矛盾激化可謂是必然。明軍軍中南北不合，東西不合，裂痕處處，而楊鎬這個蠢材上不通兵法戰情，下不能團結諸軍，反而私心極重，使得諸軍離心，蔚山之戰就這樣從一個大好的開局漸漸走向了失敗。

楊鎬發下了命令，茅國器等將手臂擰不過大腿，只得聽從，衝在最前

面的南軍先撤,之後數路明軍也跟著撤退,日軍趁機收復之前被占領的二、三丸。此外加藤清正所部乘坐二三十艘艦船自西生浦走水路來援,但卻被駐守太和江附近的盧繼忠所部所察覺,一番火器對射之後日軍援軍見找不到機會登陸入援,只能順流而下停泊於鹽浦。此戰後,日軍重整防禦,加藤清正分配島山城守軍配置如下:

防守區域	防守將領
本丸東側	太田一吉
本丸南側	淺野幸長
本丸西側	加藤安政
二之丸	加藤清政
	宍戶元繼、桂孫六(毛利所部)
三之丸	加藤與左衛門、近藤四郎右衛門(加藤所部)
	口羽元良、和知元盛、日野元重、吉見廣行(毛利所部)
二、三之丸中間	美濃部金大夫、久鬼廣隆(加藤所部)

十日圍城

經過二十三、二十四日的鏖戰,日軍可謂損失極為慘重,駐守於島山城各軍均遭到極大殺傷,尤其作為築城主力的毛利軍,在二十三日的突襲中便遭到了致命的打擊。而其後作戰,明軍勢如破竹,日軍傷亡不下六千人,而明軍此時損失則極其輕微,僅付出傷亡百餘人的代價便差點全殲日軍。大概楊鎬也覺得勝利來得如此輕易,才會下令茅國器放棄攻下島山城的頭功吧。

第十二章　蔚山之役

　　十二月二十五日早上八點，楊鎬安排妥當，整軍再戰，這次為了讓李如梅露臉，便讓李如梅所部率軍先攻城。此次楊鎬為了要耍威風，自己也頂盔貫甲，手持利劍督戰，還當場斬了兩個遲到的兵卒立威，然後大炮火箭紛紛上場，再次對島山城進行猛烈轟擊。可島山本城跟外郭實在不是一回事，島山本城的城牆全由石頭壘成，城池高險，明軍火炮要麼擊在石垣之上，要麼仰角太高直接打飛，對島山城守軍完全構不成威脅。而火箭更是如此，島山城內作為防禦的木柵均有防火功效，何況城池形制狹小，就算有部分燃燒，立刻便能撲滅。

明軍攻擊島山城

　　一番火器轟擊之後，李如梅所部當先開始了攻城。明軍以附有鐵搭的雲梯為主要攻城武器，用蟻附攻城法來進行攻擊。蟻附攻城乃是千百年來最為常見的攻城法，也是最笨的攻城法。一般蟻附攻城，雖然器具簡單，但是進攻方在雲梯上幾乎沒有任何防禦，防守方可以用各種辦法對進攻方進行攻擊，因此進攻方必須承受巨大的傷亡。此外此種方法對大型城池最為有效，城池越大，守軍來回調動就越不便，才有可能出現防守上的漏

洞。此外蟻附最好還得有強大的火力掩護，不論是弓箭，火槍還是投石機，必須要在一個進攻面上對守軍形成一定壓制，這樣才能保證蟻附的順利成功。可在島山城這樣的小型要塞上，蟻附攻城法可以說完全無法適用，島山城本城並不大，因此進攻方就沒有來回調動守軍的機會，而城上密密麻麻的射擊口，很好地掩護了守軍，也使得明軍的火力掩護無法取得成效。這種情況下用雲梯攻城的明軍幾乎就是一個個活靶子。當先攻擊的李如梅所部一下子便被如雨的彈丸給打昏頭了，死傷頗多只得後撤。此時楊鎬才覺得情勢不妙，於是又調陳寅部來攻，可是陳寅所部昨日雖然進攻順利，那是因為跟著日軍潰兵一起殺入島山內城，混戰之中日軍也不敢隨便開火，因此才能差點殺入本丸，可現在的情況卻大不相同，陳寅雖然勇猛依舊，但一樣無法打開缺口，甚至本人也中彈負傷，不得不撤退。

戰到急處，日軍居然還使出了緩兵之計，派一卒在東門插白旗，請求明軍不要放炮。如今打成如此爛仗，日軍想要停戰，楊鎬又怎會干休？於是不管不顧，依然命令強攻。陳寅負傷之後，楊鎬依然不甘心，他再次替換後面的新銳士卒，反覆攻擊，可是島山城下全為爛田，明軍沒有著腳處。伏下則銃丸難及，起立則必須橫趨方能避免。而伏者又苦於田泥沒至膝上。日軍的炮彈都是用碎鐵製成的，以藥煮過，發之無聲，中者立倒，而且一丸可傷多人。明軍既不能察見城中情勢，又不得近於彈丸之下。仰攻多所損傷，不得已屯駐在日軍鐵炮射程之外。

在明軍猛烈的攻擊下，日軍亦壓力極大，單單加藤安行一人在這一天便打了二百七十槍，以當時火繩槍裝彈的速度平均一分鐘一發計算，也得一刻不停地打四個多小時才行。當然在防守戰中不可能由加藤安行一個人做從裝彈到發射的全部過程，一般他們身後都有三個人負責裝彈，而加藤安行只需要負責瞄準開火，讓火力連續不斷，但這發射的數量也可以用恐

第十二章　蔚山之役

怖來形容了。此外在戰鬥中，前一天從水路來援的加藤軍又從鹽浦逆流而上，企圖增援島山城，但依然被防守西江口的盧繼忠所擊退。

明軍圍攻蔚山局部圖

此日明軍陣亡二百，傷者一千，可謂是傷亡慘重，之所以會打成如此情況，完全是一將無能累死三軍的緣故。明軍從底層士兵，到陳寅、茅國器這樣的中高級將領，在進攻中無不表現出了捨生忘死的精神，冒著日軍如此強大的火力覆蓋，依然奮勇前進，甚至整隊在雲梯上被打死卻依然不後退，連陳寅這樣的高級將官也能迎頭衝鋒，直至中彈負傷。如此敢戰能戰的軍隊，為何最終折戟島山城，甚至在未來的幾十年中戰鬥力越來越

差？這個責任實在只能讓朝廷內的那些袞袞諸公來負責，像楊鎬這樣的文官，他能擔任經理一職，實質上可以說是明軍的戰地總指揮，所憑藉的不過是兩次戰鬥和一次屯田，其中一次與李如梅出擊的戰鬥還輸了，因此甚至被降罪。後來居然還是因為要援朝所以才將此人重新起復，提拔到如此重位，簡直就是將國家大事當兒戲。如此庸人居然也能竊據高位，那被其統領的軍隊又如何不腐化墮落呢？

明軍硬攻失敗之後，楊鎬轉眼又想了個點子。我們明軍到這裡來打仗是為了誰？還不是為了幫助朝鮮把日本人趕出去嗎？這場戰爭朝鮮軍才是主軍，需要保家衛國的也是他們，他們在旁邊看戲，明日兩軍卻在這裡拚死拚活算是個怎麼回事？因此楊鎬便發了個命令給在軍中充當聯繫人的李德馨，讓他指揮朝鮮軍收集柴薪，用來火攻島山城，並指派戴罪立功的金應瑞暗地裡率人將島山城下的兩口水井給填了，以斷絕日軍的水源。

二十六日，由於明軍之前損失過重，楊鎬命令明軍僅僅四面圍困日軍，進行休整。不過明軍可以休整，攻城一樣不能停止。這次終於輪到朝鮮軍上陣。天還未亮，朝鮮軍便在都元帥權慄的帶領下悄悄地攜帶乾柴向島山城三之丸外圍逼近。企圖用火攻的辦法燒毀日軍的木柵以及箭塔。可日軍防備森嚴，守將加藤與左衛門很快便發現朝鮮軍的企圖，霎時間彈如雨下，將朝鮮軍用來防禦的木牌盡數擊穿，死傷頗多。朝鮮軍士卒本就訓練低下，士氣低迷，被這樣一頓彈雨打得連三之丸的木柵下都沒能接近，丟下手中的柴薪便逃。主帥權慄急得跳腳，當場行軍法斬殺了靈山縣監全悌等一干作戰不利臨陣脫逃的官員軍兵。這一個縣監是從六品，官也不能算小，要不是楊鎬在身後盯著，權慄恐怕也不敢下如此狠手。但即便如此，朝鮮軍的潰退還是阻止不了。

朝鮮軍本就不能依賴，這種結果實際上也不出楊鎬的意料之外，連日

第十二章　蔚山之役

攻擊受挫使得他又想起南軍的好處來，可是陳寅與茅國器所部在之前幾天的戰鬥中已經被挫傷了銳氣，加上他明顯利用南軍的所作所為讓陳寅等將心生怨忿，因此很有些指揮不動。於是只能從彥陽召來吳唯忠，希望這位南軍老將能夠在對日軍的戰鬥中再次有出色的發揮。

明軍暫時開始了休整，此次刑玠對後勤準備極為充分，大軍糧草無憂。可是日軍卻開始面臨他們的大麻煩，那就是島山城不知道如何設計的，居然將唯一的水源——兩口水井放了三之丸外，並且這唯一的水源還被金應瑞帶人給填了。如果說沒有食物還能撐個幾天，沒有水只需要三天就得渴死。因此為了解渴，日軍不得不派人半夜偷偷溜出城外，從泡滿屍體的小河裡打水。天曉得這樣的河水帶著多少屍變的病菌，日軍此舉無異飲鴆止渴。但也沒辦法，活過眼前才是最重要的。城內日軍的窘境很快便被明軍所知曉，於是金應瑞又被派上了用場。所謂使功不如使過，這位犯了大錯的人倒是朝鮮軍中諸將最好用的一個。他率人埋伏於河旁，遇到來打水的日兵便立刻捉拿，連夜竟擒獲百餘人。楊鎬不由大喜，即賞紅緞一匹、白銀五兩。明軍將金應瑞擒獲的日兵詳細盤查，發現他們均飢餒不堪，疲弱至極，明軍諸將見此情形均大喜，道：「城內糧絕久圍，必將自潰。」可是這天晚上，日軍的運氣居然來了，天降豪雨。這陣雨可謂將日軍從渴死的絕境中挽救了回來。日軍歡欣鼓舞，甚至在城內跳起舞來慶祝這場及時雨。可彼之蜜糖我之毒藥，日軍倒是開心了，可是這場大雨卻使得明軍馬匹大批死亡，愈加削弱了明軍的戰鬥力。不過即便如此，島山城內日軍處境依然窘迫無比，內部已經是軍心動盪。其中有一名日兵直接出城投降，楊鎬便賞銀掛紅，令他騎駿馬向城內誇示，其後便不斷有日兵出城投降。加藤清正無奈之下只得嚴守城門，不許出入。

到了第二十七日依然豪雨不止，加藤軍的軍船乘雨再次企圖從藍江入

援，結果又被駐守江岸的南軍給打了回去，不但如此，其中一艘軍船還被大炮擊沉，其餘諸船只得倉皇逃竄。

日軍投降

二十八日，大雨還是下個不停，到了晚上居然又颳起了西風，冰雨交加，天氣環境已經惡劣到了無以復加的地步。明軍將士住在臨時構築的草房內，南兵圍守江岸，最為艱苦。

二十九日，風仍大作，天氣凜冽。明軍在這樣的氣候中，還是準備火攻，可是城內依然防禦森嚴，發射鐵炮不需要多少力氣，而明軍也無多少鬥志，很快便退了下來。午後，藍江日本軍船二十六隻順流而上，至島山城相望處。日將一人率五六人溜出城外，呼喚船上日軍。明軍一陣火炮亂轟，又將日艦擊退。這些軍船就像例行公事一般，早上來，晚上走，時不時地對江岸放幾槍。夜裡島山城日軍則遣三十餘人衝到江邊，企圖乘船逃

第十二章　蔚山之役

離，卻被吳惟忠領軍埋伏，斬首六級，右協軍生擒一人。

如今此種天氣，這樣的士氣，強攻硬打顯然是不成了。諸將紛紛道：「倭賊眼看便要彈盡糧絕，不如就四面圍困，倭賊也撐不了幾天，加藤清正便可不戰坐縛！」而楊鎬居然深以為然。命朝鮮接伴使李德馨、都元帥權慄等催運糧餉，為久住之計。

長期圍困這個戰略有沒有道理呢？如果單單看蔚山這個區域，那麼這話可以說是完全正確，島山城這時候已經斷水斷糧，過不了多久，就算明軍不打，島山城內的日軍也得通通餓死，渴死。可問題就出在加藤清正不是一個人在作戰，以釜山為中心的朝鮮沿海區域有十幾萬日軍，楊鎬簡直把這些日軍當成死人一般，完全沒考慮日軍大舉來援會有什麼後果。

此時老將吳惟忠提出了自己的意見，他說：「自古圍城必闕，進攻一座城，一般都是放開一個缺口讓敵人因為有路突圍，這樣對方的戰心就不會過於堅決。如今久攻不下，不如放開一面，讓倭賊能夠出城逃竄，那麼我軍埋伏於敵軍必經之路上，必然能將倭賊一舉殲滅。」

楊鎬聽了這番話後，也不多說，只是冷冷一笑，指著吳惟忠說：「老將軍只要還我一個活清正。」

吳惟忠不愧是老將，他的意見其實才是目前解決朝明聯軍島山城困境的唯一辦法。目前明軍強攻不可能，圍困則面臨日軍大軍來援的危機，可謂是騎虎難下，只能用這種辦法才既能避免損失過大，又能較好地完成戰略目標。可如果真的這麼辦，加藤清正會上當嗎？實際上這跟加藤清正的打算不謀而合，之前加藤清正曾經派人向楊鎬提出和談，主動要求明軍網開一面，這顯然就打著逃跑的主意，因此吳惟忠提出的這個意見可謂將計就計，成功的機率極高。但此時楊鎬已經承受不起讓加藤清正逃掉的後果

了。即便此戰按照吳唯忠的辦法勝利了，但是加藤清正跑掉，那麼楊鎬命令陳寅、茅國器所部在攻克島山城的最後關頭撤軍的指揮失誤便會無限被放大，朝中的政敵們便會抓住這點不放，將他再次徹底拉下馬。楊鎬已經被撤職查辦過一次，他絕不想經歷第二回！因此這個主意再好，只要加藤清正有那麼一絲的機會能逃走，那楊鎬就絕不會採用。

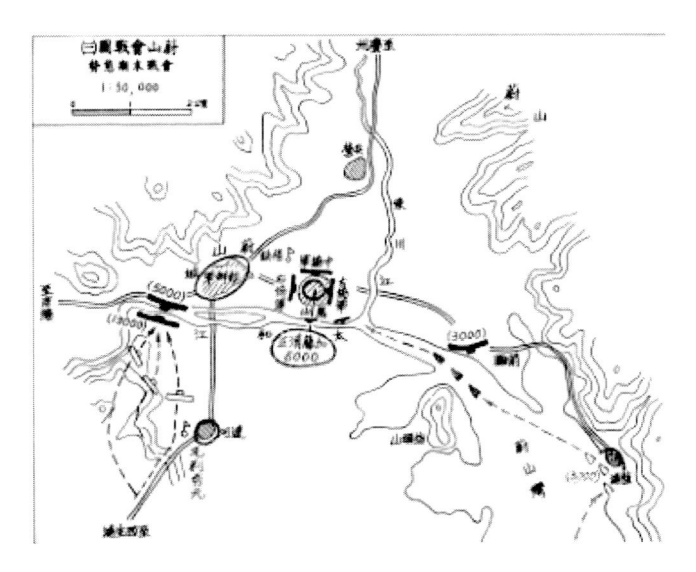

至此明軍分布各軍，將島山城團團圍住，整整圍困了十日夜。在城外的明軍在這樣冰天雪地的曠野裡處境極為艱難，他們冰雪裂冑，士卒墮指，戰馬大量死亡。而在城內的日軍更是悽慘，他們缺糧少水，飢餓難當。在餓紅眼的日軍面前，平日極為寶貴的戰馬全部被殺光，渴了喝馬血，餓了吃馬肉。馬匹殺盡只好飲尿以解渴，甚至嚼紙充飢，煎壁土為食。每次用飯，則只供給能操作鐵炮的士卒，其餘的便聽其餓死。日軍只好夜間冒險偷出城外，搜尋明人屍體，取所佩糗糧牛炙為食。嚴寒的天氣對日軍一樣造成了極大的損害，凍死，凍傷以至殘廢的比比皆是。到了三十日，萬餘日軍能戰鬥的僅剩下千餘人。自將佐以至兵卒，個個顧落眼

第十二章　蔚山之役

陷，狀如餓鬼。眾心惶惶，朝暮不保。

陷入如此絕境，加藤清正無奈之下只能再次使出故技，向楊鎬約日請降。楊鎬這次倒是信了加藤清正，居然真的準備與加藤清正談判。不但如此，還在給朝廷的回報中鬼扯道：「倭將加藤清正被我打得現在想要祈求投降，但是臣不許他投降，一定要活捉這廝獻於朝廷！」可是無情地事實告訴楊鎬，他高興得實在太早了。

軍潰

此年正月初二日，日軍右路主將毛利秀元終於率領一萬三千人的援軍，從西生浦出發，分水陸兩路殺奔島山城而來。因為明軍此次突襲蔚山來得極為突然，日軍分布於朝鮮沿海各地一時難以集中，這批援軍都是各家拼湊出來的，具體構成如下：

部隊	總數	分隊數量	領軍將領
第一軍	四千五百五十人	一千六百人	鍋島直茂與其子鍋島勝茂
		一百五十人	毛利吉城、毛利勝永、秋月種長、高橋元種、伊東佑兵、相良賴房
		二千二百人	蜂須賀家政
		六百人	黑田長政
第二軍	三千七百七十人	七十人	加藤嘉明
		五十人	中川秀成
		五百人	生駒一正

部隊	總數	分隊數量	領軍將領
第二軍		一百五十人	脇坂安治
		三千人	山口宗永
		不詳	池田秀雄
第三軍	三千九百人	三千九百人	毛利秀元
水軍	若干	若干	長宗我部元親、池田秀氏、加藤清正所部
軍監	若干	若干	早川長政、垣見一直、熊谷直盛、竹中重利
總計			一萬三千人

明軍圍攻蔚山局部圖

同日早晨，日軍陸軍援軍占領了蔚山城南方高地，與圍攻島山城明軍隔江對峙。之後日軍水軍亦與陸軍會師，他們在山頭上向島山城搖旗吶

335

第十二章　蔚山之役

喊，以堅定島山城守軍之心。援軍的到來可謂給了島山城日軍一針強心劑，讓已經如同餓鬼一般的守軍恢復了精神與勇氣。

見到日軍援軍已到，楊鎬的心中便開始害怕了，趕緊令擺賽，頗貴領兵往箭灘，又令吳唯忠，茅國器部領兵把截江岸。實際上，日軍援軍並不多，島山城內的日軍已經被打廢了，完全不可能有出城作戰的能力。而日軍援軍不過一萬多，相對於朝明聯軍近五萬的數量，可謂遠遠不如。在這種情況下最好的辦法應該便是圍城打援，派少量的兵力看住島山城守軍。然後聚集主力與日軍援軍打野戰。雖然日軍守城在行，但是在曠野平原上打野戰，劣勢是顯而易見的。更何況此次日軍來援的兵馬全為東拼西湊而來，指揮上便有很大的問題，明軍完全可以一戰擊潰甚至殲滅這股日軍。但可悲的是，楊鎬既不派人詳查敵情，又不進行針對性的部署，反而心存僥倖，想要最後賭一把，居然命令聯軍再次強攻島山城。

初四凌晨，楊鎬再次頂盔貫甲親自督戰，朝明聯軍三面向島山城發起了總攻。此次楊鎬可真是急了眼，只要有擅自退卻的兵卒，一律斬首。游擊李化龍逡巡不進，被楊鎬當場給綁了，示眾全軍。於是諸軍不得不努力進攻，火炮、火箭等等不管有用沒用，一股腦用了上去，島山城內外霎時間喊殺震天。島山城內日軍亦鼓起最後的力氣，拚命發射鐵炮，有的還抱起城內的石頭向下砸去，朝明聯軍再次損失慘重，不得不退卻。

此時日軍又使出疑兵之計，故意讓明軍右協兵撿到一封書信，內稱：「加德、安骨、竹島、釜山、梁山等地戰將十一員，領軍六萬兵來救，堅守以待。」又發現停泊於藍江的九十餘艘日軍軍船繞行太和江上游，有截斷明軍歸路的趨勢。這個情報讓楊鎬嚇得要死，也不辨真偽，立刻傳令諸軍焚燒糧餉器械，命令擺賽、楊登山殿後，準備連夜退往慶州。這道命令明眼人都知道是亂命，當時擺賽蒙古人的暴烈脾氣便犯了，他強烈要求出

戰，被楊鎬拒絕。然後就一屁股躺在楊鎬的馬前面，唱起自己現編的曲子，嘲諷這廝。這楊鎬倒是有點唾面自乾的本事，被擺賽如此嘲諷，居然跟沒事人一樣，最終繞道策馬而去。這要是換了幾十年後的袁崇煥，連太子太保都敢殺，何況一小小游擊將軍？當然楊鎬的報復可能比袁崇煥更為陰毒，擺賽堂堂蒙古漢子，自小在馬背上長大，居然撤軍回去之後沒幾天便落馬身亡，這可能便是典型的「謀殺」吧。

藍江船上的日軍見明軍撤退，爭相登陸。楊鎬在前聞報，傳令突騎迎擊，斬九級，日軍這才退後。但由於諸軍此前沒有任何準備，群龍無首，遂一鬨而散。李如梅軍率先奔逃，九將兵相繼奔潰。加藤清正在城內看見明軍陣地火起，知道明軍即將撤軍，可是他卻並未出城追擊。準確地說，他此時已是心有餘而力不足，島山城內的守軍們不要說追殺，就連走的力氣也沒多少了。

在這場撤退中，最倒楣的便是駐守西江口的盧繼忠部與駐守箭灘的吳唯忠、茅國器部。盧繼忠部是壓根沒人通知他們要撤軍了，而吳唯忠、茅國器部則是被硬生生地放在了斷後的位置上，日軍想要登陸，第一個要打的便是他們。可巧的是，他們居然全都是南軍一系。這真的是巧合嗎？這樣的巧合又怎能不讓南軍將士心寒呢？可此時大家都要為保命而戰，吳唯忠、茅國器二人也算是身經百戰，知道處於如此情勢，如果真的撒腿跑路，那搞不好大家都跑不掉。只能鎮定下來結陣反擊，將敵人的氣焰打下去，才能逃出生天。因此嗷嗷追來的日軍發現他們踢到的其實是一塊鐵板。這些按照戚繼光的兵法一手打造出來的南軍士兵們組成了一個個鴛鴦陣，將日軍牢牢地阻擊在箭灘，為明軍部隊的撤離爭取了時間。當然這都不是毫無代價的，在與日軍優勢兵力的對抗中，吳唯忠、茅國器所部雖然殺傷日軍數百，但自身損失亦相當，代價相當巨大。而盧繼忠部因為戰場

第十二章　蔚山之役

遮蔽的原因，當時所有人都以為他已經全軍覆沒，但看後來盧繼忠所部被楊鎬留守安東府，因此應該雖有損失，但必然不至全軍覆沒。

在這場撤退的洪流中，除了吳唯忠、茅國器部之外，還有兩員明將在做著最後的奮戰。首先便是祖承訓。他與吳唯忠、茅國器同分配在箭灘駐守，當明軍大撤退開始之後他也一樣面臨著巨大的困境。這位祖承訓在朝鮮戰場上可謂是身經百戰的老前輩，最先入朝增援的便是他。自從在平壤打了一場可恥的敗仗後，祖承訓一直憋著一口氣想扳回顏面，可是老天一直沒給他這樣的機會。蔚山之戰在大好形勢下潰敗，要說最不甘心的明將中，肯定有他一個。但是大勢所趨，他也無法力挽狂瀾，只能帶了二十個心腹死士，在晚上逆日軍而行，順著日軍增援的道路一路挺進到了西生浦，拔了吊橋上的牌子而回，算是小出了一口氣。另外一將便是右協主將李芳春，他身為右協主將，還是牢牢控制住了軍隊，趁著日軍追殺之際，他率軍斜刺裡殺出，直攻日軍身後，斬殺百餘人，讓日軍追擊的態勢為之一滯，並成功接應了吳唯忠、茅國器所部，最終順利撤回慶州。

雖然吳唯忠、茅國器、李芳春等將的奮戰讓明軍的損失降到了最低，但是此次撤軍的行動依然可以用災難來形容。據事後朝鮮方面的調查，單單此次撤軍的戰損，明軍便戰死一千三四百人，傷者三千餘人。而整個蔚山戰役，明軍陣亡中高級將領有游擊楊萬金、千總麻來、千總周道繼、千總李洞賓、把總郭安民、千總王子和、哨總湯文瓚、千總錢應太等人，總戰死人數估計當在二三千左右，傷者則達到四五千。相對於明軍出兵時的四萬八千餘人，明軍戰損比達到百分之十六以上，實在是一個驚人的數字。

戰後論責

　　蔚山之戰的慘重失敗，最為鬱悶的當屬經略刑玠，他本以為一切都安排妥當，以數倍的力量打一個小小的蔚山，那不是手到擒來的事情嗎？結果就被這麼個楊鎬給全敗壞了。但要是把實情報上去，這萬曆皇帝可不是什麼好脾氣的人，不但要丟官去職，弄得不好還要去大牢走一次。於是楊鎬出了個主意，讓刑玠對朝廷撒謊，將大敗說成大捷，還把麻貴也拉了進去，在奏章中狠狠地誇了麻貴一番。這下就將麻貴給架到火上烤了。這經略和經理都是他的頂頭上司，他連楊鎬這個經理都無法違抗，又怎麼敢跟經略唱反調？於是也只得上奏附和。萬曆皇帝接到報捷奏疏之後頗為高興，不但下旨褒獎，還賞刑玠銀一百兩，楊鎬、麻貴各八十兩，再發太僕寺馬價銀五萬兩犒賞將士。可是天下無不透風的牆，如此大事，又如何能瞞得過他人？在軍中，便有一個叫丁應泰的軍前贊畫正盯著楊鎬等人。

　　這丁應泰是前海防使蕭應宮的人，蕭應宮因為楊鎬、刑玠和麻貴三人的聯合杯葛而最終罷官去職，在丁應泰看來，這完全是楊鎬等人的誣陷。此次蔚山之戰敗退回來之後，居然上了一個捷報，丁應泰就覺得這其中大有問題。於是他在軍中仔細查問，了解整個過程。這蔚山之戰楊鎬整個指揮過程本來就漏洞多多，哪裡經得住查？丁應泰隨便一詢問，便在對楊鎬極為不滿的南軍將士中得到了極多爆料。經過取證之後，丁應泰還故意去拜見楊鎬，詢問島山之戰後的善後事宜。這楊鎬不知是計，居然得意洋洋地把閣老張位、沈一貫的手書給丁應泰看。這些信件中，流露出張位欲結楊鎬為朝中奧援，要與楊鎬禍福與共。而沈一貫則有「上疏須先投揭，以便措手」的話。這簡直就是赤裸裸地結黨營私，也是皇帝最忌諱臣子的地方。

第十二章　蔚山之役

　　拿到了這個殺手鐧之後，丁應泰立刻寫了一篇奏疏，彈劾楊鎬二十八條罪狀、十條羞恥之事。彈劾李如梅當斬者二，當罪者十。並揭發張位、沈一貫與楊鎬私書。驗進退情實，首論張位、沈一貫交結邊臣，扶同欺蔽；楊鎬附勢煽禍，飾罪張功，及麻貴和李如梅按律悉當斬。連同楊鎬駁改陣亡兵馬卷冊封進。

　　這封彈劾的奏章可謂極其有力，有人證，有物證，絕大部分罪狀也基本屬實，除了在傷亡人數上誇大其詞之外，幾乎樁樁件件都可以拿出來說，此外又坐實了楊鎬與內閣重臣結黨。這一下子就觸動了萬曆皇帝心中的那條底線。你楊鎬下勾結邊將，上勾結閣臣，對外喪師辱國，這種人如何能輕饒？當時就要處死楊鎬。但楊鎬在朝鮮人緣倒是不錯，朝鮮上下居然為了楊鎬上書喊冤，而其部將許國威率諸將上本申救，也為他辯解。這些倒都不是主要的，最關鍵的是當朝首輔趙志皋極力營救。最終免於下獄，僅僅是罷官聽勘。麻貴和李如梅等則責令以功贖罪。萬曆皇帝既放過楊鎬，轉而遷怒於疏薦楊鎬的閣臣張位，將其削籍為民。另一當事大臣沈一貫則因上疏頗為慚懼，主動認罪，得到萬曆皇帝的原諒而免予追究。

　　丁應泰這封奏疏雖然發得是震天動地，但最終對楊鎬的處置卻是高高舉起輕輕放下，後來居然還能讓此人有機會回遼東當經略，最終導致薩爾滸之敗，使得明朝遼東局勢發生徹底轉折，後金隨之徹底崛起。萬曆皇帝如果泉下有知，恐怕會對自己的一時心慈手軟追悔不已吧！

　　蔚山之戰的結果，對明軍固然是極為慘痛的，甚至直接導致了明軍更換主帥。那麼對日本方面又有什麼樣的影響呢？恐怕比明軍有過之而無不及！為何會這樣，讓我們先從蔚山之戰日軍的戰損談起。

　　蔚山之戰日軍不算上援軍，總兵力大概在一萬六千左右，加上朝鮮被強徵的民夫，總人數可能在兩萬上下。最後日軍的傷亡人數雖然眾說紛

紜，但明軍單就斬首論，便超過千餘級，殺死殺傷更是遠超過斬首數倍之多，此外還有大量向朝明聯軍投降的日本人和朝鮮人。最後殘存的日軍數量雖無明確記載，但朝明史籍中，卻明確地說投降以及被俘虜的朝鮮人和日本人，都透露說島山城最後僅有二三千人。這也就意味著，日軍最後還能動的大概也就這麼多了，幾乎等於蔚山——島山一線守軍幾乎全滅。

　　當明軍倉皇從島山撤軍之際，這本是日軍一個絕佳的機會，如果他們能緊緊地銜尾追殺，將明軍大部留下來也不是不可能，可是日軍諸將卻一反常態，連加藤清正這樣一個一力主戰的武鬥派都不願意再繼續向慶州進軍。這不是他們不想，實在是現實情況不能允許。日軍與明軍不同，他們的兵都是私兵，死掉一個都很心疼，不要說一下子就陣亡幾千上萬。這樣高的戰損完全打消了日軍繼續追擊的念頭。可是身在日本的豐臣秀吉卻完全不能理解這樣的決定，黑田長政、鍋島直茂等人竟然以擔心為由擅自返回自己的居城，令其大為光火，因此在書狀中嚴厲責問二人。就這樣，身處朝鮮的武將們和豐臣秀吉之間，在圍繞繼續作戰方針的問題上產生了嚴重的對立。

　　蔚山之戰後，加藤軍與毛利軍的慘狀讓參與救援的日軍諸將都深有感觸，於是開始商量縮小戰線，正月九日左右，諸將決定放棄蔚山城以及朝鮮半島西部的順天城。這個決定透過毛利秀元報告給了豐臣秀吉，但卻被豐臣秀吉怒斥為膽小怕死，更加激化了矛盾。但是不久，在釜山大本營的宇喜多秀家率領蜂須賀家政、生駒一正、藤堂高虎、脇坂安治、長宗我部盛親等十三人聯名要求縮小戰線，將蔚山、順天等城日軍全數撤到釜山周邊，以便於防守。這更加激怒了豐臣秀吉，他這次不但嚴厲地批評了蜂須賀家政、黑田長政、藤堂高虎、加藤清正、早川長政以及竹中重隆，早川長政和竹中重隆更被處以沒收豐後國六萬石領地的嚴厲處分，此外蜂須賀

第十二章　蔚山之役

家政與黑田長政也被沒收了部分領地。對於艱苦作戰，最終擊退明軍的武將們來說，這樣的處分顯然極為不公，使得以加藤清正為首的武功派和以石田三成為首的吏僚派矛盾極度激化，最後演變為加藤清正、淺野幸長、蜂須賀家政、福島正則、藤堂高虎、黑田長政、細川忠興等七將謀劃，在大坂展開了討伐石田三成的行動。這就是歷史上有名的「豐臣七將石田三成襲擊事件」。最終在關原合戰中，這些豐臣系的忠誠武將們最終大部成為了德川家康麾下的主力軍，成為覆滅豐臣家的急先鋒。

　　如果說稷山之戰代表著日軍優勢地位的終結，那麼蔚山之戰才是真正讓日軍斷絕進攻的想法、轉入消極持久防禦戰的轉捩點，也是豐臣秀吉與麾下武將矛盾激化的重要轉捩點，最終葬送了豐臣家對日本的統治。歷史之奇妙莫過於此，恐怕這後果大概是楊鎬這個戰役發起人到死也想像不到的吧？

第十三章
野望崩裂

太閣之死

　　明萬曆二十六年，日本慶長三年（西元 1598 年）四月某天，大阪城陽光明媚，景色宜人，又是一年春光好時節。可此時身為日本實際最高統治者的豐臣秀吉，卻躺在病榻之上，一臉灰暗，死氣沉沉。這樣一個平時康健的太閣大人似乎一下子便被病魔所擊倒，在他的眼中，再也看不到往昔那熊熊燃燒的野心的光芒，有的僅僅是一個垂死老人對這個世界的不捨而已。

　　身體的感覺告訴豐臣秀吉，他恐怕要不久於人世了。對一個從底層奮鬥到成為日本的最高統治者的人來說，他的人生也算是沒有什麼遺憾了。可是他卻對自己的身後事惴惴不安，他有一個兒子，一個年僅六歲的兒子。如果他走了，這個幼子如何才能保住豐臣家偌大的家業呢？

　　對豐臣秀吉來說，此時的國家已經是一個火藥桶，最具威脅的德川家康領有關東八國，成為「關東之雄」。他在領地內實行檢地，極力加強對人戶的控制。表面上他雖然不敢與秀吉相抗，但他無時無刻不在擴張自己的力量。而豐臣秀吉對此無能為力，只能竭力拉攏，盼望他感恩今後不要為難兒子。

第十三章　野望崩裂

　　到了四月分，豐臣秀吉知道朝鮮戰事實際上已經很難維持了，因此將一半以上的侵朝日軍召回並極力籠絡。到了七月分豐臣秀吉病情越來越嚴重，於是設大老、奉行之制。五奉行即淺野長政、石田三成、增田長盛、長束正家、前田玄以五人；授德川家康和前田利家、毛利輝元、宇喜多秀家、上杉景勝為五大老，其中以德川家康為「筆頭」【即五大老之首】，總攬國政，發號施令。另以中村一氏、生駒親正、堀尾吉晴為三中老。小事決於奉行，大事決於大老；大老、奉行或有不協，則由中老居中和解。他企圖透過這些相互牽制的職位設定，使兒子秀賴得以穩坐江山。

　　同時，他又命前田利家輔佐秀賴，以片桐且元、小出秀正為秀賴傅，木村重成、薄田兼相渡部尚為副手。此外還分親兵為七隊，以速水守久、伊東長次、青木一重、真野宗信、中島氏種、野野村吉安、堀田高正為隊長，以保證秀賴的安全。此時豐臣秀吉終於表現出對侵朝後悔之意，他對片桐且元、小出秀正道：「我從農奴當到關白，實在是運氣。但是發兵與明朝大戰，導致戰火連綿，如今追悔莫及。如果我死了，明朝有可能大舉前來侵犯。我日本自古從來未被外國占領，如果因為我而導致日本被摧殘，那將是我一輩子的恥辱。因此我才將國家託付給德川家康，我相信德川家康必不負我，但是你們也要謹慎保護好秀賴，不要讓他們之間起什麼衝突。」

　　豐臣秀吉的用心可謂良苦，該考慮到了他都已經考慮了。七月十五日，他召集諸侯到他病榻前託孤宣誓。決定由五奉行任秀賴的「付家老」，五大老共同負責國家大事的治理，太閣的領地和其他籌劃事宜則由德川家康、前田利家總攬。誓書主要內容為：

1、大家團結起來共同輔佐豐臣秀賴。

2、不允許結黨營私，要一切以豐臣家為重。

3、不允許不經彙報就結婚，也不允許不經彙報便互相交換人質。

4、不在未得到許可前，擅回自己的領地。

八月五日，他還不放心，再次召集五大老和五奉行交換誓書。隨後他又決定讓秀賴娶德川家康之子德川秀忠的女兒，一再囑咐家康善視孫婿。而另一面，他又暗中叮囑前田利家說：「秀賴就拜託你了」。

豐臣秀吉臨死前可謂絞盡腦汁地要讓自己的家族子孫萬代延續下去，可是主少國疑，又有實力極為強大的二號人物虎視眈眈，僅憑一些所謂的權力制衡和不值錢的誓書又有什麼意義？可笑豐臣秀吉機關算盡太聰明，卻忘了他當年對付他自己的主子織田信長後代所用的手段了。

最終於八月十八日，憂病交加的豐臣秀吉感到自己快不行了，急召德川家康、前田利家等重臣於京都伏見城。之前他已經非常後悔在朝鮮挑起戰爭，又擔心明朝在他死後真的入侵日本，於是囑咐道：「我死後祕不發喪，令淺野長政、石田三成速赴朝鮮，將諸將盡數召回。如若有人不肯聽從，那就再派德川家康去傳令，如果德川家康分不開身，那就讓前田利家去，不要讓十萬兵士，成為海外枯骨！」

就這樣當著豐臣秀吉的面，諸臣再次上演了一齣刺血盟誓的戲碼。豐臣秀吉此時心中也知道這種表面功夫做得再多也沒有任何意義，但是他也已無能為力，只能一邊看著臣下們表演，一邊悲歌道：「如露之臨，如露之逝。吾身往事，宛若夢中之夢……」目光漸暗，聲音愈低，良久寂然。眾人抬頭一看，一代梟雄豐臣秀吉就這樣病亡於床榻之上，時年六十三歲。

豐臣秀吉死後，眾臣祕不發喪，將其葬於京都阿彌陀峰。立其子秀賴為主。嗣子六歲，未能親政，由前田利家保護在大坂，德川家康則在伏見

第十三章　野望崩裂

城代為視事，相約待其年長後再歸政於他。

九月三日，德川家康與前田利家、宇喜多秀家、毛利輝元緊急商量，然後以永壽昌、宮木豐盛為使者，又以淺野長政、石田三成為撤軍指揮，隱瞞豐臣秀吉的死訊，命令在朝日軍盡量與明朝達成和議，以便體面撤軍。因為蔚山之戰後產生的風波，使得連加藤清正這樣的堅定主戰派都已經無心繼續，如今收到可以撤軍的消息，駐朝日軍人心浮動，紛紛開始謀劃撤軍事宜。

三路出擊

蔚山之戰先勝後敗，對刑玠來說當然是極不甘心。刑玠戰前的規劃實際上並沒有太大的疏漏，最終戰敗，除了楊鎬的指揮不力外，還有個重要的原因便是朝鮮方面因為元均的無能導致水軍力量幾乎全部被葬送，以至於日軍可以沿朝鮮海岸線自由增援。李舜臣雖然重建海軍，但實力有限，只能偶爾打打悶棍，正面決戰則完全不可能。因此刑玠上書請求朝廷從江南調集十萬水兵入朝參戰，由海路運兵以為持久之計。這刑玠也算獅子大開口，絲毫不考慮朝廷有沒有這個動員能力召集十萬水軍北上，一張口就要十萬，這對於一個當過兵部侍郎，熟知朝廷內情的官員來說很有點不可思議。

雖然十萬水兵這麼誇張的人數朝廷沒有採納，但是朝鮮需要一支強大的水軍已經成為了朝野的共識，於是朝廷任命陳璘為禦倭總兵官提督水路諸軍，率標下坐營指揮中軍沈璨步兵二千，廣東營千總張汝文狼土兵四千六百，其子坐營都司陳九經兩廣水兵二千，還有原任參將王元周，游

擊福日昇、傅良橋、姜良棟等將，以及數百戰艦開往朝鮮，與李舜臣率領的朝鮮水師會師。

這陳璘字朝爵，號龍崖，廣東翁源人。精通劍術，有謀略，精於水戰，善撫部卒。嘉靖末為指揮僉事。因功進廣東守備。此後在鎮壓叛亂中屢立戰功，累擢副總兵都督僉事。這位將領可謂老於戰事，經驗極為豐富。此人赴朝參戰，對朝鮮戰局幫助極大。

與此同時，劉綎以提督漢土官兵禦倭總兵官再次奉詔出征，其標下中軍守備盧世卿、陳以竺專管火炮等器，指揮同知苗將周敦吉統夷兵及川貴漢土兵三千一百四十，千總陳大綱領步兵三百九十相隨。

監軍王士琦，字圭叔，號申興，為浙江台州府臨海縣人，前刑部左侍郎王宗沐子。萬曆十一年（西元 1583 年）進士。歷任翰林院庶吉士、南京工部主事、兵部郎中、重慶知府、四川按察副使等職。擢山東布政使司右參政，為禦倭西路監軍。其標下中軍守備左維、高凌翰，左營都司吳從周領步兵三千。

副將吳廣，廣東人。以武生從軍，累著戰功，歷福建南路參將，坐事罷歸。後來從總兵童元鎮鎮壓岑溪瑤民起義有功，官復原職。至此也以副將偕劉綎征倭。

不久，名將鄧子龍統領水兵三千由水路向古今島，與陳璘、李舜臣會師。

鄧子龍，字武橋，號大千，江西豐城人。狀貌魁梧，驍捷絕倫，人稱「神威將軍」。早年參與閩粵沿海抗倭，起廣東把總，歷銅鼓石守備。不久擢署都指揮僉事，掌浙江都司。被論當奪職，萬曆帝以他犯輕，擢參將討伐湖廣麻陽叛亂，大破敵軍。萬曆十一年緬甸犯雲南，詔鄧子龍移永

第十三章　野望崩裂

昌。以功進副總兵，與劉綎齊名。後被劾罷歸。朝鮮倭亂復起，奉詔以故官赴援。他本統陸兵，游擊沈茂募水兵三千至天津，因部卒與稅監役人激鬥，並說自己不便水戰，便將所部士卒交付鄧子龍統領，於是便成為水師將領。

其他諸路援軍如下：

游擊藍芳威領浙兵四千；

參將王國棟領兵馬三千；

游擊師道立領步兵三千；

游擊王之翰領四川步兵四千；

游擊司懋官領步兵三千，標下陳信領步兵四百；

參將楊紹祖領馬兵二千，標下將苑進忠也領五百。

此外，還有游擊梁天胤領水兵二千，千總李天常領水兵三千，以及贊畫主事徐中素的中軍鄒良臣領馬兵二千七百等等，均先後到赴軍前參戰。

此外楊鎬罷職後，詔以巡撫天津右僉都御史萬世德代他經理朝鮮；兵科左給事中徐觀瀾則查驗軍額存亡，並令勘會軍功。

而朝鮮軍方面亦整軍經武，大量徵募兵員，此外還以全國之力準備重建水師。其中，平安道建造二十八艘，黃海道五十艘，忠清道十艘，全羅道除了維修現有的十三艘戰艦外，另需打造七艘。這次朝鮮方面一反之前辦事推諉拖沓的德性，居然在很短的時間內便造好了四十八艘新船，交付給了駐紮古今島的李舜臣。

隨著明軍援軍數量不斷增加，聯軍的力量不斷增強，很快便超過了十萬之數，在絕對的數量上與侵朝日軍已不相上下，因此在刑玠的策劃下，明軍又開始醞釀著下一輪的進攻計畫。

明軍不斷入援當然是好消息，但在這段日子中，壞消息也不少，上任沒多久的遼東總兵李如松再次犯下了碧蹄館之戰所犯下的錯誤，率三千輕騎出征欲搗韃靼土蠻的巢穴，但出兵計畫卻為李平胡所出賣，最後被數萬韃靼埋伏，三千明軍將士力戰而死。這李平胡本遼左降虜，李成梁收為養子，改名李平胡，將他一路提拔，享受高官厚祿。誰知此人竟忘恩負義，暗中通敵。李成梁此時在北京，恐怕對自己當年收留重用這個李平胡痛悔萬分吧？可是他不知道，這李平胡僅僅是害了他一個兒子，而他當年一樣重用的努爾哈赤，最後不但害了他家一門，而且將整個大明都給害了。如果說歷史也有幽默，那這大概便是最大的黑色幽默了吧。

與李如松陣亡的消息幾乎同時，曾為李氏家丁的副總兵李寧也因為中伏力戰身亡，勇將擺賽也醉酒落馬而死。壞消息一個接著一個，這對明軍即將開始的進攻計畫蒙上了一層陰影。

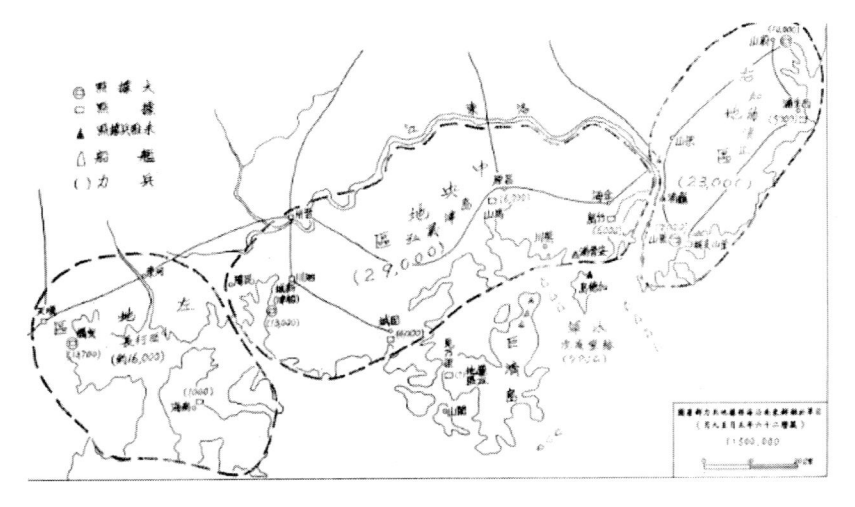

經過緊鑼密鼓地準備，刑玠終於備齊了足夠的實力，準備實行下一步的進攻計畫。這時候日軍在朝鮮南部沿海除了釜山這個大本營之外，主要

第十三章　野望崩裂

還有三個據點。

東路加藤清正據蔚山，自年初擊退明軍後，增築西生、機張二城，處處屯兵，而恃釜山為根本；

西路小西行長據粟林、曳橋，建築堅寨數重，憑順天城，與南海營相望，負山襟水，最據地利；

中路島津義弘據泗川，北恃晉江，南通大海，為東、西二路聲援。

三路據點都阻海為固，進可長驅，退可固守，築寨堅完，旁置倉庫。寨左右都有羽翼蔽護，而重兵屯紮必在險阻近地。寨後軍船往來不絕，停泊海岸，以為水路應援，均為易守難攻的堅實要塞。

當明軍在策劃下一步行動之際，日軍方面七萬餘人已經奉豐臣秀吉的命令，班師回國。因此日軍在各個據點中總兵力僅剩下六萬四千七百人，具體分布如下：

日軍據點	日軍守軍數量	日軍守將
蔚山	一萬人	加藤清正
西生浦	五千人	黑田長政
釜山	五千人	毛利吉城、島津忠豐、相良賴房、伊東佑兵、高橋元種、秋月種長
竹島、昌原	一萬二千人	鍋島直茂、鍋島勝茂
見乃梁（巨濟島）	不詳	柳川調信（宗義智家臣）
固城	七千人	立花宗茂、小早川秀包、高橋統增、築紫廣門
泗川	一萬人	島津義弘
南海	一千人	宗義智

日軍據點	日軍守軍數量	日軍守將
順天	一萬三千七百人	小西行長、松浦鎮信、有馬晴信、大村喜前、五島玄雅
總計	六萬四千七百人	

　　要說刑玠選的出兵日還真是個好日子，正好卡在豐臣秀吉死亡這時候，明軍陣容空前強大，此消彼長之下日軍不但大半已經回國，剩下的也是厭戰之心日增。可刑玠愣是將一手好牌給打爛了。這日軍雖然人數比以前少了一半以上，但是他們駐守的據點均為極為堅固的要塞，主動進攻這樣的要塞，傷亡必然巨大，實在不是一個明智的選擇，最簡單的辦法其實還是大兵壓境，圍城打援，以部分兵力圍住敵主城，然後透過陸戰或海戰的方式，以優勢兵力將敵人援軍一口口地吃掉。明軍入朝以來，過往戰例都昭示著，日軍在正面野戰上並不是明軍對手，但守城卻能極大發揮出日軍鐵炮犀利的優勢來。明軍為何不發揮自己的長處，卻總喜歡在不利的環境中與敵人硬碰硬呢？

　　不但如此，又有人出了個歪點子，說朝鮮的地形複雜，大軍聚於一處並不利於作戰，還不如讓諸將因地量力，分任責成。這樣避免了諸將互相之間踢皮球推諉的現象，必然能取得奇效。這點子在明眼人看來，完全就是胡扯，之前楊鎬率朝明聯軍幾乎所有主力，近五萬人都沒能攻下防備稀疏的蔚山，現在居然分散力量同時攻擊日軍三大重兵把守的據點，這成功的機率能有多少？奇怪的是，刑玠這樣深通兵法的主帥竟然認為這個主意很好。於是將明軍分為三路，對應攻擊日軍三個據點。每路置大將一名，東路為麻貴，中路李如梅，西路劉綎。此外又另置水兵一路，由陳璘統領，在海上策應，遂成水陸四路。這四路主將自行其是。之後因為李如松戰歿，李如梅回國代替李如松接任遼東總兵一職，因此中路主帥便由董一元接任。

第十三章　野望崩裂

　　具體安排如下：

　　東路提督麻貴，統副總兵解生、吳唯忠，參將楊登山、王國棟，游擊頗貴、陳寅、陳蠶、葉思忠，都司薛虎臣等，領明軍二萬四千人、朝鮮軍五千五百一十四人進攻蔚山，攻加藤清正；

　　中路提督董一元，統副總兵張榜、祖承訓，參將李寧（大同），游擊茅國器、盧得功、塗寬、彭信古、葉邦榮、郝三聘、馬呈文、師道立、柴登科、藍方威、安本立等，領明軍一萬三千五百人、朝鮮軍二千二百一十五人進攻泗川，攻島津義弘；

　　西路提督劉綎，統副總兵李芳春、吳廣，游擊牛伯英、曹希彬、王之翰、司懋官、吳宗道等，領明軍一萬三千六百人、朝鮮軍一萬人進攻順天，攻小西行長；

　　水路提督陳璘，統副總兵鄧子龍，參將王元周，游擊馬文煥、季金、張良相、許國威、沈茂、福日昇、梁天胤，千總李天常等，領明水軍一萬三千二百人，李舜臣部朝鮮水軍七千三百二十八人。在海上隨時支援策應其餘三路。

　　此戰朝明聯軍近九萬人，之後兩國補充部隊源源到達，數量超過十四萬，對外號稱二十萬，以震懾日軍。

　　八月十九日，四路提督及參政王士琦等各統諸營兵，陸續南下。

　　次月，丁應泰、徐觀瀾、陳效等勘會功罪並南下，巡視四路，傳檄各營分道並進。

　　東路提督麻貴再次面對自己的老對手加藤清正。對蔚山城，麻貴是很有怨念的。因為前次作戰的失敗，麻貴由整個援朝明軍的最高武將淪落為四路主將之一，這都是蔚山之敗造成的後果，對此麻貴當然想扳回面子

來。可是客觀情況卻並不樂觀，麻貴總兵力才二萬九千，大大少於前次。此外加藤清正自從上次蔚山之戰後，不但大大加固了島山城，而且對明軍更為警惕，明軍不可能像前次那樣趁其不備，突襲成功了。

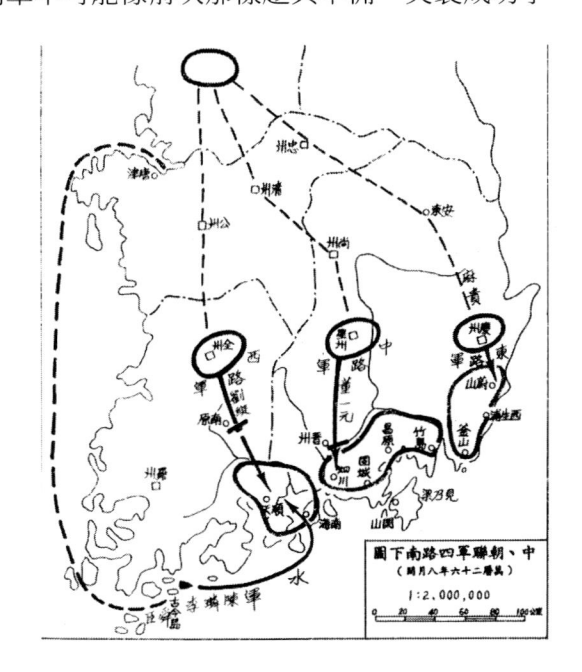

中、朝聯軍四路南下圖
（萬曆二十六年八月間）
1:2,000,000

九月十一日夜二更，解生、楊登山領前鋒六千騎兵抵達蔚山，王國棟、頗貴率三千兵埋伏於路傍。子夜時分，直向前衝擊搏戰，斬十七級。就這樣拉開了第二次蔚山之戰的序幕。

到了九月二十一日，麻貴主力再次將島山團團圍住，解生、楊登山、王國棟、頗貴四將率馬兵布陣於島山相望山上，麻貴下營於富平驛舊址，步兵屯於兵營舊址，挑選精騎邀戰。

此時加藤清正也想稱稱明軍的斤兩，因為加藤清正入朝以來，野戰幾乎戰無不勝，但他從來沒有在野戰中對明軍取得過任何有說服力的戰績。前次蔚山一戰，他也一直很憋屈地被死死按在島山城動彈不得。這次與明

第十三章　野望崩裂

軍正面對戰，又怎麼能按耐得住呢？於是也發兵出戰。這一打，他立刻便感覺到與以往對手完全不一樣，面對明軍的強攻，日軍壓力極大，之後又被千總麻雲等領二百精騎由箭灘到島山，橫行衝鋒。日軍猝不及防，大駭奔潰，溺水死者甚眾。明軍乘勢奪據外柵，盡燒房屋糧草。

加藤清正被打了個下馬威，於是丟掉了幻想，開始老老實實地縮入島山城防守。他這樣一做縮頭烏龜，麻貴就立刻沒了辦法，雙方僵持了數日。到了二十九日釜山日軍援軍來到，麻貴先是誘敵，日軍未上當。到了三十日，立花宗茂於夜間偷襲明軍，並詐敗引誘明軍追擊。麻貴不查之下中了埋伏，吃了個小虧。不過加藤清正雖然小勝了一場，但知道如果不見好就收，那搞不好會吃大虧，因此也未乘勝追擊，依舊據城死守。

這場仗打到這裡，已經成為了一場爛仗，雙方誰都奈何不了誰。如此相持到了十月初六日，麻貴聽聞中路董一元敗於泗川，擔憂自己孤軍失援，於是引兵撤回。就這樣，第二次蔚山之戰就在這樣不溫不火，不冷不熱中結束了，這樣的結果實際上也是雙方實力的體現，沒有任何出人意料的地方。當然麻貴應該慶幸的是，他率領的東路軍雖然沒能取得太多的戰果，但卻是三路大軍中損失最小的。

泗川之戰

被分配攻打泗川城的是中路董一元部，但是董一元當時回宣府招募家丁，此時並不在朝鮮。因此與島津軍對峙的主要是茅國器、盧得功部。零星戰鬥打了不少，但是因為總帥未到，諸軍不敢深入。

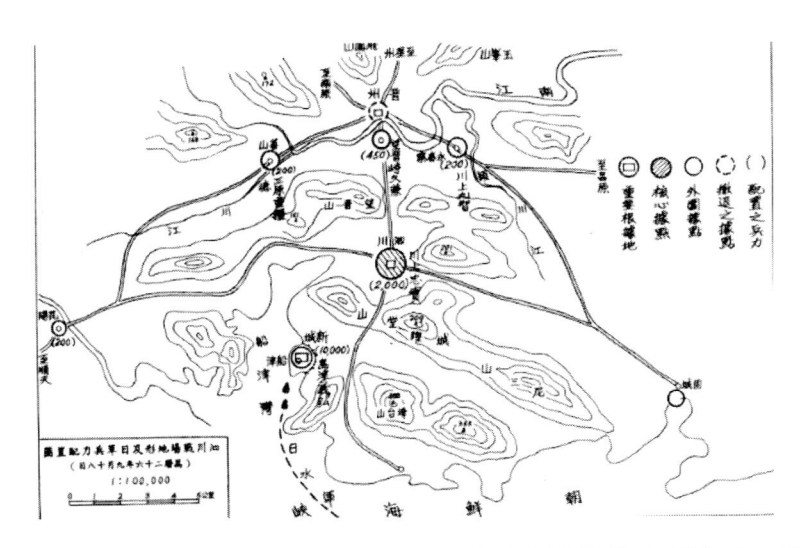

到了八月，董一元終於來到了尚州，諸將商議準備大舉進攻。這泗川城與蔚山城一樣，實際上也是日軍新修建的一座新城，舊城則被島津義弘派遣川上忠實進行防守。在泗川城之前，日軍還有永春寨、望津寨、晉州城、昆陽城等數個據點，作為泗川新城的屏障。

島津義弘

第十三章　野望崩裂

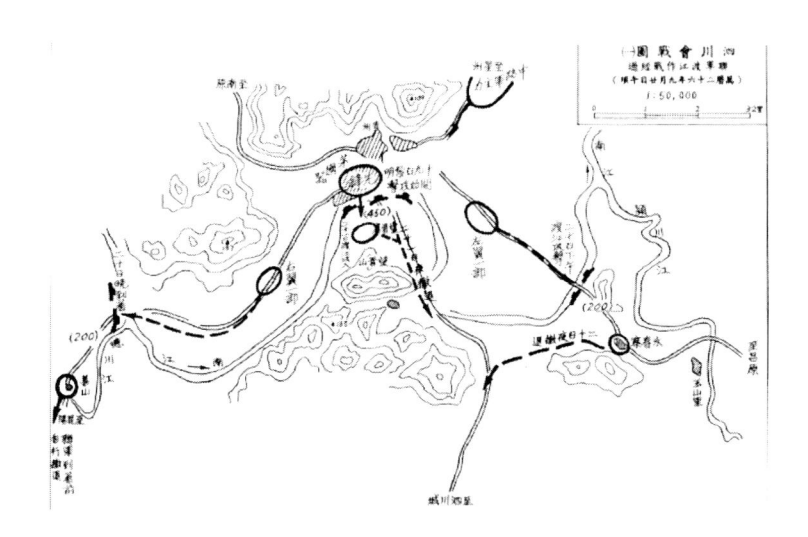

　　明軍要進攻泗川城，首先必須渡過晉州城前的晉江。可是晉江前有日軍的望津寨，明軍要渡江非常困難。之後有個叫郭安國的華人，本在日軍居住。此人心繫國家，與曾經在日本當過間諜的福建人史世用關係很好，此時恰巧在望津寨替日軍做事，知道明軍欲渡河，便傳出消息願意當內應。茅國器大喜，便與郭安國約以九月二十日於日軍軍營屯糧處放火，待明軍渡江之際，即發火焚糧草，舉火為信，期為內應。

　　九月二十日黎明，茅國器所部兵將南渡晉江，日軍也出寨臨江堵截。忽然望津寨中火起，一時烈焰騰空，滿天皆紅。日軍大驚，慌忙回顧奔救，陣勢大亂。明兵乘機成功搶渡，追殺斬獲，立陷望津。這把火，只燒得日軍輸心喪膽，大寨二座、樓房及房屋二千餘間盡行燒毀。日軍餘部喪魂落魄，退守泗川舊城。

　　中午，提督董一元已分兵襲破永春寨，再燒其積聚。新寧日軍也焚寨而遁。二十一日午夜，董一元遣麾下精騎西破昆陽城。雙方在皎潔的月兒下交戰，刀槍鏗鏘，人喊馬嘶。日軍抵擋不住，潰散而逃，明軍追斬十數級。

征倭紀功圖

　　這一日連破數寨，明軍士氣如虹，到了二十七日，夜半，董一元以步兵二千、馬兵一千，授朝鮮將鄭起龍為先鋒，另抽調各營精銳共四千人，自己親自帶領，直抵泗川舊城下。

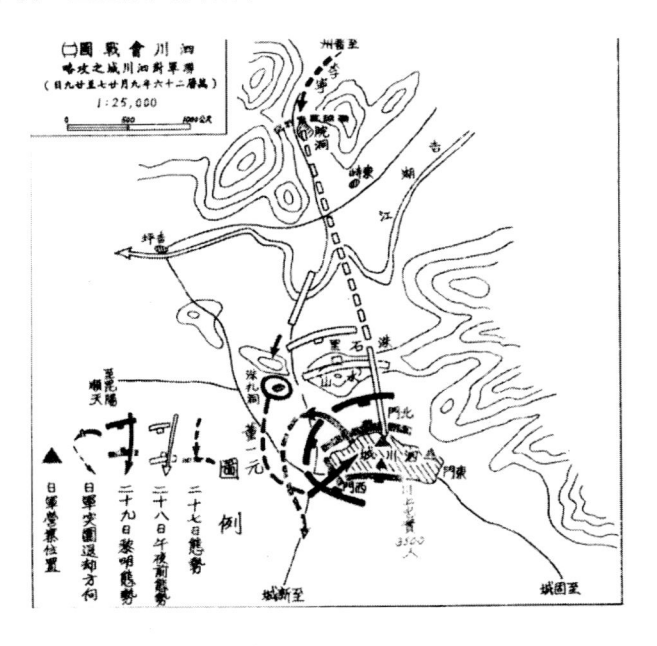

第十三章　野望崩裂

　　守舊城的是島津義弘麾下大將川上忠實，他本來已經接到了島津義弘的撤退命令，正在燒毀城內上萬石的糧食，但還沒來得及撤軍，便被明軍兵臨城下。這川上忠實也是驍將，率五百人便敢出城迎戰。大同驍將李寧【此人與遼東參將李寧同名同姓，均戰死於朝鮮】，一馬當先，與日軍搏戰，但後軍未能及時跟上，陷入敵陣，壯烈犧牲。到了天明，董一元領主力大軍趕到，川上忠實再次領軍出城，明日兩軍於城下死戰，明將盧得功以騎兵衝陣，卻不幸中彈陣亡。但明軍並未氣餒，步兵依舊竭力作戰，日軍終於抵擋不住，開始潰逃。明軍乘勝追擊，斬殺日軍大將相良豐賴及以下一百五十餘人。日軍主將川上忠實身中三十六箭，被射得像刺蝟一般，不過也算此人命大，這樣居然也死不了，被他逃到了泗川新城。就在明軍攻擊泗川舊城之際，島津義弘之子島津忠恆準備前往赴援，卻被島津義弘阻攔。後來將島津義弘此舉形容為深謀遠慮，實際上這時候島津義弘僅是怕明軍將其各個擊破而已，因此坐視舊城危急也不敢去救。

　　到了二十九日，董一元決定進攻島津義弘駐守的新城。此時泗川新城內守軍達八千之眾，其地勢三面臨江，一面通陸，外有石城，木柵數重，引海水為濠，海船泊於寨下數量常達上千，又築金海、固城為左右翼，與之前所攻破的幾個據點不可同日而語。

　　董一元的戰術是分馬步兵夾攻，遣游擊茅國器、彭信古、葉邦榮率步兵三營為前鋒攻寨，游擊郝三聘、馬呈文、師道立、柴登科四營騎兵為後應，游擊藍方威攻東北水門，副將祖承訓殿後，只留步兵一支鎮守老營。茅國器本提議先攻固城，將周邊的阻礙全部鏟除再攻擊泗川本城，但卻被連日皆捷，早就極為自滿的董一元所否決。

　　翌日開始作戰，當先攻城的便是茅國器部。對日軍的城池，茅國器部經過幾番作戰，早已熟門熟路，因此先期的攻擊非常順利，他們用大將軍

炮等各類火器轟擊城門，沒多久便轟破大門一扇，碎城堆數處。步兵齊至護城河，競相往前，砍護城柵湧入。眼看著城陷在即，可是這時候明軍彭信古軍中大炮居然炸膛了，導致大營火藥庫連番爆炸。這彭信古跟劉綎有得比，也喜歡組成多國部隊，他的手下居然有東南亞的馬來種黑人。可他的部隊除了這些外國人之外，就都是些京城無賴，既沒怎麼打過仗，對火器更是一竅不通。所以才搞出大炮炸膛這等烏龍出來。此時但見煙焰四迸，火光漲天，半天俱黑。一時諸軍驚亂紛擾，人馬自相踐踏。

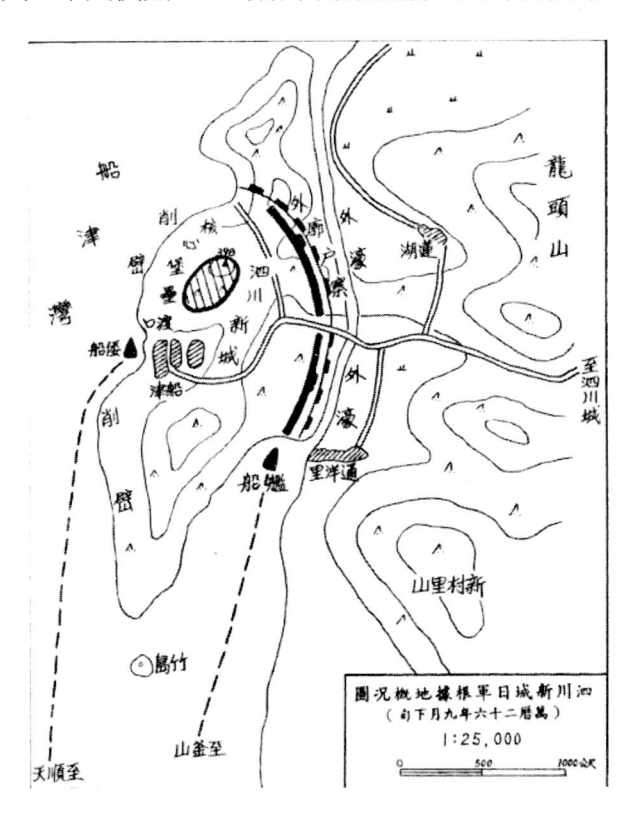

島津義弘父子見狀，乘機大開城門，率數千騎兵從前小門殺出。日軍當先直衝彭信古兵，挺劍亂斫，彭兵盡皆披靡。正巧此時，固城日兵援軍

第十三章　野望崩裂

也趕到,兩下夾攻,明軍陣腳更亂。郝三聘、馬呈文、師道立方率騎兵環城而射,一見己方兵潰,也各望風遁走。茅國器、葉邦榮兩營已殺入城中,殊死奮鬥,然而已在重圍中,眾寡不敵,死傷甚為慘重。藍方威駐兵十里外斷後,見狀也走。諸營競相奔潰,董一元根本無法節制,只得一同往晉州方向逃去。之後又連連撤退,最終撤回星州。

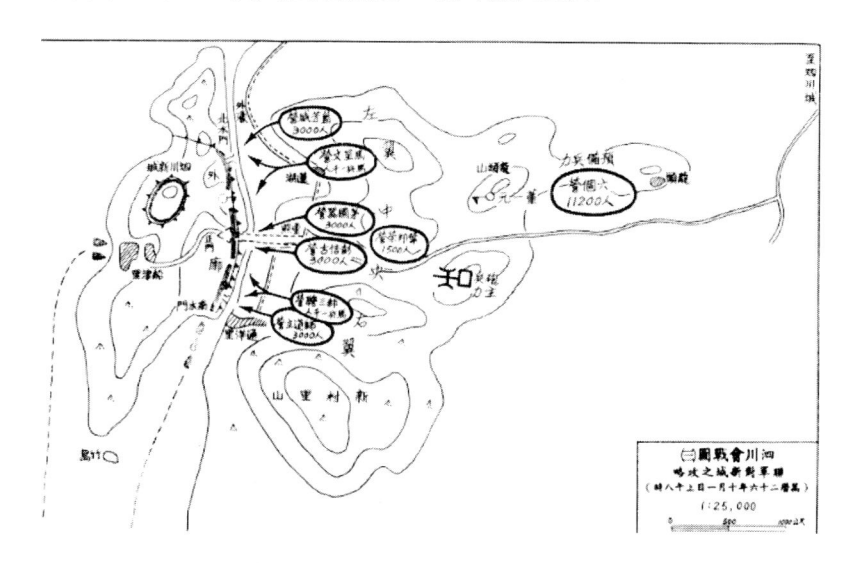

此役明軍先勝後敗,步軍死者三千餘人。墮崖落井者不可勝數,器械軍糧損失殆盡。彭信古部卒三千,僅存五、六十;茅國器部也損失六七百人,其營中軍徐世卿被俘,不屈而死,可以說此戰損失不下蔚山之戰,而且因為此戰之敗,直接影響了明軍其他二路的成敗。此戰後,島津義弘也得了一個「鬼石曼子」的譯名,石曼子便是島津的日語發音,「鬼石曼子」即為鬼島津,可見此戰影響之大。但實際作戰過程,明軍敗得實在有些冤枉,可以說明軍完全輸給了運氣。不過正如之前的分析那樣,明軍之敗,其實也是偶然中的必然,從戰略上規劃上明軍便輸面居多,雖然戰敗有各式各樣的原因,但歸根到底刑玠本人還是得負絕大部分責任。

在所有日軍據點中，小西行長把守的順天城是距離釜山最遠的。在第一次蔚山之戰後，加藤清正等將便提出要收縮戰線，希望小西行長放棄順天城，轉來釜山為中心進行防禦。可是這個提議遭到了小西行長一系的反對，最終被豐臣秀吉所否決。實際上小西行長早就厭煩了這場戰爭，他之所以據守這距離釜山最遠的順天城，大概也是抱著離日軍釜山大本營遠一點，冷眼旁觀整個戰局的想法。可是戰爭到底如何發展並不是小西行長所能決定的，他在順天韜光養晦，可是恰恰卻招來了明軍西路軍與水軍兩路大軍，實在是人在家中坐禍從天上來。

順天倭城

　　這順天城與其他日軍所築城池還不一樣，它坐落於光陽灣的一座半島上，三面環海，只有西面連接陸地。其石牆沿丘陵修築，內築三層天守，堅固無比，易守難攻。城外另有海港，可容納大小船隻六百餘艘。這對西路軍守將劉綎來說，是一個尤其難啃的骨頭。如果要硬攻的話，傷亡必然慘重。這西路軍主力都是他從四川帶來的兵，因此他不想為此損失過多。於是利用小西行長一向熱衷議和的心態，假意要與其和談，想要活捉他。

第十三章　野望崩裂

這樣便可以兵不血刃地拿下順天城。

這劉綎算盤打得很好，但僅憑這點便能看出，劉綎從一開始便存了畏難的心思，不願意進行消耗性的作戰。連主帥作戰的心思都不堅決，這結果也就可想而知了。

九月二十日，劉綎派遣游擊吳宗道等出使順天，約小西行長前來共商和平大計。這個提議對小西行長誘惑極大，因為此時他雖然不知道豐臣秀吉已死，但卻接到了日本國內下令撤軍，並允許和談的命令。這對小西行長來說可謂是一個天大的喜訊，因為之前議和失敗其實主要就卡在豐臣秀吉這裡，現在居然國內允許他們自由談判。而劉綎此時恰巧又派遣使者允許談判，這不啻為瞌睡遇上枕頭，實在是個大好事。可是小西行長也不傻，他雖然渴望與明朝和談，但是戰事發展到現在，他也很清楚明朝的制度，以劉綎這樣一個一方將領，完全沒有這個資格代表明朝與他談判。因此半信半疑，最後在劉綎遣人極力催促之下才帶了五十人出城試探。

這劉綎大概看過《世說新語》，這本書裡面有這麼一段：當時匈奴使者前來拜謁，曹操為樹立魏王在友邦民族中的良好形象，特意派形象、氣質俱佳的崔琰客串一下君王，自己則在旁邊充當侍衛。接見完畢，曹操派人詢問對方對魏王的感覺，還是這個使者識貨，他評論說，那個冒牌貨（崔琰）雖然氣度不凡；然而，床頭上拿刀那個侍衛才是真英雄啊（魏王雅望非常；然床頭捉刀人，此乃英雄也）。大概劉綎也是曹操的忠實粉絲，因此好不容易有這麼個機會，於是也想依樣畫葫蘆，對小西行長來上這麼一段。

他跟曹操一樣，讓旗牌官王文憲裝扮成他，自己則穿著千總冠服執壺觴侍立。又令虞候白翰南扮作朝鮮接伴使金睟，都元帥軍官卞弘達扮作都

元帥權慄；全羅道巡察使黃慎曾往來日本，見過小西行長，不好以他人假扮，便令他親自參座。假將帥一行於中途迎接小西行長一行。此外命令王之翰、司懋官等乘機從光陽進兵，乘小西行長外出，薄城遮截。並先在中途埋伏哨鴿二十餘隻，約於日本人進住草舍時放鴿，然後兩路軍馬齊攻。當時劉綎對軍中道：「視吾出帳，即放炮圍攻，盡殲倭賊。」

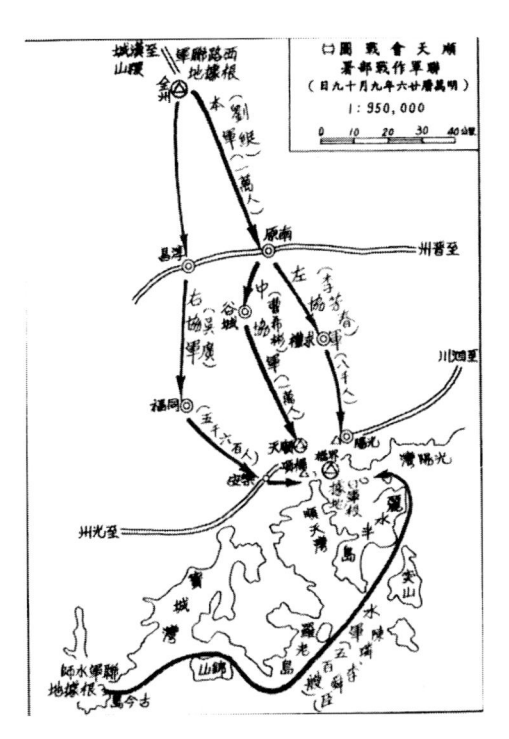

劉綎學曹操，這接下來的發展就像《世說新語》中所說的故事一樣那麼戲劇化。別看劉綎在朝鮮並沒多少值得一提的戰績，但是他收編敵人的能力可不是蓋的，原本朝鮮人就形容他的部隊像個多國部隊，什麼人都有。可在他初次入援朝鮮之時，居然又收編了不少日本人，有一個甚至在他的部隊內當上了千總。也就是這個日本千總壞了事，他將劉綎的計謀暗

第十三章　野望崩裂

地裡告訴了小西行長。

小西行長知道後倒是不動聲色，照樣跟隨假劉綎入帳。雙方以中國人的習慣，當然要在酒桌上談事。當時小西行長故意指著真劉綎說道：「這個人很有福氣啊！」一句話說得劉綎驚愕不已，知道已經被識破，於是將壺觴放在桌上，急轉身趨出。不多時軍中放哨鴿，東路兵急忙進軍。司旗鼓者隨即傳炮。

小西行長也不是傻子，看到劉綎如此作色，便知道大事不妙，於是趕緊與隨從上馬衝殺，迅速逃回城中。監軍王士琦聞報，責怒劉綎辦事不力，傳令縛劉綎坐營中軍問罪。劉綎聞訊，憂懼不敢回營，只能督促眾將攻城。

當天傍晚，水師提督陳璘亦率水軍前來助陣。水陸兩軍開始商議合力攻城。可是順天城被小西行長經營多時，又如何是那麼容易攻破的呢？此仗不可避免地打成了拉鋸戰。日軍如果開城野戰，那必然會被擊敗，但明軍如果要攻城，面對日軍犀利的鐵炮也只能無功而返。

劉綎軍製造的攻城器械

劉綎見一時難以取勝，便傳令暫緩攻城，趕造雲梯、飛樓、炮車等。陳璘也只得收兵等待。如此過了十餘日方才完工。

到了十月初二，明軍終於做好了攻城的準備，再一次大規模攻城。首先王之翰所部川兵殺入木柵外十餘步。日軍突然從城內殺出來，人人手持鋒利的倭刀，明軍猝不及防，戰死四十餘人，只得退下。不久明軍重整旗鼓，再次攻城，斬殺日軍甚多。劉綎之前所造的飛樓炮車等攻城器械，看起來厲害，但是用起來卻不怎麼樣，笨重無比，運送不便，才推了二十步便故障。明軍沒了攻城器械，面對日軍如雨的槍彈，無計可施。時間一分一秒地過去，順天城外海水退潮，陳璘所部水師只能退卻。此時小西行長偷偷派出百餘人從城上縋下，偷襲吳廣所部。吳廣軍沒有防備，一下子騷亂起來，吳廣這個膽小鬼居然拔腿就溜。日軍斬殺二十餘人，並且將明軍的攻城器具付之一炬。吳廣的逃跑導致了連鎖反應，司懋官、王之翰等將本來就苦於日軍鐵炮犀利，見到吳廣逃跑，居然也率軍不戰而退。還好有在蔚山與稷山中表現出色的李芳春與牛伯英兩將死戰不退，否則搞不好明軍會像中路董一元那樣突然崩潰。

十月初三夜明軍乘漲潮再戰，這次陳璘道：「我們每艘戰船都能消滅幾艘敵船，今夜盡滅此賊，不留一人。」於是率水師殺奔順天城，首先目標就是要將順天城的日軍水軍盡數消滅。李舜臣對此非常擔憂，他對陳璘說：「如此作戰，如果潮退，我軍船隻將盡數擱淺，很危險啊！」但是陳璘認為，他此前已與劉綎有過默契，只要劉綎配合作戰，這順天城一定能攻下！

第十三章　野望崩裂

順天之戰

可是陳璘卻沒想到，十月初二的一戰，已經讓劉綎萌生了退意。劉綎的本部兵馬主要由川兵、苗兵等西南兵馬構成。而初二攻城之際，司懋官、王之翰所部川兵率先撤退便為劉綎敲響了警鐘，他已經無法控制本部兵馬了。如果再這樣不顧損失地攻城，那麼很可能他的部下會先造他的反。

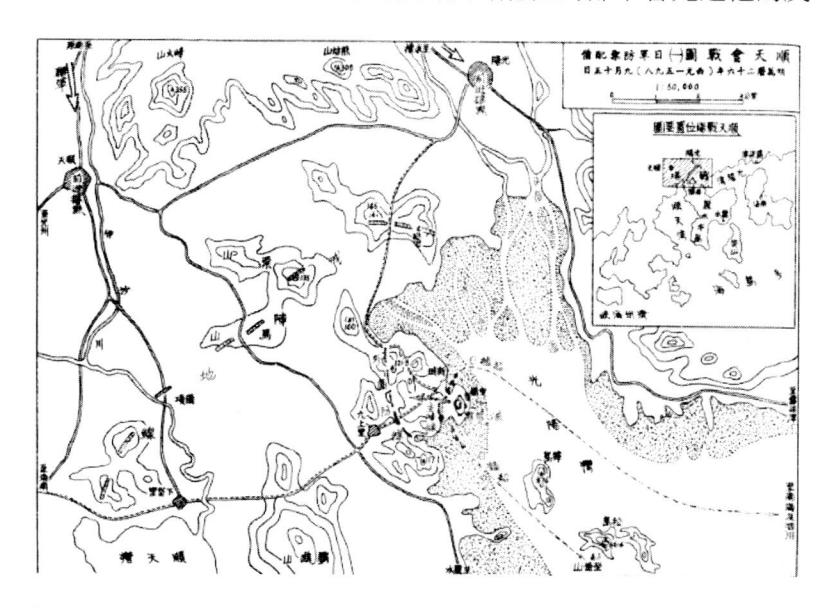

這邊陳璘磨刀霍霍，那邊劉綎卻已無戰意，這樣作戰，豈有不輸的道理？就在水軍廝殺之際，劉綎倒是象徵性地派了一批陸軍前去進攻，可是與日軍一接觸，稍有損失便立刻退兵。而此時潮水退潮，明軍二十三艘沙船、號船擱淺，被日軍眾小船圍住廝殺。陳璘麾下水師不愧是百戰精銳，雖然被圍，但亦毫不示弱，與日軍血戰到底，雙方互相跳幫死戰，海水亦被染成了紅色。在這樣死鬥之下，明日雙方死傷均極為慘重，此時李舜臣對此種情況倒是有所準備，他率朝鮮水軍也乘小船，用朝鮮特有的片箭向

日軍猛射，這種片箭在朝鮮人手中是又準又猛，中者立斃，就這樣殺開一條血路，將倖存的明軍一百四十人救出。此戰明軍戰船被燒毀十九艘，被俘四艘，損失不小。

順天之戰中陳璘率水師攻城

因為陳璘的奮戰，小西行長不得不將日軍主力全數調到臨海那面，進行防禦。此時城內被俘朝鮮人在城頭大喊道：「賊眾悉聚東邊，此面空虛。若乘虛擊之，可以取勝！」李德馨、權慄、金睟等也再進請戰，然而劉綎卻死活不肯出兵。

此戰後，陳璘的暴怒是可想而知的，而劉綎雖然自覺對不起陳璘，但是他自己也沒更好的辦法，對他來說，對友軍見死不救總比自己的部隊譁變來得強。當然劉綎的做法導致了與陳璘自此結仇，再也無法密切配合了。

之後，董一元中路大敗的消息傳來，劉綎更是沒有戰鬥的意志。李德馨等極力勸阻也無法挽回劉綎撤軍的決定。於是在十月初七這一天，劉綎率軍焚燒各營，緩緩而退。

第十三章　野望崩裂

　　此時潮水方至。明軍水師乘潮，準備再次圍攻順天城，見劉綎已撤，只得回船。陳璘極為不甘，怒道：「我寧為順天鬼，不忍撤兵，而不攻城。每戰只須殺倭數百，倭賊也應殺盡了。」連日孤軍進攻，屢戰屢捷。然而劉綎軍已遠去了。

　　至此，三路明軍，準備近一年的攻勢，就這樣失敗了。

　　不久，勘科徐觀瀾奏四路喪敗，贊畫主事丁應泰也將此事奏聞。萬曆皇帝大怒，於是先逃的游擊馬呈文、郝三聘被判斬首，又將彭信古等革職充為事官，董一元也奪宮保，貶秩三等，各戴罪立功。

　　刑玠這次龐大的出兵計畫以全面失敗而告終，明軍死傷慘重，這讓朝中再次響起了撤兵的呼聲。明朝動員了如此龐大的人力物力，卻在朝鮮打成了消耗戰，這實在不是什麼划算的買賣。但是這個提議卻遭到了科道言官們的強烈反對，最終一個消息傳來，讓這場和戰的爭議徹底畫上了一個句號，那就是明朝終於知道了豐臣秀吉死亡的消息。這下子就算是傻子也知道，勝利之日已經近在眼前了。

露梁大海戰

　　豐臣秀吉死亡的消息，很快便在朝鮮大地上傳開了，日軍紛紛收拾行李，準備回國。而明軍陸軍方面，因為之前的大敗，也完全沒興趣去趕盡殺絕，能平平安安地把日軍禮送出境，那就是穩穩的一份軍功，又何必再去冒險呢？當然朝鮮方面依舊不依不饒，一力主戰，要把日軍全部消滅，可是明軍不出戰，讓他們自己去打又沒這個能耐，只能眼睜睜地看著日軍盡數渡海回國。這其中加藤清正走的時候最為有趣，他故意在城內留了一

封文書，說我這不是撤軍，而是為了去救順天，有種的我們在順天再練練。這加藤清正與小西行長可謂是死敵，又怎麼會去救他？明擺著是要把禍水往小西行長身上引，實際上他早就經由釜山乘船回日本了。

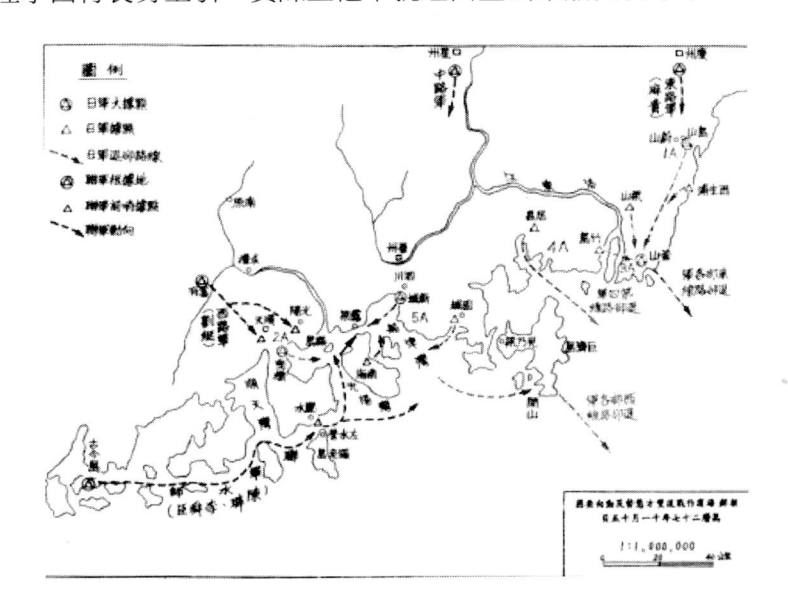

但雖然陸軍已經沒了戰心，身為水軍提督的陳璘卻戰意正濃，之前在順天城打得極為憋屈，這下子能痛打落水狗，豈不快意？收到日軍要逃的消息之後他便大笑道：「我等擊倭收功，正當其時！」於是命令朝明聯軍水師主力由古今島移駐左水營、螺驢島。以一軍據順天城南光陽灣口的貓島，封鎖光陽灣；一軍在露梁海峽及以東海域巡邏，監視日軍行動。陳璘這樣一動，結果就是倒楣的小西行長就又被堵在了順天，動彈不得。

十一日早晨，西路日軍乘船集結松島，試圖遁歸，然而遭到扼守貓島的朝明聯軍水師攔截。行長揀選精兵多次發動攻擊，均無法突破防線，只得仍舊退回。

眼看十一月十五日的撤退日期將至，小西行長被困十餘日無法脫身，

第十三章　野望崩裂

心裡焦急萬分，如果再不脫身，眼看著順天就要成為死地了。於是一面派人跟劉綎好言相求，又苦求陳璘，說：「請允許我送人分往諸屯，同約渡海。」在尚未得到陳璘的明確答覆時，他即派出八名日兵，乘坐一艘小船駛入海中，向陳璘央求道：「有女婿在南海，需要和他商議。想要派人請來，請將此船放行。」

宗義智這時候正在南海，陳璘見小西行長實在可憐，居然心頭一軟，將此船放了出去。這事情被李舜臣知道之後忙與陳璘說：「詭詐之言不可相信。所謂請婿，無非想請援兵而已。」陳璘這才恍然大悟，不由自責不已。

李舜臣見他自責，連忙說不要緊。實際上不但不要緊，這反而是個誘敵決戰的好事。這小西行長求救的消息一旦傳遞出去，那麼泗川島津義弘所部水軍必然會來救援，這時候在半路截殺，必然能大獲成功。

陳璘聽聞此話，不由轉憂為喜，於是發兵前往露梁，準備在此決一死戰。這陳璘是個有名的壞脾氣，對朝鮮眾官員可謂是動輒喝罵，甚至當初將離王京漢城，朝鮮國王李昖餞送於青坡野。察訪李尚規不知何故得罪了陳璘，居然被一軍士以繩子繫在脖子上拖拽而走，一時血流滿面。柳成龍令譯官勸解不得，便對同僚道：「可惜李舜臣軍，又將敗矣。與陳璘同在軍中，動輒掣肘，萌生矛盾，必將侵奪將權，縱暴軍士。逆之則增怒，順之則無厭，軍隊何由不敗？」朝鮮眾官員均認為柳成龍說的沒錯，都不看好陳璘與李舜臣的合作。那為何陳璘現在會如此重視李舜臣的意見呢？

要知道陳璘雖然脾氣不太好，但卻是個直性子，他對日軍作戰是全力以赴，對朝鮮方面，只要有能力，有才能，他一樣會另眼相看。他之所以在朝鮮眾官員面前驕橫無禮，不過是看不起這些尸位素餐，百無一用的廢

物而已。但對於李舜臣，他卻完全不一樣，僅僅接觸了短短一段時間，他就對李舜臣的才能大加讚賞，甚至對朝鮮國王直接說李舜臣有「經天緯地之才，有補天浴日之功！」所謂英雄重英雄，陳璘認可了李舜臣的才能和人品，那對他就可謂推心置腹，十分尊重。出則同轎，從不以主帥自居。如有明軍侵擾朝鮮軍民，則令李舜臣便宜行事，從不掣肘。李舜臣於是得以約束明軍，與朝鮮軍合作無間。有奪民一縷者，一律拿致捆打。島中肅然，秋毫不犯，一軍賴以相安。陳璘這樣的心胸，又豈是朝鮮朝堂之上那些只知黨爭，心胸狹隘，凡事推諉的朝鮮官員所能妄加猜測的？因此陳璘與李舜臣兩軍配合無間，下定決心要在大海之上給日軍一個好看。

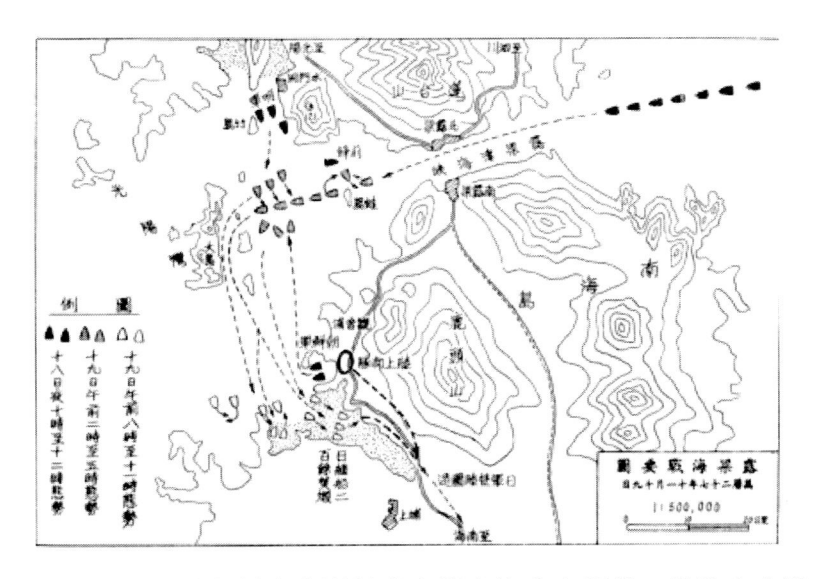

露梁海峽是位於朝鮮慶尚道蓮臺山與南海島之間的一條狹窄水道。因南、北岸上各有一個露梁鎮，故稱露梁海峽。這裡是由泗川通往順天的海上捷徑，陳璘、李舜臣事先已經預料到了島津義弘的援軍必由此經過，因此決心在這裡與日軍水軍決一死戰。

第十三章　野望崩裂

島津義弘所用具足

　　接到小西行長的求援消息之後，島津義弘不但傾巢而出，還聯合了立花宗茂、宗義智、寺澤正成、高橋統增等人，率多達五百餘艘艦船抵達南海島，預備趁著夜潮渡過露梁海峽，抵達順天營救小西行長。要說小西行長由於商人出身，其實被眾多正牌武士出身的大名所看不起，加藤清正之所以與小西行長勢如水火，多半也是這個原因。對島津義弘來說，也沒什麼不一樣。他之所以願意傾盡全力營救小西行長，簡單地說就是島津義弘時不時地會衝動行事。就像他在決定日本命運的關原之戰時，原本加入的是代表武功派的德川家康一方，就因為被鳥居元忠拒絕進入伏見城，導致突然犯傻投靠了吏僚派的石田三成一方，最終差點性命不保。其性格可見一斑。

　　就在島津義弘率軍航行之際，明軍已經策劃好了作戰的方略。在老將鄧子龍的自告奮勇之下，陳璘命其率水軍千餘，巨艦三艘為前鋒，埋伏於

露梁海峽西部海域北側；李舜臣率朝鮮水軍進泊南面的南海島觀音浦；陳璘自率主力屯在北面的竹島與水門洞港灣內。待日軍水師通過露梁海峽之際，陳璘與李舜臣立刻率軍南北夾攻，而鄧子龍則切斷敵人後路，務求全殲敵軍。

十一月十九日夜三更，看著漆黑的海水，聽著波瀾的潮聲，李舜臣似乎對即將到來的大戰有了一絲預感。於是在甲板上雙膝跪地，仰天祝禱：「今日固決死，願天必滅此賊。」之後便率先開進露梁海峽，陳璘與季金隨後。四更時分，月掛西山，山影倒海，半邊微陰，朝明聯軍戰艦無數，從陰影中殺出，與趁夜渡海的日軍水師迎頭相撞，頓時炮聲如雷，彈丸如雨，這平靜的海面霎時間水柱飛射，沸騰一片。

雙方這一照面，可謂是仇人見面分外眼紅，明軍本已設下了埋伏，這時候更不會客氣，大炮、油罐紛紛出場，將日軍水師頃刻間便擊沉數艘。島津義弘見勢不妙，連忙指揮艦隊向南撤退。但卻正撞到李舜臣從觀音浦內殺出的朝鮮水師。這李舜臣此時手下艦船有不少都是其改良後的龜船，這些龜船船首為龍頭，龍頭口內有大炮，船前有巨錨充作撞角。四面設有大炮，船下部則設槳，船頂蒙皮並塗滿防火的溼泥，並且到處插著鋒利的鐵錐。這種龜船作為李舜臣的殺手鐧並不是第一次出現，但是卻一樣對日軍造成巨大的殺傷。此時日軍水軍的作戰方式依然還是向敵船投擲火罐，然後跳幫與敵人水軍肉搏。可是面對龜船，日軍拿手的作戰方式幾乎完全沒有用武之地。不一會兒便被擊沉四十餘艘戰船。

島津義弘眼看戰事不利，只能率軍進入觀音浦以求喘息。可是觀音浦並非良港，進去之後很容易被堵死在港內。此時天色已明，島津義弘知道不能這樣下去，於是又率軍向北衝殺。此時鄧子龍亦率兵突然殺出，大炮火箭齊射，將日艦打得紛紛起火。

第十三章　野望崩裂

日本艦隊覆滅

不一會兒，陳璘、李舜臣各率舟師趕到。明、朝聯軍三面合圍，展開激戰。日軍此時也殺紅了眼，奮力反擊。此時敵我艦船絞殺在一起，日軍鐵炮在此距離上犀利無比，陳璘左右二將均中彈身亡，但陳璘卻毫不畏懼，以船上大炮還擊。雙方火器互射，水軍們亦紛紛向敵船跳幫，短兵相接，殺聲震天。鄧子龍雖已年近七十，但意氣彌厲，欲奪首功，乘風破浪追擊日艦。他嫌乘艦高大笨重，親率家丁二百餘人躍上朝鮮快船，直前奮擊。以鐵搭勾日艦，擲火器於舟中。火發，日軍大亂，紛紛竄往明艦，被明軍趁機殺死五十餘人。

而李舜臣亦不甘示弱，他親自擂鼓督戰，駕船殺入日軍水軍正中央，與日軍死戰，瞬間被日軍重重包圍。陳璘見李舜臣陷入危境，不由得大急。此時露梁海峽無風，明軍戰艦均為帆船，航速極慢，因此陳璘乾脆登上朝鮮軍一艘戰艦，高呼酣戰，殺入日軍重圍，要救李舜臣。陳璘的勇敢讓日軍圍攻李舜臣的攻勢為之一窒，李舜臣抓住機會，衝出重圍。但陳璘卻反而被日軍重重圍困。

日軍大概是知道此船內有重要人物，因此如螞蟻一般紛紛向陳璘座艦攀爬，陳璘座艦上明軍官兵奮力搏殺，但依然有漏網之魚。日軍一員悍卒

左衝右突之下，居然讓其殺出重圍，直取陳璘。就在危急關頭，陳璘的兒子陳九經撲在陳璘身上，為父親擋住了致命的刀刃，渾身鮮血淋漓也絲毫不動。陳璘身邊的旗牌官大怒，厲喝之下用手中的钂鈀刺入這悍卒的胸膛，雙手發力，將其整個人頂入大海，才讓陳九經倖免於難。

　　陳璘見自己的座艦吸引了無數敵艦，卻毫不畏懼，居然命令下錨，要原地與日軍硬碰硬。日軍船小，紛紛向上施放鐵炮，而陳璘則命船上明軍伏於盾牌後遮擋，以船上大炮還擊。日軍見鐵炮效果不明顯，於是再次向船上攀爬，而明軍則手持長槍猛刺，將日軍一個個刺落水中，落水而死者極多。此時王元周、福日昇二將見主帥危急，亦換朝鮮船，奮勇殺至陳璘身邊，以做護衛。過了一會兒，陳璘忽又搖鈴，明軍頓時紛紛收回兵器，船內寂靜無聲。日軍不知道陳璘葫蘆內賣的是什麼藥，便指揮船隻散開。可是還沒等日軍分散，明軍便已經抬出了噴火筒，向下亂放。這噴火筒內說白了全都是油料，甚至在大海上燃燒也不會熄滅。日軍猝不及防之下，數百日艦，頃刻間烈火熊熊，燃成一片。一時煙焰蔽天，大海為之盡赤。

　　脫險的李舜臣望見陳璘座艦居然被圍，不禁大急，與陳璘這位明朝提督相處的這段日子裡，雙方都結下了深厚的兄弟情誼，陳璘為了救他而深陷重圍，李舜臣又怎能見死不救呢？於是命令麾下艦船再次衝擊日軍船陣。日軍陣中有一巨艦極高，上有紅色大幕，有三員日將身穿金甲指揮作戰，極為顯眼。這其實乃立花宗茂麾下親信重將，因此均穿戴其特製的金箔押桃型兜。李舜臣知道此船之上必然為日軍重要人物，因此指揮精銳合力攻擊，射死其中一人。周邊日軍軍艦紛紛來救，陳璘之船終於脫險。不過陳璘並未突圍，反而駕船與李舜臣軍合流，愈戰愈勇，將日軍戰船打得紛紛起火沉沒。

　　此時鄧子龍駕戰艦在敵陣中左突右衝，斬獲不少，可天有不測風雲，

第十三章　野望崩裂

　　他身邊一友船不知道如何瞄準的，突然丟了一個油罐過來，霎時間鄧子龍船上大火燃起，一時篷檣俱著，烈焰熊熊，船隻為之傾斜。日軍趁機圍攻，紛紛跳上鄧子龍座艦，雙方在起火的甲板上拚死搏殺。鄧子龍雖英勇，但也抵不上敵人眾多，最終與家丁們力戰而死，首級也被割去。

　　朝鮮軍望見鄧子龍船被焚，誤相指認道：「賊船又起火了。」無不激勵爭先。這時朝鮮慶尚右水使李純信先鋒船又燒日艦十餘艘，朝鮮軍士氣更盛。可是陳璘卻知道起火的乃是鄧子龍的戰艦，急忙派遣副將陳蠶增援，但卻為時已晚。據說當初領兵渡海時，有一物觸及所乘之船。將其撈取上來一看，原來是一段沉香木，儼如人頭。鄧子龍把玩良久，愛不釋手，令人收藏。此戰後其家人尋他頭顱不得，只得載屍而歸，拿出這段沉香木，雕成鄧子龍首級模樣，簡直栩栩如生，大概這沉香木有靈，心甘情願地代替英雄之首吧！最後，朝鮮王李昖親臨他的靈柩前祭奠，並將他立廟海口，歲時致祭。

　　鄧子龍陣亡之際，陳璘與李舜臣尚在苦戰之中。日艦上大炮雖少，但鐵炮手眾多，彈丸如潑水一般打將過來，海面上槍彈亂飛，忽然有一流彈射來，居然正中李舜臣胸部，一時間血流如注。一旁的兒子李薈與姪子李莞大驚，急和左右將他扶入帳中。李舜臣忍著劇痛，將令旗交給李莞道：「戰方急，勿言我死，切莫驚亂軍心。」言罷氣絕身亡。李莞跟著李舜臣歷練多時，雖然心中悲痛，但卻沒有慌亂。他隱瞞下李舜臣的死訊，用防牌蔽住他的遺體，吹號角麾旗督戰。這李舜臣的陣亡堪比英國海軍名將納爾遜陣亡於特拉法加海戰，無論對朝鮮還是明朝，都是莫大的損失。當然朝鮮朝堂上那些尸位素餐的大臣們不但不會痛惜，反而會拍手稱快，從古到今，從來國事都是敗壞在這些只知爭權奪利的官僚們的手上。

　　朝明聯軍主帥當前力戰，血染沙場，他們麾下諸軍又怎能不拚死殺敵

呢？明軍把總沈理努力而前，火器齊發，當陣斬獲一百三十餘級。明軍千總李天常也斬獲甚多，奪回被擄人三百餘口。朝鮮軍柳珩、宋希立都被鐵炮彈丸擊中，然裹創再戰，奮不顧身。朝明聯軍的氣勢完全壓倒了日軍，最終日軍水師鬥志全消，亡命奔竄。大海上起火，沉沒之日艦無數，焚溺死者不下萬餘。島津義弘在部下的拚死保護下避入巨濟，最後僅率著五十餘隻殘艦狼狽逃回。

李舜臣雕像

一場輝煌的勝利已經到來，陳璘心中欣喜無限，正準備指揮全軍追擊逃竄的日軍。可突然看到李舜臣座艦上居然有士卒在爭搶日軍的首級，心中不由一沉。李舜臣平素治軍嚴謹，怎麼可能任由麾下士卒如此亂糟糟地

第十三章　野望崩裂

不成佇列呢？不由道：「統制不會陣亡了吧？」急遣人到李舜臣處探問。那人回來時，果然報稱李舜臣已死。話音未落，陳璘坐倒在地，悲痛萬分，大叫道：「我是讓你活著來救我，怎麼能死呢！」當時便捶胸頓足放聲大哭。陳璘此時真情流露，可見他與李舜臣在血與火的戰場上結成的兄弟情誼絕非什麼官場迎送的虛情假意，更非李舜臣低聲下氣地討好陳璘所能有的，英雄與英雄之間有的只能是對對方才能、勇氣的彼此認同，齊心協力才能創造這戰爭史上的經典一戰。

　　露梁海戰又稱南海大戰，也是朝明聯軍與日本軍之間的最後一場大戰，也是世界古代史上著名的一次海戰。此役朝明聯軍共焚毀日軍艦船二百餘艘，擄獲一百餘艘，斬首五百餘級，生擒一百八十餘名，日軍焚溺致死者不計其數。戰爭中島津義弘部水軍主力幾乎悉數被殲，立花宗茂、宗義智等部損失逾半，數名日將被俘。朝明聯軍方陣亡副總兵鄧子龍、朝鮮統制使李舜臣，副將陳蠶中軍陶明宰也被俘不屈而死。勝利極為輝煌，但損失也極為慘痛，尤其是李舜臣陣亡的損失是多少日軍的頭顱也換不來的。

終 章

　　長達七年的萬曆抗倭援朝戰爭結束了，這場牽動了東亞三個主要國家的大規模戰爭最後到底誰是贏家？

　　先還是說說發動了這場戰爭的日本，兩次大規模的入侵朝鮮，使得日本國內民怨沸騰，因戰爭導致侵朝日軍青壯傷亡慘重。對這場戰爭，日本國內普遍產生極大的厭戰情緒，這種情緒最後使得豐臣秀吉本人都無法忽視，可見這場戰爭對日本國內各個階層帶來的傷害有多麼之巨大。對發動這場戰爭的豐臣秀吉本人而言，可以說這場戰爭直接斷送了豐臣家的未來。侵朝戰爭斷斷續續打了七年，讓豐臣秀吉的嫡系部隊損失嚴重，更由於和戰的意見不同而在彼此之間產生了不可調和的尖銳矛盾。而作為潛在的頭號威脅，德川家康的實力卻絲毫無損。最終導致豐臣秀吉死後，在侵朝戰爭累積下來的矛盾全面爆發，豐臣秀吉的嫡系武將們居然大多被德川家康所拉攏，成為了倒豐臣家的急先鋒，整個日本最終在關原之戰後為德川家康所奪得，豐臣家族滅，這也算是侵略者的報應吧？日本一百多年風起雲湧的戰國時代終於落下了帷幕，統一的德川幕府於焉產生，日本也由從豐臣秀吉時代的擴張走向了德川幕府的閉關鎖國。因此不論對日本還是對豐臣秀吉本人來說，這場戰爭的結果都是徹頭徹尾的失敗。

　　然後就是遭受侵略的朝鮮國。身為受害的一方，朝鮮的損失自然是極大的，據粗略統計，死於這場戰爭的朝鮮人多達兩百多萬，這對於朝鮮這樣一個小國來說，幾乎是全國兩成左右的人口了。因為戰爭帶來的災難，更導致了朝鮮政府可控制的農田面積從戰前的一百七十萬畝銳減到西元

終章

1601年統計的三十萬畝。此時戰爭已經結束了三年，但因為戰爭帶來的傷害導致了朝鮮政府對地方控制的急遽下降，這急遽縮小的田畝數便是最好的例子。

這場戰爭給朝鮮帶來的傷害自然是巨大的，可是如此巨大的傷害卻彷彿並未刺激到朝鮮人。戰爭結束後，朝鮮上下居然立刻便進入了一種天下太平的氣氛中，大臣們不思整軍經武，恢復國力，反而極力投入政爭、黨爭之中。因為這些腐敗無能的文武官員們，導致朝鮮在衰亡的道路上越走越遠，最終在後金的威脅下毫無抵抗能力，徹底倒向了後金一方，向昔日的恩人揮起了屠刀。可以說在這場戰爭中，朝鮮也是輸家。

最後就是這場戰爭主要參戰方明朝。為了援救朝鮮，明朝付出了近千萬兩白銀的軍費，無數糧草與戰爭物資，數萬忠勇將士陣亡，幾乎將張居正攢下的家底全部消耗完為代價，將朝鮮從滅國的危機中解救了出來。按理說，如此大的恩德，朝鮮與明朝應該是緊密相連的堅定盟友才是。可當戰爭打完之後，明朝自身的愚蠢外交毀了一切。當時繼宣祖李昖之後，繼承王位的是光海君李琿，這李琿因為日軍入侵之際表現出色而受到了宣祖的青睞，因此成為了繼承人。但是要名正言順地繼承王位，就必須得到宗主國明朝的承認，可是此時明朝禮部等朝官正為了國本之爭與萬曆皇帝較量，光海君李琿既不是嫡子，也不是庶長子，這廢長立幼之事自然會觸動明朝官員那根敏感的神經。於是便導致了他長期不被明朝承認，這當然會導致雙方關係的冷淡。最搞笑的是，當光海君李琿倒行逆施被政變推翻之後，即位的綾陽君李倧居然又不被明朝所承認。這種逼盟友離心的舉動最終也結出了惡果，朝鮮最終倒向了明朝的對立面。

除了戰爭的巨大耗損外，明朝的軍隊在這場戰爭中完全沒有吸取任何經驗教訓。在朝鮮，日軍的嚴密組織，鐵炮等火器的靈活運用，都對明軍

造成了極大的損失。但戰後，明軍卻未對此有系統的檢討，既未對自己的缺點進行整頓，也未學習敵人的優點，直接導致了在對後金的長期戰爭中連連失敗，最終在內憂外患中，走向了滅亡，可謂也是一個大輸家。

要說這參戰的三國都是輸家，那麼誰是贏家呢？這贏家當然有，它便是一直坐山觀虎鬥的建州女真。因為萬曆三大征的損耗，導致了明軍在遼東地區的實力真空，使得努爾哈赤領導的建州女真不斷坐大，以至於到了二十年後的薩爾滸之戰，努爾哈赤手中的兵力竟然與明軍好不容易湊出的四路主力的總和相差甚大。隨著一次次對明朝戰爭的勝利，此消彼長下，從建州女真發展起來的滿清八旗最終取代了明朝，制霸天下，成為了笑到最後的大贏家。

身為一個現代人，在研究這段歷史的時候，總不免有所遐想。如果當時明朝並未援救朝鮮，那麼日本侵占朝鮮之後勢必會對遼東發動大規模的攻擊。那麼建州女真亦勢必會成為加藤清正的主要打擊目標。而此時的努爾哈赤亦想方設法找合理的藉口入侵朝鮮。這努爾哈赤與加藤清正的一番龍爭虎鬥到底會誰勝誰負呢？日本方面如果參與了複雜的遼東爭鬥，會不會對之後遼東局勢有所改變呢？最起碼，對明朝而言，日本這個強勁的敵人可能比起虛弱的盟友朝鮮更有用得多。

如果從戰爭的正義性來看，明朝為了援救被侵略的朝鮮而出動軍隊，擊退日本，保住了朝鮮國祚不失，當然是絕對的正義方，而朝鮮身為被無端侵略的一方，自然也是正義的一方。而日本作為侵略者，自然是徹頭徹尾的非正義。但從後世的眼光來看，從結果而論，不論對這場戰爭中的哪一方來說，這場戰爭原本就並不應該發生。真可謂是在錯誤的時間，錯誤的地點、和錯誤的敵人，打了一場錯誤的戰爭。而在這場戰爭的影響下，東北亞三國的歷史最終發生了劇烈的轉折，一個時代結束了……

終章

後記

　　所有看過本人著的《那時英雄——隋唐戰史》的朋友，應該知道此書中的重點篇幅便是隋唐帝國對遼東以及朝鮮半島的經營，其中牽涉到一場重頭戲，那便是唐朝、新羅聯軍與日本、百濟聯軍在白江的一場大戰，此戰拉開了之後千餘年中國、日本、朝鮮三國之間的恩恩怨怨。如果說白江之戰是中日在朝鮮半島的第一場交鋒的話，那麼第二場交戰便是本書的壬辰之戰了。因此對這場戰爭，個人在很久之前便翻看了不少原始資料，對其中的幾次重要戰役亦做過一些研究，因此可以將這場戰爭用客觀的眼光反映出來，大概也算是對《那時英雄——隋唐戰史》的一個小小的後續吧。

　　對本人而言，壬辰之戰這個題材可以說是一個巨大的挑戰，因為在寫本書之前，個人是對目前世界上包括中國對壬辰之戰的相關研究與立場極為不滿的，首先是日韓方面，日本方面的史書幾乎完全按照所謂的征朝武將的家族記錄來進行記載，其記載諱敗為勝，極度誇大戰果，荒謬之處幾乎比比皆是。而韓國方面則在研究中力圖擺脫明朝援軍對最終戰勝的決定性作用，不但處處淡化明軍的作用，甚至不惜使用抹黑的手段，企圖貪天之功為己有。而中國如今的相關寫史書籍則處處顯露一股浮躁的氣息，與日韓相反，又將明軍無限吹捧，將明軍神話。在這種情況下，如何進行盡可能地客觀寫作，如何客觀地在不同原始史料中進行取捨便對本人構成了一個極大的考驗。此外，在這本書中，個人嘗試用一種新的寫法進行寫

後記

作。在上一本《那時英雄——隋唐戰史》中，不少讀者反映希望看到更為詳細，更有臨場感的戰役描寫，因此為了達到這樣的效果，個人第一次嘗試用紀實文學與寫史相結合的筆法進行創作。這對本人的筆力亦構成了極大的挑戰，因此本書足足寫了近兩年方才完工，相對某些歷史快手，實在汗顏。希望各位讀者觀後有何意見建議可以不吝賜教。

宋毅

壬辰 1592，韓半島烽火：
血戰平壤、光復漢城、鳴梁海戰……從日本侵略到明朝遠征，改寫東亞格局的決定性戰爭

作　　　者：宋毅
發 行 人：黃振庭
出　版　者：複刻文化事業有限公司
發　行　者：崧燁文化事業有限公司
E - m a i l：sonbookservice@gmail.com
粉　絲　頁：https://www.facebook.com/sonbookss
網　　　址：https://sonbook.net/
地　　　址：台北市中正區重慶南路一段 61 號 8 樓
8F., No.61, Sec. 1, Chongqing S. Rd., Zhongzheng Dist., Taipei City 100, Taiwan
電　　　話：(02)2370-3310
傳　　　真：(02)2388-1990
印　　　刷：京峯數位服務有限公司
律師顧問：廣華律師事務所 張珮琦律師

版權聲明

本書版權為淞博數字科技所有授權複刻文化事業有限公司獨家發行電子書及紙本書。若有其他相關權利及授權需求請與本公司聯繫。未經書面許可，不得複製、發行。

定　　　價：520 元
發行日期：2025 年 09 月第一版
◎本書以 POD 印製

國家圖書館出版品預行編目資料

壬辰 1592，韓半島烽火：血戰平壤、光復漢城、鳴梁海戰……從日本侵略到明朝遠征，改寫東亞格局的決定性戰爭 / 宋毅 著 . -- 第一版 . -- 臺北市：複刻文化事業有限公司，2025.09
面；　公分
POD 版
ISBN 978-626-428-239-0(平裝)
1.CST:　戰 史 2.CST:　中 韓 關 係
3.CST: 中日關係 4.CST: 明代
626.704　　　　　114012633

電子書購買

爽讀 APP　　　　臉書